Les codes
de la différence

SCIENCES PO
Mondes

Les codes de la différence

Race - Origine - Religion
France - Allemagne - États-Unis

Sous la direction de
Riva Kastoryano

SCIENCES PO
LES PRESSES

Catalogage Électre-bibliographie (avec le concours des Services de documentation de la FNSP)
Les codes de la différence. Race – Origine – Religion. France – Allemagne – États-Unis /Riva Kastoryano (dir.) – Presses de Sciences Po, 2005. – (Collection Académique.)
ISBN 2-7246-0961-1
RAMEAU :
– Altérité (philosophie)
– Identité collective : France
– Identité collective : Allemagne
– Identité collective : États-Unis
– Multiculturalisme : Études comparatives
– Intégration sociale : Études comparatives
DEWEY :
– 305.8 : Groupes sociaux définis par leurs pratiques religieuses, leur langue, des caractères ethniques, raciaux ou nationaux
Public concerné : public intéressé

Table des matières

II - LES CATÉGORIES

III - LES POLITIQUES

IV - LES INTERACTIONS

87884 car.
1500
58,5 f

63943 car.
1500
42,5

= 187,5 × 23
= 4312,5

Ont contribué à cet ouvrage

George M. FREDRICKSON, professeur d'histoire à l'université de Stanford

Claire DE GALEMBERT, chargée de recherches au CNRS (GAPP, ENS Cachan)

Nancy L. GREEN, directrice d'études à l'EHESS

Christian JOPPKE, professeur de sociologie à l'université internationale de Brême

Riva KASTORYANO, chargée de recherches au CNRS (CERI, Sciences Po)

Michèle LAMONT, professeur de sociologie à l'université de Harvard

Michael MINKENBERG, professeur de sciences politiques à l'université de Francfort-sur-l'Oder

Daniel SABBAGH, chargé de recherches (CERI, Sciences Po)

Paul SHOR, maître de conférences à l'Université Paris X-Nanterre, membre du CENA (EHESS, CNRS)

Alexis SPIRE, chargé de recherches au CNRS (CERAPS, Université Lille 2)

Nikola TIETZE, chercheuse au Hamburger Institüt für Sozialforschung

Patrick WEIL, directeur de recherches au CNRS (Centre d'histoire sociale du XXe siècle, Université Paris I)

Remerciements

Cet ouvrage est le fruit d'un projet international de recherche que j'ai lancé en 2001, intitulé *Codes of Otherness – Les codes de la différence.* Il a été soutenu par le Programme international d'études avancées de la Fondation Maison-des-sciences-de-l'homme qui a rendu possibles les séjours parisiens de George Fredrickson de l'université de Stanford et de Ulrich Bielefeld du Hamburger Institüt für Sozialforschung.

Je remercie Hinnerk Brunhs de m'avoir informée de l'existence d'un tel programme, et de m'avoir permis de monter un groupe de recherche international et comparatif rendant ainsi possible des réunions et des débats réguliers. Je remercie également Jean-Luc Racine qui a suivi le projet de près jusqu'à sa publication. Je lui suis plus spécialement reconnaissante d'avoir pris en charge, au nom de la Fondation Maison-des-sciences-de-l'homme, la traduction des quatre textes écrits initialement en anglais. Je tiens enfin à remercier Sophie Mayoux pour ses excellentes traductions.

Introduction

DÉFINIR L'AUTRE EN FRANCE, EN ALLEMAGNE ET AUX ÉTATS-UNIS

Riva KASTORYANO

« Et maintenant que deviendrons-nous sans les Barbares ?
Ces gens-là étaient quand même une solution. »
En attendant les Barbares
Constantin Cavafy, Poèmes

L'Autre, immigré ou étranger, individu ou groupe, a été au cœur des questions posées par les sciences sociales. Le fait d'être étranger, écrit Simmel, « est une forme particulière d'interaction » et traduit la tension qui existe entre proximité et distance qui caractérise toute relation humaine. Pour le sociologue allemand, « le fait même de l'altérité signifie que le lointain est proche », dans la mesure où « l'étranger est un élément du groupe même, dont l'appartenance au groupe implique à la fois une distance par rapport au groupe et une confrontation avec lui[1] ». De multiples interactions internes et externes aux groupes naissent des codes, des catégories et des frontières qui tous ensemble définissent les inclus et les exclus, les conformes et

1. Georg Simmel, The Stranger *(écrit en 1908), repris dans Kurt W. Wolf (ed.),* The Sociology of Georg Simmel, *New York (N.Y.), Free Press, 1950, p. 402-408 ; en français, G. Simmel, « Digression sur l'étranger », dans* L'École de Chicago, *textes traduits par Y. Grafmeyer et I. Joseph, Éditions du Champ urbain, Paris, 1979, p. 53-59.*

les déviants – ceux que H. Becker a appelés les *Outsiders*[2], du fait de leur désobéissance aux normes juridiques et politiques ainsi qu'aux codes sociaux et culturels.

Définir l'Autre, c'est surtout dessiner des frontières réelles ou symboliques[3]. Ces frontières conduisent à des différenciations internes par catégories sociales, culturelles et morales. Elles donnent lieu à un jeu de hiérarchisation subjective et/ou objective qui paradoxalement s'appuie sur des valeurs partagées. Bref, elles génèrent des relations complexes, où tout élément identitaire apparaît comme un ancrage microsociologique. Comme le souligne Baudrillard en faisant référence à Chris Marker, « l'altérité, c'est le passage d'une frontière, et une frontière peut être complètement imaginaire et invisible[4] ». Les frontières territoriales définissent, quant à elles, l'unité politique des frontières identitaires des nations, celles d'un « nous » dont le contenu est marqué par des pratiques nationales nourries d'expériences historiques. Le passage des frontières culturelles aux frontières politiques s'opère à travers l'institutionnalisation du même et du différent, processus à travers lequel s'élaborent les identités réciproques et les différences, qu'elles soient raciales, religieuses ou linguistiques.

Inspirées par la « division du travail social » de Durkheim et les groupes de statut de Weber, les sciences sociales, en Europe continentale, se sont appuyées sur une classification par catégories socioprofessionnelles reconnues et formalisées par les institutions nationales et non pas sur des catégories raciales ou religieuses. Mais depuis les politiques dites d'identité, les démocraties libérales ont introduit la question de différences en termes culturels – race, religion, langue – pour leur donner une assise formelle, même si cela n'aboutit pas toujours à leur institutionnalisation. Ainsi se rencontrent un essentialisme qui fige les différences identitaires dans des catégories et la volonté des groupes en quête de reconnaissance d'afficher leur différence et de la voir s'institutionnaliser, notamment dans les recensements, comme aux États-Unis.

L'analyse des frontières identitaires établies par des relations spontanées, institutionnalisées par des catégorisations officielles, construites par des discours, ou encore affirmées par des politiques, a trouvé un

2. *H. S. Becker,* Outsiders. Études sociologiques de la déviance, *Paris, Éditions Métaillié, 1985.*
3. *Michèle Lamont et Marcel Fournier (dir.),* Cultivating Symbolic Boundaries and the Making of Inequality, *Chicago (Ill.), The University of Chicago Press, 1992.*
4. *J. Baudrillard et M. Guillaume,* Figures d'altérité, *Paris, Descartes, 1992, p. 50.*

écho dans une politique appelée par Charles Taylor « la politique de la reconnaissance » qui porte sur « la défense démocratique de la diversité culturelle dans une perspective universaliste[5] ». S'opposant à une politique d'assimilation de l'Autre dans le même, la politique de la reconnaissance, bien que son objectif de départ soit de réduire les inégalités et d'assurer la participation sur une base différentielle mais égale, contribue ainsi à l'édification des frontières, à une séparation dans laquelle la vision libérale voit la garantie d'un fonctionnement ouvert de la société et de la politique[6].

La politique de la reconnaissance s'est ainsi installée au cœur des débats de la théorie politique contemporaine traitant les questions d'identités individuelles et collectives. Elle implique l'identification de l'Autre et son inscription dans un registre culturel, social, juridique et économique[7]. Toute reconnaissance de l'altérité s'accompagne aujourd'hui de droits spécifiques culturels dans le domaine public accompagnés de droits fondamentaux : c'est l'essence même de l'égalité et de la citoyenneté qui est en jeu[8]. Du point de vue de l'individu ou du groupe, la recherche d'une reconnaissance publique renforce le caractère inventif des identités, une prise de conscience d'appartenir à un groupe ethnique qui affirme sa différence par rapport à son environnement culturel, social et politique. Elle impose aussi l'adoption de nouveaux traits identitaires perçus comme plus pertinents en situation d'immigration ou de minorité au regard à la fois des individus et des institutions des pays d'installation. C'est ainsi que langue, nationalité (d'origine), religion, culture… tous ces éléments tantôt entremêlés, tantôt séparés par des frontières artificielles ou circonstancielles, surgissent dans l'expression d'une identité collective imaginée à partir d'un passé réel ou mythique ou encore apparaissent lors des relations sociales et trouvent une assise dans les institutions.

5. *Ch. Taylor,* Multiculturalism and the Politics of Recognition, *Princeton (N. J.), Princeton University Press, 1992.*

6. *J.-M. Donegani, dans B. Badie et M. Sadoun,* L'Autre. Études réunies pour Alfred Grosser, *Paris, Presses de Sciences Po, 1996.*

7. *A. Caillé rappelle le fameux article de Nancy Fraser qui lie la reconnaissance culturelle à la redistribution économique comme fondement de la justice distributive (« Penser la justice sociale : entre redistribution et revendications identitaires »,* Politique et Sociétés, *17 (3), 1998, p. 9-36). Il est intéressant de voir se dessiner un parallèle entre le don et la reconnaissance dans la même perspective ; A. Caillé, « De la reconnaissance : don, identité, et estime de soi »,* MAUSS, *23, 1er semestre 2004.*

8. *Voir les travaux de W. Kymlicka.*

Dès lors, la question qui se pose est de savoir quelle identité devient légitime pour une reconnaissance publique. Comment se définit la légitimité de la différence et de l'altérité, en fonction de quels critères et par quels mécanismes ? Comment fonder les demandes de reconnaissance sur les théories démocratiques[9] ? Trois approches et trois méthodes permettent de répondre à cette série de questions. La première est interactive. Elle s'appuie sur les mobilisations des populations concernées, et résulte des interactions entre États et groupes en quête de reconnaissance, ce qui permet de mesurer les dynamiques et les mécanismes de la définition des frontières et justifie sa légitimité[10]. La deuxième est normative. Elle s'impose en termes d'égalité et de justice à la fois individuelle et collective. Quant à la troisième approche, elle est politique. Elle s'appuie à la fois sur la réalité empirique et sur une perception normative et conduit à des réajustements, voire à des restructurations institutionnelles, afin de maintenir l'ordre et la paix sociale.

Malgré les justifications théoriques et politiques de la reconnaissance, toute différence affichée, revendiquée et légitimée est source de paradoxe. Elle met en évidence une coexistence des différences comme mode de fonctionnement de la cité et engendre en même temps des conflits où chaque différence qui s'annonce, s'affirme et se confronte fait du politique un terrain d'affrontements identitaires. Bien entendu, toute relation dans l'altérité n'implique pas nécessairement le conflit, mais elle traduit de fait une relation de pouvoir qui génère souvent des conflits[11]. En même temps, des politiques qui privilégient la culture et les identités en valorisant les différences dans la recherche de l'égalité conduisent à les exclure de la représentation de soi en tant que société et nation. Les identités politisées transforment en altérité toute différence en quête d'égalité[12]. Désigner l'Autre, c'est lui attribuer un statut différent de celui de la majorité. Nombreuses sont les recherches qui mettent l'accent sur les conséquences controversées d'une identification différenciée par rapport à la communauté politique qui défie le sens civique de la nation. Les questions normatives qui sont liées à ces

9. *J. Habermas (dirigé par C. Cronin et P. De Greiff),* The Inclusion of the Other. Studies in Political Theory, *Cambridge (Mass.), The MIT Press, 1998.*

10. *R. Kastoryano,* La France, l'Allemagne et leurs immigrés. Négocier l'identité, *Paris, Armand Colin, 1997.*

11. *Ph. Schaffhauser, « Remarques sur quelques problèmes épars de la reconnaissance de l'autre », dans A. Ben Nahum, A. Girard, J.-L. Olive, J. Pavageau et Ph. Schaffhauser,* Les Formes de reconnaissance de l'autre en question, *Perpignan, Presses universitaires de Perpignan, 2004.*

12. *W. Connoly,* op. cit.

recherches concernent la définition d'un espace commun de participation et d'identification, de définition du bien commun, de justice et d'égalité, fondements même de l'universalité.

Ainsi, la question est complexe : les réponses sont souvent normatives, interprétatives et polyvalentes. Cet ouvrage a choisi la réalité empirique dans l'élaboration des différences en France, en Allemagne et aux États-Unis. Les contributions historiques, politiques et sociologiques réunies dans cet ouvrage montrent comment chaque société construit son altérité en fonction de son projet national, définit ses codes de la différence à travers les concepts élaborés pour désigner l'Autre, par sa classification et sa catégorisation, avec les politiques appliquées et dans les interactions entre groupes et entre individus qui ont intériorisé l'altérité reproduite par des stéréotypes et/ou renforcée par des partis politiques qui en ont fait leur fond de commerce. Les différentes approches montrent comment la race, aux États-Unis, demeure le fondement d'une altérité permanente, alors que la religion, en France, est devenue source de clivage culturel et s'est instaurée comme une différence institutionnelle, et alors que la religion et la langue ont remplacé la nationalité comme définition de l'étranger, en Allemagne.

Les articles de cet ouvrage comparent la France et les États-Unis, la France et l'Allemagne ou encore les trois pays. L'objectif est de montrer les divergences et les convergences entre des pays qui se trouvent face à une même phase historique de leur définition comme nation, à savoir la gestion de la diversité qui s'impose en termes de reconnaissance, qu'elle soit culturelle et/ou institutionnelle, qui avancent par tâtonnement et qui mêlent principes historiques et pragmatisme politique : la vraie question étant la gestion des paradoxes. Ainsi, comparer la conceptualisation de l'Autre – du différent – et de sa catégorisation, les politiques qui légitiment son altérité qui se perçoit et se conçoit comme permanente et les interactions entre individus, entre groupes et entre partis politiques, c'est montrer les mécanismes d'élaboration des codes de la différence dans des contextes historiques, politiques et culturels différents et le fonctionnement des systèmes qui commandent leur apparition et leur disparition[13].

13. *J. Baudrillard*, op. cit.

Concepts

À chaque société son altérité. Cela lui permet d'élaborer une identité qui justifie son projet initial et légitime ses choix politiques. En se comparant à d'autres sociétés nationales, elle comprend sa différence et la renforce, malgré un alignement des politiques qui rapproche les démocraties libérales dans leur relation à l'Autre. La France et les États-Unis, deux républiques nées de deux contextes historiques différents, vivent aujourd'hui la même tension entre universalisme et particularisme, mais pratiquent des modes d'inclusion et d'exclusion qui leur sont spécifiques. Pour George Fredrickson, ces histoires respectives montrent autant de similitudes dans les faits que de contrastes dans les réactions. Les deux États ont participé au commerce lié à l'esclavage, aboli par la révolution de 1848 en France et avec la guerre de Sécession aux États-Unis, mais l'esclavage a eu plus d'ampleur et des conséquences plus graves aux États-Unis, au point de marquer une inégalité raciale entre Noirs et Blancs comme « élément central de l'expérience nationale ». Ainsi, souligne Fredrickson, « les Africains Américains sont devenus et restés, aux yeux de la majorité des Américains blancs, l'Autre par excellence ».

Les deux républiques ont bel et bien établi la citoyenneté politique au cœur de la théorie et de la pratique institutionnelle de la nation, mais ont manifesté des attitudes différentes vis-à-vis de l'immigration. Même si la France se découvre rétrospectivement comme pays d'immigration, cette expérience n'a pas été constitutive de la nation française comme elle l'est de la nation américaine[14]. Cependant, aux États-Unis, un traitement différencié en fonction de la provenance – donc de la race – a conduit à des accès différenciés à la citoyenneté. Dans les années 1920, par exemple, les restrictions à l'entrée appliquées aux Asiatiques se sont traduites par le refus de leur naturalisation. Ce refus découle des limitations de l'immigration et de la naturalisation fondées sur la classification en catégories ethnoraciales, et cela, dès la première loi relative à la naturalisation des immigrants adoptée en 1790, qui réservait ce droit aux « personnes libres, de race blanche ». En France, la nationalité, qui permet de distinguer l'étranger du citoyen, était, d'après Fredrickson, une altérité qui se voulait objective, alors qu'aujourd'hui, l'auteur constate que l'altérité s'exprime en termes religieux. La religion aux États-Unis, développée dans un contexte de pluralisme religieux, bien que sur

14. *G. Noiriel,* Le Creuset français, *Paris, Le Seuil, 1987.*

une base protestante, n'a pas constitué une source d'altérité significative, alors qu'en France, « elle remplit la même fonction d'altérité que les identités ethnoraciales aux États-Unis », précise Fredrickson. Il voit ainsi dans les appartenances raciales et religieuses deux formes d'altérité qui remettent en cause l'idéal du creuset ou de l'assimilation, des deux côtés de l'Atlantique.

Des études récentes, aux États-Unis, montrent cependant des changements dans la perception de l'altérité. Huntington, dans son dernier ouvrage, insiste sur le fait que les nouveaux immigrants appartenant « à une seule langue – espagnole » mettent en péril la conformité anglo-saxonne, définie comme l'assimilation culturelle aux États-Unis[15]. Même si ses propos sont extrêmes et ne sont nullement représentatifs des études sur les groupes ethniques aux États-Unis, ils mettent en évidence un changement des critères d'altérité qui s'étendent aujourd'hui à d'autres groupes tels que les Latino-Américains, considérant la langue (espagnole) et la religion (catholique) comme des différences qui s'ajoutent à l'appartenance raciale et conduisent Huntington à vouloir « rétablir » les fondements de la nation américaine anglo-saxonne et protestante.

Ces altérités construites dans le temps et l'espace s'accompagnent de concepts tels que race et ethnicité. L'élaboration de ces concepts *a priori* fondés sur la réalité sociale apparaît comme une rationalisation de l'altérité. Les concepts correspondent à la représentation de l'Autre en lui attribuant une appartenance raciale ou religieuse, faisant ainsi surgir des différences qui justifient le projet politique et les expériences nationales. En France, la tradition sociologique et politique a longtemps résisté à l'usage des termes « race » et « ethnicité », une résistance qui trouve son fondement dans l'idéal républicain. Même si le terme « ethnicité » se trouve aujourd'hui importé pour décrire une réalité qui se rapproche de celle des États-Unis, le terme « race » a subi diverses définitions tout en demeurant ambigu. L'ambiguïté demeure dans le fait qu'au XIXe siècle, la « race » était souvent interchangeable avec la nation[16]. Quant au terme « ethnicité », il renvoyait à l'ère coloniale et

15. Samuel P. Huntington, Who are We ? The Challenges to America's National Identity, *New York (N. Y.), Simon & Schuster, 2004.*

16. Voir les différentes versions de la race dans Tzvetan Todorov, Nous et les autres. La pensée politique française sur la diversité humaine, *Paris, Le Seuil, 1988. L'auteur montre qu'alors que Gobineau, dans son fameux ouvrage sur* L'Inégalité des races humaines, *interprétait la race en terme de sang et de couleur de peau, Renan, quant à lui, a défini la race en terme d'appartenance à une communauté de langue et Taine faisait référence à une race historique.*

aux populations locales en Algérie, où les communautés ethniques étaient classifiées en fonction de leurs caractéristiques régionales et linguistiques. Le terme « race », quant à lui, correspondait, toujours dans l'Algérie colonisée, à un statut juridique attribué aux « indigènes ». Dans la France métropolitaine, une catégorie confessionnelle a été établie pour la « race juive » sous le régime de Vichy (1939-1942). Avec l'après-guerre, le retour aux valeurs républicaines s'est élaboré autour du concept de citoyenneté[17], rejetant ainsi tout attribut ethnique et racial, ainsi que des concepts tels que communauté et/ou peuple qui désigneraient l'Autre dans le vocabulaire des sciences sociales.

Depuis les années 1980, des débats passionnés ont accompagné, en France, l'usage de concepts tels que communauté ou minorité ou encore ethnicité en référence aux populations immigrées installées sur le territoire et appartenant à une culture ou une religion spécifique. Ces termes, utilisés d'abord avec des guillemets pour bien mettre en évidence l'emprunt, se sont installés dans le vocabulaire français des sciences sociales en suscitant chez les sociologues et politologues un sentiment de malaise. Ils conduisent aujourd'hui l'historienne Nancy Green à analyser l'usage de catégories différentes comme religion et ethnicité en France et aux États-Unis, deux concepts qui, à ses yeux, désignent un même phénomène historique, mais correspondent à deux représentations différentes de l'Autre. C'est à travers la médiatisation de la religion en France et de l'ethnicité aux États-Unis, que Nancy Green voit dans l'immigré le « musulman » en France et « le groupe ethnique » aux États-Unis. Mais, en même temps, « qu'en est-il de l'ethnicité comme catégorie en France, et qu'est devenu le fait religieux aux États-Unis ? » s'interroge-t-elle, alors que « la religion n'a pas été absente de l'analyse américaine, tout comme elle n'a pas fonctionné comme un critère pertinent dans l'historiographie française concernant les immigrés ». La question est de savoir comment sont construites ces catégories, et à quoi elles correspondent.

La tâche est difficile, car les concepts varient dans le temps, s'appliquent à des populations diverses et impliquent des interactions spécifiques

17. *Voir le numéro spécial de* Mots. Les Langages du politique, *« Sans distinction de... race », 33, décembre 1992. Plus particulièrement, les articles de Simone Bonnafous et Pierre Fiala, « Est-ce que dire la* race*, présuppose l'existence », p. 11-22 ; Étienne Balibar, « Le mot* race *n'est pas "de trop" dans la Constitution française », p. 215-241 ; Chantal Millon-Delsol, « Pertinence de l'énonciation du mot* race *dans la Constitution », p. 257-261 ; Jacqueline Costa-Lascoux, « La relativité des mots et la prégnance des faits », p. 317-329.*

entre les groupes et le pouvoir. Dans un article récent, Jennifer Hochschild note que l'idée d'ethnicité n'existait pas au début du siècle. Elle a été inventée pendant la Grande Guerre, et c'est avant tout le terme « race » qui était utilisé. Un siècle plus tard, les sciences sociales américaines se réfèrent encore au terme de race pour distinguer les groupes ethniques les uns des autres, et l'ethnicité apparaît comme une invention en réaction à la « race »[18].

L'ethnicité, concept ambigu, se réfère donc, aux États-Unis, à une identité tantôt raciale, tantôt nationale, tantôt religieuse, ou encore à une identité de classe. En 1975, Nathan Glazer et Daniel Moynihan, dans l'introduction du volume collectif intitulé précisément *Ethnicity. Theory and Experience*, avaient encore jugé bon de présenter le mot « ethnicité » comme « nouveau », en ajoutant toutefois que cette nouveauté ne concernait pas le vocable lui-même, mais le phénomène qu'il désignait[19]. Le phénomène est défini comme l'expression des identités culturelles religieuses ou raciales dans le domaine politique et les mobilisations pour revendiquer leur reconnaissance dans la sphère publique. La communauté ethnique se définit ainsi comme une structure qui met en évidence des intérêts d'abord identitaires.

Ainsi, en s'appuyant sur une analyse wébérienne qui voit dans l'action sociale le fondement de la formation d'un groupe (ethnique ou autre), Glazer et Moynihan attribuent à la mobilisation la définition des identités collectives, ethniques ou religieuses, sources de différence. Un tel usage du concept d'ethnicité en France se rapproche dans ce cas de la définition américaine, aussi incertaine qu'elle soit, dans la mesure où elle s'appuie sur des groupes organisés autour d'une identité devenue collective et revendiquant la reconnaissance publique de cette identité construite autour d'une « origine » présumée ou imaginée. Cette identité renvoie de fait à la religion, l'islam, qui se situe face à la laïcité et cherche une reconnaissance institutionnelle en France à égalité avec les autres religions[20].

Nancy Green affirme que la religion n'a jamais été une catégorie officielle, ni aux États-Unis ni en France. Au contraire, la religion fait partie

18. Jennifer L. Hochschild, « Looking Ahead : Racial Trends in The United States », Daedalus, *134 (1), hiver 2005, p. 70-81.*
19. Nathan Glazer et Daniel P. Moynihan (eds), Ethnicity. Theory and Experience, *Cambridge (Mass.), Harvard University Press, 1975.*
20. Riva Kastoryano, « Race and Ethnicity in France », dans Fiona Devine et Mary Waters (eds), Race, Class and Ethnicity in Comparative Perspective, *Londres, Routledge, 2004.*

du *melting pot* aux États-Unis[21]. En France, les études historiques montrent plutôt que le « culte de l'assimilation » a été le fondement de l'unité nationale, produisant une citoyenneté porteuse d'« indifférence » vis-à-vis de la religion[22]. Nancy Green rappelle cependant que la religion a été source d'inspiration raciste dans les deux pays : contre les catholiques irlandais et italiens, récupérée par des mouvements extrêmes comme le Ku Klux Klan aux États-Unis, et contre les Juifs autour de l'affaire Dreyfus et de Vichy en France. Aux États-Unis, la religion fait partie de l'ethnicité comme la « race ». En France, la religion s'est installée comme un élément de distinction entre les anciennes vagues d'immigration et les nouvelles. Dans les deux cas, la religion fait en réalité partie de la différence mais pas des catégories, revendiquées ou institutionnalisées[23].

Catégories

Aux États-Unis, alors que le mode de recensement des esclaves était discuté au Parlement, et que les Indiens, ne payant pas de taxes, en étaient exclus, la catégorie « race » a été présente dès les premières statistiques. Elle a été incluse dans le dénombrement de la population par la « règle d'une goutte » concernant la population noire, jusqu'aux années 1960[24]. Quant à la distinction entre nationaux et non-nationaux, elle n'apparaît qu'en 1820, au quatrième recensement. Distinguer les nationaux des non-nationaux, aux États-Unis, permettait de mesurer la composition de la population et non pas nécessairement l'immigration comme en France où, au cours des années 1850, une classification par âge, par état civil, par nationalité, par profession et par religion procurait au contraire à l'administration une connaissance plus fine de la population et avait comme objectif de calculer les impôts et le nombre de circonscriptions électorales.

21. *W. R. Hutchison,* Religious Pluralism in America. The Contentious History of a Founding Ideal, *New Haven (Conn.), Yale University Press, 2003 ; P. Schuck,* Diversity in America. Keeping Government at a Safe Distance, *Cambridge (Mass.), Harvard University Press, 2003, p. 272-273.*
22. *Gérard Noiriel,* op. cit., *1987.*
23. *Il est cependant intéressant de noter que des études de plus en plus nombreuses cherchent à souligner la religion comme marqueur identitaire, et élément de distinction à l'intérieur d'une même communauté définie par la nationalité ou la langue. Voir, à ce propos, Eliane H. Ecklund, « "Us" and "Them" : The Role of Religion in Mediating and Changing the "Model Minority" and Other Civic Boundaries »,* Ethnic and Racial Studies, *28 (1), janvier 2005, p. 132-150.*
24. *David A. Hollinger, « The One Drop Rule and The One Hate Rule »,* Daedalus, *134 (1), hiver 2005, p. 18-28.*

Paul Schor et Alexis Spire montrent que les appareils statistiques qui permettent de contrôler la population, de connaître sa composition et de la classifier traduisent précisément les pratiques institutionnelles et les traditions politiques des États. L'affinement des appareils statistiques par des questionnaires, plus précisément avec des questions sur la nationalité ou le lieu de naissance, ou encore la langue parlée, ont contribué à un processus d'élaboration de la communauté nationale de la part de l'État, aussi bien en France qu'aux États-Unis. Les auteurs montrent que des classements par race ou ethnicité ou bien par religion ou encore par nationalité reflètent la représentation de soi comme nation, une représentation qui transparaît, lorsque les statistiques prennent en compte l'immigration dans les deux pays. Ils constatent en effet que les statistiques qui distinguent, en France, citoyens et étrangers ont abouti à la construction de l'immigré comme étranger, alors qu'aux États-Unis, c'est l'immigration qui a été à l'origine de la mise sur pied de la méthode statistique au milieu du XIXe siècle. Dans les deux pays, la croissance démographique s'accompagne d'une nouvelle interrogation quant à la composition de la population : la nationalité en France, l'origine des parents – l'ethnicité – aux États-Unis. Ce n'est donc pas l'aspect juridique et politique de la nationalité de la personne qui compte, mais le lieu de naissance, une approche qui, selon les auteurs, a été développée pour identifier les immigrés en vue de défendre le « nativisme » américain et qui perpétue ainsi la différence entre race et nation. L'installation des anciennes vagues, l'arrivée de nouvelles et le « mélange de races » écartent l'origine nationale de leur classement et introduit des « origines ethnonationales » qui comprennent à la fois les origines linguistiques et nationales des immigrés européens.

En France, en revanche, le classement de la population par la nationalité permet de contrôler l'immigration et de redéfinir les naturalisations. Schor et Spire rappellent que les informations recueillies, lors du recensement de 1851, ont aussi inclus la pratique des cultes, les deux pris ensemble permettant de calculer l'évolution du nombre de personnes se réclamant comme « non chrétiennes ». Ce critère fut supprimé en 1876. Depuis lors, il n'y a plus que le classement par nationalité associée au lieu de naissance, un classement qui informe sur les migrations internes et auquel s'ajoutent les précisions « nés de parents français », « naturalisés » et « étrangers ». Pour ces derniers, s'ajoute la question « de quelle nation ? », comme aux États-Unis. Les enjeux politiques qui sont liés à cette question marquent pourtant leurs différences : alors qu'en France les étrangers ne peuvent élire le député du département de leur résidence, aux États-Unis, la voix des esclaves pourtant citoyens ne compte que très peu, du fait du calcul constitutionnel dans leur représentation.

Malgré les enjeux politiques nationaux qui diffèrent, le classement par nationalité est source d'ambiguïtés dans les deux pays, notamment vis-à-vis de la citoyenneté sur les plans juridique et politique. L'enregistrement par nationalité prête à confusion pour les populations dont les références ethniques, culturelles et linguistiques ne correspondent pas aux États dans les deux pays. Les auteurs montrent que des mobilisations, des deux côtés de l'Atlantique, portent sur une volonté de la part des immigrés – notamment originaires de l'empire austro-hongrois – d'une prise en compte de leur culture plutôt que de leur point de départ géographique. Ils revendiquent, dès lors, l'apparition dans le dénombrement d'une rubrique « nationalité tchèque », en France, ou encore « nationalité slovaque », aux États-Unis. Leur mobilisation se heurte à un refus de la part de l'administration, en France, et emporte en revanche un succès auprès des organisations politiques, aux États-Unis. Cette différence dans les effets met en évidence deux modes de fonctionnement social et politique dans les deux pays : en France, l'importance des décisions étatiques en ce qui concerne le dénombrement de la population, et par conséquent dans la définition de la communauté nationale ; aux États-Unis, l'importance des mobilisations au sein de la société civile et leur impact au Congrès où est aussi débattue la représentation de la nation.

Le caractère constructiviste de la race et de l'ethnicité comme catégorie de classification aux États-Unis se poursuit par l'auto-identification à partir des « ancêtres », depuis les années 1980. Ce changement est dû en grande partie aux politiques dites d'identité et à la valorisation de la diversité raciale, nationale ou ethnique. La subjectivité introduite par une telle pratique met en évidence les mélanges de race et de nationalité, de couleur et d'ethnicité et trouve son fondement dans les luttes contre les discriminations, qu'elles soient contre les Noirs ou les Blancs. Pour reprendre Étienne Balibar et Immanuel Wallerstein, « l'objet principal des catégories semble être de nous permettre d'avancer des propositions en utilisant le passé contre les processus "rationnels" faussement objectifs du présent[25] ».

25. E. Balibar et I. Wallerstein, Race, nation, classe. Les identités ambiguës, *Paris, La Découverte, 1988.*

Le classement par nationalité, qui tient compte des naturalisations, est aussi source d'ambiguïté en matière de citoyenneté, lorsqu'il s'agit des femmes[26]. L'altérité des femmes, analysée par Patrick Weil, porte sur l'inégalité entre hommes et femmes et transparaît à travers les lois sur la nationalité et les politiques d'immigration. L'auteur rappelle que « l'infériorité de la femme » était une règle internationale au début du XXe siècle. En France, le Code civil suit alors la devise de Napoléon qui déclare que « la femme est la propriété du mari [...] et que la nature a fait des femmes les esclaves des maris ». Il attribue la nationalité française à une étrangère qui épouse un Français et le statut d'étranger à une Française qui épouse un étranger. De même, seul l'homme peut transmettre la nationalité française à ses enfants, jusqu'à la deuxième moitié du XIXe siècle. Aux États-Unis, au début du XXe siècle, les politiques de restriction à l'immigration influencent le statut de la femme et ses droits politiques – perte de nationalité et du droit de vote – lorsqu'elles épousent un étranger. Même si leur mobilisation aboutit à séparer le lien entre mariage et nationalité, intervient alors le facteur de race qui limite cette séparation, lorsque la femme américaine épouse un étranger non éligible à la naturalisation comme, par exemple, un Asiatique. Dans tous les cas, Patrick Weil montre que la perte de nationalité de la femme et ses effets désastreux en matière d'autonomie et de statut dans le pays du conjoint ont conduit les femmes à se mobiliser pour obtenir l'égalité avec les hommes dans les procédures de naturalisation par mariage et la transmission aux enfants, ainsi que le droit de choisir leur nationalité et le droit de vote. Tout comme l'influence des diasporas de l'empire austro-hongrois et celle des acteurs internationaux dans la prise en compte de leur catégorisation, dans les statistiques analysées par P. Schor et A. spire, P. Weil souligne de son côté le rôle des Nations unies et de la Convention de 1957 dans la libéralisation de la loi sur la nationalité concernant les femmes mariées qui a établi la norme de l'égalité dans tous les pays.

Une telle inégalité constitue le fondement d'une exclusion et d'une discrimination productrice de différence. La question qui se pose est alors la suivante : l'altérité définie par le genre serait-elle de même nature que celle définie en termes de race et d'ethnicité[27] ? Les mouvements de

26. Voir à ce sujet Joan W. Scott, La Citoyenneté paradoxale, *Paris, Albin Michel, 1998 (traduction de* Only Paradoxes to Offer, *Cambridge [Mass.], Harvard University Press, 1997).*

27. S. Benhabib (dir.), Democracy and Difference. Contesting the Boundaries of the Political, *Princeton (N. J.), Princeton University Press, 1996.*

féministes avaient pourtant les mêmes objectifs que les mouvements de groupes ethniques ou raciaux : lutter contre les inégalités sociales – et contre les discriminations. Aux États-Unis, les femmes constituent une minorité dans la mise en place des politiques d'identité et demandent une compensation des injustices qu'elles ont subies et des inégalités sociales. En France, le débat a en revanche porté, comme dans le cas des communautés ethniques ou autres, sur l'universalité des valeurs républicaines et par conséquent le refus de toute politique particulière à leur égard, bien que leur représentation politique aujourd'hui ait trouvé une légitimité dans la mise en place de la parité.

Politiques

Au-delà d'une simple terminologie et de leur usage dans une catégorisation statistique, les concepts constituent de toute évidence des outils stratégiques pour la classe politique et les acteurs eux-mêmes. « Quel est l'enjeu politique d'une classification raciale ou ethnique – exprimer une identité ou renforcer les lois antidiscriminatoires ? », s'interroge K. Prewitt[28].

La question reste ouverte. Aux États-Unis, les mobilisations, dans les années 1960, autour de la demande de reconnaissance des populations en situation de minorité de par leur culture, leur race, ou leur ethnicité ont abouti à la visibilité institutionnelle de l'altérité raciale accompagnée, dès 1965, de mesures d'*affirmative action*. Traduit en français comme « discrimination positive », à partir de l'interprétation du sociologue Nathan Glazer, ces mesures consistent à réduire les inégalités raciales ou autres, en cherchant à réparer les méfaits des politiques passées, notamment de l'esclavage et de la ségrégation raciale. En France, le manque de donnée statistiques et l'absence de catégories ethniques ou raciales va de pair avec l'absence de politique spécifique à leur égard[29]. En Europe, plus précisément en France et en Allemagne, la question de la reconnaissance implique l'extension de l'État providence à un nouveau domaine – celui de l'identité – avec la mise en place de politiques sociales en vue d'assurer l'intégration des populations issues de l'immigration des années 1960. La devise est, dès lors, celle d'une

28. K. Prewitt, « Racial Classification in America : Where Do We Go From There ? », Daedalus, *134 (1), hiver 2005, p. 11.*

29. Patrick Simon, « Sciences sociales et racismes, où sont les docteurs Folamour ? », Mouvements, *3, mars-avril 1999, p. 11-115.*

intégration sociale en opposition à l'exclusion, qui, elle, se réfère surtout aux institutions et au marché de travail, à l'échec scolaire et au chômage. Dans le discours, le mal est en premier lieu social. Il faut donc y remédier par le social, même si en réalité le social se trouve étroitement lié au culturel. Ainsi, les politiques d'intégration sociale s'accompagnent d'un changement de codes d'inscription et de pratiques institutionnelles. Alors que la lutte contre les inégalités se poursuit en termes raciaux aux États-Unis, la demande de reconnaissance en France et en Allemagne s'est en effet cristallisée autour de la religion, en l'occurrence l'islam, et de son institutionnalisation dans le même registre que les autres religions comme fondement de l'égalité de traitement entre les différences.

Daniel Sabbagh, dans son article sur les politiques de lutte contre les inégalités aux États-Unis, met en relation les variables ethnoraciales et territoriales dans la lutte contre les inégalités et montre les difficultés à mettre en place une politique adéquate. Il discute la discrimination positive territoriale (*busing*) et les politiques d'*affirmative action* (discrimination positive ethnoraciale), et analyse le passage de l'une aux autres par les acteurs politiques pour réduire de façon efficace les inégalités subies par les Noirs dans les institutions d'enseignement supérieur. La discrimination positive territoriale, dit-il, « consiste à lever les entraves à la mobilité individuelle des résidents des ghettos ». Il la compare aux politiques de la ville en France, avec la mise en place des ZEP (Zones d'éducation prioritaire) qui vise « la population issue de l'immigration sans pour autant la désigner expressément et exclusivement ». Pourtant, le secrétaire d'État à l'Intégration Hubert Prévot n'avait-il pas déclaré que « le projet de Zone d'éducation prioritaire, depuis sa préparation, son élaboration, jusqu'à sa mise en œuvre, [devrait] faire place aux préoccupations concernant les enfants étrangers et d'origine étrangère et intégrer les réponses éducatives et pédagogiques adaptées[30] » ? Cela dit, les écoles, localisées en majorité dans des quartiers définis comme Zones urbaines prioritaires (ZUP), font l'objet de mesures spécifiques qui postulent qu'il faut « faire plus, là où il y a moins », répondant ainsi surtout à un besoin socio-économique, et, comme l'écrit Sabbagh, respectant ainsi l'article 1 de la Constitution « sans distinction de race et de religion... ».

30. Dans un document sur les politiques sociales d'intégration présenté à l'OCDE en mars 1991.

Quant aux politiques de discrimination positive raciale, D. Sabbagh rappelle leur objectif de compensation, à la suite d'un processus d'assignation identitaire où l'identification raciale est le facteur déterminant. Il s'agit d'un « traitement préférentiel pour remédier à leur sous-représentation dans la population de référence dans les universités[31] ». Mais, souligne-t-il, son institutionnalisation politico-administrative et jurisprudentielle dans les années 1970 va de pair avec le renoncement au critère de localisation géographique (*busing*) et entend corriger les inégalités dans le secondaire. Il considère qu'« en dépit de la norme sous-jacente de quasi-proportionnalité raciale commune au *busing* et à l'*affirmative action*, il existe entre ces deux politiques une différence qui tend à faire apparaître la première comme moins difficile à justifier que la seconde ». Les controverses autour de la ségrégation – de fait et de droit – et les effets pervers (ségrégation des Blancs, stigmatisation des Noirs, rôle du mérite par rapport à l'appartenance raciale, instrumentalisation des identités, etc.) des politiques de discrimination positive ont généré des tentatives d'abandon dans plusieurs États dans les années 1990 et la prise en compte du degré de désavantage socio-économique, qui intégrait de fait le lieu de résidence, conduisant à une reconsidération de la variable territoriale.

Même si la prise en considération des critères socio-économique et résidentiel et non pas ethnoracial rapproche la France et les États-Unis dans leur lutte contre les inégalités, il n'est pas question, en France, de gérer, par ce biais, les différences, mais d'assurer leur intégration sociale[32]. Claire de Galembert montre que la gestion de l'islam en France et en Allemagne fait d'abord partie de politiques publiques « sur un fond d'improvisation, d'expérimentation », comme d'ailleurs la gestion de la différence raciale aux États-Unis. D'après de Galembert, « se développe une volonté politique nationale [...] non seulement de faire de l'islam une religion parmi d'autres mais aussi de "normer" l'action publique en la matière ». Cela se traduit, pour l'auteur, par le glissement d'une gestion locale vers une gestion nationale de l'islam, que l'État soit central comme en France ou fédéral comme en Allemagne.

Claire de Galembert décrit la mobilisation des musulmans à des périodes différentes dans certaines localités en France et dans certains

31. « Les groupes en question sont les Noirs, les Hispaniques, les descendants des autochtones, les Asiatiques et les femmes », dans D. Sabbagh, « Les politiques de lutte contre les inégalités aux États-Unis : du critère territorial au critère racial – et réciproquement ».

32. Voir P. Rosanvallon, La Nouvelle Question sociale, *Paris, Le Seuil, 1994.*

Länder en Allemagne, soit pour la construction d'une mosquée, comme à Mantes-la-Jolie dans la région parisienne, soit pour la construction d'une structure fédérative regroupant les différentes nationalités de la population musulmane à l'échelle du *Land*, comme à Berlin. Elle insiste cependant sur le rôle du conflit dans l'apprivoisement mutuel entre acteurs islamiques et acteurs publics, des conflits « qui opposent le monde du "eux" et le monde de "nous" », opposition « qui suit la ligne religieuse », précise-t-elle. Le conflit, comme les mobilisations, contribue à changer d'échelle dans le traitement du problème, le transportant du niveau local – comme dans le cas du foulard – au niveau national, et cela aussi bien en France avec la première affaire du foulard de Creil qu'en Allemagne autour du cas de Ferestha Ludin, enseignante stagiaire qui s'est vue interdire le droit à enseigner en raison de son couvre-chef islamique.

La reconnaissance de l'islam constitue une réponse à la mobilisation des populations musulmanes qui revendiquent un traitement égal avec les autres religions et demandent à s'intégrer dans le cadre institutionnel réservé aux religions dans les deux pays. Laïcité et séparation totale entre Église et État d'un côté du Rhin, pluralisme religieux et son inscription dans le droit public de l'autre, entraînent deux modes de reconnaissance de l'islam en Allemagne et en France, qui, selon Claire de Galembert, « façonnent en partie les attentes de la population musulmane, par conséquent ses revendications ». En France, cela a abouti à la création, au printemps 2003, du Conseil français du culte musulman (CFCM), sur le modèle du consistoire ou de la fédération protestante. En Allemagne, de Galembert rappelle que la marge d'action de l'État fédéral est nettement plus réduite que celle de l'État français, puisque la question des rapports entre l'État et les communautés religieuses se trouve être du ressort des communes et des *Länder*, et que la question se pose en termes d'organisation des cours de religion à l'école publique, droit garanti par la Loi fondamentale.

Les conflits locaux autour de l'islam et leur étendue nationale analysés par C. de Galembert confirment que la religion est perçue comme une différence permanente à la fois par la population musulmane et les pouvoirs publics en France et en Allemagne. Son institutionnalisation, qui n'est rien d'autre qu'une « assimilation institutionnelle », renforce paradoxalement cette différence[33]. Alors qu'en Allemagne, la

33. Cf. R. Kastoryano, « Religion and Incorporation. Islam in France and Germany », International Migration Review, *automne 2004, p. 1234-1256.*

différence était pendant longtemps définie en termes de nationalité, ce qui, du fait des lois restrictives, renvoyait à un statut d'étranger permanent, faisait de la nationalité du pays de départ une source d'ethnicité. La réforme du droit de la citoyenneté mise en application en janvier 2000 a contribué à déplacer la question de la nationalité vers l'islam : auditions et rapports ministériels qui se suivent témoignent de la prise en charge – même partielle – de l'islam par des institutions nationales.

La réforme du droit de la nationalité a rendu explicite une autre altérité en Allemagne : celle de la langue. Nikola Tietze constate que les changements de lois sur la nationalité ont situé la connaissance de l'allemand au premier plan de la distinction entre ceux qui seraient « intégrables » et ceux qui devraient rester « étrangers ». La langue comme élément d'altérité n'a aucun sens, lorsqu'il s'agit de l'intégration des immigrés en France, et cela grâce à leur passé colonial et à leur connaissance du français avant l'émigration, ainsi que grâce à l'assimilation linguistique par l'école, toujours en vigueur. Elle apparaît cependant dans le discours et dans des dispositions politiques, lorsqu'il s'agit des questions de reconnaissance de la diversité linguistique du pays, alors qu'en Allemagne, la différence linguistique a été maintenue par les politiques de *Gastarbeiter* destinées à garder les étrangers prêts à rentrer chez eux. Il est vrai que les deux pays n'ont pas le même rapport à la langue : élément principal de l'identité nationale depuis le Romantisme en Allemagne, élément d'unification national, et donc de communication politique en France.

N. Tietze souligne que la nouvelle loi sur la nationalité introduit « une connaissance suffisante de la langue allemande comme une condition juridique pour la naturalisation ». La langue fait donc désormais officiellement partie des politiques d'intégration (reformulées en 2004). Exiger sa connaissance est justifié par les possibilités « d'accès égalitaire au marché du travail et au système éducatif pour les immigrés » qu'elle procure. Et N. Tietze de rappeler qu'une politique similaire avait été mise sur pied dès l'arrivée des immigrés en France sous le nom de politique d'alphabétisation, d'apprentissage et de formation professionnelle, en parallèle à l'intégration des enfants d'immigrés dans le système scolaire français. Des tentatives de politique d'enseignement de la langue d'origine en France, accompagnées d'une rhétorique de lutte contre les discriminations, qui ne sont pas loin de rappeler les politiques ciblées aux États-Unis, ont été abandonnées au profit d'un pluralisme linguistique dans les deux pays, cette fois comme volonté d'ajustement à l'européanisation et plus généralement à la globalisation. Cette nouvelle forme de pluralisme ne peut donc négliger, aux yeux de N. Tietze, les langues régionales et minoritaires reconnues par la Charte européenne. Même si certaines langues régionales sont reconnues comme langues minoritaires par certains États, cela ne s'applique pas aux populations immigrées classifiées, elles, selon la nationalité et non selon leur statut de minorité – reconnue ou pas – dans leur pays d'origine. À ces altérités multipliées par les politiques d'intégration et par les institutions nationales et supranationales, s'ajoute « le comportement linguistique » des jeunes de deuxième génération en France et en Allemagne qui, à travers les langues élaborées, affirment leur propre « altérité » comme l'expression d'une marginalisation sociale et de leur exclusion des débats sur l'intégration nationale.

Interactions

La différence comme altérité se vit, se ressent et s'exprime dans la vie quotidienne à travers les interactions entre « citoyens ordinaires », tout comme dans la vie politique à travers les classifications et les actions publiques. Les concepts, les catégories, et l'objet des politiques de reconnaissance – les différences – sont intériorisés par les individus grâce aux médias, aux débats publics et aux discours souvent contradictoires qui dénoncent et/ou renforcent les stéréotypes, nourrissent des sentiments d'acceptation et de tolérance comme de rejet et de préjugé, mais rarement de l'indifférence. Ils font du sujet – l'immigré, l'autre, le différent – un lieu commun, un thème « supposé connu », tel qu'il est exprimé dans le langage journalistique où tout le monde ajoute du sien pour former l'opinion qui à son tour fait réagir la classe politique, faisant ainsi de la différence un champ de bataille de la compétition entre partis.

Michèle Lamont, s'appuyant sur sa recherche quant à la définition des frontières entre les « gens comme nous » et les autres, rapporte l'évaluation que font les travailleurs, « simples citoyens », des immigrés en France et des Noirs aux États-Unis. Elle souligne que ces évaluations contribuent à l'édification des frontières morales et culturelles. Des entretiens approfondis dévoilent comment les Français dits « de souche » et les Américains portent un jugement sur la différence de l'autre en fonction des valeurs perçues et définies comme celles constitutives de la nation. En France, les pauvres et les Noirs font partie du

« nous », alors que « les immigrés musulmans sont incapables de s'assimiler à une culture universaliste ». Aux États-Unis, alors que les immigrés suscitent de l'indifférence, « les travailleurs élèvent des frontières morales vis-à-vis des pauvres et des Noirs au nom de l'éthique morale et professionnelle ». C'est donc la propre perception de leur « communauté imaginée » qui est à l'origine des frontières symboliques et mentales qui séparent les groupes, souligne Michèle Lamont.

D'après les entretiens qu'elle rapporte, l'Autre n'est donc en France ni le Noir, ni l'Asiatique, ni le pauvre, mais le Nord-Africain. Les Noirs constituent une population hétérogène, tant sur le plan religieux que sur le plan national, et le processus de colonisation a été plus paisible. L'Asiatique correspond à une image de réussite et le pauvre est salarié et exploité. Ainsi, précise Michèle Lamont, « le républicanisme, le catholicisme et le socialisme fournissent tous des éléments de répertoires culturels qui favorisent ces faibles frontières en mettant l'accent sur l'importance de la solidarité sociale entre les citoyens (quelle que soit leur race), entre les pauvres et entre les travailleurs, respectivement. Mais la frontière est ferme entre les « travailleurs français d'origine et les Nord-Africains ». Mis à part le fait qu'ils remettent en cause précisément le républicanisme, rapporte Michèle Lamont, « Les musulmans, sur le plan culturel, sont fondamentalement différents des Français, voire incompatibles avec eux. » Curieusement, « l'altérité des musulmans est soulignée tandis que les différences dans le degré d'implication religieuse de ces mêmes musulmans sont minimisées par les personnes interrogées », ajoute-t-elle.

Aux États-Unis, l'autre n'est pas l'immigré, quoique leur nombre croissant inquiète l'opinion et la classe politique et que, concernant les *Hispanics*, leur présence pose un problème d'assimilation. Mais l'altérité, de l'autre côté de l'Atlantique, est exprimée en termes d'appartenance sociale et culturelle et généralement associée au fait d'être blanc et de se situer au moins dans la couche inférieure des classes moyennes ou dans la classe ouvrière. Elle est évaluée sur la base de la « réussite ». La frontière sépare dès lors les « personnes supérieures et les personnes inférieures ». Elle est établie en termes de classe et de morale, dans la mesure où la pauvreté est associée à la paresse, à l'irresponsabilité et à une dépendance vis-à-vis de l'État providence. On est donc loin de « l'éthique protestante et de l'esprit du capitalisme » cher à Weber, devenu la clé du rêve américain. Ainsi se définissent les frontières sociales, raciales et morales. Elles agissent conjointement, précise Michèle Lamont.

La question de fond est en réalité l'intégration. À travers les frontières sociales, morales, culturelles et raciales établies par les personnes interrogées, Michèle Lamont souligne fermement que les discours de travailleurs concordent avec « les modèles officiels » d'intégration des deux côtés de l'Atlantique, et rejettent sur l'autre la responsabilité de son dysfonctionnement actuel. L'enjeu de tels discours et leur écho dans la vie politique ne sont pas négligeables. Ils contribuent à la formation d'un répertoire culturel et politique des partis populistes qui instrumentalisent les codes de la différence. Michael Minkenberg montre comment les partis d'extrême droite et leurs mouvements s'approprient la représentation dominante de la nation pour produire et reproduire l'altérité. Mais, là aussi, l'altérité change de définition. Elle ne se limite pas nécessairement à l'ethnicité mais inclut aussi des éléments religieux, culturels et politiques. Cela dépend de la marge de manœuvre des partis (en France et en Allemagne) ou des mouvements (aux États-Unis) et de leur adaptation aux nouveaux contextes sociaux et politiques dans leur pays. Aux États-Unis, par exemple, Minkenberg souligne que la fin de la ségrégation raciale des années 1960 a conduit les mouvements d'extrême droite à mobiliser l'opinion sur la base du fondamentalisme protestant, instrumentalisant les thèmes comme l'avortement et abandonnant ainsi le racisme institutionnalisé. En France et en Allemagne, les partis d'extrême droite ont fondé leur campagne et leur action non pas directement sur la religion, mais contre l'immigration et les origines nationales (étrangères) de la population.

Michael Minkenberg montre, par ailleurs, que ces partis ou ces mouvements s'appuient sur des groupuscules actifs et des manifestations qui défendent et amplifient leur cause aux yeux de l'opinion comme, par exemple, les protestations de rue contre l'avortement aux États-Unis, les *skinheads* en France et en Allemagne, les jeunes néonazis en Allemagne. Leur action, source de conflits, ne fait que radicaliser la différence et renforcer les frontières de l'altérité. Bien entendu, leur discours et leur mobilisation ne sont pas sans effets sur les autres partis. En effet, en France, depuis les années 1980, les partis de droite – et même de gauche – ne sont-ils pas en concurrence avec le Front national sur les discours et les politiques concernant l'immigration et la recherche de l'identité nationale française ? En Allemagne, en revanche, la présence d'étrangers – trop nombreux – ayant déjà été instrumentalisée par les partis conservateurs, les partis d'extrême droite, en net accroissement de popularité entre 1988 et 1991, se sont vite vus dépourvus d'arguments. Aux États-Unis, la droite chrétienne a bel et bien pénétré les organisations locales et régionales du Parti républicain, comme le témoigne la campagne électorale de ce parti qui a réservé une grande place à la religion, avec une visibilité accrue des évangélistes dans les médias et les débats publics, et la réélection de George W. Bush.

Cela dit, Minkenberg note qu'il est cependant difficile de mesurer les effets législatifs de telles interactions entre partis. Il attire l'attention sur des dispositions qui ont été prises pour limiter, voire abandonner les politiques d'*affirmative action* dans certains États, interdire toute clause antidiscriminatoire contre les homosexuels ou encore inclure les théories créationnistes dans des programmes scolaires aux États-Unis. Mais, précise-t-il, le fédéralisme, le système judiciaire et des contre-mobilisations viennent modérer les conséquences de leurs actions, sauf en ce qui concerne les fonds publics versés par Bush à des groupes religieux pour démanteler la séparation entre l'Église et l'État. En France, la compétition entre partis a réduit la fonction décisionnelle du Front national à un niveau qualifié par Minkenberg de symbolique, alors qu'en Allemagne, la présence de l'extrême droite a provoqué un débat sur la *Kulturnation* défendue par la droite et le « patriotisme constitutionnel » et l'identité « post-nationale » défendue par la nouvelle gauche, bref sur la recherche d'une redéfinition de l'identité nationale allemande face au défi du multiculturalisme.

Ainsi se combinent discours, actions et politiques qui redynamisent les frontières de la différence des groupes et celle de la nation prise elle-même entre sa particularité et son ambition d'universalité.

Non seulement les différences conceptualisées, catégorisées et politisées varient d'une société à l'autre, mais les frontières érigées à l'intérieur d'une même société varient elles aussi en fonction des relations sociales et institutionnelles. Ces frontières servent à renforcer une représentation de l'identité nationale, lorsqu'elles sont établies par des politiques. Elles se réfèrent à des altérités dans lesquelles se retrouvent les « exclus » et les « différents » dans leur lutte pour l'égalité, lorsqu'elles résultent des mobilisations. La multiplicité des différences – celles désignées et reconnues par les États, celles qui sont revendiquées, celles qui sont en quête de reconnaissance – conduit cependant à une hiérarchisation de cultures. Les questions qui se posent dès lors sont : toutes les cultures « méritent-elles » une même reconnaissance ? Quelles sont les différences qui pourraient donner une légitimité aux politiques de la reconnaissance ? Comment gérer une hiérarchie de « cultures » qui s'établit de fait lors de la lutte contre la discrimination où il s'agit tantôt de la race, tantôt de la religion, tantôt de la nationalité ou encore de la langue[34] ? Ces questions, sources de controverses, remettent en cause les politiques libérales des démocraties occidentales soucieuses des différences culturelles dans une perspective de justice et de citoyenneté égalitaire – des politiques définies comme multiculturalistes.

Dans sa critique du multiculturalisme, Christian Joppke soulève des questions sur les limites du libéralisme et l'échec du multiculturalisme, dont l'objectif principal était pourtant d'assurer l'intégration des minorités. Il distingue une société multiculturelle d'un État multiculturel, en rappelant les conflits religieux dans l'Europe du XVIIe siècle et prône la privatisation des différences à l'instar des relations entre États et religions en Europe. Pour ce qui est du conflit multiculturel aujourd'hui, Joppke suggère des solutions pragmatiques et non pas nécessairement des principes qui s'appuieraient sur des droits fondamentaux pour gérer les différences. Si la religion est effectivement le point le plus dur du multiculturalisme et que certaines pratiques religieuses sont contre les valeurs occidentales et les droits de l'homme, il rejette alors l'attribution de la même valeur, au nom d'une compensation, à toutes les cultures : « leur reconnaissance égale est impossible » dit-il. Par ailleurs, la reconnaissance culturelle implique selon lui une réciprocité. « Ne pourrait-on pas exiger d'une culture dont la différence est reconnue par un État libéral de reconnaître réciproquement la culture de la majorité ? » s'interroge Joppke. La question laisse perplexe, dans la mesure où de nombreuses études sur l'intégration de populations immigrées mettent précisément en évidence leur « acculturation politique » et leur adaptation aux règles du jeu de chaque État. Ce qui d'ailleurs constitue un des paradoxes du multiculturalisme : intégration politique et appropriation des valeurs universelles qu'incarnent les États démocratiques pour revendiquer la reconnaissance des particularités culturelles dont le lien pose la question de compatibilité.

Joppke conclut que seuls les groupes lésés par l'histoire, comme les Noirs et les Indiens aux États-Unis ou les minorités territoriales, devraient être concernés par le modèle multiculturel de l'intégration des minorités, et non pas les immigrés. Ce qui le conduit à affirmer qu'aux États-Unis, le multiculturalisme comme politique « d'intégration des non-Blancs peut s'avérer plus efficace et mieux accepté par la société que la reconnaissance culturelle des immigrés ». Pour ces derniers, il défend « des politiques centristes d'intégration citoyenne ».

34. *Cf. Seyla Benhabib,* op. cit.

Depuis que le mot multiculturalisme s'est installé dans les débats publics, il se prête à toutes sortes d'usages, rappelle Michael Walzer[35]. En effet, rares sont les vocables en sciences sociales qui ont connu un usage aussi diversifié. Non seulement le concept de multiculturalisme a voyagé à travers les démocraties occidentales, voire au-delà, mais à l'intérieur d'un même contexte national, il est devenu source de controverses quant à sa définition et son interprétation, pour être aujourd'hui la cible des critiques en matière d'exclusion des populations en situation de minorité[36]. Joppke compare à cet effet les multiculturalismes australien, américain et européen (britannique et néerlandais). En Australie, le concept, qui concernait tous les Australiens et avait établi une équivalence entre « national » et « multiculturel », est en déclin, certains déplorant la disparition de l'origine britannique, d'autres la spécificité australienne du multiculturalisme par comparaison avec le multiculturalisme canadien ou américain. Ce dernier n'a pourtant pas atteint, d'après Joppke, le statut de politique d'État : « il s'est davantage prêté à une réinterprétation créative par les systèmes secondaires de la société », alors qu'en Europe, plus précisément en Grande-Bretagne et aux Pays-Bas, cette politique se réfère aux populations immigrées – deux pays qui, ces derniers temps, remettent en cause très vivement cette politique.

Aux Pays-Bas, les assassinats de Pim Fortuyn et de Theo Van Gogh ont généré un changement radical dans les politiques et l'opinion concernant les minorités. Rud Koopman cherche à montrer qu'aux Pays-Bas, exemple même de pays « tolérant » et ayant adopté une politique officielle de multiculturalisme, la politique de la différence a été un échec, dans la mesure où elle n'a pas abouti à une intégration économique des populations immigrées. Elle a, au contraire, contribué à les isoler culturellement et politiquement[37]. Désormais, la question du multiculturalisme étant liée aux politiques d'immigration et aux recrutements

35. « Le multiculturalisme au cœur », entretien avec Michael Walzer, réalisé par R. Kastoryano, L. Bouvet et C. Jaffrelot, Critique internationale, *3, printemps 1999, p. 55-63.*

36. Voir, R. Kastoryano (dir.), Quelle identité pour l'Europe ? Le multiculturalisme à l'épreuve, *Paris, Presses de Sciences Po, coll. « Références », 2005 [2e éd. revue et augmentée].*

37. Ruud Koopmans, « Tradeoffs Between Equality and Difference : The Failure of Dutch Multiculturalism in Cross-National Perspective », communication présentée à la conférence sur « Immigrants' Political Incorporation », Cambridge (Mass.), Radcliffe Institute for Advanced Studies, Harvard University, avril 2005.

des immigrés à cause d'une opinion sensible à l'intégration des nouveaux venus, les Pays-Bas ont opté pour des politiques d'immigration restrictives, qui donnent le ton aux politiques d'intégration[38]. Pour Joppke, les Pays-Bas ont choisi l'intégration citoyenne. Cela consiste à exiger une connaissance préalable de la langue du pays. Ce modèle qui se répand dans d'autres pays en Europe se traduirait par « la relativisation de leur propre culture à sa réaffirmation[39] ».

En Grande-Bretagne, le premier tableau sombre du multiculturalisme a été dressé à la suite des émeutes de 2001 – tableau assombri davantage avec les attaques terroristes de juillet 2005. La Grande-Bretagne est aujourd'hui loin du rapport de Bhiku Parekh, qui réclame un pays qui soit à la fois « une communauté de citoyens et une communauté de communautés », comme le rappelle Joppke. Une intégration citoyenne demanderait aujourd'hui un nouveau programme de gestion de l'immigration et d'intégration, comme l'exigence de la langue pour la citoyenneté et la nationalité (décrite par N. Tietze dans le cas de l'Allemagne), favoriser les mariages dans le pays, et assurer une participation dans les institutions existantes. Joppke note ainsi que « partout, on assiste à la même tendance à considérer le multiculturalisme comme la description d'une société diversifiée et non comme une prescription destinée à orienter la politique de l'État ».

Le risque de telles réactions contre le multiculturalisme est une affirmation des particularismes nationaux. Dans les discours, la limite entre l'ethnicisation de la nation et l'affirmation de ses principes fondamentaux devient difficile à discerner. Huntington, dans son dernier ouvrage, impute au multiculturalisme la responsabilité de la « non-assimilation » des Hispaniques et de la division de l'Amérique en « deux peuples, deux cultures et deux langues[40] ». Cela constitue le plus grand paradoxe du multiculturalisme et le plus grand danger qui pourrait conduire à un conflit des nationalismes : celui des minorités, qui désormais participent à la vie politique avec leurs différences et ne revendiquent pas d'autonomie territoriale, mais personnelle et culturelle, et celui des nations qui trouve un appui dans les partis populistes.

Comment penser à « l'après-multiculturalisme » ? Le plus grand défenseur du multiculturalisme, W. Kymlicka, suggère aux démocraties

38. Veit Bader, « Dutch nightmare ? The End of Multiculturalism », Canadian Diversity, *4 (1), hiver 2005, p. 64.*

39. Voir l'article de Ch. Joppke : « L'effacement du multiculturalisme dans l'État libéral ».

40. S. Huntington, op. cit, *2004.*

libérales des solutions pour « une meilleure adaptation du multiculturalisme » à la réalité actuelle. Il faudrait à ses yeux distinguer entre les migrants légaux et illégaux, entre groupes ayant des pratiques libérales et illibérales, entre immigrés qui contribuent à l'économie du pays et ceux qui en dépendent. Tous ces éléments, qui consistent à choisir les cibles des politiques multiculturelles, relèveraient à ses yeux d'un principe moral qui pourrait convaincre l'opinion en matière de reconnaissance des différences[41].

De telles distinctions, dont les critères poseraient des problèmes d'objectivité, ne seraient-elles pas source de nouveaux clivages, voire de nouveaux conflits ? Ne pourrait-on pas voir une solution dans une « assimilation institutionnelle » des différences ? La France et l'Allemagne, par exemple, n'ont jamais reconnu de politique multiculturaliste. La rhétorique républicaine a toujours rejeté l'idée de politique différentielle – même si la pratique a mis en évidence un multiculturalisme appliqué dans le domaine du logement et de la scolarité, comme celui de l'identité. L'Allemagne, au contraire, avait trouvé dans le discours sur le multiculturalisme un moyen de se rapporter à une intégration démocratique des étrangers. La France aujourd'hui se réfugie derrière une rhétorique républicaine qui se veut universaliste, fidèle à la philosophie des Lumières, souvent critiquée par les libéraux, et renvoie aux pays qui ont choisi le multiculturalisme leur « essentialisme » quant à la détermination des différences. La réforme de la loi sur la nationalité en Allemagne, la plus libérale d'Europe, aurait ainsi envisagé « l'intégration citoyenne », selon l'expression de Joppke, comme pour compléter l'intégration avec la langue et la culture et éviter ainsi une « citoyenneté différentielle[42] ». Quant à la différence religieuse qui a conduit à un débat de reconnaissance de l'islam, en Allemagne comme en France, elle aboutit à une « assimilation institutionnelle » des différences, ce qui revient à « intégrer » les différences dans les structures de l'État[43]. Si les politiques dites (ou non dites) d'identité cherchent paradoxalement à aboutir à une cohésion sociale dans les sociétés

41. *W. Kymlicka, « The Uncertain Futures of Multiculturalism »,* Canadian Diversity, *4 (1), hiver 2005, p. 82-85.*

42. *Iris M. Young,* Justice and the Politics of Difference, *Princeton (N. J.), Princeton University Press, 1990.*

43. *Riva Kastoryano (avec Tariq Modood), « Secularism and Religious Pluralism. Islam in Democratic Liberal Societies », dans T. Modood, A. Triandafyllidou et R. Zapata Barrero (eds),* Multiculturalism, Muslims and Citizenship : A European Approach, *Londres, Routledge, 2005.*

nationales, ne faut-il pas considérer une base institutionnelle reconnue par les États qui définisse le cadre de la légitimité fondée sur l'égalité et la justice ? Une telle approche est, de toute évidence, un moyen de marquer la souveraineté de l'État, notamment dans sa fonction de définition des termes de la citoyenneté et d'émancipation individuelle, par exemple, lorsque la communauté ne répond pas au besoin de développement personnel. Mais il reste beaucoup à faire pour aboutir à une citoyenneté égale, à l'identification de l'individu ainsi qu'à celle du groupe avec la société et ses institutions au-delà d'une relation instrumentale. La question fondamentale est la définition d'une citoyenneté commune d'un espace civil de co-existence et d'un espace civique commun de participation politique.

I - LES CONCEPTS

Chapitre 1

IDENTITÉ NATIONALE ET CODES D'ALTÉRITÉ DANS L'HISTOIRE DE LA FRANCE ET DES ÉTATS-UNIS[1]

George M. FREDRICKSON

Depuis que les États-Unis et la France ont créé des républiques modernes, c'est-à-dire depuis la fin du XVIIIe siècle, ces pays ont eu des identités nationales fortes caractérisées par l'ouverture et l'universalité et, simultanément, par l'exclusion et le particularisme. Les idéaux qu'ils défendaient, inspirés par les principes des Lumières, étaient théoriquement applicables à l'humanité entière ; cependant, ceux qui ne pouvaient ou ne voulaient pas se les approprier, considérés comme Autres au cours du processus de développement et de définition de ces identités, subirent à des degrés variés le dénigrement et la discrimination. Les codes d'altérité qui résultaient de cette situation pouvaient déboucher sur la désignation d'un Autre par excellence, d'un groupe dont les attributs supposés étaient précisément à l'opposé de ceux qui conditionnaient l'appartenance nationale et la citoyenneté à part entière. Il était dès lors possible de s'appuyer sur ces « conceptions contrastées » pour définir de façon plus précise l'identité nationale, qui acquérait de ce fait un sens plus fort et un caractère plus contraignant pour ceux qu'elle concernait. Cet essai s'efforce de comparer l'histoire

1. Une version de ce texte, en anglais et légèrement différente, est parue dans Daedalus, *134 (1), hiver 2005, p. 88-101, sous le titre « Diverse Republics : French And American Responses to Racial Pluralism ».*

du développement des identités collectives en France et aux États-Unis, et de montrer les différentes modalités d'exclusion collective et de construction de l'autre induites par ces conceptions diverses de l'identité nationale.

La juxtaposition et la comparaison d'éléments centraux des histoires respectives de la France et des États-Unis peuvent, au premier abord, paraître arbitraires et improductives[2]. D'un côté, on a un vieux pays européen, qui existe sans discontinuité depuis plus d'un millénaire ; de l'autre, un pays bien plus récent formé par la colonisation de l'Amérique du Nord et constitué en tant que nation voici à peine deux siècles. Pour éviter de transformer une comparaison historique entre la France et les États-Unis en simple catalogue de contrastes, il faut commencer par répertorier quelques similitudes fondamentales.

Tout d'abord, l'élément le plus évident : la France et les États-Unis se sont révoltés contre le régime monarchique à la fin du XVIIIe siècle, pour instaurer des républiques[3]. À l'issue de ce processus, ces deux pays sont devenus les premiers États-nations de taille substantielle fondés sur la souveraineté populaire et le gouvernement par délégation de pouvoir. En abolissant ou en proscrivant tant la noblesse que la monarchie, ils ont créé une présomption d'égalité juridique et politique pour tous les citoyens. La Déclaration d'indépendance et celle des droits de l'homme se fondent sur un même principe : tout individu, du seul fait qu'il est un être humain, doit bénéficier de droits naturels fondamentaux. Le type de nationalisme qui s'est développé à l'appui de ces démarches politiques radicales est généralement intitulé « civique » ou « territorial », par opposition au nationalisme « ethnique » ou « organique » qui a connu son essor dans l'Europe du XIXe siècle, notamment en Allemagne[4]. En vertu du nationalisme civique, il suffit, pour appartenir à une nation, de vivre sur son territoire et de faire partie de l'humanité ; pour se réclamer de la nation au sens ethnique, il faut prouver que l'on a la bonne ascendance, que le sang qui coule dans nos veines est celui qui convient. Mais, comme l'a souligné Anthony D. Smith, toutes les nations ont allié

2. En fait, une telle tentative a rarement été menée. À ma connaissance, les seules études sérieuses sont les ouvrages d'Higonnet et de Jaher cités plus loin, qui insistent l'un et l'autre sur le républicanisme révolutionnaire.

3. Une comparaison des deux révolutions figure dans Patrice Higonnet, Sister Republics : The Origins of French and American Republicanism, *Cambridge (Mass.), Harvard University Press, 1988.*

4. Voir tout particulièrement Liah Greenfield, Nationalism : Five Roads to Modernity, *Cambridge (Mass.), Harvard University Press, 1992.*

la « solidarité ethnique » à la « citoyenneté politique », encore que les proportions du mélange aient été diverses[5]. Quelles que soient les identités culturelles, ethniques ou raciales que ces deux sociétés considéraient comme allant de soi, la théorie diffusée pour justifier les révolutions et les réformes égalitaristes qui s'ensuivaient était une conception universaliste de la citoyenneté vue comme la concrétisation des droits naturels ou droits de l'homme. Théoriquement, donc, il n'était pas question d'une altérité essentielle ou innée. Mais le statut de citoyen d'un État, parce qu'il exprimait l'appartenance à une nation donnée, comportait de ce seul fait des limitations intrinsèques ; en subordonnant la possibilité de voter et d'accéder à des fonctions officielles à une série de conditions d'appartenance au corps social, on préparait la mise en place de normes particularistes relatives à l'âge, au sexe, au lieu de naissance et (parfois) à la parenté ou à l'ascendance, et on rendait donc possibles les manifestations d'altérité.

Un deuxième élément commun a conféré un rôle central aux différences de race ou de couleur de peau : c'est la participation de la France et des États-Unis au déplacement forcé des Africains vers les Amériques et à leur utilisation comme esclaves dans les plantations des Antilles et du Sud des États-Unis. Dans la période qui a précédé les révolutions de la fin du XVIIIe siècle en France et en Haïti, l'utilisation d'esclaves dans les plantations et le commerce transatlantique lié à l'esclavage constituaient les secteurs les plus profitables et les plus dynamiques de l'économie française. Après la perte d'Haïti, leur importance a diminué, mais les planteurs de Martinique, de Guadeloupe et de l'île Bourbon (La Réunion) ont pu refuser l'abolition ou même la mise en œuvre de réformes tant soit peu substantielles jusqu'à ce que la révolution de 1848 donne inopinément le pouvoir à des adversaires de l'esclavage.

En Amérique du Nord, l'esclavage ne paraissait pas réellement florissant à l'époque de la révolution, surtout en raison de l'effondrement du marché du tabac, dont dépendait la rentabilité de cette pratique dans la région de Chesapeake. Mais les planteurs de riz et de coton à longues fibres de Caroline du Sud et de Géorgie, qui jouissaient d'une relative prospérité, ne se seraient pas associés à l'Union si l'on n'y avait pas reconnu et protégé leurs intérêts. Par la suite, l'essor de la production de coton à fibres courtes dans les territoires en pleine extension du Sud profond, au début du XIXe siècle, enrichit considérablement la classe des

5. *Anthony D. Smith,* The Ethnic Origins of Nations, *Oxford, Blackwell, 1986, p. 149.*

planteurs et accrut leur puissance politique, si bien qu'il fallut une guerre civile sanglante pour que l'esclavage soit aboli. Les Noirs subirent pendant longtemps une forme de servitude qui ne fut jamais imposée aux Blancs, ce qui favorisa dans les deux pays l'idée que les Noirs étaient de nature servile et donc incapables d'être les citoyens autonomes d'une république. Ce fut le point de départ d'un conflit durable entre l'universalisme prôné par l'idéologie républicaine et la croyance en une altérité inhérente aux Noirs et en leur incapacité naturelle.

Le troisième élément commun sur lequel une comparaison peut se fonder est l'immigration. À la différence d'autres nations européennes, la France, au cours de l'histoire, a connu l'immigration davantage que l'émigration. Il lui est arrivé de ressembler aux États-Unis par la proportion de sa population qui provenait de pays étrangers. Environ un cinquième des habitants actuels de la France compterait parmi ses ascendants au moins un ancêtre étranger, à la quatrième génération ou plus récemment, proportion comparable à celle des États-Unis. À la fin du XIXe et au début du XXe siècle, la natalité étant faible et la paysannerie ne se montrant pas disposée à quitter la terre, la France dut recruter ailleurs une bonne partie de la main-d'œuvre nécessaire à sa révolution industrielle. La plupart de ces travailleurs venaient d'Europe de l'Est et du Sud, notamment d'Italie et de Pologne, pays qui fournirent aussi, à la même époque, le gros des effectifs de l'immigration aux États-Unis. Mais l'afflux le plus important ne se produisit pas exactement au même moment. L'immigration européenne en Amérique culmina entre 1900 et 1910. La France, elle, accueillit le plus grand nombre d'étrangers après 1920, période où elle connut, au sortir d'une guerre particulièrement meurtrière, une grave pénurie de main-d'œuvre. De leur côté, les États-Unis venaient d'instaurer une politique d'immigration restrictive : de ce fait, pour les Polonais et les Italiens, la France semblait être un choix plus réaliste[6].

Depuis les années 1960, les deux pays ont connu de nouvelles vagues d'immigration, de sources essentiellement non européennes, et des questions similaires se sont posées des deux côtés de l'Atlantique sur la meilleure façon d'intégrer ou d'accueillir ces nouveaux venus. L'hostilité envers les immigrés, qu'ils soient d'origine européenne ou

6. *Gary S. Cross,* Industrial Workers to Industrial France : The Making of a New Working Class, *Philadelphie (Pa.), Temple University Press, 1983. L'immigration en France est traitée de façon plus générale dans Gérard Noirel,* The French Melting Pot : Immigration, Citizenship and National Identity, *Minneapolis (Minn.), University of Minnesota Press, 1996.*

non, s'est manifestée de manière récurrente dans les deux pays et a constitué une source d'altérité importante. Parce qu'elle se fonde souvent sur l'intolérance culturelle plutôt que sur le racisme biologique, on est fondé à employer, pour désigner cette attitude, le terme de « nativisme », comme le fait John Higham dans son essai classique sur les mouvements anti-immigrés aux États-Unis, *Strangers in the Land*[7]. (Ne pas reconnaître cette distinction, dans le cas des États-Unis, reviendrait à ignorer une différence de taille entre les comportements adoptés envers les immigrés venus volontairement d'Europe et envers ceux venus d'Afrique contre leur gré.)

Le quatrième élément commun est une tradition d'expansion nationale marquée par la conquête d'autres pays, l'assujettissement de leurs peuples et, dans certains cas, leur assimilation. La dernière phase de cet expansionnisme a été la création de colonies d'outre-mer, qui ont fini par accéder à l'indépendance en rompant leurs anciens liens avec la métropole. La formation de la France moderne par un processus d'expansion remonte à l'instauration d'un petit royaume à Paris et sur le territoire environnant, à la fin du Xᵉ siècle, et ne s'est achevée qu'en 1860, avec l'annexion du comté de Nice et de la Savoie. L'« hexagone » actuel résulte d'une longue série de guerres et de conquêtes, à l'issue desquelles la langue et la culture françaises se sont imposées à des groupes humains naguère autonomes et dotés d'une culture spécifique[8]. L'assimilation des Gascons, des Savoyards, des Occitans, des Basques, etc., a été invoquée pour présenter l'expansionnisme français outre-mer, particulièrement en Afrique du Nord et de l'Ouest, comme une continuation du même projet assimilationniste. Mais cette vision était mythique. Diverses circonstances, et notamment les préjugés culturels et raciaux des colonisateurs, ont empêché les Arabes et les Africains de devenir des Français à part entière, et les ont mis sur la voie de l'indépendance nationale.

Jusqu'à la fin du XIXᵉ siècle, l'expansionnisme américain a pris la forme d'un mouvement vers l'Ouest qui, en dépit de certaines proclamations

7. John Higham, Strangers in the Land : Patterns of American Nativism, 1860-1925, *New Brunswick (N. J.), Rutgers University Press, 1988 [éd. rév.]. Miriam Feldblum applique le terme à la France dans* Reconstructing Citizenship : The Politics of Nationality Reform and Immigration in Contemporary France, *Albany (N. Y.), State University Press of New York, 1999, p. 52-53. Le mot « nativisme » est un néologisme en français. Ce que les Américains qualifieraient de* nativism *est souvent désigné par le terme vague de « racisme ».*

8. Voir Suzanne Citron, Le Mythe national : l'histoire de France en question, *Paris, Éditions Ouvrières, 1989.*

favorables à l'assimilation, a déplacé les populations indigènes plutôt qu'il ne les a intégrées. Les habitants hispanophones des territoires arrachés au Mexique par la force, au cours des années 1840, ont obtenu la citoyenneté en vertu du traité qui mettait fin à la guerre entre l'Amérique et le Mexique, mais se sont vus privés de tout pouvoir effectif, même dans les régions où ils tenaient une place prédominante. En acquérant Porto Rico et les Philippines à l'issue de la guerre hispano-américaine, les États-Unis se dotèrent de leurs premières colonies d'outre-mer, suivant ainsi l'exemple de la France et d'autres puissances européennes. Comme dans le cas de la France, ce nouvel impérialisme fut influencé, dans ses caractéristiques et son idéologie, par le processus historique d'extension du domaine national au moyen de la conquête de territoires limitrophes.

Ayant déterminé les grands points communs sur lesquels une comparaison peut se fonder, nous nous intéresserons maintenant aux différences qui se manifestent, lorsqu'on passe des thèmes généraux à leurs applications spécifiques. Les deux nations se sont définies comme des républiques, mais elles n'ont pas eu la même conception de ce régime, loin de là. Les révolutionnaires français ont hérité de la monarchie absolue la notion d'État centralisé unitaire en introduisant cependant une différence notable : cet État devait refléter la volonté générale, concrétisée par une assemblée nationale élue, et non la volonté particulière du monarque. La conviction qu'aucun intermédiaire ne devait exister entre l'individu et l'État souverain constituait un fondement de la pensée révolutionnaire française. La république américaine, quant à elle, fut d'abord le résultat de la coopération entre treize colonies britanniques dont chacune avait son histoire et sa relation propre avec la Couronne et qui luttèrent ensemble pour s'affranchir de la métropole. Pendant la guerre d'Indépendance et dans les années qui suivirent, les États, comme on les appelait maintenant, constituèrent une confédération peu structurée. Certes, la Constitution de 1787 instaurait une autorité centrale forte, mais elle répartissait la souveraineté entre le gouvernement fédéral et les États selon des modalités qui paraissaient absurdes aux yeux des Français, de même que la centralisation et l'étatisme français étaient incompréhensibles pour les Américains. John Adams s'étonnait de l'affirmation de Turgot, selon laquelle le pouvoir devait être un, c'est-à-dire émaner d'une seule et même nation, propos qu'il jugeait « aussi mystérieux que le Symbole d'Athanase »[9]. L'idéologie

9. *Cité dans P. Higonnet,* Sister Republics, op. cit., *p. 166-167.*

républicaine américaine considérait qu'un État central fort représentait une menace pour la liberté, car il pouvait tomber entre les mains d'hommes corrompus ou assoiffés de pouvoir. Pour les révolutionnaires français, qui cherchaient à détruire une puissante hiérarchie préexistante, où le rang était fondé sur la naissance, et qui cherchaient à éliminer les vestiges de la féodalité, l'objectif principal était d'assurer l'égalité entre les individus, que seul pouvait garantir un État fort agissant de même à l'égard de tous ses citoyens. Les principes de liberté et d'égalité étaient communs aux deux révolutions, mais le premier avait priorité dans le cas américain, et le deuxième dans le cas français[10].

Une deuxième différence, présente dès les origines et encore évidente aujourd'hui, est le rôle que la religion est censée jouer dans la vie publique de la nation et son fonctionnement en tant que source d'altérité. La Révolution française était mue par un anticléricalisme résolu, motivé par l'association entre l'Église catholique et l'Ancien Régime. Le principe de laïcité, qui proscrit l'affirmation des identités religieuses dans les lieux publics, peut s'interpréter partiellement comme une réaction défensive face au rejet de la République par l'Église catholique, favorable à une restauration de la monarchie, position qui s'est encore manifestée au cœur du XXe siècle. La majorité des Français continuait donc de se reconnaître dans une entité religieuse puissante, centralisée, bénéficiant d'un soutien international, alors même que cette institution rejetait les principes politiques de la République française : il n'existe aucun parallèle américain à cette situation conflictuelle. Aux États-Unis, la séparation de l'Église et de l'État s'est développée dans le contexte du pluralisme religieux, sur une base protestante. Comme aucune confession ne pouvait se prétendre prépondérante à l'échelon national et que des mouvements favorables à l'absence de toute religion d'État et à la tolérance religieuse se développaient dans plusieurs États, il n'est pas surprenant que les Pères fondateurs de 1787 aient décrété une forme de séparation entre l'Église et l'État qui ne comportait aucune hostilité à la religion. C'est pourquoi une phraséologie reflétant un déisme diffus, non confessionnel, d'inspiration initialement protestante, mais élargi plus tard de façon à s'adapter aussi aux croyances des catholiques et des juifs, joue aux États-Unis, dans la sphère politique et comme élément des rites patriotiques, un rôle qui n'a pas d'équivalent

10. David Brion Davis souligne cet aspect dans Revolutions : Reflection on American Equality and Foreign Liberations, *Cambridge (Mass.), Harvard University Press, 1990, p. 11.*

en France. Depuis la fin du XIXe et le début du XXe siècle, période à laquelle les catholiques et les juifs ont finalement été reconnus comme de véritables Américains, dotés de toute la piété requise, l'appartenance religieuse en tant que telle n'a pas constitué aux États-Unis une source d'altérité significative, du moins jusqu'aux événements du 11 septembre, l'extrémisme islamiste ayant suscité par la suite de vives préoccupations.

Paradoxalement, parce qu'ils devaient tenir compte du pouvoir et de l'audience de l'Église catholique, les régimes républicains français ont été forcés de s'associer à l'Église d'une manière qui aurait été contraire à la conception américaine de la séparation de l'Église et de l'État. Entre 1870, date de son instauration, et 1905, année où fut promulguée la loi de séparation, la Troisième République, officiellement laïque, paya des salaires aux prêtres catholiques et détint les titres de propriété des églises. La neutralité religieuse était préservée, puisque les pasteurs protestants et les rabbins recevaient également une rémunération. Aujourd'hui encore, l'État dispense une aide directe aux écoles confessionnelles dans un cadre contractuel et des organismes officiels subventionnés par le gouvernement négocient avec l'État au nom des différentes religions[11]. L'an dernier, les musulmans ont obtenu le droit d'élire un conseil habilité à présenter des observations à l'État, privilège dont ne jouissaient auparavant que les catholiques, les protestants et les juifs[12]. La tradition américaine de tolérance et de pluralisme religieux a exclu, dans l'ensemble, le soutien direct du gouvernement à telle ou telle confession ou Église (sauf sous forme d'exonération fiscale), alors que la laïcité française s'est montrée conciliable avec la reconnaissance officielle des religions et a même admis que l'on confère un certain pouvoir aux confessions, considérées comme des entités collectives sur lesquelles l'État estime légitime d'exercer un contrôle. Une analyse complète de cette anomalie étonnante dépasse la portée de cet essai, mais il faut la garder à l'esprit toutes les fois que l'on entend dire que la diversité ou le pluralisme culturels bénéficient d'un cadre législatif et institutionnel aux États-Unis, mais pas en France. Dans le domaine religieux, il semble que ce soit l'inverse. Si la législation et la politique nationales reconnaissent dans une certaine mesure, aux États-Unis, les

11. Voir Jean-Louis Ormières, Politique et religion en France, *Bruxelles, Complexe, 2002 ; et Guy Le Coq,* Laïcité et République : le lien nécessaire, *Paris, Éditions du Félin, 1995.*

12. New York Times, *14 avril 2003.*

identités ethnoraciales, la France se comporte avec le même esprit de compromis sur le plan religieux.

Les efforts pour comparer les deux conceptions de la république butent sur une difficulté liée à l'existence historique de cinq républiques en France et d'une seule, du moins officiellement, aux États-Unis. Pour que la France adopte de façon définitive la république démocratique comme forme de gouvernement, il a fallu attendre l'instauration de la Troisième République, à la fin du XIXe siècle. La Révolution américaine, quant à elle, a créé un consensus national durable en faveur des principes républicains. Les structures fondamentales mises en place par la Constitution de 1787 sont encore en vigueur aujourd'hui, encore que l'on puisse soutenir que la guerre de Sécession et les amendements apportés à la Constitution au cours de la Reconstruction ont, de fait, instauré aux États-Unis une seconde République. Il faut souligner ici que la Révolution française a été pour la société un facteur de division (ce qui n'a pas vraiment été le cas de la Révolution américaine). Elle a laissé derrière elle deux nations : la France révolutionnaire et républicaine, résolue à défendre les droits de l'homme, et la France traditionnelle et catholique, toujours fidèle aux institutions et aux valeurs de l'Ancien Régime. Cette dernière tendance, tout en restant minoritaire, se manifesta de façon spectaculaire à la fin du XIXe siècle, à l'occasion des affrontements violents qui secouèrent l'opinion lors de l'affaire Dreyfus, et au cours de la Seconde Guerre mondiale, où elle inspira les discours et la politique du gouvernement de Vichy. L'antisémitisme et le nativisme figuraient parmi ses traits distinctifs ; Jean-Marie Le Pen et le Front national, qui pratiquent l'agitation anti-immigrés, ont repris cet héritage[13].

Si le modèle républicain français dut son caractère épisodique et précaire au fait que la Révolution n'était pas parvenue à éliminer les idées conservatrices de l'Ancien Régime, l'expérience américaine, elle, a été exposée au danger le plus grand lorsque les États esclavagistes et abolitionnistes ont lutté pour le pouvoir à l'échelle nationale, entre 1846 à 1861, la répartition de la souveraineté entre les États et le gouvernement fédéral devenant alors un enjeu primordial. La guerre civile qui résulta de cet affrontement fut beaucoup plus sanglante que les troubles révolutionnaires survenus en France en 1830, 1848 et 1871. La victoire de l'Union, à l'issue de la guerre, mit fin aux prétentions des

13. *Voir Michel Winock,* Nationalism, Anti-Semitism and Fascism in France, *Stanford (Calif.), Stanford University Press, 1998.*

États à la souveraineté, mais le maintien du fédéralisme et de certains droits dévolus aux États fit des États-Unis de l'après-guerre une nation beaucoup moins centralisée que la France de la Troisième République. Il en résulta notamment que les droits des Africains-Américains à la citoyenneté, proclamés par les Quatorzième et Quinzième Amendements, ne purent pas entrer en application dans les États du Sud une fois que les partisans de la suprématie blanche y eurent repris le pouvoir, dans les années 1870.

La question de l'esclavage des Noirs, qui provoqua l'éclatement de l'Union, se posa également en France pendant la Révolution, puis pendant les années 1830 et 1840. Le rapport entre l'esclavage et les valeurs politiques et sociales dominantes était problématique dès le départ dans les deux républiques mais, de toute évidence, le problème avait davantage d'ampleur et des conséquences plus graves aux États-Unis. Avant la Révolution, les Français avaient pratiqué l'esclavage essentiellement dans les lointaines colonies des Antilles. Comme l'a montré Sue Peabody, des dispositifs ont été mis en place systématiquement tout au long du XVIIIe siècle afin de prévenir la croissance de l'esclavage et d'une population noire en France métropolitaine[14]. Par exemple, en vertu d'une loi de 1777, les planteurs des Indes occidentales qui se rendaient en métropole pouvaient bénéficier des services de leurs esclaves au cours du voyage mais, une fois la traversée terminée, ils devaient les remettre en dépôt à des centres de détention situés dans les villes portuaires, après quoi le premier navire disponible les remmenait dans les îles[15]. Il est difficile de dire jusqu'à quel point cette politique d'exclusion était fondée sur l'idée que l'esclavage, en tant qu'institution, était contraire aux valeurs françaises. Il se peut aussi qu'elle ait résulté, dans une large mesure, de préjugés raciaux et du désir de voir la France rester essentiellement blanche. Comme l'a suggéré Robin Blackburn, la France comme l'Angleterre ont pu parvenir, en cantonnant à des colonies lointaines les esclaves et la plupart des Noirs, à limiter le développement du « racisme populaire[16] ». Assurément, la situation a moins favorisé l'éclosion de conceptions de l'altérité liées à la couleur de la peau ou à l'appartenance raciale apparente que cela n'a été le cas aux États-Unis.

14. *Sue Peabody,* There Are No Slaves in France : The Political Culture of Race and Slavery in the Ancien Régime, *Oxford, Oxford University Press, 1996.*
15. Ibid., *p. 116-118.*
16. *Robin Blackburn,* The Overthrow of Colonial Slavery, 1776-1848, *Londres, Verso, 1988, p. 528-529.*

Avant la Révolution américaine, l'esclavage était pratiqué partout dans les colonies nord-américaines. Ensuite, il disparut progressivement des États du Nord, bien que des villes comme New York ou Philadelphie aient conservé des populations noires importantes. La Constitution procéda à un compromis sur la question de l'esclavage en prévoyant l'abolition future du commerce des esclaves à l'échelle internationale, tout en rendant pratiquement impossible une action du gouvernement fédéral contre l'esclavage, lorsque cette pratique était autorisée par la loi d'un État. Comme on l'a indiqué plus haut, ce type de compromis était nécessaire pour obtenir l'adhésion des États du Sud profond, où les planteurs détenaient une position dominante. La Convention, assemblée révolutionnaire française où les planteurs des Antilles n'étaient pratiquement pas représentés, vota l'abolition de l'esclavage en 1794, ce qui fit de la France la première nation à agir de la sorte.

Les historiens n'ont pas tous le même point de vue sur les motivations de cette mesure : était-elle essentiellement inspirée par une adhésion aux principes fondamentaux des droits de l'homme ou se fondait-elle sur des calculs pragmatiques liés à la révolution haïtienne et à la concurrence entre Français et Britanniques pour le contrôle des Caraïbes ? En tout état de cause, on sentait bien, dans le Paris de 1794, que les valeurs républicaines n'étaient pas compatibles avec la possession d'esclaves assimilés à des biens meubles, et cette idée avait assurément plus de force que dans le Philadelphie de 1787. Mais les effets libérateurs de la Révolution française ne durèrent pas longtemps, sauf en Haïti. En 1803, alors que l'émancipation progressait peu à peu dans le Nord des États-Unis, Napoléon rétablit l'esclavage dans les colonies de plantation que la France avait conservées. Dans les années 1830 et 1840, des mouvements abolitionnistes s'étaient développés en France métropolitaine et dans le Nord des États-Unis. Le mouvement français, beaucoup plus prudent et élitiste que son homologue américain, évitait soigneusement les rassemblements de masse et l'agitation populaire. Si ses idées prévalurent en 1848, ce fut à la faveur des événements révolutionnaires de cette année-là[17]. L'abolitionnisme américain, comme celui de la Grande-Bretagne, s'adressait à des sentiments moraux et religieux attisés par un renouveau évangélique qui toucha à peine la France, pays où les protestants étaient très minoritaires. Mais le mouvement

17. Lawrence C. Jennings, French Anti-Slavery : The Movement for the Abolition of Slavery in France, 1802-1848, *Cambridge, Cambridge University Press, 2000, p. 278-284.*

antiesclavagiste américain, à la différence du mouvement britannique, suscita une opposition intérieure massive. Jusqu'en 1860, le Sud, terre des propriétaires d'esclaves, parvint à dominer l'arène politique nationale et à bloquer toute réforme abolitionniste ou même toute action contre l'extension de l'esclavage. Il fallut aux États-Unis une guerre civile pour que soit enfin menée à bien une réforme qui s'était produite beaucoup plus facilement dans la France du milieu du XIXe siècle, où l'institution qu'il s'agissait de supprimer ne jouait plus qu'un rôle marginal dont la portée était limitée aux colonies.

Les vestiges laissés par l'esclavage des Noirs sont bien différents dans les deux pays parce que le poids culturel et social de cette institution était beaucoup plus grand dans un cas que dans l'autre. La France de la deuxième moitié du XIXe siècle ne connaissait pas la ségrégation raciale sur son territoire, pour la simple raison qu'aucune population noire importante n'avait jamais eu la possibilité de s'y développer. La mémoire nationale n'avait gardé presque aucune trace d'une implication sérieuse de la France dans l'asservissement des Africains. Une étude portant sur les livres d'histoire utilisés dans les écoles françaises avant 1980 révèle qu'ils condamnaient l'esclavage en termes généraux, mais ne reconnaissaient nullement l'existence de colonies françaises fondées sur l'exploitation des esclaves. Ces ouvrages n'expliquaient pas que l'esclavage avait été aboli une première fois, rétabli, puis de nouveau aboli[18]. Aux États-Unis, en revanche, l'esclavage a laissé un héritage de division et d'inégalité raciale qui est resté un élément central de l'expérience nationale. Les Africains-Américains n'ont pas oublié cette pratique, source de l'oppression brutale de leurs ancêtres et de l'exclusion qu'ils continuent à subir. De nombreux Blancs, consciemment ou inconsciemment, ont utilisé l'identification entre Noirs et esclaves, d'une part, et Blancs et maîtres, d'autre part, pour étayer leur sentiment de primauté et de suprématie sur la race noire : dans un pays qui considérait l'autonomie individuelle comme la vertu principale, elle passait pour intrinsèquement servile et donc radicalement Autre. L'émancipation n'a pas détruit un ordre hiérarchique fondé sur la couleur de peau et l'ascendance. En fait, à la fin du XIXe et au début du XXe siècle, on a vu se développer dans le Sud un système de discrimination raciale institutionnalisée, connu sous le nom de « Jim Crow », où la ségrégation était plus forte qu'au temps de l'esclavage. Les tentatives réformistes visant à rendre la relation entre Noirs et Blancs plus égalitaire, à donner

18. *S. Citron,* Le Mythe national, *op. cit., p. 62-63.*

à chacun ses chances dans la compétition (menées notamment par les *radicals* de l'époque de la Reconstruction et par les progressistes multiraciaux qui créèrent en 1910 la NAACP, association nationale pour le progrès des personnes de couleur) conservèrent sa vitalité à l'idéal de justice entre les races, mais intensifièrent par contrecoup le racisme réactif de nombreux Blancs. Les Africains-Américains sont devenus et restés, aux yeux de la majorité des Américains blancs, l'Autre par excellence. Les Français n'étaient pas dépourvus de tout préjugé racial, mais leur sens de l'identité reposait beaucoup moins sur la pâleur de leur peau que ce n'était le cas pour de nombreux Euro-Américains. Pour eux, l'altérité allait se construire de façon assez différente.

Comme nous l'avons vu, les États-Unis et la France étaient des sociétés qui accueillaient des immigrants : il leur fallut importer en grand nombre de la main-d'œuvre étrangère pour s'industrialiser à la fin du XIXe et au début du XXe siècle. Mais leur attitude à l'égard de l'immigration fut bien différente. Aux États-Unis, il s'agissait essentiellement d'une affaire individuelle, surtout après l'interdiction de l'importation de travailleurs sous contrat, en 1885. Également en 1882, les Chinois se virent interdire d'immigrer aux États-Unis. L'exclusion des Asiatiques ne faisait que commencer et constitua la principale restriction à l'immigration avant les années 1920. Au cours de la période 1900-1930, l'immigration en France consistait essentiellement en groupes de travailleurs dont le recrutement se faisait sous contrôle de l'État qui coopérait avec des industries gourmandes en main-d'œuvre et négociait les conditions d'emploi avec les pays d'origine[19]. Les immigrés européens aux États-Unis obtenaient assez facilement la citoyenneté au moyen de la naturalisation, mais ce droit fut refusé aux Asiatiques jusqu'au milieu du XXe siècle. La France rendit la naturalisation beaucoup plus difficile pour tout le monde en instaurant des critères culturels et linguistiques sévères. En 1930, 55 % des immigrés aux États-Unis avaient acquis la citoyenneté, contre 11 % seulement en France[20]. En fonction du système américain de droit du sol *(jus soli)*, tous les enfants d'immigrés nés aux États-Unis sont automatiquement citoyens de ce pays. En France, on a un système complexe qui est le résultat d'une série de compromis entre le droit du sol ou *jus soli* et le droit du sang ou

19. *Cf. Gary S. Cross,* Industrial Workers to Industrial France, op. cit.
20. *Gérard Noiriel,* The French Melting Pot : Immigration, Citizenship, and National Identity, *traduit par Geoffrey de Laforcade, Minneapolis (Minn.), University of Minnesota Press, 1996, p. 259.*

jus sanguinis. Entre 1889 et la période qui a suivi la Seconde Guerre mondiale, le double *jus soli* était en vigueur, c'est-à-dire que seuls les enfants d'étrangers nés eux-mêmes en France bénéficiaient d'office de la nationalité française. (Les enfants d'immigrés nés en France ne pouvaient devenir des citoyens français qu'au moyen d'une procédure de naturalisation à l'âge adulte). Aujourd'hui encore, les enfants d'immigrés non naturalisés ne deviennent officiellement français qu'à 16 ans, sous certaines conditions de résidence.

Aux États-Unis, les limitations de l'immigration et de la naturalisation se sont généralement fondées sur la classification en catégories ethnoraciales, et ce, dès la première loi relative à la naturalisation des immigrants, adoptée en 1790, qui réservait ce droit aux « personnes libres, de race blanche ». L'instauration de quotas pour les nationalités européennes en 1924 obéissait non seulement au nativisme culturel, mais aussi à la conviction d'une supériorité innée des Américains de souche « nordique » ou « anglo-saxonne » issus des premières vagues d'immigration, par rapport aux « nouveaux immigrés » venus d'Europe du Sud et de l'Est. En France, le droit d'entrée sur le territoire a été essentiellement subordonné aux besoins de l'économie. La possibilité pour le nouvel arrivant d'acquérir la nationalité française dépendait d'éléments liés à la différence culturelle, plutôt qu'aux vastes catégories raciales utilisées dans le contexte américain.

Le rapport entre l'immigration et l'identité nationale a pris une forme très différente dans ces deux contextes. Habitants d'un pays neuf, peuplé principalement par des colons et des immigrés (volontaires ou involontaires), les Américains ont en général considéré l'immigration comme un élément central de l'expérience nationale. Citoyens d'une nation ancienne qui n'avait connu pendant plusieurs siècles aucune immigration importante, les Français ont plutôt considéré les nouveaux venus comme des candidats à l'assimilation au sein du creuset culturel national, au lieu d'estimer qu'ils apportaient des ingrédients originaux dans le mélange. De nombreux observateurs contemporains ont évoqué un contraste entre le « multiculturalisme » américain, acceptation du pluralisme ethnique, et l'adhésion française à l'idéal d'une culture nationale unique et homogène. Le fait est qu'on ne rencontre pas en France ces identités « à trait d'union » qui caractérisent les États-Unis et que le discours public français évite le terme « ethnicité ». Il existe des Italiens-Américains mais pas d'Italo-Français, il y a un vote juif aux États-Unis mais pas en France. Cependant, même si cette différenciation est valable d'un point de vue contemporain (et nous y reviendrons), elle ne permet pas d'analyser l'accueil fait aux immigrés à la fin du XIXe et au début du XXe siècle. À cette époque, les voix qui s'élevaient en faveur de l'assimilation ou « américanisation » des nouveaux venus n'avaient rien à envier aux exigences actuelles concernant la « francisation » des immigrés. La diversité ethnique n'était pas une valeur américaine importante à une époque où l'on se préoccupait plutôt de la possibilité d'américanisation des Européens du Sud et de l'Est, qui paraissaient très éloignés d'un prototype culturel essentiellement anglo-américain. Le *melting pot*, dans l'image que l'on s'en faisait à l'époque, avait une composition fixe. On était bien loin de pouvoir, ou même de devoir, le faire évoluer en y introduisant de nouveaux ingrédients.

Bien que ce sujet n'ait pas fait l'objet d'études approfondies, il semble que l'immigration en provenance d'autres parties de l'Europe, qui s'est produite en France entre les années 1880 et les années 1930, ne s'entourait pas de cette insistance fervente sur la notion d'assimilation, manifeste au cours de périodes plus récentes. On considérait simplement comme évident que les étrangers désireux d'acquérir la nationalité française deviendraient français sur le plan culturel. Et c'est en effet, dans une large mesure, ce qui se passait. Deux facteurs encourageaient l'assimilation culturelle, surtout à la deuxième génération. D'une part, un système d'enseignement obligatoire, uniforme et centralisé inculquait avec efficacité la langue et la culture françaises. D'autre part, la conscience de classe était forte. La plupart des immigrés étaient des ouvriers. Lorsqu'ils étaient simplement des étrangers qu'on avait fait venir pour travailler dans les mines ou les usines, ils s'attiraient parfois l'hostilité des ouvriers français qui voyaient en eux des concurrents susceptibles de prendre leur emploi, surtout pendant les périodes où le chômage sévissait. Mais, à partir du moment où ils acquéraient la nationalité française, eux ou leurs enfants, leur intégration aux institutions et à la culture spécifique de la classe ouvrière française se trouvait facilitée ; leur identité centrée sur l'origine nationale cédait souvent la place à une identité et à une idéologie (socialiste ou communiste) fondées sur la classe sociale. Les enfants de la deuxième génération, quand leurs parents étaient d'un niveau social un peu plus élevé ou quand leurs résultats scolaires étaient excellents, pouvaient bénéficier du caractère méritocratique de l'université et de la fonction publique françaises. À la fin du XIXe et au début du XXe siècle, les juifs, en tant que personnes, ont sans doute eu avec les élites françaises des rapports plus faciles que ceux des immigrés juifs et de leurs enfants avec les cercles équivalents aux États-Unis. Mais ils ont aussi subi un antisémitisme plus marqué dans l'opinion publique. Ils ont pu constater que, pour réussir, ils devaient masquer leur identité ethnique et religieuse ou éviter de la mettre en avant. Le comte de Clermont-Tonnerre formula clairement l'attitude constante de la République française à l'égard des juifs : « Il faut tout refuser aux juifs comme nation et tout leur accorder comme individus. Il faut qu'ils ne fassent dans l'État ni un corps politique ni un ordre ; il faut qu'ils soient individuellement citoyens[21]. »

Les écoles américaines, tout comme les écoles françaises, ont joué un rôle important dans l'acculturation des immigrés, de même que le mouvement ouvrier, qui s'est opposé à l'immigration massive à cause de ses répercussions sur les salaires, mais a aussi manifesté sa volonté de protection en conviant un grand nombre des nouveaux venus à rejoindre ses rangs. Mais le système éducatif américain décentralisé favorisait le contrôle local, ce qui permettait, dans les zones où un groupe ethnique prédominait, de dispenser l'enseignement dans la langue étrangère correspondante. C'est ce qui s'est passé dans le Midwest, où des écoles de langue allemande ont fonctionné jusqu'à ce que la Première Guerre mondiale mette fin à cette forme de multiculturalisme. D'autres éléments ont permis de façon plus efficace et plus durable le maintien de l'identité ethnique des Américains issus d'une immigration récente : la relative absence de politisation du mouvement ouvrier américain et la foi omniprésente dans la possibilité d'ascension sociale. La vie politique, surtout à l'échelle urbaine locale, n'était normalement pas centrée sur les intérêts de classe et les idéologies correspondantes. Le plus souvent, il s'agissait d'assurer la domination de telle ou telle catégorie ethnique ou d'accroître son influence dans la distribution des ressources et des emplois publics, au moyen d'affrontements comme ceux qui opposèrent les Irlandais aux Américains de souche plus ancienne dans de nombreuses grandes villes à la fin du XIXe siècle. En France, la centralisation ainsi qu'une vie politique fondée sur la division entre classes sociales ne favorisaient guère la mobilisation sur la base d'identités ethniques, alors que le localisme et la politique des groupes de pression constituaient aux États-Unis un excellent terreau pour le développement de ce genre de pluralisme.

21. Cité dans M. Winock, Nationalism..., op. cit., *p. 133. Voir aussi Frederic Cople Jaher,* The Jews and the Nation : Revolution, State Formation, and the Liberal Paradigm in America and France, *Princeton (N. J.), Princeton University Press, 2002.*

En raison de la ségrégation raciale qui régnait aux États-Unis, les immigrés avaient souvent intérêt à revendiquer une identité « blanche ». Ils se situaient ainsi du bon côté du grand clivage ethnoracial qui coupait en deux la société américaine, bénéficiaient de possibilités économiques auxquelles les Noirs n'avaient pas accès, amélioraient l'idée qu'ils se faisaient d'eux-mêmes et étayaient leur propre sentiment d'être à leur juste place. Mais cette identité affichée entravait l'apparition d'une conscience de classe. En France, pas de ségrégation sur le territoire national : l'altérité se définissait avant tout par rapport à la nationalité. La différence principale était (et continue à être, au moins officiellement) celle qui distingue les étrangers des citoyens français, quelle que soit l'ascendance de ces derniers. Encore faut-il savoir si certains étrangers n'ont pas plus de chance de devenir français que d'autres. Avant la Seconde Guerre mondiale, la majeure partie des immigrés arrivés en France venait d'autres pays d'Europe. Presque tous leurs descendants sont considérés aujourd'hui comme des Français à part entière. Mais l'afflux récent d'immigrés venus de pays non européens, et notamment d'Afrique du Nord et de l'Ouest, a remis en cause la viabilité actuelle et future du modèle assimilationniste. Beaucoup d'Algériens sont citoyens français, parce qu'ils sont nés en Algérie à l'époque où elle faisait officiellement partie de la France, et ont transmis cette citoyenneté à leurs enfants. Mais la reconnaissance de la citoyenneté ne débouche pas forcément sur l'assimilation.

Pour comprendre la situation des Algériens dans la France contemporaine, nous devons nous pencher sur notre quatrième et dernier élément de comparaison : l'accroissement du domaine national et la création de nouvelles colonies et implantations. Comme nous l'avons vu, les États-Unis comme la France avaient pratiqué l'expansionnisme géographique avant d'acquérir des colonies outre-mer. La création de l'hexagone français au moyen de conquêtes et d'annexions a constitué un précédent idéologique à la « mission civilisatrice » présentée comme justification du colonialisme français. Pendant des siècles, on avait transformé en Français des paysans et des provinciaux aux cultures exogènes, et ce processus donnait apparemment à penser qu'il était possible de faire de même pour les peuples colonisés en Afrique et en Asie. L'universalisme de la Révolution et la tradition républicaine pouvaient servir de modèle à une campagne de libération et de civilisation à l'échelle mondiale. La notion d'une mission invoquant des principes universalistes était également présente au cœur de l'expansionnisme américain. La bannière de la *Manifest Destiny*[22] flotta sur l'expansion vers l'Ouest, mouvement censé accroître le « domaine de la liberté » ; l'acquisition des Philippines en 1899 fut présentée comme une occasion d'apporter la civilisation à « nos petits frères basanés ».

Mais ces deux formes d'expansionnisme proto-colonial se différencient par le degré d'assimilation effective des populations indigènes. Les Occitans, les Savoyards, les Bretons sont davantage devenus français que ne sont devenus américains les Amérindiens ou même les habitants au type latino-américain de la région du Sud-Ouest, anciennement mexicaine. Le rôle si important de la « race » physique dans le mode de pensée des Américains blancs explique partiellement, mais pas complètement, cette différence. Il faut aussi tenir compte de la proximité culturelle des peuples en question et des aspects démographiques de leur relation. Les tentatives pour « civiliser » et assimiler les Amérindiens furent notoirement inefficaces (ou tout simplement hypocrites), d'une part, en raison de l'importance quantitative de la colonisation blanche dans leurs anciens territoires et, d'autre part, en raison des différences, voire des antagonismes culturels. Non seulement les Blancs méprisaient ce qu'ils considéraient comme la « sauvagerie » des Indiens, mais de nombreux Indiens résistaient vigoureusement à l'action des missionnaires et des agents du gouvernement qui les poussaient à abandonner leur mode de vie traditionnel. Les populations qui sont devenues françaises au fil des siècles appartenaient déjà auparavant à la civilisation européenne chrétienne et, dans la plupart des cas, conservèrent leurs terres, bien loin d'en être chassées par des colons venus du territoire français originel.

Ces contrastes sont évidents. Il faut regarder les choses d'un peu plus près pour percevoir les conséquences sur l'histoire ultérieure de la colonisation des modalités initiales d'expansion par contiguïté. Comme dans le cas de l'immigration non blanche, l'assimilationnisme américain, l'idéal du creuset, se heurta à des barrières de race ou de couleur de peau. Il était impensable, tant pour les partisans du nouveau colonialisme que pour ses adversaires, d'accorder la citoyenneté aux Philippins, aux Portoricains et autres sujets non blancs dont les États-Unis firent l'acquisition à la fin du XIXe siècle. Puisque ces gens n'étaient pas destinés à devenir des citoyens à part entière, il fallait envisager de leur

22. N.D.T. : « destinée manifeste » qui vouait les États-Unis à conquérir tout le continent américain pour y propager leurs valeurs.

accorder l'indépendance ou un statut d'association particulier, avec l'appartenance à un *Commonwealth*. En revanche, le colonialisme français était compatible, au moins théoriquement et dans le discours officiel, avec un assimilationnisme ne tenant aucun compte de la couleur de la peau.

Mais la théorie et les discours ne sont pas la réalité. Il ne serait pas réaliste de conclure que la « mission civilisatrice » de l'impérialisme français était authentiquement égalitaire, dans ses buts et dans ses effets. On peut, bien entendu, considérer comme insidieusement ethnocentrique la prémisse selon laquelle la civilisation républicaine française est la norme universelle à laquelle toute l'humanité devrait aspirer. Mais, sans entrer dans les débats contemporains sur les prétentions peut-être abusives de l'universalisme des Lumières, il était impossible de réaliser l'idéal assimilationniste en raison de deux facteurs principaux. Le premier concernait l'existence de préjugés raciaux. Certes, les Français étaient généralement moins sujets au racisme que les Américains blancs, mais ils n'étaient pas dépourvus de tout préjugé racial. En 1778, les mariages entre Blancs et Noirs furent officiellement interdits dans la France métropolitaine. Cette interdiction ne fut pas réellement appliquée et disparut avec la Révolution. Elle n'en était pas moins révélatrice de la perpétuation d'une vision stéréotypée des Noirs comme des créatures inférieures, ridicules, qui ne pouvaient s'intégrer dans la société respectable[23]. Ce genre d'attitudes persista et s'afficha tout particulièrement, semble-t-il, parmi les conservateurs ou les traditionalistes qui éprouvaient de sérieuses réserves à l'égard des valeurs et idéaux républicains. D'aucuns, en France, crurent que le militarisme impérialiste délesterait les Français du fardeau de l'individualisme et de l'égalitarisme bourgeois.

Cependant, les différences qui entravèrent l'assimilation des non-Européens à une France plus vaste étaient, en dernière instance, plus culturelles et religieuses que raciales. Même ceux qui croyaient avec ferveur à une mission civilisatrice universaliste rencontrèrent des difficultés immédiates et pratiques lorsqu'ils durent exercer leur contrôle sur des colonies dont la culture était totalement différente de celle de la France. Étant donné le peu de main-d'œuvre et de ressources

23. S. Peabody, There Are No Slaves, op. cit., *p. 128-131. Différents points de vue sur les attitudes françaises en matière de couleur de peau et de race sont examinés par Sue Peabody et Tyler Stovall (eds),* The Color of Liberty : Histories of Race in France, *Durham (N. C.), Duke University Press, 2003.*

disponibles, il aurait bien souvent été impossible d'administrer ces colonies sans mettre sur pied un double système de lois et de droits. Dans les colonies d'Afrique du Nord et de l'Ouest, les Français opéraient généralement une distinction entre les nombreux indigènes qui voulaient conserver leur mode de vie traditionnel et ceux, bien moins nombreux, qui étaient prêts à y renoncer afin de devenir français. En pratique, cela voulait dire que la plupart des gens recevaient l'autorisation de suivre des lois et coutumes musulmanes ou, plus généralement, non chrétiennes (la polygamie, par exemple), mais qu'ils étaient privés des droits associés à la citoyenneté française tant qu'ils continuaient à observer ces coutumes. L'idée selon laquelle les colonisés pouvaient bénéficier des droits du citoyen au sein d'une France agrandie ne s'appliqua jamais qu'à ceux qui pouvaient ou voulaient devenir français sur le plan culturel, restriction parallèle au concept français d'assimilation des immigrés. L'Algérie étant devenue une colonie de peuplement dotée de ses propres institutions représentatives, les musulmans se virent priés de renoncer à leurs coutumes fondées sur la religion et de devenir des apostats, afin de voter et de bénéficier des droits civils. Si une discrimination relative à la couleur de la peau intervint pour limiter la mission civilisatrice et assimilatrice des Américains, une discrimination de caractère culturel joua un rôle analogue dans les colonies françaises en excluant plus particulièrement les musulmans.

À la fin du XIXe et au début du XXe siècle, on assista à un essor spectaculaire de l'expansionnisme colonial français en Afrique du Nord, les Européens étant encouragés à s'installer en Algérie à dessein d'intégrer finalement cette colonie dans le territoire français. Ce projet était alimenté par le désir de compenser la perte de l'Alsace-Lorraine à l'issue de la guerre franco-allemande de 1870[24]. Mais, si l'on envisageait l'Algérie comme une colonie de peuplement qui ferait partie de la France une fois qu'elle serait parfaitement européanisée, on devait refuser toute représentation à la majorité indigène musulmane, sauf dans l'éventualité peu vraisemblable où elle connaîtrait une transformation culturelle radicale. La France élabora une politique d'appartenance à l'Algérie française reposant sur des critères d'admission particulièrement larges, ce qui reflète le caractère double, voire dualiste, de la réponse française à la différence ethnique. Non seulement la plupart des

24. *Robert Lafont,* Sur la France, *Paris, Gallimard, 1968, p. 215-217 ; Jonathan K. Gosnell,* The Politics of Frenchness in Colonial Algeria, 1930-1954, *Rochester (N. Y.), The University of Rochester Press, 2002, p. 3-4.*

colons étaient-ils recrutés dans des pays d'Europe méridionale autres que la France, mais les résidants juifs se virent attribuer la citoyenneté française en 1870. Ce décret pris en métropole suscita des réactions d'hostilité chez de nombreux colons européens et provoqua en Algérie une forte poussée d'antisémitisme au moment de l'affaire Dreyfus[25]. Après 1889, les descendants de colons européens non français en Algérie se virent attribuer la citoyenneté sur la base du double *jus soli*, qui s'appliquait aux enfants nés en France d'un père étranger né en France.

Au Sénégal, où une enclave française liée originellement au commerce des esclaves existait depuis le XVIIe siècle, la situation était tout autre. La présence française avait produit une catégorie d'assimilés africains ou métis qui furent considérés comme des citoyens français entre 1833 et 1851 puis, de nouveau, après 1871[26]. La colonie s'étant agrandie au XIXe siècle après la conquête de sociétés traditionnelles, l'idéal de l'assimilation continua à être proclamé. Quelques Africains profitèrent de cette situation pour s'acculturer et acquérir la citoyenneté française, mais la plupart ne suivirent pas cette voie et obéirent à une législation distincte. Au début du XXe siècle, l'idéologie des colonisateurs oscilla entre assimilationisme et « associationnisme », une doctrine qui reconnaissait le pluralisme culturel et prônait un exercice indirect du pouvoir par l'intermédiaire de chefs traditionnels accommodants ou autres autorités locales[27]. Il est essentiel de mesurer la complexité et l'ambiguïté du passé colonial français pour comprendre les attitudes françaises actuelles en ce qui concerne les questions raciales et ethniques, même si le poids de cet héritage n'est guère reconnu, pas plus que celui du passé esclavagiste de la France.

Les États-Unis et la France semblent actuellement avoir des conceptions extrêmement divergentes sur l'attitude à avoir face à la diversité ethnoraciale. Constatant le rôle joué par la race dans la production d'inégalités entre les groupes humains et de codes d'altérité, les États-Unis ont adopté des mesures politiques à caractère racial comme l'*affirmative action* (« discrimination positive ») et des réformes électorales destinées à promouvoir une meilleure représentation des minorités. Après avoir, au cours des années 1980, fait une brève expérience du

25. *J. K. Gosnell,* The Politics of Frenchness, op. cit., *p. 24, 160 et suiv.*
26. *Alice K. Conklin,* A Mission to Civilize : the Republican Idea of Empire in France and West Africa, 1895-1930, *Stanford (Calif.), Stanford University Press, 1997, p. 77.*
27. Ibid., passim.

multiculturalisme, la France a apparemment rejeté de façon radicale le « modèle américain » et fait le choix d'aborder sur le mode assimilationniste la diversité créée par de nouvelles vagues d'immigration[28]. Ces dernières années, le multiculturalisme américain a essuyé des critiques acerbes de la part des Français. Parallèlement, les Américains se sont élevés contre le refus par les Français de reconnaître leur propre racisme. Mais les deux parties n'ont pas prêté une attention suffisante aux différences historiques entre leurs pays respectifs. Aux États-Unis, l'existence de politiques distinctes pour les différents groupes humains se justifiait à l'origine, en raison de la situation particulièrement défavorisée des Africains-Américains, Autres par excellence, soumis à un statut proche de celui d'une caste. Ces politiques s'élargirent plus tard à d'autres groupes, en particulier les Latino-Américains, qui avaient également subi des injustices par le passé. Ce n'est que récemment que l'on a mis en avant la valeur intrinsèque de la diversité culturelle. Les élites, aux États-Unis, acceptent apparemment mieux la discrimination positive, lorsqu'elle se présente comme le moyen de réaliser une diversité d'ailleurs mal définie que lorsqu'elle attaque de front et dans une optique de redistribution les inégalités structurelles léguées par une longue histoire d'esclavage, de ségrégation et de discrimination. Il faut garder en permanence à l'esprit, lorsqu'on compare les situations de ces deux pays, le fait qu'il n'existe dans la population française aucun groupe qui ait, à l'instar des Africains-Américains, connu tout au long de son histoire l'oppression et la pauvreté. Des choix politiques qui se justifient dans un des deux contextes seraient plus problématiques ou plus difficiles à légitimer dans l'autre.

Les contrastes sont moins nets et les différences plus subtiles quand il s'agit de comparer les réactions aux vagues récentes d'immigration provenant d'autres pays que l'Occident développé. Selon nous, la France fait face à un problème en ce qui concerne le nativisme et la xénophobie, bien davantage que les États-Unis. Mais dans ce dernier pays, le racisme envers les Noirs continue à exercer sur les relations entre groupes une influence décisive. En France, l'hostilité la plus forte vise les Nord-Africains et plus particulièrement les Algériens. Les Noirs qui descendent d'esclaves des Antilles françaises subissent moins de préjugés et moins de discrimination. L'expérience coloniale et l'énorme traumatisme lié à la guerre d'Algérie sont un élément d'explication de

28. Les raisons et le déroulement de cette évolution sont étudiés notamment dans M. Feldblum, Reconstituting Citizenship, op. cit.

ces attitudes. En vertu d'une conception en vigueur depuis le XIXe siècle, les musulmans étaient Autres par excellence et donc difficiles, sinon impossibles, à assimiler. Cette notion et l'échec douloureux de l'Algérie française qui vint la renforcer constituent les sources historiques des préjugés actuels[29]. L'incompatibilité supposée entre une identité islamique forte et le concept français de laïcité (qui s'est manifestée de façon spectaculaire lors du vote de la loi sur le port du voile en 2004) stimule les peurs actuelles relatives à l'augmentation de la population musulmane en France et légitime les évocations ferventes de l'héritage assimilationniste et universaliste.

Assurément avant le 11 septembre, et peut-être même encore aujourd'hui, l'islam ne posait pas trop de problèmes aux États-Unis, pays doté d'une forte tradition de tolérance et de pluralisme religieux. Les préoccupations suscitées aux États-Unis par la diversification que causeraient les vagues récentes d'immigration se sont généralement centrées sur les Latino-Américains et surtout sur les Mexicains. Le grand nombre de nouveaux arrivants, et le maintien de liens étroits entre les immigrants et leurs amis et parents de l'autre côté de la frontière, a provoqué une inquiétude concernant la survie de la culture anglo-américaine dans certaines régions du pays. Mais cette réaction ne s'est guère fait entendre, tant était grand le besoin de main-d'œuvre peu qualifiée et mal rémunérée que ces immigrants permettaient d'assouvir ; et les phénomènes de rejet sont d'autant moins forts que depuis les années 1960, le pluralisme culturel est un principe accepté de manière généralisée.

Les États-Unis et la France ont, semble-t-il, des enseignements à tirer de leur expérience respective. L'universalisme français, ou toute autre doctrine équivalente, est une arme puissante contre le racisme, lequel se fonde sur la croyance en des différences innées et inaltérables entre les groupes humains. Au cœur de l'antiracisme se trouve l'insistance sur le fait que certains droits appartiennent à tous, en raison de ce que tous ont en commun. Il se peut que les États-Unis doivent prendre davantage conscience de ce qui est commun à toute l'humanité, à une époque où l'accent mis sur la diversité et le particularisme ethnique menace de nous priver de toute vision convaincante de la communauté nationale et d'entraver la coopération en vue de la recherche d'une société libre et juste. En revanche, si cet universalisme est identifié à une identité

29. *Voir Patricia M. Lorcin,* Imperial Identities : Stereotyping Prejudice and Race in Colonial Algeria, *Londres, I. B. Tauris, 1995.*

nationale donnée et des traits culturels spécifiques qui vont au-delà des droits essentiels de la personne humaine, on peut aboutir à une intolérance qui rejoint, par ses effets nocifs, le racisme déterminé par la couleur de la peau.

Chapitre 2

RELIGION ET ETHNICITÉ DE LA COMPARAISON SPATIALE ET TEMPORELLE[1]

Nancy L. GREEN

L'« impératif comparatif » paraît aujourd'hui en bonne voie. Le thème du « transnational » et l'intérêt pour la *World history* aidant, nombre d'historiens semblent rejoindre les chercheurs d'autres sciences sociales[2]. Les sujets se multiplient, proches comme lointains, allant de l'industrialisation (vieux thème lié à la concurrence entre la France et l'Angleterre) à l'esclavage (la Grèce ancienne et l'Amérique du XIXe siècle) et du syndicalisme aux révolutions (française, russe ou américaine). Or, on doit aujourd'hui aller au-delà du seul

1. Ce chapitre a été publié par l'auteur sous le même titre, dans Annales, *57 (1), janvier-février 2002, p. 127-144.*

2. Marcel Detienne, Comparer l'incomparable, *Paris, Le Seuil, 2000 ; Lucette Valensi, « Retour d'Orient : de quelques usages du comparatisme en histoire », dans H. Atsma et A. Burguière (dir.),* Marc Bloch aujourd'hui : histoire comparée et sciences sociales, *Paris, Éditions de l'EHESS, 1990, p. 307-316 ; Marc Bloch, « Pour une histoire comparée des sociétés européennes »,* Mélanges historiques, *vol. 1, Paris, Éditions de l'EHESS, 1983 [1928], p. 16-40 ; Marc Bloch (éd. par É. Bloch), « Comparaison » dans* Histoire et Historiens, *Paris, Armand Colin, 1995 [1930], p. 87-93 ; Claude Lévi-Strauss,* Anthropologie structurale, *Paris, Plon, 1974 [1958], p. 312-313 ; Theda Skocpol (ed.),* Vision and Method in Historical Sociology, *Cambridge, Cambridge University Press, 1984 ; Charles Tilly,* Big Structures, Large Processes, Huge Comparisons, *New York (N. Y.), Russell Sage Foundation, 1985. Sur l'« impératif comparatif », voir Nancy L. Green, « L'histoire comparative et le champ des études migratoires »,* Annales ESC, *44 (6), 1990, p. 1335-1350.*

plaidoyer pour l'histoire comparée et examiner de plus près la façon dont la comparaison aide à résoudre certaines énigmes. La comparaison peut n'être qu'heuristique, certes, mais son utilité pour l'historien est d'élargir le regard afin de remettre en question les idées communément admises. Ainsi, dans son article classique sur l'histoire comparée, Marc Bloch explique comment cette méthode lui a permis de voir les *enclosures* en Provence. Il notait les homonymes abusifs et les hétéronymes qui cachaient des similitudes[3]. Il va s'agir ici de comprendre l'usage de deux catégories différentes pour désigner un même phénomène historique. Si les États-Unis et la France sont des pays d'immigration qui parlent de leurs immigrés de façon différente, ce n'est qu'à travers la comparaison que l'on s'en aperçoit.

Depuis de nombreuses années, il n'est plus nécessaire de démontrer que la France est, comme les États-Unis, un pays d'immigration et ceci depuis au moins un siècle[4]. Or, malgré cette similitude, de profondes différences subsistent quant aux représentations – passées et présentes – de ce phénomène. Leurs références historiques ont été souvent contrastées : oubli en France, mémoire en Amérique. Or, comme nous l'avons montré ailleurs, cette différence relève de contradictions endogènes[5]. Paradoxalement, la mémoire de l'immigration en France a été longtemps escamotée et ce, malgré une politique de relative ouverture (jusqu'aux années 1970, à l'exception des années 1930 et 1940). Aux États-Unis, la contradiction n'est pas moindre, puisque la supposée mémoire de l'immigration est allée de pair avec l'oubli des années de fermeture (1920-1965).

De même, les perceptions actuelles prêtent souvent à une autre divergence franco-américaine : s'agissant des immigrés et de leurs descendants, « religion » et « ethnicité » sont devenues deux catégories hautement

3. *M. Bloch, « Pour une histoire... », art. cité, p. 20-22.*
4. *Don Dignan, « Europe's Melting Pot : A Century of Large-scale Immigration into France »,* Ethnic and Racial Studies, *4 (2), 1981, p. 137-152 ; Nancy L. Green, « "Filling the Void" : Immigration to France before World War I », dans D. Hoerder (dir.),* Labor Migration in the Atlantic Economies, *Westport (Conn.), Greenwood Press, 1985, p. 143-161 ; Gérard Noiriel,* Le Creuset français : histoire de l'immigration XIXe-XXe siècles, *Paris, Le Seuil, 1988 ; Dominique Schnapper, « Un pays d'immigration qui s'ignore »,* Le Genre humain, *19, 1989, p. 99-109 ; Ralph Schor,* Histoire de l'immigration en France de la fin du XIXe siècle à nos jours, *Paris, Armand Colin, 1996.*
5. *Nancy L. Green, « L'immigration en France et aux États-Unis. Historiographie comparée »,* Vingtième Siècle. Revue d'histoire, *29, janvier-mars 1991, p. 67-82. Ces points sont développés dans Nancy L. Green,* Repenser les migrations, *Paris, PUF, 2002.*

médiatisées, mais aussi utilisées dans les sciences sociales en France et aux États-Unis. L'Autre est perçu de manière différente dans ces deux sociétés, mais, sans la comparaison, les catégories semblent n'être que de simples données explicatives. Examiner l'immigration dans un seul pays apporte des analyses aussi savantes que complexes, mais peut conduire à des généralisations partielles. Comparer l'image de l'Autre dans deux pays permet de mieux questionner à la fois les catégories et la façon dont celles-ci sont déployées dans le temps et l'espace.

L'histoire comparée des représentations

L'énigme est la suivante : les immigrés sont « musulmans » en France, « groupes ethniques » aux États-Unis. Mais, religion et ethnicité, ces désignations hâtives et partielles, sont-elles véritablement comparables ? Chaque terme recèle en effet une multiplicité de définitions et de pratiques. Les comparer comme catégories « holistes » escamote leurs réalités plus complexes. La « religion » relève de différents registres : dogmes institutionnels, croyance individuelle, pratiques (qui peuvent créer des divisions au sein des groupes religieux) ; l'ethnicité peut être ascriptive ou autodésignée et recouvrir des pratiques identitaires « molles » ou intenses.

Par ailleurs, ces catégories relèvent de deux épistémès différentes. Peut-être sont-elles trop différentes pour avoir ce noyau de similarité qui rend la démarche comparative intéressante : la religion est une catégorie très ancienne et (plus) « objective » ; l'ethnicité serait plus récente dans les sciences sociales. Néanmoins, chaque terme a des similarités d'usage qui sont, au moins, triples : ils sont mobilisés comme explications justificatives par les chercheurs ; ils sont utilisés par les acteurs eux-mêmes pour s'identifier ou identifier les autres ; ils font partie de la « grammaire politique » sur la scène publique[6]. Toutes deux sont devenues des catégories identiques. Leurs usages portent donc en eux-mêmes leurs contradictions et sont des apories, mais se rejoignent chez les chercheurs, les acteurs et les pouvoirs publics, eu égard à l'histoire de l'immigration.

6. Sur la notion de grammaire politique, voir Luc Boltanski et Laurent Thévenot, De la justification. Les économies de la grandeur, *Paris, Gallimard, 1991 ; et Laurent Thévenot et Michèle Lamont, « Conclusion », dans M. Lamont et L. Thévenot (dir.),* Rethinking Comparative Cultural Sociology : Repertoires of Evaluation in France and the United States, *Cambridge, Cambridge University Press, 2000.*

Comparer implique à la fois similitudes et différences en amont, tout comme cette méthode d'observation en trouve en aval. La prémisse d'une similitude catégorielle permet de mieux revenir au constat de départ qui relève d'une comparaison de la différence : comment interpréter l'imaginaire de l'Autre pour chaque pays ? Pourquoi cette insistance sur la religion des immigrés maghrébins, turcs ou africains en France, l'islam devenant la métonymie pour toute « question immigrée », tandis que l'« ethnicité » joue ce rôle de l'autre côté de l'Atlantique ? La question est de savoir comment les historiens et les autres chercheurs en sciences sociales ont abordé le phénomène migratoire en France et aux États-Unis au XXe siècle et avec quel vocabulaire[7] ?

On peut dire que cette différence franco-américaine dépend du statut selon lequel le terme est décliné. S'agissant de l'islam, ce sont les médias, voire la nébuleuse de l'opinion publique (ou des chercheurs qui ne s'occupent pas de l'islam, sans parler du rôle de l'extrême droite), qui postulent le plus souvent une radicalité religieuse chez ces immigrés en France. Aux États-Unis, le langage de l'« ethnicité » n'est pas cantonné à la sphère publique. Celle-là est reconnue comme un phénomène social, mais elle est aussi le titre de colloques et une catégorie scientifique pour les chercheurs. Même la critique visant à montrer son « invention » n'a pas empêché la vitalité de l'usage de ce concept parmi les chercheurs aux États-Unis[8].

Il y a des comparaisons implicites ou naïves et d'autres explicites ou savantes. Celles-ci peuvent éclairer celles-là. Les comparaisons « savantes » impliquent des choix – de sujets, de niveaux –, voire des penchants vers la similitude ou la divergence. C'est à travers la comparaison que l'on peut poser trois questions aux chercheurs afin d'analyser, à rebours, la différenciation initiale : religion en France, ethnicité aux États-Unis. Du point de vue de la comparaison spatiale, qu'en est-il de l'« ethnicité » comme catégorie en France, et qu'est devenu le fait religieux dans les analyses nord-américaines ? Et, comparaison temporelle cette fois, comment l'usage de la catégorie « religion » a-t-il changé en France au cours du XXe siècle ?

7. *Pierre Bourdieu,* Homo Academicus, *Paris, Les Éditions de Minuit, 1984.*
8. *Werner Sollors,* Beyond Ethnicity : Consent and Descent in American Culture, *Oxford, Oxford University Press, 1986 ; Kathleen Conzen* et al., *« The Invention of Ethnicity : A Perspective from the USA »,* Journal of American Ethnic History, *12 (1), 1992, p. 3-41 ; David A. Hollinger,* Postethnic America : Beyond Multiculturalism, *New York (N. Y.), Basic Books, 1995.*

Refus des groupes ethniques en France

La récusation de la catégorie « ethnicité » en France dans les sciences sociales (mais aussi dans la grammaire politique et une partie des médias), fondée sur les valeurs républicaines et le reniement d'un passé colonialiste qui « créait » les tribus, a été amplement explicitée ces dernières années[9]. Dans des termes particulièrement vifs, Hervé Le Bras rejette toute référence aux origines comme étant une résurgence des démons du passé[10]. En revanche, d'autres chercheurs ont insisté sur l'importance de nommer les groupes afin de combattre les discriminations à leur égard[11]. Cette polémique semble liée aux appréciations du passé, du présent et du futur. Colonialisme, racisme, antisémitisme sont fustigés par les uns et les autres, tout attachés qu'ils sont aux valeurs d'égalité sociale. Cependant subsistent des divergences profondes quant à la façon de penser une société plus égalitaire. Les catégories (notamment statistiques) peuvent être ainsi analysées différemment, soit comme un danger, dû à la réification des identités à usages différentiels et

9. *Jean-Loup Amselle et Elikia M'Bokolo (dir.),* Au cœur de l'ethnie. Ethnies, tribalisme et État en Afrique, *Paris, La Découverte, 1985 ; Jean-Loup Amselle,* Vers un multiculturalisme français, *Paris, Aubier, 1996 ; Marco Martiniello,* L'Ethnicité dans les sciences sociales contemporaines, *Paris, PUF, 1995 ; Philippe Poutignat et Jocelyne Streiff-Fenart,* Théories de l'ethnicité, *Paris, PUF, 1995 ; Dominique Schnapper, chap. 9 « Le refus de l'ethnique dans la République française », dans* La Relation à l'autre, *Paris, Gallimard, 1998, p. 395-438.*

10. *Hervé Le Bras,* Le Démon des origines, *La Tour-d'Aigues, Éditions de l'Aube, 1998, répondant à Michèle Tribalat (avec Patrick Simon et Benoît Riandey),* De l'immigration à l'assimilation. Enquête sur les populations d'origine étrangère, *Paris, La Découverte/INED, 1996. Voir également Alain Blum, « Comment décrire les immigrés – à propos de quelques recherches sur l'immigration »,* Population, *53 (3), 1998, p. 569-586 ; et l'analyse de ce débat par Joan Stavo-Debauge, « Prendre position contre l'usage de catégories "ethniques" dans la statistique publique. Le sens commun constructiviste, une manière de se figurer un danger politique », dans P. Laborier et D. Trom (dir.),* Historicités de l'action publique, *Paris, PUF, 2003.*

11. *Patrick Simon, « Nommer pour agir »,* Le Monde, *28 avril 1993 ; Patrick Simon, « Nationalité et origine dans la statistique française : les catégories ambiguës »,* Population, *53 (3), 1998, p. 541-566. D'autres chercheurs ont critiqué des discriminations tout en mettant en garde contre des catégorisations : Michel Wieviorka,* La France raciste, *Paris, Le Seuil, 1992 ; M. Wieviorka (dir.),* Une société fragmentée ? Le multiculturalisme en débat, *Paris, La Découverte, 1997 ; M. Wieviorka,* La Différence, *Paris, Balland, 2000 ; Véronique De Rudder, Christian Poiret et François Vourc'h,* L'Inégalité raciste. L'universalité républicaine à l'épreuve, *Paris, PUF, 2000.*

nocifs, soit comme un outil pour reconnaître et rectifier des inégalités. Le discours républicain préfère de loin la première interprétation à la seconde. De surcroît, l'« ethnicité », en tant qu'idée et phénomène, est souvent taxée de produit (scientifique) étranger, importé des États-Unis. Son rejet est donc également fondé sur un postulat comparatif d'une différence franco-américaine évidente et nécessaire : présence aux États-Unis, absence caractérisée en France. Ce débat français sur l'ethnicité est bien connu, et je n'y reviendrai pas. En revanche, l'usage de la catégorie « religion » parmi les chercheurs (du non-religieux) a été peu étudié dans une telle perspective comparée. L'interroger peut aider à comprendre le phénomène différentiel inverse : son usage en France, son absence aux États-Unis.

Quand les immigrés étaient des ouvriers

Avant d'aborder cette différence dans l'espace, on peut se rappeler une similitude antérieure. En France comme aux États-Unis, l'histoire sociale (« nouvelle » en son temps) des années 1960-1970 avait pensé les immigrés de manière similaire, en tant qu'ouvriers. D'ailleurs, dans les deux pays, avant l'avènement relativement récent du champ des études migratoires, l'histoire du monde ouvrier (surtout des O. S. en France) était souvent celle des immigrés faite sans le savoir ou, tout au moins, sans l'expliciter. L'histoire ouvrière a, dans un premier temps, été construite – de manière novatrice – d'« en bas », comme contre-histoire à l'histoire nationale, quitte à gommer, pour des raisons autant épistémologiques qu'idéologiques, les différences au sein de la classe ouvrière. Il a fallu Herbert Gutman aux États-Unis ou Michelle Perrot en France pour montrer l'importance des immigrés dans le contexte d'une histoire ouvrière[12]. De nombreux travaux sur le rôle des immigrés au sein de la classe ouvrière ont suivi. Dans cette « découverte » des immigrés, l'économique primait. Même les analyses des coutumes et des

12. Herbert Gutman, « Work, Culture, and Society in Industrializing America, 1815-1919 », dans Work, Culture, and Society in Industrializing America, 1815-1919, *New York (N. Y.), Alfred A. Knopf, 1976, p. 3-78 ; Michelle Perrot, « Les rapports des ouvriers français et des étrangers (1871-1893) »,* Bulletin de la société d'histoire moderne, *12ᵉ série, 12, 1960, p. 4-9 ; Commission internationale d'histoire des mouvements sociaux et des structures sociales,* Les Migrations internationales de la fin du XVIIIᵉ siècle à nos jours, *Paris, CNRS Éditions, 1980 ; voir aussi note 3.*

associations étaient le plus souvent inscrites au sein d'une histoire renouvelée (et plus anthropologique) de l'industrialisation, de ses métiers – grands ou petits – et des classes sociales. Classe et communauté se conjuguaient dans les problématiques[13].

Aujourd'hui, la vision des immigrés se transforme et leur représentation diverge d'un pays à l'autre. Face à la remise en question globale de la pensée en termes de classes (qui va au-delà du seul champ de l'histoire des migrations), ce sont d'autres catégories qui sont mises en avant pour analyser le phénomène migratoire. Il ne s'agit pas ici de l'opposition fréquente entre un jacobinisme français et un pluralisme culturel américain ou entre républicanisme et communautarisme. Les discours publics des deux pays divergent par l'usage d'autres références pour parler des immigrés et de leurs descendants. L'« ethnicisation » des catégories prend une importance croissante aux États-Unis à tous les niveaux – chercheurs, pouvoirs publics, acteurs –, tandis que c'est la religion qui semble jouer ce rôle – surtout médiatique – en France[14].

Le choix des concepts

Pourquoi ces catégories distinctives de conceptualisation et d'usage ? Une première réponse, s'appuyant sur l'histoire sociale, pourrait expliquer la différence par les nouveaux phénomènes sociaux des années 1960-1970 : l'arrivée massive, en France, d'immigrés en provenance d'Afrique du Nord ; aux États-Unis, l'évolution d'une troisième génération s'intéressant à ses racines selon la « loi de Hansen[15] », conjuguée à l'arrivée de nouveaux immigrés, hispaniques et asiatiques, après la nouvelle loi sur l'immigration de 1965. Dans une autre perspective, on peut rattacher l'usage de ces catégories à des thèmes supposés pérennes

13. Voir la bibliographie dans N. L. Green, Repenser les migrations, op. cit.

14. Rémy Leveau, « Éléments de réflexion sur l'enquête "Culture islamique et attitudes politiques dans l'immigration maghrébine en France" », dans B. Étienne (dir.), L'Islam en France : Islam, État et société, *Paris, CNRS Éditions, 1990, p. 85-88.*

*15. Marcus Lee Hansen (*The Immigrant in American History, *Cambridge [Mass.], Harvard University Press, 1940) avait proposé la distinction entre la première génération, la deuxième qui ne s'intéresse pas aux origines de ses parents, et la troisième qui y fait un retour.*

dans chaque pays. La religion n'est-elle pas une thématique séculaire dans la longue histoire des rapports entre l'Église et l'État en France, et l'ethnicité une idée « naturelle » dans un pays d'immigration tel que les États-Unis ?

Les explications conjoncturelles ne sont pas plus convaincantes que les références culturelles centenaires. Ni la religion ni l'ethnicité ne sont les seules façons de penser les migrations, et elles n'ont pas toujours été les plus importantes. Il faut donc faire une histoire comparée des concepts afin de voir comment la religion n'a pas été absente de l'analyse américaine, tout comme elle n'a pas toujours fonctionné comme critère le plus pertinent dans l'historiographie française des immigrés. Comment sont construites ces catégories et à quels usages correspondent-elles ? La comparaison historiographique doit relever à la fois du temporel et du spatial.

La religion aux États-Unis comme catégorie d'analyse

Qu'est devenue la religion dans la recherche américaine sur l'immigration[16] ? Une première approche puise dans une comparaison temporelle. On doit rappeler les origines d'un discours républicain aux États-Unis qui, comme en France, repose sur une séparation de l'Église et de l'État. En l'occurrence, la séparation originelle date des premiers colons, qui mettaient un océan entre eux et l'Église anglicane. Au moment de la Révolution américaine – appelée, sans doute plus correctement, guerre d'indépendance en français –, la nécessité d'une Constitution civile du clergé ne se fit donc pas sentir. Le mythe américain des origines insiste sur le rôle de la liberté des cultes comme motivation première de l'émigration des puritains, et cette notion est inscrite dans le Premier Amendement de la Constitution, en 1789 : « le Congrès ne

16. Pour une mise au point en français de l'histoire religieuse américaine, voir Lucia Bergamasco et Annette Becker, « L'histoire religieuse », dans J. Heffer et F. Weil (dir.), Chantiers d'histoire américaine, *Paris, Belin, 1994, p. 213-236 ; voir également François Weil, « Migrations, Migrants, Ethnicité », dans J. Heffer et F. Weil (dir.),* Chantiers d'histoire américaine, op. cit., *p. 407-432. L'ouvrage classique sur la religion aux États-Unis est de Martin E. Marty,* Pilgrims in their own Land : 500 Years of Religion in America, *Boston (Mass.), Little, Brown and Co., 1984.*

votera aucune loi concernant l'établissement des cultes ni n'empêchera le libre exercice de ceux-ci[17] ».

Ce texte eut des conséquences multiples et parfois contradictoires. Le principe de séparation resta fondamental au pays des puritains, ainsi que celui de la liberté des cultes (le même amendement consacre les libertés d'expression et d'assemblée). Mais ceci s'exprima, historiquement, de manière complexe, avec une forte prédominance du protestantisme et, de manière répétée, une hostilité à l'égard des autres groupes religieux. Ainsi, la tolérance des multiples formes de protestantisme alla de pair avec un anticatholicisme parfois virulent qui scandait l'arrivée des immigrés de diverses provenances au XIXe siècle. Furent d'abord visés les Irlandais. Un *best-seller* intitulé *Les Terrifiantes révélations sur le couvent de l'Hôtel-Dieu à Montréal* (par une certaine Maria Monk) alimenta cet anticatholicisme du milieu du XIXe siècle[18]. Vers la fin du siècle, une campagne de l'American Protective Association accusa les papistes d'être la cause du chômage. Ce fut au tour des Italiens d'être stigmatisés, les Irlandais désormais considérés comme américanisés. L'antisémitisme ne fut pas non plus absent de cette hostilité à l'égard de l'étranger, quel qu'il fût. Le cas le plus célèbre est celui de Leo Frank, riche Juif new-yorkais, accusé de meurtre en 1915 et lynché en Géorgie dans le contexte d'une poussée violente d'antisémitisme. Le Ku Klux Klan (antisémite, anticatholique, antinoir) sévit de manière virulente jusque dans l'entre-deux-guerres, bien que le pays ne connût ni de véritable affaire Dreyfus ni de lois ou de déportations comme sous le régime de Vichy[19].

17. « Congress shall make no law respecting an establishment of religion, or prohibiting the free exercise thereof [...] ». Sur les rapports entre l'Église et l'État aux États-Unis, voir, par exemple, Stephen Botein, « Religious Dimensions of the Early American State », dans R. Beeman, S. Botein et E. C. Carter II (dir.), Beyond Confederation : Origins of the Constitution and American National Identity, *Chapel Hill (N. C.), The University of North Carolina Press, 1987, p. 315-330 ; Donald L. Drakeman,* Church-State Constitutional Issues : Making Sense of the Establishment Clause, *New York (N. Y.), Greenwood Press, 1991 ; Arlin M. Adams et Charles J. Emmerich,* A Nation Dedicated to Religious Liberty : The Constitutional Heritage of the Religious Clauses, *Philadelphie (Pa.), University of Pennsylvania Press, 1990.*

18. L'« autobiographie » de Monk s'avéra être un faux, mais cette découverte n'empêcha pas sa grande popularité. Voir Denis Lacorne, La Crise de l'identité américaine. Du melting-pot au multiculturalisme, *Paris, Fayard, 1997, p. 123-124.*

19. L'importance absolue ou relative de l'antisémitisme aux États-Unis reste un sujet de débat. Voir Leonard Dinnerstein, Uneasy at Home : Anti-Semitism and the American Jewish Experience, *New York (N. Y.), Columbia University Press, 1987 ; Frederic Copley Jaher,* A Scapegoat in the New Wilderness : The Origins and Rise of Anti-Semitism in America, *Cambridge (Mass.), Harvard University Press, 1994.*

Mais au-delà des traces historiques d'une xénophobie religieuse à répétition, que John Higham a si bien analysée dans son classique *Strangers in the Land*[20], qu'en est-il de la catégorie « religion » dans les sciences sociales comme explication des fondements d'une société d'immigrés ? Curieusement, cette notion a été proposée puis négligée dans le champ des études de l'immigration américaine.

Dans deux articles célèbres, de 1944 et 1952, la sociologue Ruby Jo Reeves Kennedy pose une question centrale : « Single or Triple Melting-Pot ? », et suggère une lecture religieuse de la société américaine[21]. À partir de la statistique des mariages (religieusement) mixtes dans la ville de New Haven (Connecticut) entre 1870 et 1950, R. J. R. Kennedy montre comment un triple *melting pot* des adeptes des trois grandes religions est en train de se constituer. Si les Juifs (groupe désigné à la fois comme national et religieux) restent jusqu'en 1950 très fortement endogames (95 %), les autres populations d'origine immigrée sont en train de se fondre en deux autres « groupes fondamentaux » *(fundamental bulwarks)* : les protestants britanniques, allemands et scandinaves se marient entre eux, tout comme les catholiques irlandais, italiens et polonais.

Will Herberg reprend cette thèse dans son célèbre *Essay in American Religious Sociology*[22]. Publié en 1955, le livre de Herberg insiste sur le « laïcisme d'un peuple religieux ». Pour lui, l'identification religieuse est une réponse à la société moderne. Mais, en ce qui concerne l'analyse de l'immigration, W. Herberg souligne que l'adaptation/assimilation attendue

20. *John Higham,* Strangers in the Land. Patterns of American Nativism, 1860-1925, *New York (N. Y.), Atheneum, 1985 [1955]. J. Higham analyse en détail les variantes de la xénophobie américaine, allant d'un anticatholicisme périodique à un rejet sur fond politique (de la radicalisation importée d'ailleurs : la peur des rouges), à une xénophobie plus « ethnique », le tout débouchant sur les lois limitant l'entrée des immigrés dans les années 1920.*

21. *Ruby Jo Reeves Kennedy, « Single or Triple Melting-Pot ? Intermarriage Trends in New Haven, 1870-1940 »,* American Journal of Sociology, *49, 1944, p. 331-339 ; R. J. Reeves Kennedy, « Single or Triple Melting-Pot ? Intermarriage in New Haven, 1870-1950 »,* American Journal of Sociology, *58, 1952, p. 56-59.*

22. *Will Herberg,* Protestant, Catholic, Jew : An Essay in American Religious Sociology, *Chicago (Ill.), University of Chicago Press, 1983 [1955] (trad. fr.,* Protestants, catholiques et israélites : la religion dans la société aux États-Unis. Essai de sociologie religieuse, *Paris, Éditions SPES, 1960). La race et le racisme n'entrent pas dans sa classification, mais W. Herberg parle déjà de l'émergence de « ce que nous appelons groupe ethnique ». Ceci proviendrait d'un processus d'américanisation, fruit de l'immigration et de l'expérience sur place (p. 25).*

des immigrés ne suppose pas la conversion ni même une convergence religieuse, conclusion confirmée neuf ans plus tard par Milton Gordon dans son *Assimilation in American Life*[23]. On présume beaucoup des immigrés – apprentissage de l'anglais, adoption de la culture ambiante, voire, à terme, acquisition de la nationalité américaine – mais on n'attend pas qu'ils changent de religion. D'ailleurs, les trois grandes religions représentées aux États-Unis sont, selon W. Herberg, acceptées comme faisant partie d'une tradition occidentale partageant les mêmes valeurs de l'*American way of life*, valeurs qu'elles soutiennent à leur tour.

À la suite de ces travaux, qu'est devenue la religion comme catégorie d'analyse ? Andrew Greeley, prêtre et sociologue, s'est voulu le continuateur de Herberg. Avant d'analyser les groupes ethniques blancs *(white ethnics)*, Greeley s'intéressa à la religion et ses rapports aux groupes ethniques[24]. Mais bientôt, cette problématique du *melting pot* des trois religions apparaît quelque peu dépassée. Bien que W. Herberg soit encore cité, ses thèses ont été progressivement abandonnées par les historiens de l'immigration[25]. La raison semble conjoncturelle. L'historien Thomas Archdeacon considère que l'« accent mis [par R. J. R. Kennedy et W. Herberg] sur la religion résultait en partie du peu d'informations connues à l'époque au sujet de la persistance des identités ethniques[26] ». Mais ce reproche est fondamentalement anachronique, et l'on pourrait poser la question à l'envers : pourquoi l'ethnicité a-t-elle pris le dessus dans les analyses de la différence ?

23. *Milton Gordon,* Assimilation in American Life : The Role of Race, Religion and National Origins, *Oxford, Oxford University Press, 1964.*

24. *Andrew M. Greeley,* The Denominational Society : A Sociological Approach to Religion in America, *Glenview, Scott, Foresman and Co., 1972 ; A. M. Greeley,* Why Can't They Be Like Us ? America's White Ethnic Groups, *New York (N. Y.), E. P. Dutton and Co., 1971. Voir également Dolores Liptak,* Immigrants and their Church, *New York (N. Y.), MacMillan, 1989, et Thomas Archdeacon, chap. 8, « The Triple Melting Pot and Beyond », dans* Becoming American. An Ethnic History, *New York (N. Y.), The Free Press, 1983.*

25. *Dans le* Social Science Citation Index *de l'année 2000, W. Herberg (1901-1977) est cité treize fois (dont dix pour* Protestant, Catholic, Jew, op. cit.*), tandis que Nathan Glazer (né en 1923) est cité soixante dix-neuf fois (dont vingt-sept pour le seul* Beyond the Melting Pot, *ouvrage influent qu'il a écrit avec Daniel Patrick Moynihan, Cambridge (Mass.), MIT Press, 1963). En France, voir, par exemple, deux actes de colloques édités par Jean Béranger, tous deux intitulés* Le Facteur religieux en Amérique du Nord, *Talence, MSHA, 1981 et 1983, le premier s'intéressant à l'Apocalypse et le second aux sensibilités canadiennes.*

26. *T. Archdeacon,* Becoming American..., op. cit., *p. 204.*

Les écrits de R. J. R. Kennedy et W. Herberg se situent à l'époque de la prospérité, de la modernisation et du consensus relatif de l'après-guerre, période d'assimilation tranquille, où le sens premier du *melting pot* : fusion, est encore présumé. En mettant la religion au cœur de leurs analyses – et en y subsumant les origines nationales –, ces auteurs ont proposé une catégorie d'analyse pour comprendre le phénomène migratoire et la société américaine en général. Mais ils écrivent juste avant l'explosion sociale des années 1960, la montée en force des mouvements pour les droits civiques des Noirs, et la (re)naissance d'une nouvelle catégorie de mobilisation et d'analyse qui entrera dans le discours public : l'ethnicité. L'affirmation de la « fin du *melting pot*[27] » (simple ou triple) va renverser les propos de R. J. R. Kennedy, W. Herberg et M. Gordon, et mener à une désagrégation conceptuelle des *fundamental bulwarks*.

La religion n'a pas pour autant entièrement disparu comme outil analytique, mais le tout et ses parties se sont inversés. Là où la religion était utilisée afin d'expliquer l'amalgame de populations d'origines nationales diverses, elle devient désormais une des caractéristiques de l'ethnicité chez la plupart des chercheurs[28]. L'histoire comparée est ici un dispositif précieux, comme le soutient Robert P. Swierenga en analysant les fortunes diverses des Hollandais catholiques et calvinistes aux États-Unis. Le caractère universel de l'Église catholique a affaibli le sentiment d'appartenance nationale des premiers, à la différence des seconds. La diversité religieuse au sein d'un groupe national pourrait remettre en cause une analyse ethnique. Or, R. P. Swierenga admet que « c'est une gageure que de vouloir séparer les effets de la religion de l'identité nationale particulièrement forte[29] ».

La place modeste laissée à la religion comme catégorie d'analyse chez la plupart des historiens de l'immigration se caractérise par deux aspects.

27. N. Glazer et D. P. Moynihan, Beyond the Melting Pot, op. cit.

28. Voir, par exemple, George E. Pozzetta (dir.), The Immigrant Religious Experience, *New York (N. Y.), Garland, 1991 ; ou le numéro spécial du* Journal of American Ethnic History, *autour d'un article de Elliott R. Barkan, « Race, Religion and Nationality in American Society : A Model of Ethnicity – From Contact to Assimilation », 14 (2), 1995, p. 38-101.*

29. Robert P. Swierenga, « Religion and Immigration Patterns : A Comparative Analysis of Dutch Protestants and Catholics, 1835-1880 », Journal of American Ethnic History, *5 (2), 1986, p. 23-45, ici p. 23. Timothy L. Smith, « Religion and Ethnicity in America »,* American Historical Review, *8, 1978, p. 1155-1185 ; Martin E. Marty, « Ethnicity : The Skeleton of Religion in America »,* Church History, *41, 1972, p. 5-21 ; Harry S. Stout, « Ethnicity : The Vital Center of Religion in America »,* Ethnicity, *2, 1975, p. 202-224.*

D'abord, le fait religieux est examiné dans le cadre d'études de cas, communauté par communauté, groupe par groupe, la religion étant un facteur parmi d'autres de l'ethnicité. Catholiques mexicains-américains, mennonites ou immigrés juifs, avec leurs églises ou leurs synagogues, ont été l'objet de recherches monographiques dont le cadre est le groupe « ethnique » et non pas une analyse globale de la société américaine à la Herberg. Les comparaisons sont, d'ailleurs, rarement de mise. Ensuite, ces recherches se placent, pour la plupart, dans une problématique désormais classique qui s'interroge sur les continuités et les ruptures par rapport au pays d'origine ou sur les négociations culturelles avec le pays d'arrivée. Allant de l'étude des institutions religieuses aux analyses de pratiques populaires (culte de Madonna ou pratique du vaudou[30]), les travaux qui autrefois mettaient l'accent sur la religion comme sauvegarde de la tradition ou frein à la modernité vont aujourd'hui vers des traitements plus nuancés de syncrétismes, eux-mêmes signes d'accommodements dans une sorte d'« ethnicisation » de la religion[31].

Trois éléments ressortent de ce survol historique et historiographique de l'intersection entre religion et immigration aux États-Unis. Au niveau de l'histoire sociale, une xénophobie religieuse a scandé l'accueil des immigrés (non-protestants) au pays de la tolérance. Néanmoins, et en minimisant ces moments de tension, des chercheurs ont essayé de penser une coexistence paisible entre les trois religions majoritaires. Le *melting pot* religieux l'était *a fortiori* pour les groupes nationaux constitutifs des groupes religieux. Mais la représentation de la religion des immigrés a été dépassée par un événement épistémologique : la montée des identités ethniques comme modèle d'explication, et ceci à tous les niveaux, pour les acteurs, chez les chercheurs et dans les médias. Le terme « ethnique » acquit ainsi une certaine fonctionnalité utilitaire dans le discours américain. Il englobe à la fois la religion, la nationalité

30. Robert A. Orsi, Madonna of 115th Street : Faith and Community in Italian Harlem, 1880-1950, *New Haven (Conn.), Yale University Press, 1985 ; Karen McCarthy Brown,* Mama Lola : A Voodoo Priestess in Brooklyn, *Berkeley (Calif.), University of California Press, 1991.*

31. Oscar Handlin avait déjà analysé la religion comme un « mode de vie » cherchant à reproduire les habitudes du pays, mais il a décrit la « rigidification » de celle-là comme la conséquence de cette nostalgie. Oscar Handlin, The Uprooted, *Boston (Mass.), Little, Brown and Co., 1973 [1951], p. 117-143. Voir également William I. Thomas,* Old World Traits Transplanted, *New York (N. Y.), Harper and Brothers, 1921 ; Randall Miller et Thomas D. Marzik (dir.),* Immigrants and Religion in Urban America, *Philadelphie (Pa.), Temple University Press, 1977.*

et la race[32]. Il devint la nouvelle façon de penser les minorités, Juifs, Italiens ou Noirs au sein de l'Amérique contemporaine. Mais, en même temps, ce dernier concept reste étranger aux analyses et aux discours publics en France, laissant la place à une interprétation plutôt religieuse.

La religion en France comme catégorie d'analyse

L'islam est devenu une métonymie médiatique pour l'immigration en France. Depuis les années 1970 et « l'arrêt » officiel de l'immigration, le discours public découvre que, invités comme travailleurs, pensés comme temporaires, les immigrés sont restés sur place, et ceci malgré toutes les incitations au retour. Pour ceux qui envisageaient l'immigration comme un phénomène temporaire et semblaient ignorer l'histoire des immigrations précédentes, cette réalité semble nouvelle. Or, comme le disait Abdelmayek Sayad :

> L'immigration de travail a toujours fini par se transformer en immigration de peuplement, et on peut dire qu'il n'est aucune immigration réputée de peuplement qui n'ait été d'abord immigration de travail[33].

Visions politiques d'un côté, analyses des chercheurs de l'autre, la séparation entre ces deux registres sera plus grande en France. De la grève des O. S. de l'automobile qui prient dans un parking d'usine en 1982-1983, à « l'affaire du foulard islamique » en 1989, la construction d'un nouveau visage de l'immigration cristallise l'attention. Si d'autres formes de renouveaux identitaires ont lieu au cours de ces années 1980 (le mouvement beur, « touche pas à mon pote », les JALB – Jeunes arabes de Lyon et banlieue), c'est la religion qui devient le facteur fondamental d'explication médiatique distinguant les nouveaux immigrés des anciens et de la population française[34]. Cet intérêt pour la religion des immigrés comme signe de la différence peut être daté. Yvon Gastaut, dans son étude exhaustive sur *L'Immigration et l'opinion en France sous la Vᵉ République*,

32. M. Gordon, Assimilation in American Life..., op. cit., *p. 27.*

33. Entretien avec Abdelmalek Sayad, « Culture dominante, cultures dominées », Projet, *171-172, janvier-février 1983, p. 34-49, ici p. 40.*

34. Voir, notamment, Rémy Leveau et Gilles Kepel (dir.), Les Musulmans dans la société française, *Paris, Presses de Sciences Po, 1988.*

montre bien comment les cadres structurants de l'opinion ont changé[35], d'une concentration sur la guerre d'Algérie et un racisme inavoué aux images contradictoires – l'Arabe comme soumis, l'Arabe comme violent – à la peur démographique et au thème de la délinquance. L'immigré était arabe – ou kabyle – il *devient* musulman[36]. L'islam est devenu le terme populaire pour penser les migrations et la religion une catégorie d'analyse politique. Cette dernière s'étend pour devenir le symbole d'un nouveau défi lancé à la société française, l'islam lui étant étranger. Son extériorité est mise en avant, avec des références répétées à la violence ; les procédures discursives (stéréotypes, préjugés, amalgames, dramatisations, etc.) véhiculent des valeurs négatives (refus de la laïcité, polygamie, communautarisme, fanatisme), et, comme l'a écrit Jocelyne Cesari, la perception dominante de l'islam est son « étrange étrangeté[37] ».

Ces discours publics constituent l'arrière-plan du débat scientifique. Contrairement aux États-Unis, où la recherche sur le « fait ethnique » va de pair avec le mouvement social de redécouverte des origines, les chercheurs français, fondamentalement laïques et républicains, prennent le contre-pied du discours médiatique. Enquêtes et colloques s'efforcent de mieux cerner la réalité de l'islam en France : on met en rapport son renouveau avec la sédentarisation de la population et le processus identitaire ; on évoque un « islam tranquille ». La découverte de la permanence de l'immigration sert ici d'élément d'explication, et, contre l'accent mis sur la catégorie « religion » sur la place publique, on renverse, aussi, le tout et ses parties. Intégrer la religion dans une analyse du renouveau identitaire sert à minimiser la notion de l'islam comme catégorie explicative. En renversant la causalité, les chercheurs montrent à qui veut les entendre que ce ne sont pas les fondamentalismes qui créent le désordre, mais les discriminations à l'encontre des immigrés et de leurs enfants qui créent le fondamentalisme[38].

35. Yvon Gastaut, L'Immigration et l'opinion en France sous la Cinquième République, *Paris, Le Seuil, 2000, surtout les chapitres suivants : « Le spectre de l'islam » et « La laïcité en question, l'affaire du foulard (depuis 1989) ».*

36. Pierre Bourdieu et Abdelmayek Sayad, « Stratégie et rituel dans le mariage kabyle », dans J. Peristiany (dir.), Mediterranean Family Structures, *Cambridge, Cambridge University Press, 1976.*

37. Saddek Rabah, L'Islam dans le discours médiatique, *Beyrouth, Les Éditions Al-Bouraq, 1998 ; Jocelyne Cesari,* Être musulman en France, associations, militants et mosquées, *Paris, Karthala, 1994, p. 11.*

38. Un des premiers colloques est celui organisé par le CERI les 29-30 janvier 1987 : « Les musulmans dans la société française » qui a donné lieu à la publication de R. Leveau et G. Kepel, Les Musulmans..., op. cit. *Voir également Françoise Gaspard et Farhad Khosrokhavar,* Le Foulard et la République, *Paris, La*

Ici, la comparaison – et la différence – avec les États-Unis est double ; les grammaires politiques se croisent. Tandis qu'un groupe « ethnique » (pour utiliser la terminologie américaine) en France, les Arabes, devient un groupe religieux sur la scène publique, les thèmes antisémites ou anti-catholiques s'estompent dans le discours américain face à la montée d'un vocabulaire de l'ethnicité[39]. Dans le même temps, les analyses en sciences sociales prennent des chemins différents dans les deux pays. Elles accompagnent la renaissance ethnique aux États-Unis à partir des années 1970 ; elles vont à contre-courant de la médiatisation chez les chercheurs français étudiant l'immigration en provenance d'Afrique du Nord.

Immigrés et religion : les silences du passé

Une autre piste comparative reste peu explorée, celle d'une comparaison temporelle de la catégorie « religion » dans l'historiographie française. De 1598 à 1808 et 1905, de l'édit de Nantes à la création du consistoire juif et à la séparation de l'Église et de l'État, la religion scande l'histoire de la France comme événement, thème, et enfin catégorie analytique. L'histoire religieuse, comme la sociologie de la religion, sont des disciplines nobles en France, tandis qu'elles sont souvent reléguées aux *Divinity Schools* aux États-Unis[40]. Mais on ne peut que

Découverte, 1995 ; Gilles Kepel, Les Banlieues de l'islam : naissance d'une religion en France, Paris, Le Seuil, 1987 ; Bruno Étienne, La France et l'Islam, Paris, Hachette, 1988 ; Bruno Étienne (dir.), L'Islam en France, op. cit. ; Dominique Schnapper, La France de l'intégration, Paris, Gallimard, 1991, p. 114 et suiv.

39. L'actualité a fait irruption une fois cet article achevé. Après les événements du 11 septembre 2001, il est difficile de prévoir la place que tiendra l'islam dans l'historiographie américaine future. À l'heure actuelle, elle est plutôt réduite dans le champ des études sur l'immigration. Quant à l'« opinion publique », il semblerait que, pour l'instant, l'amalgame s'ethnicise, mêlant musulmans, Arabes-américains, voire Indiens (du sous-continent asiatique) dans une non-différenciation basée sur l'ignorance plutôt que la science.

40. Voir, par exemple, Gabriel Le Bras, « Sociologie des religions : tendances actuelles de la recherche et bibliographie », Sociologie contemporaine, *5 (1), 1956, où neuf entrées sur huit cent quatre-vingt-onze sont consacrées à « Ethnies et nationalités » (et dix sur « Religion et questions raciales »). Pour un survol du champ aux États-Unis, voir Jon Butler, qui plaide pour l'importation d'une méthodologie « à la française » afin de renouveler le domaine surinvesti des études sur les puritains, « The Future of American Religious History : Prospectus, Agenda, Transatlantic* Problématique *»,* William and Mary Quarterly, *42 (2), 1985, p. 167-183.*

constater l'absence relative d'une analyse du fait religieux dans l'historiographie de l'immigration en France. Dans *Les Étrangers en France*, livre de synthèse de l'entre-deux-guerres, Georges Mauco n'y consacre que quatre pages sur six cent deux ; dans leur importante étude sociologique de l'après-guerre, Alain Girard et Jean Stoetzel ne s'y attardent pas non plus[41]. L'explication est sans doute en partie institutionnelle. Les grandes enquêtes de l'INED s'intéressent à la démographie et aux flux migratoires plutôt qu'aux phénomènes culturels ou religieux. De manière générale, la séparation de l'Église et de l'État concourt à rendre la religion largement invisible. Chose privée, absente des statistiques officielles depuis 1872, elle ne figure pas dans les recensements, qui sont ainsi plus muets encore sur les croyances que sur les origines étrangères des citoyens[42]. Seuls les sondages s'y intéressent, et ceci depuis la Seconde Guerre mondiale[43].

Le renouveau des études migratoires en France n'a pas non plus particulièrement porté son regard vers la religion. Même Serge Bonnet, dominicain et chercheur au CNRS, un des précurseurs de l'histoire de l'immigration en Lorraine, semble avoir cloisonné ces deux catégories. Quand il publie sa *Sociologie politique et religieuse de la Lorraine* en 1972, il s'est certes interrogé sur les rapports entre catholicisme et communisme dans la région, mais les origines nationales des catholiques concernés sont peu explorées explicitement, tandis que, dans les quatre volumes qu'il a dirigés d'une très importante collecte de documents concernant les mineurs de fer et les ouvriers sidérurgistes en Lorraine, *L'Homme du fer*, peu de documents concernent la religion à

41. *Georges Mauco,* Les Étrangers en France, *Paris, Armand Colin, 1932, p. 533-536 ; Alain Girard et Jean Stoetzel,* Français et Immigrés, *Paris, INED, coll. « Travaux et Documents », 19-20, 1953-1954. Le sous-titre de l'ouvrage de G. Mauco est certes « Leur rôle dans l'activité économique ». Son livre, le plus complet sur la question avant l'historiographie récente, a été longtemps cité comme la « bible » en la matière, avant les critiques qui ont fait part des relents antisémites chez l'auteur (voir Élisabeth Rudinesco, « Georges Mauco (1899-1988) : un psychanalyste au service de Vichy. De l'antisémitisme à la psycho-pédagogie »,* L'Infini, *51, 1995, p. 69-84.*

42. *Kevin J. Christiano,* Religious Diversity and Social Change : American Cities, 1890-1906, *Cambridge, Cambridge University Press, 1987, chap. 2 sur cette catégorie dans les recensements américains.*

43. *Jacques Sutter,* La Vie religieuse des Français à travers les sondages d'opinion (1944-1976), *Paris, Éditions du CNRS, 1984. Plus récemment, Michèle Tribalat* et al. *ont contourné l'interdiction – avec l'agrément du CNIL – en demandant aux individus s'ils avaient une pratique religieuse ou des interdits alimentaires (*De l'immigration à l'assimilation, *et* Faire France : une grande enquête sur les immigrés et leurs enfants, *Paris, La Découverte, 1995).*

propos des immigrés polonais et italiens[44]. Qu'il s'agisse des recherches à leur sujet ou sur l'opinion publique et les immigrés entre 1919 et 1939, la religion est loin d'être un objet central[45]. De fait, il s'agissait pour la plupart de populations catholiques, et cette similitude religieuse avec la population autochtone a pu rendre cette catégorie inopérante à première vue. Mais, le constat est le même pour mes propres travaux sur les travailleurs immigrés juifs de la Belle Époque, comme pour les Algériens arrivés en France dès avant la Première Guerre mondiale étudiés par Benjamin Stora[46].

Outre l'absence de sources statistiques et une profonde méfiance à entrer dans la sphère privée des croyances, il y a d'autres raisons qui ont rendu la religion des immigrants relativement « invisible » dans cette première génération de livres qui leur sont consacrés. L'histoire de l'immigration commence à être écrite dans les années 1970-1980, au moment où le fait religieux est, de manière générale, au plus bas. Danièle Hervieu-Léger a bien montré comment la religion comme référence – et avec elle la sociologie de la religion – s'est transformée depuis une trentaine d'années[47]. De la laïcisation comme tendance de

44. *Serge Bonnet,* Sociologie politique et religieuse de la Lorraine, *Paris, Armand Colin, 1972 ; S. Bonnet,* L'Homme du fer, *Nancy, Centre lorrain d'études sociologiques, 1976-1984, 4 vol.*
45. *A. Girard et J. Stoetzel,* Français et Immigrés, *op. cit. ; Gérard Noiriel,* Longwy, Immigrés et prolétaires, 1880-1980, *Paris, PUF, 1984 ; Janine Ponty,* Polonais méconnus. Histoire des travailleurs immigrés en France dans l'entre-deux-guerres, *Paris, Publications de la Sorbonne, 1988, p. 147-153 et 279-280 ; Ralph Schor,* L'Opinion française et les étrangers, 1919-1939, *Paris, Publications de la Sorbonne, 1985, p. 327-346 et 525-526. Pour une mise au point récente, voir Ralph Schor, « Religion et intégration des étrangers en France dans l'entre-deux-guerres », dans L. Gervereau, P. Milza et É. Témime (dir.),* Toute la France : Histoire de l'immigration en France aux XXe siècle, *Paris, Somogy/BDIC, 1998, p. 248-255.*
46. *Benjamin Stora,* Ils venaient d'Algérie. L'immigration algérienne en France, 1912-1992, *Paris, Fayard, 1992, p. 70-73 ; Nancy L. Green,* Les Travailleurs immigrés juifs à la Belle Époque, *Paris, Fayard, 1985, p. 111-120. Riva Kastoryano parle plutôt de la vie familiale et des coutumes dans* Être Turc en France, *Paris, L'Harmattan, 1986. Voir également* Les Algériens en France. Étude démographique et sociale, *INED, coll. « Travaux et documents », cahier n° 24, Paris, PUF, 1955 ;* Les Immigrés du Maghreb : études sur l'adaptation en milieu urbain, *INED, coll. « Travaux et documents », cahier n° 79, Paris, PUF, 1977 ; et, plus récemment, Marie-Claude Blanc-Chaléard,* Les Italiens dans l'Est parisien. Une histoire d'intégration (1880-1960), *Rome, École française de Rome, 2000 ; Émile Témime,* France, terre d'immigration, *Paris, Gallimard, coll. « Découvertes », 1999.*
47. *Danièle Hervieu-Léger,* La Religion pour mémoire, *Paris, Le Cerf, 1993.*

fond, on n'est passé que récemment au renouveau du religieux dans la pratique et les études. En même temps, l'historiographie de l'immigration se développe d'abord au sein d'une histoire de la classe ouvrière. Les immigrés sont pensés plutôt en tant que travailleurs, qu'ils soient originaires de Russie, d'Afrique du Nord, de Pologne ou d'Italie. Et les thèmes démographiques, économiques ou politiques ont en priorité mobilisé les chercheurs.

Si la religion, jusqu'à une période très récente, n'a donc pas été centrale dans l'approche de l'immigration (ni cette dernière dans l'histoire des religions), que pouvons-nous apprendre néanmoins d'une histoire sociale de l'immigration massive pendant la première moitié du XXe siècle ? La ré-interroger du point de vue du religieux permet de voir comment un certain discours public était bien différent dans le contenu, mais peut-être similaire dans la forme que l'on connaît aujourd'hui. Le plus étonnant, sans doute, est la façon dont le catholicisme lui-même – religion de la majorité des nouveaux venus de l'entre-deux-guerres – a pu être mis en cause. L'empathie chrétienne a certes joué un rôle important au moment de l'arrivée des immigrés polonais et italiens de l'entre-deux-guerres. L'Église de France multiplia ses efforts pour accueillir et secourir les immigrés. Une pastorale des étrangers, mise en place sous la direction de Mgr Emmanuel Chaptal, s'efforça d'aider à l'insertion et à l'assimilation des nouveaux venus[48]. Néanmoins, les différents rites et langues ainsi qu'une suspicion quant au nationalisme du fait religieux ont été perçus comme posant un problème pour la population et l'épiscopat français. Les différences sont certes décrites en termes de tensions plutôt que comme de véritables conflits[49]. Mais d'une relecture de cette histoire sociale aujourd'hui, à travers une comparaison temporelle, on est frappé par la vigueur de ces tensions qui ont pu s'exprimer vis-à-vis des pratiques perçues à l'époque comme trop différentes, trop nationalistes (les Polonais) ou ostentatoires (les Italiens).

48. R. Schor, L'Opinion française..., op. cit., *p. 335. Voir le journal édité par Chaptal à partir de 1926 :* L'Étranger catholique en France, *qui publiait des articles allant de « Comment un curé français, par ses propres moyens, peut arriver à "paroissialiser" les étrangers établis sur son territoire » aux informations concernant la presse catholique en langue étrangère (polonais, italien, russe, etc.).*

49. Par exemple, J. Ponty, Polonais méconnus..., op. cit., *p. 148. Pour un exemple d'un conflit concernant la première communion des enfants polonais, voir S. Bonnet,* L'Homme du fer, op. cit., *p. 263-265. Voir également la revue* Le Rayonnement culturel polonais, *1, 1990, et 2, 1990.*

Tolérante à première vue, l'Église de France s'inquiétait de la célébration de la messe selon les coutumes polonaises, de l'organisation des paroisses informelles autour de la personne de ministres nationaux. Un accord fut signé en 1924 avec l'épiscopat polonais afin de placer les prêtres polonais sous le contrôle du clergé français. Ils eurent alors le titre officiel d'« aumôniers », mais c'était une désignation de fait – et un statut subordonné – que les intéressés et leurs ouailles tendaient à ignorer dans la pratique. Quant aux Italiens, la xénophobie à leur encontre est souvent associée aux rixes qui dégénèrent en émeutes, comme ce fut le cas à Aigues-Mortes en 1893, lors d'affrontements au cours desquels périrent huit des leurs[50]. Si de telles violences ne traduisent pas nécessairement une haine religieuse, elles montrent que le sujet de l'Autre peut se construire dans la proximité avec lui. La pratique religieuse trop exubérante de certains Italiens (souvent issus des campagnes) et la déchristianisation d'autres (plutôt originaires des villes) ont pu accentuer les différences jugées inacceptables à l'époque.

Que des Italiens ou des Polonais – catholiques – aient pu faire figure de mauvais immigrés – supposés inassimilables – dans les discours publics est significatif de la transformation des représentations qui s'est produite en France au cours du XXe siècle. Des expressions différentes de la religiosité, internes au catholicisme, ont pu créer de l'allogénéité à partir d'une stigmatisation du Même[51]. La xénophobie des années 1930 a pu s'exercer malgré une proximité religieuse. Le narcissisme de petites différences aidant, l'écart significatif s'est déplacé au fil du temps[52].

50. *José Cubero,* Nationalistes et étrangers : le massacre d'Aigues-Mortes, *Paris, Imago, 1996. Voir également, Pierre Milza, chap. 4, « Du rejet à la transparence », dans* Voyages en Italie, *Paris, Plon, 1993 ; Gianfausto Rosoli, « La problematica religiosa degli italiani in Francia », dans* L'Immigration italienne en France dans les années 1920, *Paris, Éditions du CEDEI, 1988, p. 311-327 ; Caroline Wiegandt-Sakoun, « Les missions catholiques italiennes dans l'entre-deux-guerres : l'exemple français », dans P. Milza (dir.),* Les Italiens en France de 1914 à 1940, *Rome, École française de Rome, 1986, p. 471-480 ; Jean-Luc Pouthier, « Émigrés catholiques et antifascisme, Luigi Sturzo et l'Internationale blanche », dans P. Milza (dir.),* Les Italiens en France, op. cit., *p. 481-497 ; et Luigi Taravella, « La pratique religieuse comme facteur d'intégration », dans A. Bechelloni, M. Dreyfus et P. Milza,* L'Intégration italienne en France, *Bruxelles, Éditions Complexe, 1995, p. 71-83.*

51. *Pour un exemple similaire entre Juifs immigrés et Français, voir N. L. Green,* Les Travailleurs immigrés juifs..., op. cit., *p. 111-120.*

52. *Sur l'écart significatif, voir C. Lévi-Strauss,* Anthropologie structurale, op. cit., *p. 312-313 ; cf. Pierre Bouvier, « Différences et analogies », dans P. Bouvier et O. Kourchid (dir.),* France-USA : les crises du travail et de la production, *Paris, Meridiens Klincksieck, 1988, p. 11-17.*

Bien que les historiens en aient fait mention, les conflits d'ordre religieux ne sont pas devenus un objet central de l'explication historiographique, sans doute en raison de la nature des tensions internes au catholicisme au cours des années 1920 et 1930, et de la conjoncture dans laquelle s'est inscrite la production historiographique pendant les années 1970 et 1980. La nature même des sujets choisis concernait d'abord le social, les immigrés ensuite, mais dans leurs identités nationales plus que religieuses. Tant que le religieux restait analysé en termes strictement... religieux (institutions, croyances privées), il était hors sujet. À partir du moment où, ainsi que l'a bien montré la sociologie de la religion, le religieux – comme l'« ethnique » – est devenu un vecteur d'identité culturelle, sa résurgence est apparue, tout à la fois médiatique, analytique, voire politique.

Il ne s'agit pas de proposer ici une catégorie plutôt qu'une autre comme mode d'interprétation nécessaire. Mais l'on doit interroger la façon dont la religion a pu être prise en compte *ou* ignorée dans les discours passés sur les migrations et la façon dont les chercheurs ont tenté d'analyser le phénomène. Si la religion est une catégorie plus présente aujourd'hui en France que par le passé, l'inverse s'est produit aux États-Unis. Cette question est donc fondamentalement comparative. C'est grâce à des enquêtes à travers le temps et l'espace que l'on peut constater la nature changeante de l'usage de certaines catégories. L'histoire et l'historiographie comparative permettent de rendre visible l'invisible. La « découverte » de l'islam à la fin du XXe siècle témoigne tout à la fois de la nature nouvelle d'une présence et de l'intérêt qui lui est porté. Érigée en absolu (dans un certain discours public en France) mais située dans le temps, la vision de l'islam nous incite à ré-interroger le rapport entre religion et immigration, à d'autres époques et sous d'autres cieux, pour l'histoire sociale comme pour l'historiographie.

L'ironie du phénomène historique est multiple. Alors que le rejet des Polonais et des Italiens a pu se produire en France malgré leur catholicisme (ou à cause de leurs pratiques particulières), l'islam des premiers maghrébins était passé largement sous silence. De même, là où l'antisémitisme d'avant la guerre pouvait opposer une civilisation française et catholique aux Juifs, ceux-ci deviennent une minorité sinon modèle, du moins qui ne fit plus problème dans une reconfiguration de l'énonciation civilisationnelle. C'est l'ensemble « judéo-chrétien » qui est désormais opposé à l'Autre de l'islam dans la grammaire politique.

C'est alors que la comparaison historique, temporelle et spatiale est précieuse. Si la religion est aujourd'hui devenue une référence en

France pour « comprendre » l'immigration[53], seule la comparaison permet de poser la question de sa pérennité et de son rôle comme modalité explicative de l'histoire sociale. La religion est utilisée aujourd'hui dans les médias et par certains chercheurs (qui ne travaillent pas sur l'islam) comme la partie irréductible de la différence, quand l'expression des discriminations raciales, culturelles ou ethniques n'est pas de mise. Le débat porte alors sur le registre des termes qui doivent être utilisés : faut-il recourir à la race – discréditée –, aux origines – suspectes – ou à l'ethnicité – refusée – ? Reste alors la religion. Aux États-Unis, à peine élaboré dans les sciences sociales, le religieux a été dépassé par l'ethnicité, qui pose d'autres problèmes de définition, sans parler de la grande ligne de partage raciale... Mais l'historiographie comparée montre cette autre différence spatiale : les spécialistes de l'immigration aux États-Unis ont plutôt accompagné la référence (publique) de l'ethnicité, tandis que les spécialistes de l'immigration nord-africaine ont nettement pris le contre-pied de la représentation médiatique de l'islam en France.

Les formes de stigmatisation sont multiples, et l'on réinvente l'« inassimilabilité » à chaque époque : aujourd'hui la religion ou l'ethnicité, hier les mœurs, les races, les nations. Comme l'a montré Marcel Detienne, on construit l'autochtone, tout comme il y a de multiples façons de caractériser le nomade[54]. Les catégories de religion et d'ethnicité, médiatiques ou analytiques, ont suscité des comparaisons « sauvages » – parfois expéditives – de leurs différents usages en France et aux États-Unis. Au-delà de cette comparaison spatiale, la nécessaire comparaison temporelle permet également de voir comment des catégories apparaissent, disparaissent, resurgissent. La comparaison savante permet de « dé-naturaliser » les explications et de mieux analyser nos *enclosures* de l'esprit.

53. Elle exclut de fait les immigrés espagnols et portugais.
54. Marcel Detienne, Comparer l'incomparable, op. cit.

II - LES CATÉGORIES

Chapitre 3

LES STATISTIQUES DE LA POPULATION COMME CONSTRUCTION DE LA NATION

Paul SCHOR *et Alexis* SPIRE

Depuis plus d'un siècle, la France et les États-Unis sont traversés de manière récurrente par un ensemble de débats tournant autour de l'identité nationale et des formes de représentation de l'immigration. Si les réponses apportées par chacun de ces deux États diffèrent en bien des points, l'afflux d'immigrants a favorisé de part et d'autre l'émergence d'un même questionnement sur les contours de la communauté nationale. Dans ces deux pays, la statistique émerge au milieu du XIXe siècle comme science de gouvernement et donne lieu à l'élaboration d'instruments permettant le dénombrement de la population, parmi lesquels le principal est le recensement. Dès cette époque, les recensements délimitent les frontières de la communauté nationale et participent au processus de construction de l'État[1] ; étudiés à l'aune des questions mesurant l'origine nationale, ils constituent un terrain

1. *Benedict Anderson,* Imagined Communities. Reflections on the Origin and Spread of Nationalism, *Londres, Verso, 1991 [2e éd. révisée et augmentée], p. 165-166. Sur la comparaison entre la France et les États-Unis, en particulier sur les questions du traitement statistique de l'immigration, voir Donald Horowitz et Gérard Noiriel (dir.),* Immigrants in Two Democracies, French and American Experience, *New York (N. Y.), New York University Press, 1992.*

d'enquête privilégié pour établir des comparaisons entre deux espaces nationaux apparemment très différents.

En France, les premiers dénombrements de la population ont été réalisés à la fin du XVIIIe siècle, mais c'est en 1851 que les responsables du recensement français décident d'introduire une série de nouvelles questions : pour la première fois, les habitants de chaque commune font l'objet d'un classement les répartissant entre Français et étrangers. L'année précédente, le recensement américain a également été l'occasion d'introduire une question concernant la population d'origine étrangère, mais posée d'une façon très différente, puisque c'est le lieu de naissance de tous les habitants qui est demandé. À la même période, les appareils statistiques de ces deux pays traduisent ainsi un intérêt accru des agents de l'État pour la composition de leur population et pour la définition de leur identité nationale, mais ils adoptent chacun leurs propres normes, formalisant ainsi le point de départ chronologique et logique de deux traditions nationales distinctes.

La comparaison, même sommaire, entre ces deux recensements, qu'un an seulement sépare, nous place de plain-pied dans ce qui distingue fondamentalement la prise en compte de l'immigration dans les deux pays : du côté français, l'accent est mis sur la distinction entre citoyen et étranger, du côté américain entre natif et immigré. D'un côté comme de l'autre, ces deux tendances vont s'accentuer au cours du demi-siècle qui suit[2]. Alors que le recensement français accorde une importance croissante à la question de la nationalité et de la naturalisation, le recensement américain attribue à l'inverse une place prééminente aux origines nationales indépendamment de la nationalité au moment du recensement. En France comme aux États-Unis, la période qui commence en 1850 et qui s'achève avec le déclenchement de la Première Guerre mondiale s'apparente à une période de maturation des catégories démographiques sur laquelle il convient de se pencher pour comprendre les atermoiements et les choix qui ont présidé à l'élaboration d'une statistique administrative routinisée.

2. *Alain Blum, « Resistances to identity categorization in France », dans David I. Kertzer and Dominique Arel (eds),* Census and Identity ? The Politics of Race, Ethnicity, and Language in National Censuses, *Cambridge, Cambridge University Press, coll. « New perspectives on anthropological and social demography Series », 2002, p. 127, qui renvoie au débat sur l'importance de la distinction citoyen-étranger dans le processus de construction nationale en France au XIXe siècle. Gérard Noiriel,* La Tyrannie du national : le droit d'asile en Europe, 1793-1993, *Paris, Calmann-Lévy, 1991.*

Le premier élément de comparaison à explorer concerne les conditions d'accès aux sources et l'hétérogénéité des matériaux d'archives recueillis. Pour étudier l'histoire des recensements américains au XIXe siècle, les principales informations dont on dispose proviennent des débats parlementaires qui font état, tous les dix ans, des discussions consacrées à cette opération particulière et aux moyens de parvenir à une mesure fiable de la population américaine. En France, le recensement demeure tout au long du XIXe siècle une prérogative de l'administration et ne fait l'objet d'aucun débat public au sein du champ politique : la seule loi votée au sujet du dénombrement de la population est celle du 22 juillet 1791, et les recensements quinquennaux qui lui succèdent jusque dans l'entre-deux-guerres sont organisés en vertu de décrets qui s'y réfèrent mais qui ne sont jamais discutés par la représentation nationale. Dès lors, l'investigation peut s'orienter vers deux types de terrains d'enquêtes. Le premier regroupe l'ensemble des sources archivistiques susceptibles de rendre compte des débats qui ont traversé la haute administration mais s'avère limité en raison de la disparition des archives de la Statistique générale de France, organisme chargé de superviser le recensement jusqu'à la Seconde Guerre mondiale. Cette première source, très lacunaire, doit donc être complétée par une investigation dans les archives départementales et communales, afin de rendre compte des conditions de mise en œuvre de chaque recensement mais aussi des enjeux pratiques soulevés par l'organisation d'une telle procédure.

Il n'est donc pas question ici de mener une comparaison terme à terme entre les recensements français et américains, dont les objectifs, les contraintes et les moyens ont été très différents. L'objectif de cette contribution consiste davantage à mettre en lumière des points de comparaison ponctuels : à la construction de l'immigré comme étranger dans le recensement français correspond la construction statistique de la population d'origine étrangère par le recensement américain, mais cette construction s'inscrit dans une histoire nationale propre et n'a rien de naturel ou de prédéterminé. Autrement dit, le relatif désintérêt du recensement américain pour la question de la nationalité, au profit de la question de l'origine nationale, progressivement construite en statistiques de l'ethnicité, est d'autant plus frappant lorsqu'on le rapporte au cas français, que ces deux pays d'immigration ont souvent été présentés comme des modèles concurrents.

La construction du recensement en France et aux États-Unis

Le recensement comme expression d'une communauté politique

Le recensement décennal américain, créé par la Constitution en 1787 et inauguré en 1790, n'est pas conçu initialement comme un outil de connaissance sur l'état de la population, mais comme un instrument politique qui a pour fonction première de répartir, proportionnellement à leur population, les sièges de représentants et les contributions des États fédérés. Il permet de diviser la population en catégories correspondant aux grandes distinctions du corps politique : les hommes libres en âge de porter les armes, les hommes libres de moins de seize ans, les femmes libres, les autres libres et les esclaves. Au cours des discussions à la Convention constitutionnelle, la question de l'esclavage est introduite dans le texte de la Constitution, par le biais du paragraphe définissant le recensement, sous la forme du compromis des trois cinquièmes, selon lequel un esclave compte, pour la répartition des sièges et des contributions, comme trois cinquièmes d'un libre. Ainsi, la distinction première au sein du recensement, la seule en fait qui soit explicitement requise par la Constitution se situe entre libres et esclaves. Les autres citoyens passifs, comme les femmes ou les enfants, comptent à part entière dans le calcul, tandis que les Indiens, qui ne payent pas de taxes et ne sont donc pas représentés, sont exclus du recensement. Le premier recensement établit ainsi pour chaque État une population dite constitutionnelle, qui est égale au total des libres et aux trois cinquièmes des esclaves de cet État. Du recensement de 1790 à aujourd'hui, le critère de nationalité ou de citoyenneté n'a donc jamais été pris en compte dans le calcul de la représentation nationale. De ce point de vue, la distinction entre Américains et étrangers et celle entre natifs et immigrés est seconde par rapport à la distinction entre libres et esclaves, distinction de statut prolongée dès le premier recensement par une distinction plus sociale, celle de la couleur distinguant les blancs libres de « toutes les autres personnes », c'est-à-dire les noirs libres[3].

3. Sur l'importance de l'esclavage dans les catégories du recensement de sa création à 1850, voir Paul Schor, Compter et Classer. Histoire des catégories de la population dans le recensement américain, 1790-1940, *thèse de doctorat, EHESS, 2001, p. 23-63.*

À la différence de la race, présente dès les premiers recensements américains, la distinction entre nationaux et non-nationaux n'a été introduite aux États-Unis qu'au quatrième recensement, en 1820[4]. Cette année-là, le recensement permet de compter séparément les étrangers non naturalisés *(foreigners not naturalized)*, et de les distinguer du reste de la population. Le recensement de 1830 reprend la même question, sous le titre « *Aliens* », c'est-à-dire étrangers au sens légal du terme, non-citoyens, ressortissants d'un autre pays. Il faut insister sur le fait que ces distinctions introduites par le Congrès, qui fixe par une loi l'intitulé des questions posées, sont sans conséquence sur le calcul de la représentation politique, qui demeure la raison d'être du recensement américain. Alors que les esclaves ne sont comptés que comme trois cinquièmes des libres, les immigrés non citoyens sont partie intégrante de la population légale, celle qui sert de base au calcul de la répartition des sièges de représentants. Jusqu'en 1875, les entrées et sorties du territoire sont libres et, en l'absence de législation fédérale sur l'immigration, la distinction par nationalité a davantage une valeur d'information et de connaissance de la composition de la population qu'une utilité pratique. Les réponses à cette question ne permettent pas de mesurer la part de l'immigration dans la population, puisque les immigrés naturalisés ne sont pas distingués du reste de la population. En l'état des techniques de tabulation, elles ne permettent pas non plus d'établir le nombre de citoyens actifs, puisqu'il faudrait pour cela recouper ces réponses avec le sexe et l'âge.

En France, c'est une loi de juillet 1791 enjoignant les municipalités de tenir un registre des habitants présents qui organise le premier dénombrement national de la population. De « pédagogie du prince », la statistique devient ainsi « pédagogie nationale »[5] et ces premières opérations de dénombrement ont pour point commun avec celles des États-Unis de ne comporter aucune question sur l'origine de la population. Les états complets de la population dressés par les municipalités doivent en principe contenir les noms, l'âge, l'état et la profession de tous les individus âgés de plus de 12 ans, mais la plupart des communes n'ont pas établi de listes nominatives et les résultats transmis par les préfectures

4. C'est aussi à partir de cette date qu'on dispose de statistiques, d'ailleurs de mauvaise qualité, sur les entrées brutes dans le pays, mais pas sur les sorties, ce qui empêche de connaître le solde migratoire.

5. Marie-Noelle Bourguet, Déchiffrer la France. La statistique départementale à l'époque napoléonienne, *Paris, Éditions des archives contemporaines, 1988, p. 107.*

s'apparentent souvent à de simples évaluations[6]. Le recensement de 1801 ordonné par Lucien Bonaparte s'en tient à quelques informations élémentaires : la population est répartie entre hommes mariés ou veufs, femmes mariées ou veuves, garçons de tout âge, filles de tout âge et défenseurs de la patrie vivants[7]. Ainsi, en France comme aux États-Unis, les questionnaires sont très sommaires durant cette première moitié du XIXe siècle.

Au cours de cette période, le recensement s'impose en France comme un outil permettant la mesure de la population légale, le calcul de l'assiette des impôts et l'application de lois sur l'organisation municipale : dans cette perspective, les autorités municipales doivent enregistrer la présence de toutes les personnes qui résident sur le territoire de leur commune, qu'elles soient présentes ou non, et n'écarter que les « gens de passage ». Les étrangers qui ont en France une résidence fixe ou habituelle sont donc recensés au même titre que les autres habitants et ne sont pas distingués du reste de la population, dans la mesure où le recensement a « pour but de constater la population consommant habituellement dans la localité, et en partageant les charges et les avantages[8] ».

Dans les deux pays, les recensements répondent avant tout à des objectifs politiques ou administratifs qui nécessitent de dresser des listes de population par État ou par région ; ces objectifs n'excluent pas un intérêt scientifique, perceptible dans l'évolution des questions, mais ils en restreignent la dimension en raison du caractère limité des questionnaires. À la faveur de l'émergence de la démographie comme discipline, la conception instrumentale du dénombrement comme simple procédure administrative tend cependant à s'estomper au profit d'une définition plus large. En France, le recensement organisé en 1851 constitue une étape importante dans le processus d'élaboration d'un dispositif qui ne se réduit pas au seul comptage de la population. Les agents du Bureau de la statistique du ministère de l'Intérieur entendent disposer d'un outil qui puisse à la fois garantir le bon fonctionnement d'institutions

6. *Jacques et Michel Dupâquier,* Histoire de la démographie. La statistique de la population des origines à 1914, *Paris, Librairie académique Perrin, 1985, p. 293.*

7. *Jacques Dupâquier,* Introduction au Répertoire numérique de la série M, *Versailles, Imprimerie « La Gutenberg », 1965, p. 11.*

8. *Circulaire du 23 avril 1841 citée dans René Le Mée, « La statistique démographique officielle de 1815 à 1870 en France »,* Annales de démographie historique, *1979, p. 267.*

financières, administratives et politiques et procurer une connaissance plus fine de la population. La circulaire adressée aux maires, le 4 mars 1851, rappelle ainsi que le recensement sert de base au calcul de certains impôts, permet de déterminer le nombre d'adjoints et de conseillers municipaux dans chaque commune, est utilisé pour fixer le traitement de plusieurs fonctionnaires, notamment celui des préfets, des conseillers de préfectures, des commissaires de police, des juges de paix et de leurs greffiers ; le chiffre de la population influe également sur les circonscriptions judiciaires, administratives et sur la fixation du nombre de circonscriptions électorales. Néanmoins, le recensement de 1851 est aussi l'occasion d'établir des distinctions selon l'âge, l'état civil, et d'introduire des questions sur la nationalité, la profession et la religion. Désormais, les résultats sont présentés sous forme de colonnes dans lesquelles sont reportés, pour chaque habitant de la commune, son état civil, son âge, sa profession, sa nationalité et la religion qu'il professe. En 1852, les services statistiques du ministère de l'Intérieur et du ministère du Commerce sont fusionnés au sein de la Statistique générale de France (SGF) dans la perspective, quelques mois après le coup d'État de Louis Napoléon Bonaparte du 2 décembre 1851, de parvenir à un meilleur contrôle de la population. Cette réorganisation des services statistiques rend possible l'exploitation et la publication de tableaux récapitulatifs sur les âges, les professions et les cultes dans un volume publié en 1855.

Aux États-Unis, l'année 1850 marque une coupure dans l'histoire du recensement avec l'introduction des bulletins individuels et l'élaboration de questionnaires très complets en coopération avec les experts en statistique. C'est aussi le moment où les débats au Congrès à propos de la loi de recensement sont les plus vifs, les divergences éclatant au sujet du dénombrement des esclaves[9]. La concordance des dates marquant l'entrée des recensements nationaux dans leur âge « scientifique », 1850 aux États-Unis, 1851 en France, peut s'expliquer par plusieurs facteurs : les progrès de la statistique en Europe et aux États-Unis, dont les Congrès internationaux de statistique impulsés par Quételet sont la manifestation la plus visible ; la modernisation de l'appareil d'État et l'allocation de moyens plus importants à ces enquêtes ; enfin, une volonté de connaître l'état de la population de la part de l'État, qui se

9. Paul Schor, « Statistiques de la population et politique des catégories aux États-Unis au XIXe siècle. Théories raciales et questions de population dans le recensement américain. », Annales de démographie historique, *1, 2003.*

traduit par la multiplication des statistiques sociales. L'introduction de questions sur la nationalité ou l'origine nationale s'inscrit donc dans un contexte nouveau, où les statistiques publiques ont vocation à éclairer le gouvernement sur un certain nombre de questions, mais aussi à faire bénéficier la communauté scientifique et le public de ces informations, présentant ainsi une sorte de miroir de la nation. Dans le cas de la France et des États-Unis, un autre facteur s'ajoute : l'importance nouvelle de l'immigration, qui suscite dans les deux pays des réponses différentes mais très proches dans le temps, comme on le verra.

L'autonomisation de la statistique administrative

Aux États-Unis, le recensement est d'abord l'instrument de la répartition des sièges à la Chambre des représentants, et le Congrès conserve la haute main sur cette opération statistique : jusqu'au recensement de 1930, les termes employés sur le questionnaire sont ceux des lois votées avant chaque recensement, dans l'ordre où ils apparaissent dans la loi. Durant cette période, toute modification substantielle du questionnaire nécessite donc une intervention législative[10]. Le pouvoir du Congrès sur le recensement est d'autant plus grand qu'avant 1902, il n'existe pas aux États-Unis d'agence permanente en charge du recensement, mais un Census Office formé peu avant le début du recensement et dissout une fois les résultats publiés. Un tel dispositif provisoire rend difficile la constitution d'une mémoire propre à cette activité au sein de l'appareil d'État. Exposés à la menace de réductions budgétaires pouvant par exemple empêcher la publication complète des résultats, les responsables du Census Office doivent proposer des questionnaires qui recueillent un large consensus au Congrès. Néanmoins, les experts en statistique peuvent influencer nettement le Congrès, à travers des commissions qui assistent les législateurs dans la préparation des lois, comme c'est le cas avec le Census Board de 1849 qui prépare la réforme de 1850, ou celui de 1869, dont les conclusions ne seront vraiment mises en œuvre qu'au

10. Ce n'est qu'à partir du recensement de 1930 que la loi accordera au directeur du recensement l'autorité de composer les questionnaires sans devoir inclure mot pour mot toutes les rubriques que le Congrès a inscrites dans la loi. Jusqu'à cette date, les questions posées correspondent aux termes exacts des lois qui encadrent le recensement et reflètent l'expression de la volonté du législateur, même si à partir de 1849 les experts négocient avec le Congrès les rubriques des questionnaires.

recensement de 1880[11]. Les transcriptions des débats au Congrès et les rapports rédigés pour préparer les différents recensements témoignent de ce processus d'élaboration qui mobilise, à partir de 1849, les experts de la jeune American Statistical Association, chargés de fournir aux législateurs les moyens scientifiques d'une connaissance nouvelle de la complexité de la population. Si cette organisation confère aux experts un rôle indéniable dans le développement du recensement et dans sa transformation en 1850 en outil de connaissance de la population américaine, elle permet aussi aux élus d'ajouter ou de supprimer des questions pour des raisons politiques. La principale victoire des modernisateurs, en réaction aux erreurs choquantes qui ont entaché le recensement de 1840, a été le passage en 1850 au bulletin individuel permettant de recueillir des informations beaucoup plus fines et diverses. Plusieurs strates superposées définissent alors le recensement : instrument de répartition proportionnelle des sièges de représentants, enquêtes à caractère plus ou moins politique, comme sur les esclaves ou les immigrés, et source principale de statistiques sociales. Les questions posées reflètent ainsi les équilibres instables entre ces multiples exigences qui sont portées par différents groupes politiques, sociaux et professionnels.

Dans le cas français, il est plus difficile, faute d'archives, de connaître les modalités et les conditions de la prise de décision avant les années 1880. Le fait que ces décisions soient prises par décrets et non par voie législative rend le processus plus opaque, et si les experts ont certainement joué un rôle, il est difficile de le délimiter précisément avant cette date. Conformément à une résolution adoptée au Congrès international de statistique qui s'est tenu à Bruxelles en 1853, une Commission centrale de statistique est instaurée en France, mais il faut attendre 1880 pour que le gouvernement en accepte le principe, alors qu'une institution semblable est constituée pour les recensements de 1850, 1870 et 1880 aux États-Unis. L'initiative émane de la Société d'anthropologie qui, au début de l'année 1880, demande au ministère de l'Intérieur la nomination d'une commission spéciale composée de fonctionnaires de l'administration et de savants, « pour élaborer de concert un nouveau mode de dénombrement qui, tout en tenant compte des possibilités administratives, donnât pleine satisfaction aux statisticiens

11. Margo Anderson, The American Census, A Social History, *New Haven (Conn.), Yale University Press, 1988. Diana L. Magnuson,* The Making of a Modern Census : The United States Census of Population, 1790-1940, *Ph.D., Minneapolis (Minn.) University of Minnesota. 1995.*

et aux démographes[12] ». Constituée le 29 juillet 1880, cette commission consultative est chargée « d'étudier la date à laquelle il conviendrait de procéder au prochain dénombrement de la population, et la nature des renseignements qu'il y aurait intérêt à recueillir au cours de cette opération[13] » ; elle compte parmi ses membres des sénateurs comme Théophile Roussel, Joseph Garnier, des députés comme Paul Bert, Liouville ou Vacher (président de la Société statistique de Paris), le directeur de la Statistique générale de France, des personnalités sollicitées au titre d'experts comme Émile Levasseur, professeur au Collège de France, Maurice Block, auteur d'un traité de statistique[14], le docteur Arthur Chervin, membre de la société d'anthropologie et enfin Jacques Bertillon, qui est à l'époque chef des travaux de la statistique municipale à Paris et qui fait figure d'autorité scientifique. Ce dernier, fils du célèbre démographe Louis Alfonse Bertillon, est un ardent défenseur du familialisme et exerce une grande influence auprès des autres membres de la commission. Avec Émile Levasseur et Arthur Chervin, il a participé au premier Congrès international de démographie en 1878, dont la première séance fut consacrée à l'organisation des recensements. Au sein de la Commission consultative de statistiques qui se réunit à seize reprises, l'essentiel des débats se concentre sur l'amélioration des conditions matérielles du recensement, mais certaines discussions portent aussi sur l'opportunité de modifier la forme et la nature du questionnement. Dès la première séance, Jacques Bertillon suggère d'introduire des questions sur le lieu exact de naissance, sur la religion, sur les infirmités dites apparentes, notamment la surdi-mutité et la cécité, dont le recensé peut être atteint. Il préconise également de demander aux étrangers naturalisés de préciser l'année durant laquelle la qualité de Français leur a été accordée. Il se prononce enfin pour que soit spécifiée la langue parlée habituellement, dans la perspective de recherches ethnographiques permettant d'étudier les patois. Toutes ces propositions ne font pas l'unanimité au sein de la commission : le docteur Chervin redoute en particulier que la réintroduction d'une question sur la religion ne

12. Mémoire de la Commission consultative pour le dénombrement de la population, *présenté par le Docteur Arthur Chervin au ministère de l'Intérieur, p. 1, AN F²I 1694.*
13. *Article 1 de l'arrêté du 29 juillet 1880 pris par le ministère de l'Intérieur, AN F²I 1694.*
14. *Maurice Block,* Traité théorique et pratique de statistique, *Paris, Guillaumin, 1878.*

contraigne l'agent recenseur à adopter « une attitude par trop inquisitoriale[15] » et ne l'expose, du même coup, à un refus.

En définitive, les travaux de la commission ont surtout une incidence sur les conditions de réalisation du recensement, en particulier en ce qui concerne la séparation entre un bulletin individuel, applicable à chaque habitant sans exception, et un bulletin de ménage, destiné à réunir les bulletins de la même famille et, subsidiairement, à fournir au ministère de l'Intérieur un profil de la population résidente qu'il a besoin de connaître pour l'application des lois. Pour préparer le recensement de 1886, il est de nouveau fait appel à une commission d'experts qui prend le nom de « Conseil supérieur de la Statistique, sous-commission du dénombrement » et qui compte en son sein certaines personnalités scientifiques ayant déjà participé à la commission précédente : on y retrouve Maurice Block, Jacques Bertillon et Arthur Chervin. Les autres membres de cette instance présidée par Hippolyte Maze (député) sont M. Roussel (conseiller d'État), Toussaint Loua, auteur de cartes sur les arrondissements de Paris[16], ou encore Léon Bourgeois qui siège en tant que secrétaire général de la préfecture de la Seine. Cette nouvelle commission aborde successivement les différentes questions du bulletin individuel, mais il semble que la prise en compte de la nationalité n'ait guère soulevé de débat. Jacques Bertillon obtient qu'on introduise le mot de « colonie » à la question sur le lieu de naissance, mais échoue une nouvelle fois à convaincre les représentants de l'administration de la nécessité de se doter d'une statistique des langues parlées[17].

Dans les deux pays, les négociations entre les responsables administratifs et les experts qui siègent au sein de commissions consultatives illustrent la place particulière de la question portant sur la nationalité ou le lieu de naissance : à la différence des langues parlées ou du niveau d'instruction, la question sur l'origine de la population demeure une prérogative de l'administration et non des savants ; elle relève de considérations politiques et participe au processus d'élaboration par l'État d'une définition de la communauté nationale.

15. Dénombrement de la population de la France, *Rapport présenté à M. le ministre de l'Intérieur par la Commission consultative instituée par arrêté du 29 juillet 1880, AN F²I 1694.*

16. Toussaint Loua, Atlas statistique de la population de Paris, *Paris, J. Dejey, 1873.*

17. Séance du 18 décembre 1885 de la « Sous-commission du dénombrement du Conseil supérieur de la Statistique », AN F²I 1694.

L'enregistrement de l'altérité : nationalité, lieu de naissance et religion

Durant la deuxième moitié du XIXe siècle, la pratique des recensements connaît d'importants bouleversements qui se traduisent, en France comme aux États-Unis, par l'octroi d'une place de plus en plus importante aux questions consacrées à la nationalité ou à l'origine nationale des habitants. Dans ces deux pays d'immigration, à la même date, le recensement ajoute à sa fonction traditionnelle de mesure de la croissance de la population une nouvelle interrogation qui porte sur la composition de la population. Par deux méthodes différentes, la nationalité en France, le lieu de naissance aux États-Unis, les recensements participent à l'élaboration d'une définition de la nation par rapport à laquelle la population présente sur le territoire doit désormais se situer.

Le recensement américain : de l'origine nationale aux origines ethno-culturelles

La question de la nationalité semble avoir été jugée suffisamment peu importante par les législateurs américains de 1840 pour qu'elle disparaisse du formulaire cette année-là. Ce n'est qu'avec le recensement de 1850, généralement considéré comme le premier recensement « scientifique » des États-Unis, que l'immigration devient l'objet de statistiques officielles. Les formulaires très détaillés comprennent un grand nombre de questions sociales et économiques, comme la profession, l'éducation ou la propriété, et abordent l'immigration sous un angle différent de celui qui avait été adopté en 1820 et 1830. Conformément aux vœux des experts américains, une place considérable est accordée aux questions permettant de connaître l'origine de la population, à commencer par le lieu de naissance de tous les individus. Complétées en 1870 par l'origine immigrée des parents, puis en 1880 par le lieu de naissance des parents de chaque habitant des États-Unis, les questions portant sur l'origine nationale et l'ethnicité vont dominer le recensement américain de la population jusqu'au recensement de 1930 : après la crise de 1929 et l'instauration de quotas d'immigration, les questions économiques deviennent prépondérantes et l'emportent sur toute autre considération.

Les formulaires de 1850, reconduits en 1860, posent pour la première fois la question du lieu de naissance de chaque habitant, en la formulant ainsi : « Lieu de naissance. Indiquer l'État, le territoire ou le pays. »

Posée à tous les habitants, cette question ne vise pas à constituer une catégorie spécifique à une sous-population, comme les étrangers non naturalisés en 1830, qui n'étaient eux-mêmes qu'une partie des immigrés. L'objectif est plutôt de recueillir des réponses qui permettront, après leur traitement, de distinguer la population née sur le territoire américain de celle née à l'étranger. Cette question permet donc bien de compter les immigrés et pas les étrangers[18], et éventuellement de mesurer les migrations intérieures, lorsqu'une frontière d'État ou de territoire a été franchie. La grande nouveauté de ce recensement consiste à identifier les immigrés, les *foreign-born*, dans un contexte de développement croissant du mouvement xénophobe connu sous le nom de nativisme, c'est-à-dire, littéralement, de défense des autochtones. L'importance de ce renseignement apparaît sur le formulaire de 1860 : au bas de la page qui compte quarante lignes pour quarante individus, l'agent recenseur doit récapituler le nombre total d'hommes blancs, de femmes blanches, d'hommes de couleur (*colored*, c'est-à-dire noirs mais aussi asiatiques), de femmes de couleur, d'immigrés, d'aveugles, de sourds-muets, de fous, d'idiots, d'indigents et de prisonniers[19]. Ce récapitulatif par page permet d'obtenir rapidement le total national des immigrés, même s'il ne s'agit que d'un renseignement parmi d'autres.

Dès lors, la question « Où est née cette personne ? » devient la norme pour tous les recensements suivants et constitue l'exact complément de celle posée en 1820 et 1830 : seul l'aspect démographique ou social[20] est

18. Rappelons que le droit de la nationalité a été établi par le premier Congrès, en 1790, et si les tribunaux ont discuté le droit de tel individu à la naturalisation, notamment pour les minorités raciales, le droit du sol intégral a toujours été la règle pour les habitants d'origine européenne. Cela explique que les statistiques sur la nationalité ne peuvent concerner que des immigrés de la première génération.
Les actions de contestation de naturalisation ou de refus parviennent rarement devant les tribunaux avant la fin du XIXe siècle. Sur les discussions portant tant sur la citoyenneté que sur la naturalisation et l'immigration au début de la période, voir James H. Kettner, The Development of American Citizenship, 1608-1870, *Chapel Hill (N. C.), University of North Carolina Press, 1978.*

19. U. S. Bureau of the Census, 200 Years of U. S. Census Taking : Population and Housing questions, 1790-1990, *Washington (D. C.), Government Printing Office, 1989, p. 24.*

20. Par « social », on veut dire que la distinction par origines nationales répond aussi à une demande sur la composition de la population américaine, telle qu'elle est stratifiée sur le sol américain. Cela repose sur l'idée que les origines nationales sont un élément important de l'organisation sociale des États-Unis, c'est-à-dire que l'on a ici ce qu'on appelle en anglais américain des statistiques ethniques.

pris en compte, l'aspect juridique ou politique de la citoyenneté et de la nationalité n'entre pas en considération, puisque les recensements de 1850 et 1860, en dépit de leur champ très étendu d'investigation et de la multiplication des questions, ne se sont pas intéressés à la distinction entre immigrés naturalisés et immigrés étrangers. En l'absence de question permettant de connaître le nombre d'étrangers, c'est l'origine nationale seule qui est recherchée.

Il faut insister sur deux points qui caractérisent alors les statistiques sur les immigrés. D'une part, cette question apparaît longtemps comme relativement marginale : elle est introduite tardivement dans le recensement fédéral et de façon discontinue au cours de la première moitié du XIXe siècle, à une époque où l'immigration est numériquement bien plus faible qu'elle ne le sera après 1840. D'autre part, les questions concernant l'origine étrangère sont clairement distinguées de celles portant sur la nationalité : elles visent à saisir deux populations différentes et répondent à deux demandes distinctes du Congrès des États-Unis.

En 1850, la question sur le lieu de naissance s'inscrit dans un contexte nouveau, celui de l'interrogation sur la composition de la population américaine, une interrogation raciale par certains aspects, dans la mesure où la différence entre race et nation reste très ténue[21].

Cette considération ressort clairement du deuxième rapport annuel du directeur du recensement, en 1852, où l'origine géographique des habitants, obtenue par le lieu de naissance (*nativity*), est transposée en termes ethnoculturels : « la grande masse de la population blanche de ce pays est d'origine teutonique, avec un apport considérable de celtique »[22].

Avec le recensement de 1850, les États-Unis se découvrent véritablement comme pays d'immigration, et prennent la mesure de l'importance de l'immigration la plus récente : lorsqu'il évoque « un apport considérable de celtique », G. Kennedy fait allusion au fait que 43,5 % des immigrés présents en 1850 sont nés en Irlande. La part de la population immigrée dans la population totale atteint dès 1850 un niveau important, avant une période stable de soixante ans, durant laquelle cette part se situe entre 13,2 % et 14,7 % jusqu'aux restrictions des années 1920.

21. Le terme qui correspond le mieux à notre acception du terme « race *» en français est celui de «* color *», tandis que le terme «* race *» en anglais américain peut, selon le contexte, désigner aussi bien des races humaines que des nationalités différentes au XIXe siècle, « race » étant souvent synonyme de « peuple ».*

22. The Seventh Census. Report of the Superintendent of the Census, *1er décembre 1852, Washington (D. C.), 1853, p. 8 et 10.*

Dorénavant, les concepteurs du recensement se préoccupent autant des équilibres internes de la population que de la croissance démographique. La perception d'un profond changement en cours de l'identité du peuple américain est alimentée par les comparaisons entre pays d'origine des immigrés, ainsi que, durant les décennies suivantes, par l'association qui sera faite entre urbanisation et immigration.

Le volume publié du recensement de 1850 peut désormais présenter par pays de naissance les statistiques sur les infirmités, comme celles des différentes régions[23]. Les statistiques des maladies mentales sont ainsi utilisées pour démontrer la plus forte prévalence de ce type de maladie chez les Irlandais, un argument qui prépare le terrain aux premières restrictions à l'immigration qui se feront sur des critères physiques et sanitaires[24]. À partir du recensement de 1850, il devient possible de croiser les données pour obtenir des sous-populations dont les caractéristiques peuvent faire l'objet de comparaisons. Ainsi, pour les différentes populations immigrées, on peut comparer le pourcentage d'analphabètes ou d'illettrés (de 1850 à 1880) et, par la suite, de personnes ne parlant pas anglais (à partir de 1890).

En 1860, la question du lieu de naissance prend davantage d'importance dans les commentaires publiés ; l'accent est mis sur les différences entre les nouveaux arrivants, présentés comme autant de races. Le texte d'introduction donne ici les clés absentes des tableaux statistiques et fournit le cadre théorique du type d'ethnologie que le Census Office entend développer, en particulier concernant l'étude de la nouvelle race américaine, produit du mélange des races européennes :

> « De France, il faut remarquer qu'un grand nombre est natif des provinces d'Alsace et Lorraine, qui sont en réalité allemands par leur origine, et parlent la langue allemande, bien qu'ils aient été comptés indistinctement avec les autres natifs de France. Parmi les Russes et les Polonais parlant la langue slavone, la migration a été considérable en quantité. [...] Des observations similaires s'appliqueront,

23. *U. S. Census Office,* The Seventh Census of the United States : 1850, *Table XXX, p. l, Nativities of Deaf, Dumb, Blind, Insane and Idiotic persons in the United States. Les données sont également plus précises que dans le rapport préliminaire de Kennedy de 1852 ; le volume de 1853 distingue comme lieu de naissance la Prusse du reste de l'Allemagne et la Sardaigne de l'Italie.* Ibid., *Table XV, p. xxvii.*

24. *Alan M. Kraut,* Silent Travelers. Germs, Genes, and the « Immigrant Menace », *Baltimore, (Md.), The Johns Hopkins University Press, 1994.*

manifestement, à ce pays, où une vaste collection de toutes les races et espèces de la terre, ouvre un champ de recherche très étendu. Indubitablement, des observateurs futurs trouveront dans certaines vallées et certains districts de nombreux traits individuels des colons originels distinctement préservés, mais pour la plupart, la génération prochaine et les suivantes sont américanisées en une nouvelle nationalité, et deviennent une part et un morceau de leur pays d'adoption[25]. »

Dans les décennies suivantes, le Census Office construit une nouvelle population, le *foreign stock*, la population d'origine étrangère de la première ou de la deuxième génération, en enregistrant dès 1870 la naissance étrangère ou non des parents et, à partir de 1880, le lieu de naissance de chacun des parents de chaque habitant des États-Unis.

La question sur l'origine nationale est formulée en termes géographiques qui sont autant d'approximations des origines ethnoculturelles : l'Italie, par exemple, est divisée en régions et il en est de même pour l'empire austro-hongrois. Ainsi, le recensement américain reconnaît, notamment sur la base de critères linguistiques, des nationalités européennes qui ne correspondent pas à des États, le cas le plus remarquable étant celui des personnes « nées dans l'ancien royaume de Pologne ». Cette focalisation sur l'origine nationale est d'autant plus révélatrice que, jusqu'en 1890, les recensements américains ne posent aucune question sur la nationalité, pas même sur la naturalisation.

Le contraste avec les pratiques du recensement français n'en est que plus saisissant, dans la mesure où les populations immigrées y sont appréhendées d'abord à travers le prisme de la nationalité.

Nationalité et religion dans les recensements français

Dans le cas français, l'introduction de la question relative à la nationalité s'inscrit dans la continuité de l'adoption de la loi du 3 décembre 1849 qui organise le contrôle de l'immigration en redéfinissant les conditions d'accès à la naturalisation et en réorganisant la procédure de l'expulsion. Le recensement qui a lieu deux ans plus tard est l'occasion de se doter d'une mesure quantitative de l'immigration : « Il s'agit de savoir dans quelle proportion les étrangers naturalisés ou non, viennent

25. U. S. Census Office, Eighth Census, *vol. 1, p. xxxii.*

profiter des avantages que le séjour de la France peut offrir, au point de vue du commerce, de l'industrie et de l'exercice de diverses professions[26]. » Bien d'autres questions sont ajoutées lors du recensement de 1851, parmi lesquelles l'une porte sur la religion[27].

Les informations recueillies sur les pratiques des cultes répondent à d'autres préoccupations, relatives à l'organisation de la vie religieuse : les résultats du recensement concernant les divers cultes, églises ou communions existant en France, sont destinés à servir de base à la création de nouvelles circonscriptions religieuses (succursales, vicariats, églises consistoriales, consistoires israélites) et à la fixation du traitement des pasteurs protestants. La population de chaque commune est répartie entre « catholiques romains », « calvinistes », « luthériens », « israélites » et « autres cultes ou communions ». Il est recommandé aux maires de ne négliger aucun moyen d'obtenir ces résultats et « d'apporter dans cette statistique spéciale tous les ménagements qu'exigent les dispositions des esprits ». La question apparaît en effet des plus « sensibles » : au recensement de 1856, elle est d'ailleurs supprimée, ainsi que celle sur la nationalité en raison des protestations que le recueil de ces informations a suscitées[28]. Il est en revanche précisé que les étrangers traversant ou visitant la France doivent être inscrits, à titre de renseignement, au bas de la liste de ménage de l'hôtelier ou du logeur[29].

En 1861, les questions sur la nationalité et la pratique du culte sont réintroduites dans les recensements français sous une forme comparable à celle adoptée dix ans plus tôt. Le recueil de ces informations permet

26. *Circulaire du ministère de l'Intérieur du 4 mars 1851,* Instructions relatives au recensement, 1800-1906.

27. *Aux États-Unis, toutes les tentatives pour mesurer la religion se sont heurtées à la séparation de l'Église et de l'État et seuls des moyens indirects permettent au recensement de connaître les populations de pratiquants des différentes religions : durant les premières décennies du XXe siècle, le Bureau of the Census procède à des recensements spéciaux,* Census of Religious Bodies, *qui sont des recensements des organisations religieuses qui communiquent le nombre de leurs fidèles, de leurs prêtres et leurs ressources. Le recensement de 1910, en enregistrant comme langue maternelle le yiddish, permettra une approximation de la population juive immigrée, les responsables du recensement estimant que ces personnes représentent 90 % des Juifs américains. Sur les tentatives de recensement des Juifs aux États-Unis dans la première moitié du XXe siècle, voir Paul Schor,* Compter et Classer, op. cit., *p. 306-309.*

28. *Jacques Dupâquier,* Répertoire numérique de la série M *des archives départementales de Seine-et-Oise, Versailles, Imprimerie « La Gutenberg », 1965.*

29. *Instructions du 28 avril 1856 de la préfecture du département de la Seine, archives municipales de Saint-Denis, 1 F 12.*

au ministère de l'Intérieur d'être particulièrement vigilant quant à l'évolution du nombre de personnes se réclamant de « cultes non chrétiens ». Lorsque ce nombre paraît en augmentation, même minime, une demande de précision est systématiquement adressée à la préfecture du département concerné : dans les Deux-Sèvres, par exemple, soixante et onze individus non chrétiens ont été recensés et ce constat motive une demande de tableaux complémentaires de la part de la Division de la statistique générale[30]. Sur les tableaux récapitulatifs dressés pour chaque commune, la population est répartie entre « Français nés dans le département », « Français nés ailleurs », « naturalisés » et « étrangers ». Le lieu de naissance est ainsi enregistré pour la première fois mais, à la différence des recensements américains, il s'agit ici à travers cette question de mesurer les migrations internes des Français, d'un département à l'autre. À cette opposition se superpose celle entre Français et étrangers, mais la nationalité précise de ces derniers n'est pas recueillie. De plus, l'opposition entre l'étranger et le national est brouillée par les difficultés de classement qui se posent pour les femmes ayant épousé un mari d'une autre nationalité. En droit, le Code civil prévoit que la nationalité de la femme mariée dépend de celle de son mari : une étrangère qui épouse un Français devient française et une Française qui épouse un étranger devient étrangère[31]. Dans la pratique de l'enregistrement des nationalités, cette règle n'est pourtant pas toujours appliquée et peut varier d'un département à l'autre : en Loire-Atlantique, la femme étrangère ayant épousé un Français est inscrite comme étrangère[32], tandis que dans le département de la Seine, il est précisé que la femme suit toujours la condition du mari.

Lorsque le bulletin individuel est utilisé pour la première fois par les agents recenseurs en 1876, la question sur les cultes a été supprimée mais le critère de la nationalité est maintenu et se trouve désormais associé à une question sur le lieu de naissance : « Si l'individu est né en France, on indiquera la commune et le département. S'il est né à l'étranger, on fera connaître s'il est né de parents français ou s'il a été

30. Lettre du 10 février 1863 de la Division de la statistique générale à Monsieur le préfet des Deux-Sèvres, AN F[20] 1352.

31. Cf. Patrick Weil, chap. 4 de ce volume « Le statut de la femme en droit de la nationalité française et américaine. Une égalité tardive », et Qu'est-ce qu'un Français ? Histoire de la nationalité française depuis la Révolution, *Paris, Grasset, 2002, p. 213.*

32. Archives départementales de Loire-Atlantique, 1 M 1907.

naturalisé français[33]. » Les étrangers ne sont donc toujours pas concernés par cette question sur le lieu de naissance qui a été conçue pour mesurer la mobilité des Français d'un département à l'autre. Pourtant, durant les années suivantes, la formulation de cette question évolue ; l'institutionnalisation des activités statistiques par le biais de congrès internationaux[34] et l'influence grandissante des experts démographes contribuent en effet à renouveler l'ensemble du recensement. Dans le bulletin individuel du recensement de 1881, aucune question n'est finalement posée sur la connaissance des langues parlées, sur le nombre de vaccinés ou encore sur celui des aveugles et sourds-muets. En revanche, la question sur la nationalité est reformulée de telle sorte que la nationalité à la naissance puisse apparaître : « nés de parents français », « naturalisé français », « étranger, de quelle nation ? ». Ce découpage est à l'origine d'une nouvelle catégorie, celle de Français de naissance, tandis que les étrangers sont appréhendés au regard de leur nationalité qu'ils doivent désormais préciser : allemande, italienne, belge ou autrichienne. La question se complique néanmoins pour les ressortissants de l'Empire austro-hongrois qui doivent se déclarer autrichiens en ajoutant, non pas la langue qu'ils parlent, mais le pays auquel ils se rattachent : ils doivent mentionner s'ils « appartiennent aux pays autrichiens proprement dits (archiduché d'Autriche, Salzburg, Tyrol, Syrie, Carynthie, Gory-Trieste, Galicie et Bukovine, Dalmatie, Bohème Moravie, Silésie) ou aux pays de la couronne hongroise (Hongrie, Croatie, Transylvanie)[35] ». Il faut néanmoins souligner que jusqu'en 1911, Belges, Italiens, Allemands, Suisses et Espagnols représentent les quatre cinquièmes des étrangers résidant en France.

Au recensement de 1886, le dénombrement des étrangers devient un enjeu politique, tandis que les distinctions entre Français de naissance et naturalisés passent au second plan. D'après la loi du 16 juin 1885 sur l'élection des députés, les étrangers ne doivent pas être compris dans la population dont le chiffre sert à déterminer le nombre de députés à élire pour chaque département ; chaque commune doit donc établir avec le

33. *Annexe à la circulaire du 15 octobre 1876, dans* Instructions relatives au recensement, 1800-1906, *Bibliothèque administrative de la ville de Paris.*
34. *Éric Brian, « Statistique administrative et internationalisme statistique pendant la seconde moitié du XIXe siècle »,* Histoire et mesure, *3-4, 1989, p. 201-224.*
35. *Instructions du 15 novembre 1881 pour les opérations du dénombrement de la population.*

plus grand soin le nombre des Français et celui des étrangers[36]. Le contraste ne saurait être plus fort avec le recensement américain qui, créé dans ce même but, compte uniment Américains et étrangers, natifs et immigrés ; la séparation du corps civique ne s'y applique qu'aux esclaves, de 1790 à 1860, qui eux ne comptent que pour trois cinquièmes dans le calcul de la population constitutionnelle. À la fin du XIXe siècle et au début du XXe siècle, certains membres du Congrès proposent d'extraire les immigrés non naturalisés de la population constitutionnelle, mais sans succès : la tradition de compter tous les habitants physiquement présents sur le sol américain s'est désormais imposée, y compris au XXe siècle pour les étrangers en séjour irrégulier. En France, cette volonté de dénombrer les étrangers séparément se confirme au recensement de 1891, à l'occasion duquel les étrangers font l'objet d'un classement spécial : il est demandé à chaque mairie de les répartir par âge, par sexe et par état civil[37], afin de constituer un volume qui leur soit exclusivement consacré. Les résultats statistiques sur les étrangers ainsi que ceux sur les nationaux expatriés commencent à intéresser de plus en plus les pouvoirs publics du continent européen : dans cette perspective, le ministère des Affaires étrangères prend l'initiative de proposer aux gouvernements allemands, italiens, anglais, austro-hongrois et luxembourgeois de leur fournir une statistique détaillée de leurs ressortissants résidant en France, dans l'objectif d'obtenir de ces derniers qu'ils établissent eux aussi des états détaillés de Français résidant sur leurs territoires. Ces échanges se traduisent assez rapidement dans l'évolution des publications du recensement qui accordent une place de plus en plus importante aux résultats relatifs à la population étrangère.

L'attention accordée à la mise en œuvre des recensements au niveau local contribue en définitive à relativiser la place accordée aux statistiques d'immigration en France à la fin du XIXe siècle : si elles commencent à émerger comme problème politique pour l'administration centrale, elles demeurent une préoccupation secondaire pour les maires chargés d'organiser le recensement dans chaque municipalité.

36. Instructions du 7 avril 1886 pour les opérations du dénombrement de la population.

37. Instruction du 6 mars 1891 pour les opérations du dénombrement de la population.

Les ambiguïtés de la nationalité à l'épreuve des recensements

La prise en compte de la « nationalité » dans les recensements français et américains de la fin du XIXe et du début du XXe siècle montre les ambiguïtés que porte encore ce terme qui désigne à la fois la citoyenneté étrangère et l'origine nationale, indépendamment du statut juridique de la personne au moment du recensement. Si l'on essaye, dans la mesure où les archives le permettent, de comprendre comment ces catégories sont mises en œuvre sur le terrain, en France comme aux États-Unis, on observe qu'il existe une marge d'interprétation, variable dans le temps et l'espace, mais réelle, qui peut correspondre, dans certains cas, à un espace de négociation.

Ce problème se pose particulièrement dans le cas des habitants originaires des empires multinationaux d'Europe centrale et orientale, mais aussi dans le cas des ressortissants de Suisse, pays dont la nationalité juridique ne peut être réduite à une appartenance ethnoculturelle. Ces cas concrets, et la façon dont les appareils statistiques les appréhendent, montrent quelles conceptions de la nationalité et de la communauté politique sont en train d'émerger durant cette période.

L'enregistrement de la nationalité comme enjeu de luttes et de négociations

Dans le cas des États-Unis, depuis l'exception faite pour les Polonais en 1860, la liste des pays de naissance comprend des régions définies en termes historiques et ethnoculturels, mais qui ne correspondent pas nécessairement à des États : pour être catégorisé comme d'origine polonaise, il faut par exemple être né dans l'ancien royaume de Pologne et parler la langue polonaise. De fait, le recensement américain tente de saisir les appartenances ethnoculturelles des immigrés de la première et de la deuxième génération dans le but explicite d'établir une géographie des populations américaines par origine, au point de regretter les contraintes imposées par les définitions légales. Dans un rapport officiel du recensement, Francis A. Walker, directeur des recensements américains de 1869 à 1873 et de 1880 à 1889, a ainsi déploré que la loi oblige à définir les immigrés par lieu de naissance et non par culture. Pour ce théoricien de la restriction de la

« nouvelle immigration[38] », il n'est pas impropre de parler d'Allemand, même pour une personne née aux États-Unis, si elle a été élevée dans une famille allemande, même si « ce n'est pas le point de vue de la loi du recensement » ; le rapport du recensement de 1880 utilise le terme de *foreigners* (étrangers) pour désigner la naissance étrangère. Ainsi y lit-on : « Les statistiques de la deuxième génération d'étrangers *(foreigners)* seront trouvées plus loin dans une autre série de tableaux *(foreign parentage)*[39]. » Le recensement avoue ainsi devoir se plier à la rigueur du vocabulaire juridique, mais montre que l'objet qu'il construit correspond aux catégories mentales populaires, alors que toute personne née aux États-Unis est automatiquement de nationalité américaine et devrait logiquement être décrite ainsi dans les rapports.

Cette volonté du recensement d'aller au-delà des seules données factuelles comme le lieu de naissance, pour établir un tableau de la composition de la population américaine par origine, rejoint la volonté des partisans de la restriction de l'immigration mais aussi celles de représentants des populations immigrées originaires des empires européens qui ne veulent pas être identifiées dans le recensement aux populations majoritaires des empires dont ils sont issus (aux Autrichiens ou aux Allemands). C'est particulièrement le cas des Tchèques et des Slovaques qui obtiennent, par un amendement introduit au Congrès par un représentant d'origine slovaque, que le recensement de 1910 compte les personnes nées à l'étranger selon leur lieu de naissance mais aussi selon leur langue maternelle[40].

Il est d'ailleurs significatif qu'une mobilisation semblable ait eu lieu en France autour du recensement de 1896. Pour la première fois, le mode d'enregistrement des étrangers suscite certaines protestations de la part des intéressés eux-mêmes. Des ressortissants tchèques résidant à Paris font parvenir en mars 1896 au ministère de l'Intérieur une pétition pour protester contre « la double erreur qui s'est glissée dans les bulletins de dénombrement pour 1896 à la rubrique nationalité » et qu'ils explicitent ainsi :

38. *Voir Paul Schor, « Les "immigrés" objets et sujets des statistiques : la négociation des catégories de l'origine dans le recensement américain, 1860-1940 »,* Raisons politiques, *2, 1999, p. 27-47. Sur Francis Amasa Walker comme directeur du recensement, voir Diana L. Magnuson,* The Making of a Modern Census, op. cit.

39. *Department Of The Interior, Census Office,* Statistics of the Population of the United States at the Tenth Census (June 1, 1880), *vol. 1, 1883, p. 677 et p. 460.*

40. *Paul Schor, « Les "immigrés" objets et sujets des statistiques », art. cité, p. 31-35.*

> « 1. On n'y tient pas de compte des races et de la nationalité naturelle des peuples, on s'intéresse seulement à la nationalité d'État.
> 2. Au point de vue international, il existe bien une nationalité "austro-hongroise" mais non, comme l'indiquent les bulletins en question, une nationalité purement "autrichienne", ou purement "hongroise". Les Tchèques habitant la France ne peuvent pas accepter le nom sommaire et imaginaire du reste, d'"Autrichiens", et demandent à votre haute bienveillance, Monsieur le ministre, de vouloir bien faire établir pour eux sur les registres de dénombrement de la population une rubrique spéciale avec la mention "nationalité tchèque" et de donner des instructions pour que la même distinction soit faite par la préfecture de police à l'inscription des étrangers[41]. »

Après avoir consulté le ministère des Affaires étrangères, le ministère de l'Intérieur répond sèchement que les instructions aux préfectures ont déjà été envoyées depuis le 13 février et qu'il ne pourra être tenu compte de leur requête.

Cette revendication des Tchèques de Paris trouvera un écho frappant dans la mobilisation des Slovaques des États-Unis, telle qu'elle s'exprime par exemple par une pétition de « 2 375 citoyens slovaques de la ville de Cleveland » en 1910 :

> « Nous, les soussignés citoyens et représentants de la ville de Cleveland, Ohio, élevons ici une protestation contre la classification des Slovaques comme Hongrois ou comme autres que Slovaques, dans le recensement fédéral de 1910, et nous adressons ici une pétition au Congrès des États-Unis d'Amérique pour demander que les Slovaques des États-Unis soient correctement classés comme Slovaques au lieu de Hongrois comme il est actuellement proposé[42]. »

À quelques années de distance, ces deux campagnes qui interviennent des deux côtés de l'Atlantique illustrent avant tout l'émergence du sentiment national dans l'émigration ; indépendamment du pays d'accueil, la diaspora tchèque ou slovaque nourrit les mêmes sentiments nationalistes à l'encontre de l'empire austro-hongrois. Mais cette concomitance révèle également deux modes d'administration distincts des identités symboliques.

41. Pétition remise au ministère de l'Intérieur le 28 mars 1896, AN F^2I 1694.
42. Records of the United States House of Representatives, Congress, Committee on the Census, House of Representatives, National Archives, Record Group 233, HR 61A-H4.1.

Le fait que les Tchèques de Paris n'aient pas eu gain de cause tandis que la mobilisation des organisations slaves aux États-Unis a été couronnée de succès s'explique d'abord par l'organisation politique différente des deux pays et la place des recensements dans l'administration. Aux États-Unis, le recensement, soumis au vote majoritaire du Congrès, a toujours été historiquement contraint de tenir compte des pressions relayées par les membres du Congrès, pour peu qu'elles soient efficacement organisées. Comme on l'a vu, ce n'est qu'en 1930 que le directeur du recensement aura l'autorité de définir les questions posées sans strictement s'en tenir aux termes inscrits dans la loi de recensement par le Congrès. Tandis qu'en France, en 1896, le recensement ne fait pas l'objet d'un débat public : les décisions sont prises par l'administration qui n'a pas de compte à rendre au Parlement ou au public. Cette divergence entre les deux pays s'inscrit également dans des projets qui correspondent à des conceptions différentes de la communauté nationale. On peut avancer l'hypothèse que si une majorité s'est trouvée au Congrès pour approuver la proposition du représentant Sabath, c'est parce que cette question de la langue maternelle répondait à une attente qui allait bien au-delà des seuls porte-parole des immigrés. Le Bureau du recensement, quoique gêné par l'ajout de cette question alors que les questionnaires étaient déjà imprimés, a reconnu la valeur de cette information, au point que pour le recensement de 1920, il a même envisagé de remplacer à terme les données par pays de naissance par celles par langue maternelle :

> « La question sur la langue maternelle fournit une base fort satisfaisante, pour une classification par race, qui est, bien sûr, l'objet visé. [...] Si nous poursuivons l'enquête sur la langue maternelle, nous devrons nous demander s'il ne serait pas praticable et recommandé de produire une classification raciale basée en partie sur la langue maternelle et en partie sur le pays de naissance, et l'adopter à la place des classifications par pays de naissance pour la présentation des données par sexe, âge, illettrisme, activité et autres données sur la population née à l'étranger[43]. »

43. Mémorandum de Joseph A. Hill au directeur, 5 février 1919, à propos des changements de frontière en Europe et des questions de naissance et de langue maternelle. Hill s'appuie sur l'analyse de E. A. Goldweiser, qui a travaillé pour le Bureau sur les données de langue maternelle de 1910 (Bureau of the Census, 149, Census Advisory Committee, boîte 1 [1919-1923], RG 29, NA). E. A. Goldweiser, « The Mother Tongue Inquiry in the Census of Population », Journal of the American Statistical Association, *1913, p. 648-655.*

Lorsqu'il lui sera demandé de mettre au point un système de quotas pour la restriction de l'immigration, particulièrement sévère envers ces mêmes immigrés d'Europe centrale, le directeur adjoint, Joseph A. Hill, envisagera un temps d'utiliser le critère de la langue maternelle plutôt que celui du pays de naissance[44].

L'instrumentalisation des statistiques d'immigration en France et aux États-Unis

En France, les informations recueillies grâce à la question sur la nationalité ne sont pas utilisées dans le seul objectif d'une meilleure connaissance de l'immigration, mais font l'objet d'usages administratifs et politiques qui dépassent largement la seule connaissance démographique.

Au niveau local, les bulletins du recensement peuvent être utilisés par les préfectures dans la perspective d'améliorer la surveillance administrative des étrangers résidant dans le département. Dans une note datée du 6 décembre 1900, le directeur de la Sûreté explicite en ces termes l'utilisation que font les services préfectoraux des bulletins de recensement :

> « Ces documents peuvent être consultés et le sont effectivement en vue de l'application du décret du 2 octobre 1888 et de la loi du 8 août 1893 sur le séjour des étrangers en France. Rapprochés des déclarations de séjour, les bulletins individuels provenant du dénombrement permettent de surveiller plus efficacement l'observation de ces lois et décrets. Si, et ce point ne paraît pas contestable, l'accomplissement des formalités relatives aux étrangers doit continuer à faire l'objet d'une surveillance constante, on ne saurait priver les services chargés de ce soin d'un des moyens que lui offre, pour

44. *Pour des raisons pratiques, cela ne sera pas fait, puisque les quotas étaient alloués à des États, et que le calcul de la ré-attribution des effectifs par langue maternelle à des États existant après 1920 aurait été trop incertain, alors même que les nouvelles frontières européennes ont posé beaucoup de problèmes aux statisticiens du Bureau pour établir la continuité entre les lieux de naissance avant et après la Première Guerre mondiale. Ainsi, le géographe du Bureau du recensement recommandait en 1928 d'attribuer à la Pologne « un nombre considérable [...] (100 % de ceux de langue polonaise et une petite partie des Juifs) » parmi les personnes nées en Russie dans les anciennes frontières. Bureau of the Census, Fichier NN 374-63, « Population Division Re Immigration Quotas », 1920-1935, RG 29, NA. Voir Paul Schor,* Compter et Classer, op. cit., *p. 309-315.*

> atteindre ce but, l'opération du dénombrement de la population. Ce serait rendre la tâche de ces services plus difficile encore et laisser pour ainsi dire aux étrangers eux-mêmes la faculté de se conformer ou non aux prescriptions de la loi. Trop d'étrangers déjà, profitant de certaines lacunes de la législation, arrivent au moyen de déplacements fréquents, à se soustraire à l'obligation de la déclaration de séjour. Il importe que leur nombre ne devienne pas plus grand encore[45]. »

Ces propos soulignent amplement la confusion qui existe dans l'esprit des hauts fonctionnaires de l'époque entre dispositif statistique et procédure de contrôle. Néanmoins, il n'est pas certain que l'usage administratif des bulletins individuels du recensement que décrit ce responsable du ministère de l'Intérieur ait été effectivement pratiqué par l'ensemble des services préfectoraux.

Les usages politiques de la question sur la nationalité connaissent également un certain essor en cette fin de XIXe siècle, en particulier avec l'instauration de la centralisation du dépouillement en 1896 puis l'introduction de l'exploitation mécanographique. L'augmentation significative du nombre de tableaux publiés permet en effet des exploitations plus fines, qui servent de références pour la mise en œuvre de politiques publiques. Ainsi, la promulgation, le 10 août 1899, du décret Millerand visant à réglementer et à limiter l'emploi des étrangers dans les marchés passés au nom de l'État n'est pas sans conséquence sur l'évolution des statistiques de population étrangère : les résultats du recensement de 1901 font apparaître des statistiques de population active étrangère, pour chaque département, par profession et par nationalité.

Après le déclenchement de la Première Guerre mondiale, il est de nouveau envisagé d'utiliser les statistiques de nationalité du recensement pour éclairer la décision politique. Pour la première fois en France, le débat a lieu à l'Assemblée nationale, lors de la séance du 4 avril 1917 : « Un recensement de la population présente s'impose, en vue de l'application des mesures qui sont actuellement envisagées pour le ravitaillement civil et pour l'utilisation, dans l'intérêt de la défense nationale, de la main-d'œuvre disponible, en tenant compte de certaines professions. Ce recensement servira en outre à faire connaître les nationalités des étrangers résidant en France et la répartition actuelle des

45. Note du 6 décembre 1900 pour la direction de l'administration départementale et communale (1er Bureau), AN F^2I 1695.

personnes émigrées des régions envahies[46]. » Le projet du gouvernement est de réaliser un recensement spécial qui concernerait tout habitant de sexe masculin résidant en France et âgé de 16 à 60 ans. Faute de crédits et en raison des protestations de préfectures qui déplorent l'absence de nombreux agents des services communaux, ce projet est finalement abandonné et il faut attendre 1921 pour qu'un nouveau recensement ait lieu. Le dénombrement des étrangers demeure un enjeu de premier plan, non seulement au niveau national mais aussi au niveau local, comme en témoigne cette instruction du préfet de la Seine aux maires du département :

> « Les réfugiés ne doivent être en aucun cas compris dans la population municipale dont le chiffre se trouverait abusivement grossi par leur adjonction. Ils seront en conséquence exclus de la liste nominative pour, selon les cas, être comptés comme hôtes de passage ou figurer dans la population comptée à part[47]. »

Désormais, les modalités d'enregistrement de la présence étrangère ne connaissent plus guère de variation, mais l'argument statistique est au cœur de tous les débats qui tournent autour de l'immigration.

Aux États-Unis, les statistiques sont également devenues à partir des années 1880 le support du discours sur l'immigration, un discours principalement hostile à la « nouvelle immigration » en provenance d'Europe centrale et du Sud. Les progrès techniques, et en particulier la mise au point par Hollerith au Census Office des premières machines à cartes perforées, ont permis de multiplier les questions et surtout de croiser les données, ce qui permet notamment d'étudier les spécialisations professionnelles des immigrants, et les mariages mixtes entre immigrants d'origines différentes. Les résultats de la question sur la naturalisation, introduite en 1890 dans le recensement américain, pour toutes les personnes nées à l'étranger ont pu être traités finement et par des tabulations croisées à moindre coût, grâce à l'utilisation des machines à cartes perforées. Le premier passage des cartes perforées dans les machines divise la population en une « première classification de la

46. *Projet de loi concernant l'ouverture des crédits en vue du recensement de la population présenté au nom de R. Poincaré, président de la République (annexe au procès-verbal de la séance du 4 avril 1917).*
47. *Circulaire du 28 février 1921 du préfet de la Seine à Messieurs les maires des communes de la banlieue, Archives municipales de Boulogne-Billancourt, 1F3.*

population en blancs natifs de parents natifs, blancs natifs de parents étrangers, blancs étrangers, natifs de couleur et étrangers de couleur[48]. » Ces populations de base sont ensuite soumises à de nouveaux passages dans les machines Hollerith, qui les distinguent alors par sexe et classe d'âge.

> « Pour tous les hommes adultes de naissance étrangère, une classification est également établie selon le nombre de ceux qui sont naturalisés, ont entamé les démarches de naturalisation, ou sont des étrangers, ainsi qu'une classification séparée du nombre d'étrangers [*aliens*] qui ne parlent pas la langue anglaise. De la même manière, pour les personnes de couleur, natives ou étrangères [de naissance], une classification séparée est faite du nombre de noirs, mulâtres, quarterons, octavons, Chinois, Japonais et Indiens[49]. »

Les machines Hollerith n'ont pas été inventées dans le seul but de comparer les différentes sous-populations, mais l'étude des tabulations auxquelles il a été procédé, de l'ordre des passages en machine, est une indication de la hiérarchie des catégories par importance. On voit ainsi ici que la couleur ou la race et la naissance étrangère passent avant des caractéristiques démographiques plus classiques comme le sexe ou l'âge.

La distribution géographique des immigrés de la deuxième génération comparée à celle des immigrés de la première génération donne lieu à moins de commentaires que les pratiques d'intermariage que l'on peut déduire des données globales : l'objet de l'intérêt du recensement est davantage la composition ethnique de la population, le patrimoine biologique, que la place de ces habitants dans la société américaine[50]. Durant les décennies suivantes, les statistiques sur les immigrés de la

48. Robert P. Porter, « The Eleventh Census », Publications of the American Statistical Association, *2 (15), septembre 1891, p. 331. Le terme «* foreign *» renvoie ici visiblement au lieu de naissance et non à la nationalité.*

49. Ibid. *En réalité la classification des noirs en* blacks, mulattoes, quadroons, octoroons *n'a pas été publiée car cette distinction imposée par la loi n'a pas été jugée pertinente par le recensement. Sur cette question, voir Paul Schor,* Compter et Classer, op. cit., *p. 160-175 et 237-238.*

50. La rapidité des commentaires du Compendium *du recensement de 1890, qui concluait à une distribution « très proche » des immigrés de la première et deuxième génération, a fait l'objet d'une note critique dans les* Publications of the American Statistical Association, *disant que cette généralisation était incorrecte et était fausse dans le détail : dans certains États, la première génération était plus nombreuse tandis que dans d'autres, c'était le deuxième. L. W. Hatch, « Foreign Parentage and Foreign Born »,* Publications of the American Statistical Association, *4 (28-29), décembre 1894-mars 1895, p. 116-118.*

première et de la deuxième génération vont nourrir les débats sur la restriction de l'immigration, qu'il s'agisse des délais moyens entre l'arrivée et la demande de naturalisation, classés par origines nationales, ou des taux de fécondité différentiels qui donneront lieu au mythe du « suicide de la race », que Walker, fort de son autorité d'ancien directeur du recensement, va contribuer à populariser.

Dans ses écrits et ses conférences, il en appelle à la restriction de l'immigration en utilisant les données des recensements pour établir les différences démographiques et sociales qui caractérisent la nouvelle immigration dans un texte, « Immigration and Degradation », qui résume assez bien la théorie du « suicide de la race », transposition du darwinisme à la compétition économique entre immigrés et natifs. Le cœur de son argument est la réduction, volontaire ou provoquée par un choc psychologique porté au « principe de population », de la natalité des Américains face à la compétition[51]. Ce mélange d'analyse statistique et de psychologie des masses est assez représentatif de la manière dont le débat sur la restriction de l'immigration allait dominer les trois décennies à venir[52].

Aux États-Unis, après les lois établissant des quotas d'immigration par nationalité de 1921 et 1924, et surtout après l'adoption du système des origines nationales effectif en 1929[53], le Bureau du recensement réduit nettement l'importance accordée aux questions de nationalité, d'origine nationale et de langue maternelle et, après la crise de 1929, les statistiques économiques supplantent la division de la population comme division dominante du Bureau of the Census. Le Bureau pouvait justifier cette réorientation de ses priorités en estimant que la législation de l'immigration avait stabilisé la composition de la population américaine et qu'il n'y avait plus lieu d'y consacrer autant de ressources[54].

51. Francis A. Walker, « Immigration and Degradation », The Forum, *11, 1891, p. 634-643, reproduit dans Walker,* Discussions in Economics and Statistics, *2, Davis R. Dewey ed., New York (N. Y.), Holt, 1899.*

52. On retrouvera le même argument pessimiste dans l'ouvrage célèbre de Madison Grant, The Passing of the Great Race, *New York (N. Y.), Charles Scribner's Sons, 1916.*

53. Sur le mécanisme de restriction de l'immigration par origines nationales, voir Mae M. Ngai, « The Architecture of Race in American Immigration Law : A Reexamination of the Immigration Act of 1924 », Journal of American History, *86 (1), juin 1999, p. 67-92 et Patrick Weil, « Races at the Gate : A Century of Racial Distinctions in American Immigration Policy (1865-1965) »,* Georgetown Immigration Law Journal, *été 2001.*

54. Sur le relatif désintérêt pour les questions d'immigration et d'immigration qui avaient tant préoccupé le Bureau jusqu'en 1928, voir Paul Schor, Compter et Classer, op. cit., *p. 326-332.*

Conclusion

La comparaison des modalités de la prise en compte de l'immigration dans les recensements français et américains permet d'aller bien au-delà du seul constat de divergences entre deux traditions nationales. Elle souligne tout d'abord la proximité des interrogations auxquelles ont été confrontés les organisateurs du recensement de part et d'autre de l'Atlantique. Elle permet également de comprendre dans quelles conditions ils ont été amenés à y répondre de façon différente. La perspective comparative a enfin pour vertu de mettre au jour les transferts de connaissance, les échanges entre experts et les interactions entre gouvernements qui ont présidé à l'émergence de procédures communes.

C'est entre 1850 et 1920 que s'élabore, lentement et par à-coups, le cadre de la mesure des différences d'origine en France comme aux États-Unis, pour le reste du XXe siècle. Aux États-Unis, après cette période d'invention de l'ethnicité, le recul à partir de 1930 des critères ethnoculturels au profit du lieu de naissance, plus facile à enregistrer et à utiliser par l'administration, semble marquer une nouvelle période, qui correspond d'ailleurs à la nette diminution du nombre d'immigrés admis entre 1924 et 1965. Mais de façon marginale et souterraine, cette tradition s'est poursuivie et ressurgira sous la forme de l'auto-identification en réponse à la question sur l'origine (*ancestry*) en 1980, après des variations qui ont surtout affecté la prise en compte des personnes d'origine hispanique (race « *Mexican* » en 1930, « *Spanish origin or descent* » en 1970)[55].

En France, l'importance prise par le critère juridique de la nationalité durant la deuxième partie du XIXe siècle marque pour longtemps les modalités d'enregistrement de l'immigration. Deux nuances doivent néanmoins être apportées. Tout d'abord, la question de la nationalité des étrangers est, dès la fin du XIXe siècle, associée à celle de leur pays de naissance. De plus, l'opposition entre l'étranger et le national ne tarde pas à être brouillée par la présence après la fin de la Première Guerre mondiale de migrants coloniaux en métropole. En effet, au recensement de 1921, les ressortissants d'Algérie et du Sénégal sont enregistrés en tant qu'« Africains, sujets ou protégés français[56] », alors

55. *Voir Clara E. Rodriguez,* Changing Race. Latinos, the Census and the History of Ethnicity in the United States, *New York (N. Y.), New York University Press, 2000.*

56. *Jeanne Singer Kerel, « La population étrangère dans les recensements de 1891 à 1936 »,* Colloque de l'Association française des anthropologues, *Paris, 9-11 janvier 1986.*

qu'ils bénéficient en droit de la qualité de Français. Désormais, la distinction entre citoyens et sujets français est systématiquement maintenue et elle est mise en œuvre, non pas à partir des déclarations des intéressés, mais sur la base d'une présomption fondée sur des indices indirects comme la consonance des noms et des prénoms[57].

Si l'on considère la période actuelle, les deux traditions statistiques semblent certes très éloignées l'une de l'autre, mais l'étude comparée de leur développement à la fin du XIXe siècle révèle une série de parallèles. Face à l'émergence de la notion moderne de nationalité, les réponses adoptées ont été différentes, mais les questions que les responsables du recensement ont dû affronter ont souvent été les mêmes et se sont posées aux mêmes dates. Cette concomitance tend à suggérer que si les recensements peuvent être lus comme une construction de l'identité nationale, ni la France ni les États-Unis ne vivaient dans un monde isolé. Dans ces deux pays, les acteurs politiques ont élaboré des définitions de la nation qui répondaient à la fois aux mouvements internationaux de population et aux représentations qu'ils se faisaient du rôle de l'État dans l'administration des identités nationales.

57. *Alexis Spire et Dominique Merllié, « La question des origines dans les statistiques en France. Les enjeux d'une controverse »,* Le Mouvement social, *188, juillet-septembre 1999, p. 124.*

Chapitre 4

LE STATUT DE LA FEMME EN DROIT DE LA NATIONALITÉ
UNE ÉGALITÉ TARDIVE

Patrick WEIL

Il existe une inégalité très souvent oubliée dans l'histoire des femmes. En matière de nationalité, au début du XXe siècle, l'infériorité de la femme à l'égard de l'homme est devenue une règle internationale. Lorsque, dans un couple qui se marie, l'homme et la femme ont des nationalités différentes, la femme prend la nationalité du mari et perd la sienne. Cette règle, inscrite pour la première fois dans le Code civil français en 1803, s'est tout naturellement diffusée dans la majorité des pays d'Europe continentale, déjà influencés par l'ensemble du Code Napoléon[1]. Mais les États qui avaient conservé comme fondement de l'attribution de leur nationalité à la naissance le *jus soli* l'ont aussi adoptée, le dernier en date étant les États-Unis en 1907. Quelques années plus tard, après la Première Guerre mondiale, tous ces pays font progressivement volte-face : la femme est libérée de sa dépendance à l'égard de son mari avant d'obtenir plus tardivement l'égalité des droits en matière de nationalité.

Cette étude se situe à la frontière de l'histoire du droit de la nationalité, de l'inégalité entre genres, de la politique d'immigration, mais aussi des traditions culturelles et religieuses. Ce sont des agencements

1. *Patrick Weil,* Qu'est ce qu'un Français ? Histoire de la nationalité française depuis la Révolution, *Paris, Grasset, 2002, chap. 7.*

différents entre ces politiques et ces traditions qui expliquent que la dépendance, puis l'indépendance de la femme mariée interviennent à des moments très différents selon chaque pays et qu'aujourd'hui, alors que l'égalité de la femme et de l'homme a été partout établie, l'impact du mariage sur la nationalité varie d'une façon substantielle d'un pays à l'autre. La France et les États-Unis se situent aux deux pôles de cette histoire. La France, qui a inventé en 1803 la nationalité comme droit de la personne au détriment de la femme, a maintenu celle-ci pendant plus d'un siècle dans la dépendance de son mari, et attendu 1973 pour lui donner l'égalité des droits en matière de nationalité. Elle a pourtant maintenant, dans ce domaine, l'un des droits les plus libéraux du monde. Les États-Unis, au contraire, n'ont instauré la dépendance de la femme à l'égard du mari que pendant une très courte période, de 1907-1922, pour des raisons liées à l'immigration. Dès 1934, l'égalité était établie entre homme et femme en matière de nationalité. En revanche, être marié(e) à un Américain ne donne à un étranger que des facilités limitées pour accéder à la nationalité américaine. Sans nous limiter à ces deux pays, nous axerons sur eux notre comparaison.

Une innovation régressive du Code civil français : la femme est une dépendance de l'homme

En France, sous l'Ancien Régime, une étrangère peut réclamer et obtenir une lettre de naturalité[2]. La femme française peut épouser un étranger et conserver sa nationalité. Pendant la Révolution, une femme étrangère peut être naturalisée au même titre qu'un homme : automatiquement, sous l'empire de la loi de 1790 ou des Constitutions de 1791 et 1793 ; puis, avec les Constitutions de 1795 et 1799, en déclarant fixer son domicile en France, ce qui lui donne droit d'être naturalisée après sept ou dix ans de résidence.

La femme étrangère qui épouse un Français et réside en France est, elle, considérée comme française[3]. Quant à la femme française épousant

2. Peter Sahlins, « Fictions of a Catholic France : The Naturalization of Foreigners, 1685-1787 », Representations, *47, été 1994, p. 85-110.*

3. Ce n'est pas ce que la loi ou les Constitutions prévoient, mais c'est ce que l'on peut déduire des débats qui se produisent le 16 octobre 1793, lorsque la Convention décrète que « les étrangers nés sujets des gouvernements avec lesquels la République est en guerre seront détenus jusqu'à la paix ». Elle décide

un étranger, non seulement elle conserve sa nationalité, mais elle contribue par son mariage à la faire attribuer à son mari. La loi du 30 avril 1790 prévoit en effet que tous les étrangers établis en France, « seront réputés Français [...] après cinq ans de domicile continu dans le royaume, s'ils ont, en outre [...] épousé une Française ». Le même mécanisme sera repris par la Constitution de 1791, le délai de cinq ans étant réduit à un an par la Constitution de 1793.

La promulgation du Code civil constitue donc une profonde rupture, non seulement avec la Révolution, mais aussi avec l'Ancien Régime. La femme mariée devient une dépendance du mari sur le plan du droit civil. Lors de la discussion du titre « Du mariage » en Conseil d'État, Bonaparte affirme : « La femme est la propriété du mari, elle appartient à celui-ci comme l'arbre à fruit appartient au jardinier. » C'est que « la nature – a fait de nos femmes nos esclaves ! Le mari a le droit de dire à sa femme : Madame, vous ne sortirez pas. Madame, vous n'irez pas à la comédie. Madame, vous ne verrez pas telle ou telle personne ! C'est-à-dire : Madame, vous m'appartenez corps et âme[4]. »

La dépendance de la femme vis-à-vis de son mari se traduit, en matière de nationalité, par le fait qu'une étrangère qui épouse un Français devient française. Parallèlement, une Française qui épouse un étranger devient étrangère. Elle ne peut recouvrer sa qualité de Française que lorsque, devenue veuve, elle réside en France ou qu'elle vient y résider avec l'autorisation du gouvernement, en déclarant alors sa volonté de s'y fixer[5]. En outre, seul l'homme transmet la nationalité à ses enfants : est français l'enfant né d'un père français. Enfin, la femme étrangère ne peut plus se naturaliser, ni bénéficier du statut d'admis à

en effet dans le même temps que « les femmes [étrangères] qui ont épousé des Français [...] ne sont point comprises dans la présente loi, à moins qu'elles ne soient suspectes ou mariées à des hommes suspects ». Barère précise : « Lorsqu'un Français épouse une étrangère, sa femme devient française à l'instant [...]. C'est un axiome très connu, consacré dans le code de tous les peuples ; que la femme suit le sort de son mari. *[...] Ce n'est pas une exception que je vous propose de consacrer, mais un droit »,* Archives parlementaires, *t. 76, p. 641. Bertrand Barère de Vieuzac (1755-1841), avocat au parlement de Toulouse, est élu aux états généraux dans la délégation du tiers état et siège à la Constituante parmi les libéraux modérés.*

4. Cité par René Cassin, « L'inégalité entre l'homme et la femme dans la législation civile », Annales de la faculté de droit d'Aix, *nouvelle série, n° 3, Marseille, 1919, p. 1-28 (p. 18 pour l'extrait).*

5. Articles 12 et 19 du Code civil.

domicile qui permet à l'étranger à qui il est octroyé de bénéficier des droits civils du français[6].

Ce régime d'infériorité et de dépendance se relâche légèrement au cours de la seconde moitié du XIXe siècle. La loi de décembre 1849 rouvre la naturalisation à la femme étrangère. En 1891, le double *jus soli,* discrètement introduit en 1851, et imposé en 1889 à l'enfant « né en France *d'un étranger* qui lui-même y est né » est jugé par la Cour de cassation comme pouvant s'appliquer aux enfants nés en France d'une mère étrangère, elle-même née en France[7]. Cette égalisation des droits de la femme et de l'homme ne touche cependant qu'une sphère très limitée du droit de la nationalité. Au début du XXe siècle, sur l'essentiel – le statut de la femme mariée –, rien n'a changé depuis 1803[8].

6. Jusque-là, la naturalisation restait régie par l'article 3 de la Constitution de l'an VIII qui prévoyait qu' « un étranger devient citoyen français lorsque, après avoir atteint l'âge de 21 ans accompli et avoir déclaré l'intention de se fixer en France, il y a résidé pendant dix années consécutives ». L'article était interprété de façon générique et s'appliquait à la femme : une femme étrangère pouvait être naturalisée française en déclarant son intention de se fixer en France. Mais lorsque l'article 7 du Code civil promulgué indique : « l'exercice des droits civils est indépendant de la qualité de citoyen, laquelle ne s'acquiert et ne se conserve que conformément à la loi constitutionnelle », l'article 3 de la Constitution de l'an VIII ne s'applique plus qu'aux citoyens exerçant des droits politiques, c'est-à-dire aux hommes. Par conséquent, une femme étrangère ne peut plus se faire naturaliser.

7. Affaire Hess, Sir. 92. 1. 81 et la note de M. Pillet. Cf. Lucien Gérardin, De l'acquisition de la qualité de Français par voie de déclaration. Étude sur le bienfait de la loi, *Paris, Larose, 1896, p. 20. La pratique administrative estimait, jusque-là, que le terme étranger ne désignait que le père. Cette restriction paraissait d'autant plus choquante qu'elle excluait des mères pour la plupart nées françaises, et devenues étrangères par suite de leur mariage avec un étranger. Dans le même temps, le gouvernement français, soumis à la pression de gouvernements étrangers, trouvait cependant « peu logique » de permettre à la femme née française « de transmettre à ses enfants sa nationalité d'origine qu'elle avait perdue [...] en contractant mariage avec un étranger », empêchant du même coup le père étranger qui avait transmis sa nationalité à sa femme française de la transmettre à ses propres enfants. Pourtant, la loi de 1893, adoptée pour rectifier la décision Hess de la Cour de cassation, ne l'annule pas : l'enfant né en France d'une mère née en France est toujours français à sa naissance, comme l'avait jugé la Cour, mais il a la faculté de décliner la qualité de français dans l'année qui suivra sa majorité.*

8. Jusqu'en 1889, l'article 19 du Code civil « Une femme française qui épousera un étranger suivra la condition de son mari », s'appliquait sans considération de ce que parfois la législation du mari ne permettait pas au mariage d'avoir une influence sur la nationalité. La femme française qui épousait un Anglais avant 1844 perdait la nationalité française sans acquérir la nationalité britannique. La loi de 1889 a ajouté : « à moins que son mariage ne lui confère pas la nationalité de son mari ».

Bien au contraire, la règle paraît tout à fait stabilisée, comme en témoigne la décision du Congrès américain, en 1907, de l'appliquer aux Américaines épousant un étranger[9], selon une logique différente du Code civil français.

La logique raciale et sexiste du va-et-vient américain

En 1803, le Code civil français a introduit une révolution dans le droit de la nationalité, en établissant que l'attribution de la nationalité se ferait dorénavant par la voie exclusive de la filiation[10]. Dans la foulée, plusieurs États reprirent le *jus sanguinis* dans leur code civil : Autriche (1811), Belgique (1831), Espagne (1837), Portugal (1826) Prusse (1842), Russie (1864), Italie (1865). Toutes ces législations prévoient également la perte de la nationalité pour leurs ressortissantes épousant un étranger, et son acquisition automatique pour l'étrangère épousant un national[11].

La Grande-Bretagne et tous les pays sous son influence juridique continuaient d'attribuer la nationalité à la naissance sur le fondement du *jus soli*[12]. La Grande-Bretagne suivait également la tradition du *Common Law* qui lui faisait jusque-là considérer le principe de l'allégeance perpétuelle s'appliquant aussi bien à la femme qu'à l'homme, qu'ils soient britanniques ou étrangers : on ne pouvait abandonner la nationalité britannique qu'avec l'autorisation du roi. L'article 16 de l'*Act* de 1844 décide de considérer toute femme mariée à un Britannique comme britannique[13]. Cette réforme est immédiatement suivie d'effets aux États-Unis où, en 1855, l'étrangère qui épouse un Américain devient américaine[14]. En 1870, pour se conformer à ce qui est devenu une

9. *Sect. 3, Act of March 2, 1907 (34 Stat. 1228).*
10. *Patrick Weil,* Qu'est ce qu'un Français ?, op. cit., *chap. 1.*
11. *André Weiss,* Traité élémentaire de droit international privé, *Paris, Larose et Forcel, 1886, p. 256-291.*
12. *Patrick Weil, « Access to Citizenship : A comparison of Twenty-Five Nationality Laws », dans T. Alexander Aleinikoff et Douglas Klusmeyer (eds),* Citizenship Today : Global Perspectives and Practices, *Washington (D. C.), Carnegie Endowment for International Peace, 2001, p. 17-35.*
13. *Robert Kiefe,* La Nationalité des personnes dans l'Empire britannique, *Paris, Librairie Arthur Rousseau, 1926, p. 117.*
14. *Candice Lewis Bredbenner,* A Nationality of Her Own, Women, Marriage and the Law of Citizenship, *Berkeley (Calif.), University of California Press, 1998, p. 15-16.*

norme de droit privé international, le Parlement britannique décide que la femme britannique épousant un étranger devient étrangère[15]. En 1907, la même règle est adoptée aux États-Unis, mais sur un autre fondement, sous l'influence de l'évolution de sa politique d'immigration.

Au cours des premières années du XXe siècle, en effet, l'immigration atteint aux États-Unis une ampleur jusque-là inconnue, 1907 constituant l'année record avec 1 285 349 entrées[16]. Le temps est donc au restrictionnisme et le 20 février 1907, le Congrès adopte les premières mesures (hausse de la taxe d'entrée de deux à quatre dollars, exclusion des mineurs non accompagnés, des personnes atteintes d'infériorité physique ou mentale, et des prostituées), tout en confiant à une commission de l'Immigration, la commission Dillingham (du nom de son président, le sénateur Dillingham), le soin d'étudier d'autres mesures[17]. Quelques jours plus tard, le vote de la loi du 2 mars 1907 semble répondre à l'objectif de combattre la double nationalité et de « réduire le nombre d'Américains qui, aux yeux du gouvernement fédéral, a compromis leur statut de citoyens en maintenant ou en établissant des liaisons étrangères d'un certain type[18]. » Les féministes américaines ont pourtant déjà à leur actif nombre de conquêtes sur le chemin de l'égalité des droits avec les hommes, mais cette disposition a été adoptée à leur insu, sans véritable débat, dans le cadre d'un projet de loi sur l'immigration et la nationalité[19]. Dans les années qui suivent, puis pendant la Première Guerre mondiale, elles continuent de se mobiliser, surtout pour que le droit de vote soit accordé à l'ensemble des Américaines, ce qu'elles obtiennent quelques mois après la fin de la guerre, en 1920[20].

15. *Virginia Sapiro, « Women, Ctizenship, and Nationality : Immigration and Naturalization Policies in the United States »,* Politics and Society, *13 (1), 1984, p. 1-26.*
16. *Pierre Wurtz,* La Question de l'immigration aux États-Unis, *Paris, L. Dreux et M. Schneider, 1925.*
17. *Son rapport, remis en 1911, jouera un rôle décisif dans la mise en place de la limitation numérique et de la sélection ethnique des immigrants (adoptées en 1921 et accentuées en 1924. Voir Lawrence H. Fuchs, « Immigration Reform in 1911 and 1981 : The Role of Select Commissions »,* Journal of American Ethnic History, *automne 1983, p. 58-89).*
18. *Candice Lewis Bredbenner,* A Nationality of Her Own, op. cit., *p. 48.*
19. Ibid., *p. 63-64.*
20. *C'est le 26 août 1920 que le trente-sixième État – le Tennessee – nécessaire à la ratification à la majorité des trois quarts des législatures d'État vota l'amendement adopté en 1918 par un vote de la Chambre des représentants à la majorité requise des deux tiers. Voir Françoise Bach, « Les droits des femmes et le suffrage aux États-Unis 1848-1920 », dans Christine Fauré (dir.),* Encyclopédie politique et historique des femmes. Europe, Amérique du Nord, *Paris, PUF, 1997, p. 505-534.*

Dans la foulée de l'adoption de ce Dix-neuvième Amendement à la Constitution, les féministes se mobilisent pour la suppression de la clause de la loi de 1907 qui fait perdre sa nationalité à la femme américaine épousant un étranger : elles en font adopter le principe par les candidats des deux partis – républicain et démocrate – aux élections présidentielles de 1920[21]. Mais leur mobilisation n'est pas déterminante pour le vote du *Cable Act* du 22 septembre 1922[22].

Le facteur décisif est que, le droit de vote conquis, une étrangère épousant un Américain devient, dans ce système de la *nationalité dérivée*, électrice en même temps qu'américaine sans savoir peut-être parler l'anglais ou connaître la culture américaine. Dans le même temps, l'Américaine qui épouse un étranger perd le droit de vote et sa nationalité. Cet accès d'une « étrangère » au droit de vote tandis qu'une « Américaine » le perd, déplaît bien sûr aux restrictionnistes xénophobes et parfois racistes. Le *Cable Act* déconnecte donc mariage et nationalité : la femme américaine peut conserver sa nationalité après un mariage avec un étranger, sauf si elle y renonce. Le racisme du restrictionnisme américain apparaît également dans une clause qui précise que si une Américaine épouse un étranger « inéligible à la naturalisation » – par exemple un Asiatique –, elle en est immédiatement punie : elle perd sa nationalité américaine pour la durée de son mariage. Elle ne pourra la recouvrir que par une naturalisation, procédure dorénavant imposée à la femme étrangère[23]. Avant 1922, une étrangère devenait américaine automatiquement après son mariage. Dorénavant, elle devra passer par la procédure de naturalisation qui permet un contrôle du gouvernement ; la durée de séjour minimal en territoire américain étant cependant réduite de cinq ans à un an.

21. Chrystal MacMillan, « Nationality of Married Women : Present Tendencies », Journal of Comparative Legislation and International Law, *3ᵉ serie, 7 novembre 1925, p. 142-154.*

22. 42 Stat., part. I, p. 1021, chap. 411.

23. Cette clause est abrogée en 1931. C'est en 1934 que l'égalité complète est établie entre l'homme et la femme. D'abord dans la transmission de la nationalité pour les enfants nés à l'étranger : dorénavant la mère ou le père américain transmettrait indépendamment l'un de l'autre la nationalité à condition d'avoir résidé aux États-Unis avant la naissance de l'enfant ; et, dans le cas où un seul de parents est américain, l'enfant n'est américain que s'il réside aux États-Unis pendant cinq ans avant sa dix-huitième année.

L'alliance des féministes et des populationnistes français

En France, au début du XXe siècle, les femmes ont conquis beaucoup moins de droits qu'aux États-Unis. Depuis la fin du XIXe siècle, le féminisme s'est développé, mais ses succès sont limités. Célibataire, la femme dispose des mêmes droits que l'homme ; mariée, elle reste encore très largement sous sa dépendance. Certes, la loi de 1884 a rétabli le divorce supprimé le 8 mai 1816[24]. Mais les causes légitimes en sont restreintes[25] et elle ne prévoit plus le divorce par consentement mutuel, tel que l'avait créé le Code civil. À partir de 1907, une femme peut disposer librement d'un salaire, mais elle ne peut exercer sans l'autorisation du mari ; sans lui, elle ne peut ester en justice, signer un contrat, vendre ni acquérir même gratuitement ! L'article 213 du Code civil précise toujours que le mari doit protection à sa femme, et la femme obéissance à son mari.

Pendant la Première Guerre mondiale, leur statut à l'égard de la nationalité n'évolue guère. Pourtant, certaines femmes françaises devenues allemandes ou austro-hongroises au moment de leur mariage ont été internées avec leur mari ou ont vu leurs biens mis sous séquestre[26]. Une campagne a bien été lancée par le journal *La Française*[27]. Le sénateur Louis Martin[28] a également déposé, le 10 février 1916, une proposition de loi

24. Il avait été rendu possible par la loi du 20 septembre 1792 et cette possibilité avait été maintenue dans le Code civil.

25. 1) adultère ; 2) excès, sévices ou injures graves ; 3) condamnation de l'un des époux à une peine afflictive ou infâmante ; 4) séparation de corps ayant duré trois ans.

26. En décembre 1914, dans le camp d'internement de Garaison (Hautes-Pyrénées), ces femmes se voient offrir leur libération : elles doivent alors soit rejoindre la famille de leur mari en Allemagne ou en Autriche-Hongrie soit rejoindre leur famille française. La plupart choisissent de demeurer dans le camp aux côtés de leur mari. Voir Jean-Claude Vimont, « La population du camp d'internement de Garaison (Hautes-Pyrénées), 1914-1919 », dans André Corvisier et Jean Jacquart (dir.), Les Malheurs de la guerre, *t. 2,* De la guerre réglée à la guerre totale, *Paris, Éditions du Comité des travaux historiques et scientifiques, 1997, p. 93-108.*

27. Elisa Camiscioli, « Intermarriage, Independant Nationality, and the Individual Rights of French Women, The Law of 10 August 1927, French Politics, Culture and Society, *17 (3-4), été-automne 1999, p. 54.*

28. Né le 15 janvier 1859, à Puget-Ville (Var), Louis Martin, docteur en droit et avocat au barreau de Paris, est élu député de la deuxième circonscription de Toulon sur un programme républicain antinationaliste et s'inscrit au groupe de la gauche démocratique radicale et radicale socialiste. Il est élu au Sénat en janvier 1909 et y siégera jusqu'en 1936. Membre des comités d'honneur de la Ligue française du droit des femmes (LFDF) et du comité d'honneur de l'Union

permettant aux Françaises de conserver leur nationalité, après s'être mariées à un étranger. Sans résultats[29]. À la fin de la guerre, les féministes se rallient à la nouvelle union sacrée pour la maternité et le redressement de la natalité. Leur contribution à la victoire est oubliée, et elles font même face à une montée de l'antiféminisme. En 1920, la loi interdit l'information sur la contraception et aggrave la répression de l'avortement qui fait l'objet d'une correctionnalisation en 1923[30]. Le Sénat rejette, le 21 novembre 1922, le texte de loi adopté par la Chambre des députés le 20 mai 1919, qui aurait accordé aux femmes le droit de vote[31]. Pourtant, c'est dans ce contexte hostile que le Parlement va consacrer l'indépendance de la femme mariée de façon beaucoup plus libérale qu'aux États-Unis. En 1922, année où le Sénat français refuse le droit de vote aux Françaises, alors que le Sénat américain l'a accordé aux Américaines, il approuve leur indépendance quand elles épousent un étranger, et permet l'accès à la nationalité française pour les étrangères épousant un Français par simple déclaration. C'est que cette disposition est à la frontière du droit des femmes et de l'exigence démographique.

Tout au long du XIXe siècle, en effet, les Françaises qui épousent des étrangers sont toujours plus nombreuses. Le nombre des étrangères épousant des Français est le plus souvent deux fois moins important. Avec le développement de l'immigration, ces mariages mixtes sont cependant passés de quelques centaines à plusieurs milliers par an : pour la seule année 1919, 17 000 Françaises sont devenues étrangères en épousant des étrangers[32]. Plus le temps passe, plus le phénomène

fraternelle des femmes, il préside des réunions de la société pour l'amélioration du sort de la femme, du Comité de propagande féministe, de la LFDF et de l'Union française pour le suffrage des femmes (UFSF). Il détient le record de participation à des réunions suffragistes et anime à partir de 1918, le groupe parlementaire des droits de la femme. En 1936, il est élu président d'honneur de la LFDF. Il est notamment l'auteur de Considérations générales sur la législation civile et pénale de la Révolution française, mémoire au conseil municipal de Paris, *Paris, Giard et Brière, 1894 et d'un manuel de* Droit civil, *Paris, Dunod et Vicq, 1896.*

29. JO, *Débats parlementaires, Sénat, 1916, annexe n°35, p. 81 ; et 1920, annexe n° 229, p. 195.*

30. Françoise Thébaud et Christine Bard, « Les effets antiféministes de la Grande Guerre », dans Christine Bard (dir.), Un siècle d'antiféminisme, *préface de Michelle Perrot, Paris, Fayard, 1999, p. 150-166 (p. 154).*

31. Christine Bard, Les Filles de Marianne. Histoire des féminismes, 1914-1940, *Paris, Fayard, 1995, p. 147-148.*

32. Pierre Depoid, Les Naturalisations en France (1870-1940), *ministère des Finances, Service national des statistiques, Direction de la statistique générale, études démographiques, n° 3, Paris, Imprimerie nationale, 1942, p. 95.*

prend de l'ampleur : entre 1900 et 1926, plus de 190 000 Françaises sont ainsi devenues étrangères par leur mariage[33]. Cette perte de « nationales » paraît absurde aux populationnistes qui s'intéressent à naturaliser des étrangers[34].

Le caractère massif du phénomène fait aussi prendre conscience de la situation sociale inacceptable créée pour la Française mariée à un étranger, et il suscite bientôt la mobilisation et l'indignation, bien au-delà des féministes. En se mariant à un étranger, la femme française perd sa nationalité souvent sans le vouloir, parfois même sans le savoir. L'information sur cette conséquence automatique du mariage ne fait en effet aucunement partie des formalités prescrites au moment de sa célébration. L'officier d'état civil donne lecture des pièces relatives à l'état des futurs époux, leur demande s'il a été fait un contrat de mariage, puis recueille leur déclaration d'engagement réciproque (article 75 du Code civil). Et c'est tout ! Le mariage prononcé, la femme change de nationalité. Devenue étrangère, elle doit immédiatement se faire enregistrer selon les prescriptions du décret du 2 octobre 1888 et de la loi du 8 août 1893, elle doit se procurer la carte d'identité d'étranger conformément au décret du 2 avril 1917, elle peut même faire l'objet d'un arrêté d'expulsion[35]. Il arrive qu'elle soit obligée de quitter la France pour accompagner son époux, auquel elle doit obéissance. La situation est parfois dramatique. De sorte que le 2 octobre 1919, le ministre de l'Intérieur prescrit aux maires de réclamer de tout Chinois désireux d'épouser

33. *Ce chiffre est obtenu à partir des tableaux de P. Depoid (*Les Naturalisations en France..., op. cit., *p. 59-61) : pour la période 1920-1926, un compte exact est effectué (81 619) ; pour la période 1914-1919, Depoid a effectué une estimation de 44 600. Pour la période 1907-1913, ne disposant que de statistiques sur le nombre d'époux étrangers, nous leur avons appliqué le taux de 61 % qui est le taux de mariage entre étranger et française entre 1888 et 1891 (P. Depoid,* Les Naturalisations en France..., op. cit., *p. 59). Cette estimation minore probablement le nombre réel de ces mariages, le taux des mariages enregistrés pour 1914-1919 étant de 68 %. Enfin, pour la période 1900-1906, le chiffre minimum est de 4 300 par an, soit un minimum de 30 100. Nous arrivons à une estimation de 190 814 probablement inférieure à la réalité.*
34. *Sauteraud,* Revue politique et parlementaire, *1919, p. 197. À la différence du nataliste pour qui seule une naissance en France de parents français doit être privilégiée, pour un populationniste, « tout surplus de population est bon à prendre » (Hervé Le Bras,* Marianne et les Lapins, *Paris, Olivier Orban, 1991, p. 170-177).*
35. *Cette exigence d'enregistrement ne date que d'après 1917, car la loi de 1893 ne s'appliquait pas à la femme française devenue étrangère par son mariage (Frantz Despagnet,* Précis de droit international privé, *Paris, Librairie de la Société du recueil général des lois et des arrêts, 1904 [4e éd.], p. 93).*

une Française « un certificat attestant qu'il n'a pas de femme légitime ». Informé par l'ambassade de France en Chine, il a en effet appris que plusieurs femmes emmenées en Chine par leurs maris venus travailler en France pendant la Première Guerre mondiale ont découvert que leur époux avait déjà une épouse légitime en Chine. « Condamnées à végéter dans une misère et au milieu de privations inimaginables, dans un pays dont elles ne [connaissent] ni la langue ni les mœurs », en raison des faibles ressources de leur époux, elles peuvent se retrouver « séquestrées, ravalées à la situation subalterne de deuxième femme, en butte à l'autorité despotique de la femme légitime[36] ». Quelques milliers de Chinois sont en fait restés en France et, du coup, dans le recensement de 1926, figurent plusieurs centaines de Chinoises – nées françaises mariées à des Chinois. Le cas des Françaises mariées à des Italiens est plus répandu et n'est pas sans poser de problèmes[37]. Elles sont ainsi empêchées de divorcer, car le divorce n'est pas autorisé par l'État dont leur mari est ressortissant[38].

L'ensemble des femmes mariées à des étrangers perdent les allocations sociales réservées aux Françaises. Elles perdent également le droit d'exercer les métiers réservés aux Français – alors que dans les administrations, par exemple, les Postes et Télégraphes, ou encore chez les avocats, le nombre de femmes s'est démultiplié : ainsi, en 1914, on compte déjà 59 % de femmes parmi les enseignants du primaire public et, entre 1906 et 1921, le nombre de femmes employées dans les administrations nationales passe de 283 à 30 378 et constitue la moitié de l'ensemble des effectifs[39].

36. *Circulaire du ministre de l'Intérieur, 2 octobre 1919,* JDIP, *1920, p. 365-367.*
37. *C'est en 1924 que les Italiens deviennent devant les Belges la première nationalité des hommes étrangers épousant une Française : 3 208 sur 11 363, soit 28,2 %. Sur l'évolution des nationalités d'origine des épouses étrangères de Français, voir Francisco Muñoz-Perez et Michèle Tribalat, « Mariages d'étrangers et mariages mixtes en France : évolution depuis la Première Guerre »,* Population, *3, 1984, p. 427-462.*
38. *Trinh Dinh Thao,* De l'influence du mariage sur la nationalité de la femme, *Aix-en-Provence, Éditions Paul Roubaud, 1929, p. 92-93.*
39. *Yvonne Delatour, « Le travail des femmes pendant la Première Guerre mondiale et ses conséquences sur l'évolution de leur rôle dans la société », dans Institut historique allemand,* Francia, Forschungen zur westeuropäischen Geschichte, *Munich, Artemis Verlag, 2, p. 495. La situation des femmes fonctionnaires désireuses d'épouser un étranger sera plus tard analysée par la commission des naturalisations, créée en 1926 par le ministre de la Justice, Louis Barthou, après le vote de la loi de 1927 : « L'ancienne législation [...] avait créé des situations parfois très cruelles et donné naissance à des plaintes dont l'opinion publique*

Dès la fin de la guerre, les mouvements féministes se sont mobilisés. Le congrès du Conseil national des femmes françaises réuni à Strasbourg les 8 et 9 octobre 1919 fait de l'adoption d'une réforme une priorité[40]. Très vite, le Parlement agit : après le sénateur Louis Martin, André Honnorat et Adolphe Landry proposent, en 1918, que les Françaises épousant un étranger puissent conserver automatiquement la nationalité française, si elles continuent de résider en France[41]. Cette option populationniste est mise en échec par une alliance des partisans des droits de la femme – qui lui reprochent de maintenir la femme en dépendance – et des opposants au *jus soli* – parce que la proposition contient un élément territorial qui leur déplaît[42]. La disposition finalement adoptée en 1923, qui prendra place dans la loi du 10 août 1927, est une fusion des propositions du sénateur féministe Louis Martin et du député de gauche Ernest Laffont, et a l'avantage de satisfaire les féministes et les populationnistes[43].

Dans un premier temps, on décide que la Française conserve sa nationalité, lorsqu'elle se marie avec un étranger, mais qu'elle peut, si elle le

s'était émue. Des fonctionnaires femmes, que des étrangers recherchaient en mariage, avaient reculé devant la réalisation d'une union qui, en leur faisant perdre leur qualité de Française, devait par voie de conséquence les priver de leur situation : ces renonciations, déjà très pénibles, devaient être encore aggravées, en certains cas, par le scandale d'une maternité naturelle. La cause de ces malheureuses femmes, victimes d'une législation trop rigoureuse, ne pouvait manquer de créer, dans notre pays, un courant de sympathie et un désir de réparation » (procès-verbal de la séance du 13 octobre 1927, AD, Fonds CNT, série 38, article 372).Voir Patrick Weil, Qu'est ce qu'un Français ?, op. cit., *chap. 3.*

40. *Congrès national des femmes françaises, Strasbourg, congrès des 8 et 9 octobre 1919, 96 p. Paul Smith,* Feminism and the Third Republic. Women's Political and Civil Rights in France, 1918-1945, *Oxford, Clarendon Press, 1996, p. 179-181.*

41. JO, *Débats parlementaires, Chambre des députés, 1918, annexe n° 4904, p. 2143.*

42. *« Bien que les auteurs de la proposition se soient défendus d'introduire le* jus soli *dans notre législation, il n'en est pas moins vrai que leur proposition tendait à introduire dans notre droit un élément territorial. Cette proposition se heurtait à la défaveur que de nombreux juristes témoignent au* jus soli. *On pourrait aussi invoquer que, tout en remédiant à la situation de nombreuses femmes qui épousent des étrangers, elle ne consacrait cependant pas l'autonomie de la volonté de la femme. Ces raisons, semble-t-il, firent définitivement abandonner cette proposition pour le système qui soumet la nationalité de la femme à la libre volonté de celle-ci. », cité dans Gaston Calbairac,* Traité de la nationalité de la femme mariée, *Paris, Sirey, 1929, p. 32.*

43. *Ernest Laffont, Débats parlementaires, Chambre des députés, 1919, annexe 5716, p. 1935. Sur cette loi, voir Elisa Camiscioli, « Intermarriage, Independant Nationality, and the Individual Rights of French Women : The Law of 10 August 1927 »,* French Politics, Culture and Society, *17 (3-4), été-automne 1999, p. 52-74.*

désire, prendre la nationalité de son mari[44]. Le Conseil national des femmes françaises, dans sa session de 1922, considère cette adoption comme un « grand pas fait en peu d'années », mais il se montre insatisfait de l'absence de réciprocité, c'est-à-dire du maintien de l'acquisition automatique de la nationalité française par l'étrangère épousant un mari français : « il y a [...] une contradiction telle qu'elle fait apparaître trop ouvertement le sentiment exclusivement national qui a inspiré les rédacteurs[45] ». Le sénateur Martin dépose alors un nouveau texte qui assure le même statut à la femme étrangère : elle aura également le choix entre conserver sa nationalité ou devenir française. Il le fait adopter par le Sénat français en l'assortissant d'une mesure complémentaire[46] : les femmes ayant perdu dans le passé la nationalité française par mariage avec un étranger pourront la recouvrer par une déclaration faite devant un juge de paix dans un délai d'un an après promulgation de la loi. Cette garantie du retour dans la nationalité française de milliers de femmes l'ayant perdue assure le soutien des populationnistes[47]. Après le vote de la loi, ces derniers ont en effet tout lieu d'être satisfaits. La disposition permettant aux Françaises ayant perdu leur nationalité par mariage avec un étranger de la recouvrer par une déclaration, a pour conséquence immédiate de réintégrer dans la nationalité française plus de 35 000 femmes. De surcroît, chaque année, plus de la moitié des femmes étrangères qui épousent un Français choisissent de devenir françaises – et ce pourcentage ira en s'accroissant, tandis que moins de 5 % des Françaises choisissent de prendre la nationalité de leur mari étranger. Par voie de conséquence, le solde des acquisitions de la nationalité française par mariage, qui était négatif avant 1927 (– 5 274 en 1926, par exemple),

44. Martin proposait le dispositif inverse : la femme française prenait la nationalité de son mari, sauf sa volonté exprimée de rester française.
45. Conseil national des femmes françaises, 1920-1922, 1922, p. 29. Section de Législation.
46. Proposition de loi du 6 juillet 1922, document parlementaire, Sénat, session ordinaire, 1922, annexe 511, p. 559, incorporée par un vote du Sénat le 21 juin 1923, JO, *Débats parlementaires, Sénat, p. 1040, 21 juin 1923.*
*47. L'instrumentalisation démographique ne fait pas de doute. Elle est illustrée par l'intervention du rapporteur de la loi devant la Chambre des députés, Mallarmé : « La réforme que nous proposons à la Chambre d'adopter, constituera un grand progrès pour le féminisme, non pas dans le sens où les féministes les plus ardents l'entendent, car nous ne donnons pas à la femme française un bulletin de vote, mais nous lui assurons un moyen d'exercer son influence sociale au profit de l'avenir de sa race, nous lui permettons de conserver à la France de petits Français » (*JO*, document parlementaire, Chambre des députés, première séance du 31 mars 1927).*

devient immédiatement positif (+ 2 541 en 1928, + 2 710 en 1929, + 2 881 en 1930, + 3 402 en 1931).

C'est aussi une victoire des féministes, à laquelle a contribué leur meilleur soutien au Parlement, le sénateur Louis Martin, en réussissant à concilier leurs revendications avec celles des populationnistes et des natalistes[48], produisant ainsi un texte des plus libéraux. L'étrangère épousant un Français et la Française épousant un étranger ont désormais *le choix* et non plus *l'obligation* de prendre la nationalité de leur mari[49]. Ce choix ne souffre d'aucune restriction : la simple volonté de la femme produit en droit un effet immédiat, sans contrôle ni intervention de l'État. La fin de la naturalisation automatique pour la Française n'a pas pour contrepartie, comme aux États-Unis, la restriction du droit de l'étrangère à prendre la nationalité de son mari[50]. Aux États-Unis, l'étrangère épousant un Américain doit dorénavant passer par une demande de naturalisation, qui peut être rejetée par l'État fédéral. À la différence des États-Unis, l'octroi de la nationalité française à une étrangère n'entraîne pas encore l'attribution, par voie de conséquence, du droit de vote[51]. Les féministes françaises l'ont d'autant plus emporté

48. Le terme de nataliste date de 1921. Voir Françoise Thébaud, « Le mouvement nataliste dans la France de l'entre-deux-guerres : l'Alliance nationale pour l'accroissement de la population française », Revue d'histoire moderne et contemporaine, *avril-juin 1985, p. 276-301.*

49. Il existe cependant deux exceptions à cette liberté de choix : dans le cas de la femme française, l'acquisition de la nationalité étrangère du mari devient une obligation si elle prend domicile à l'étranger (art. 8). Quant à la femme étrangère, elle est dans l'obligation de prendre la nationalité française si sa législation nationale prévoit qu'elle doit prendre la nationalité de son mari (c'était le cas pour les femmes originaires notamment d'Allemagne, des Pays-Bas, de Suisse, de Tchécoslovaquie ou d'Espagne, si le mariage avait eu lieu avant le 9 décembre 1931 ou entre le 1er juin et le 13 novembre 1938).

50. Voici ce que Louis Barthou, ministre de la Justice, indique dans les Instructions adressées aux préfets et aux parquets relatives à la loi du 10 août 1927 sur la nationalité *: « La question se posait de savoir si cette réforme ne devrait pas être bornée au maintien du statut national de la femme française épousant un étranger – limite que l'état démographique du pays semblait justifier et qui avait été observée dans certaines législations étrangères [...]. Il est apparu au législateur qu'il était odieux, d'une manière générale, d'imposer à la femme la prééminence du mari dans le domaine de la conscience ou de la pensée et qu'ainsi le droit pour la femme française de conserver sa nationalité, malgré son mariage avec un étranger, devait avoir pour corollaire, celui pour la femme étrangère qui épouse un Français, de conserver sa propre nationalité » (*JO*, 14 août 1927, p. 8706).*

51. La loi adoptée prévoit aussi que la femme française mariée à un étranger transmet, si elle est restée française, sa nationalité à ses enfants nés en France. Une brèche a été également ouverte dans le monopole du père pour transmettre sa nationalité.

en matière de droit de la nationalité, qu'elles avaient été défaites dans leur combat pour l'obtention du droit de vote.

La conquête progressive de l'indépendance et de l'égalité

Dans cette période de l'entre-deux-guerres, l'unité de nationalité dans le couple est internationalement mise en cause et le principe de l'indépendance de la femme mariée émerge donc[52]. Mais le degré d'indépendance accordé par la loi varie : dans certains cas comme celui de l'Union soviétique en 1924[53], l'indépendance est totale et le mariage n'a plus d'effet sur la nationalité[54]. Aux États-Unis, la loi de 1934[55] égalise complètement le statut de la femme et de l'homme : la femme américaine transmet à ses enfants nés à l'étranger la nationalité américaine dans les mêmes conditions que l'homme. L'homme étranger épousant une Américaine peut se faire naturaliser dans les mêmes conditions que l'étrangère épousant un Américain : mais le délai d'un an de résidence aux États-Unis prévu pour la femme en 1922 a été porté à trois ans[56]. Dans d'autres cas, l'indépendance est relative : la loi belge de 1922 prévoit, par exemple, que la femme belge épousant un étranger devient étrangère sauf si, par déclaration effectuée dans les six mois après le

52. *Chrystal MacMillan, « Nationality of Married Women : Present Tendencies »,* Journal of Comparative Legislation and International Law, *3e série, 7 novembre 1925, p. 142-154.*

53. *La loi soviétique du 29 octobre 1924 précise dans son article 5 que « lorsqu'un mariage est contracté par deux personnes dont l'une est ressortissante soviétique et l'autre ressortissante d'un État étranger, chacun des deux conjoints conserve sa nationalité ». Voir Nations unies,* Convention sur la nationalité de la femme mariée, *E/CN.6/389, département des Affaires économiques et sociales, 1962, p. 8. L'URSS avait été le premier grand pays à mettre en place l'égalité totale des époux, par l'article 103 du Code de la famille de 1918 (G. Calbairac,* Traité de la nationalité de la femme mariée, op. cit., *p. 225).*

54. *Voir également Alexandre N. Makarov, « La nationalité de la femme mariée »,* Recueil des cours de l'Académie de droit international, *II, 60, 1937, p. 115-242.*

55. *Act of May 24, 1934, ch. 344, 48 Stat. 797.*

56. *Cf. William S. Bernard, « Naturalization Adjusts to the Changing Status of Woman », dans George P. Murdock (ed.),* Studies in the Science of Society, Presented to Albert Galloway Keller in Celebration of his Completion of Thirty Years as Professor of the Science of Society in Yale University, *New Haven (Conn.), Yale University Press, 1937, p. 44-65.*

mariage, elle manifeste sa volonté de rester belge[57]. Dans d'autres cas, l'unité de nationalité au sein du couple est rompue, mais la dépendance de la femme est maintenue : la loi turque du 12 juin 1928 prévoit ainsi que « la femme de nationalité étrangère qui épouse un citoyen turc devient turque tandis que la femme turque qui épouse un étranger conserve sa nationalité[58] ». En France, d'ailleurs, l'ordonnance du 19 octobre 1945 revient sur la loi de 1927, trop libérale aux yeux du législateur populationniste de la Libération[59], car elle laisse aux femmes – étrangères ou françaises – une totale liberté d'action. Le système adopté en 1945 est tout entier conçu pour aboutir à ce qu'après un mariage mixte, le maximum de femmes soient françaises. Sauf réserves expresses émises avant le mariage, l'étrangère épousant un Français se voit attribuer automatiquement la nationalité française. Tandis que la femme française, sauf si elle a déclaré avant le mariage vouloir prendre la nationalité de son mari, reste française. Jamais, en fait, on n'aura poussé aussi loin la technique juridique pour favoriser au maximum le maintien ou l'entrée des femmes dans la nationalité française.

Malgré tout, après la Seconde Guerre mondiale, l'indépendance de la femme mariée se développe, favorisée par l'adoption par les Nations unies, le 20 février 1957, de la Convention sur la nationalité de la femme mariée. Parallèlement ou plus progressivement, est assurée l'égalité de l'homme et de la femme en matière de nationalité.

En 1948, la Grande-Bretagne adopte l'indépendance de la femme mariée : dorénavant, la femme britannique épousant un étranger pourra conserver sa nationalité britannique, même si elle prend la nationalité de son mari, tandis que l'étrangère épousant un Britannique conservera la sienne, tout en pouvant acquérir la nationalité britannique par enregistrement[60]. En Allemagne, en 1957, l'Allemande épousant un étranger

57. *Nations unies,* Convention sur la nationalité de la femme mariée, op. cit., *p. 7.*

58. Ibid., *p. 6.*

59. *À la veille de la Seconde Guerre mondiale, déjà, pour lutter contre les « fraudes », certaines femmes étrangères épousant des Français étant soupçonnées d'agir ainsi pour régulariser leur situation ou se protéger de l'expulsion, un décret-loi promulgué le 12 novembre 1938 avait imposé à la femme voulant changer de nationalité à l'occasion de son mariage, d'effectuer une déclaration expresse avant sa célébration. La nationalité française ne devenait effective, pour les étrangères, que six mois après, délai pendant lequel le gouvernement pouvait s'opposer à l'acquisition, après avis conforme du Conseil d'État.*

60. *Bernard Dutoit,* La Nationalité de la femme mariée, *vol. 1,* Europe, *Genève, Librairie Droz, 1973, p. 234-254.*

conserve dorénavant sa nationalité. En 1969, une nouvelle loi proclame l'égalité des statuts de l'homme et de la femme au regard du mariage avec un ou une étrangère[61]. Aux Pays-Bas, la loi du 14 novembre 1963 assure l'indépendance de la femme mariée[62], et c'est en 1984 que l'égalité homme-femme est assurée en matière de nationalité[63]. En Autriche, c'est en 1965 que l'indépendance de la femme mariée est assurée tandis qu'en 1983, la transmission de la nationalité par la mère assure dans ce domaine l'égalité homme-femme[64]. En France, ce n'est qu'en 1973 que le traitement égal de l'homme et de la femme est enfin assuré. En Espagne, il faut attendre la loi du 2 mai 1975 pour que l'indépendance et l'égalité soient en même temps acquises[65].

La persistance des différences

Dorénavant, dans la plupart des pays occidentaux, le mariage entre deux personnes de nationalité différente n'a plus d'effet automatique sur la nationalité de l'un ou de l'autre : chacun peut la conserver. L'égalité acquise, la seule question est de savoir quelles conséquences ont – du point de vue de la nationalité – un mariage d'un ou d'une étrangère avec le national d'un pays. Selon les différentes législations nationales, se marier avec un citoyen donne des droits très différents d'accès à la nationalité : dans certains cas, des dispositions spéciales sont prévues pour faciliter l'acquisition de la nationalité, dans d'autres, elles sont inexistantes.

Dans certains pays, l'égalisation des statuts de la femme et de l'homme a donné lieu, sur le modèle de la loi américaine de 1934, à une

61. Ibid., *p. 26-35.*
62. *La loi entre en vigueur le 1er mars 1964. Voir Bernard Dutoit,* ibid., *p. 210-218.*
63. *Cf. Gerard-René de Groot et Carlos Bollen, « Netherlands Nationality Law », dans Bruno Nascimbene (ed.),* Nationality Laws in the European Union, *Milan, Giuffrè Editore, 1996, p. 545-590.*
64. *Rainer Bauböck et Dilek Çinar, « La législation sur la nationalité et la naturalisation en Autriche », dans Patrick Weil et Randal Hansen,* Nationalité et citoyenneté en Europe, *chap. 11, Paris, La Découverte, coll. « Recherches », 1999. En 1984, la transmission de la nationalité par la mère japonaise est inscrite dans la loi japonaise (Voir Anne Gonon, « Le code de la nationalité de 1899 ou l'étranger et le national vu par l'État Japonais »,* Ebisu, *7, octobre-décembre 1994, p. 47-72).*
65. *J. C. Fernández Rozas et A. Alvarez Rodríguez, « Le droit espagnol de la nationalité », dans Bruno Nascimbene (ed.),* Nationality Laws in the European Union, op. cit., *p. 207-262.*

restriction des droits d'accès de l'étranger à la nationalité de son conjoint. Ainsi, en 1981, au Royaume-Uni, l'étranger ayant épousé un ressortissant britannique doit dorénavant en passer par une naturalisation après trois ans de séjour pour devenir britannique, alors qu'auparavant l'étrangère pouvait faire enregistrer cette acquisition immédiatement après son mariage. En 1984, l'étranger ayant épousé un Hollandais doit dorénavant en passer par la naturalisation, alors qu'auparavant l'étrangère ayant épousé un Hollandais pouvait l'obtenir par simple déclaration[66]. En 1986, l'Irlande crée un délai minimum de trois ans de mariage avant naturalisation pour lutter contre les fraudes quand ce délai n'existe pas. Outre le souci d'harmonisation entre le droit de la femme et de l'homme, la suppression de l'automaticité et le rallongement des délais d'accès à la nationalité ont été dictés par deux facteurs : la désacralisation du mariage ; le souci de se prémunir contre d'éventuels mariages blancs, possible voie d'accès au séjour régulier pour quelques étrangers.

La France a, en revanche, retrouvé puis conservé l'approche libérale qui était celle de la loi de 1927. Avec la loi de 1973, le conjoint français – femme ou homme – peut, après le mariage, réclamer la nationalité française et l'obtenir par une simple déclaration, qu'il réside en France ou à l'étranger[67]. La femme devient complètement libre, et cette liberté concerne pour la première fois l'homme étranger épousant une Française, qui n'est plus obligée d'en passer par la naturalisation. Enfin, si les époux conservent une nationalité différente, ils la transmettent chacun à leurs enfants.

La notion de *path dependency* ou de dépendance institutionnelle (une fois qu'un chemin est pris, il est difficile d'en changer, car des processus politiques s'institutionnalisent et se renforcent avec le temps) est ici moins importante pour expliquer cette continuité du libéralisme que le maintien d'une configuration d'alliances renouvelées[68] : l'alliance des populationnistes et des féministes de 1922 a été en quelque sorte

66. Le délai de stage est cependant réduit de cinq à trois ans. Cf. Kees Groenendijk et Éric Heijs, « Immigration, immigrés et législation sur la nationalité aux Pays-Bas (1945-1998) », dans P. Weil et R. Hansen, Nationalité et citoyenneté en Europe, op. cit.

67. L'administration dispose ensuite d'un an pour faire opposition. Au-delà de ce délai, la nationalité française est automatiquement acquise.

68. Pour une analyse détaillée en français de ces mécanismes, voir Bruno Palier et Giuliano Bonoli, « Phénomènes de path dependence *et réformes des systèmes de protection sociale »,* Revue française de science politique, *49 (3), juin 1999, p. 399-420.*

reconduite, dans un autre contexte, entre les héritiers de 1968 soucieux de l'égalité entre genres et les gaullistes, soucieux de renforcer en nombre la population de la France[69]. Notons enfin, si l'on compare les législations d'Europe et d'Amérique du Nord, que les pays à tradition catholique sont plus libéraux que les pays à tradition protestante, comme si un plus grand attachement à la valeur du mariage comme sacrement avait un effet sur les conditions de l'accès à la nationalité (on peut comparer, dans le tableau ci-après, la France, l'Autriche, l'Espagne, le Portugal ou le Mexique par rapport à la Grande-Bretagne, les États-Unis ou l'Allemagne...).

*69. Voici comment Jean Foyer, ancien ministre, gaulliste, concluait son rapport devant l'Assemblée nationale sur le projet de loi modifiant le code de la nationalité française : « Malgré une amélioration de sa démographie de 1946 à 1964, la France est et demeurera, comme tous les pays voisins, une terre d'immigration. Comme les Romains du VIe siècle refusaient de servir dans les légions impériales, les Européens du XXe siècle refusent d'exécuter les besognes pénibles et malpropres. Aujourd'hui comme en ce temps, l'immigration est une nécessité. Peut-être comporte-t-elle les mêmes périls ? Quoi qu'il en soit, une politique de l'immigration s'impose. On n'en discerne pas toujours aisément les traits. Mais quelle que soit cette politique, ceux des immigrés qui n'ont point l'esprit de retour devront s'intégrer dans la Communauté nationale. Notre droit rénové de la nationalité le leur permettra sans les restrictions inefficaces qui causaient d'inutiles vexations. Au cours de sa longue histoire, la France a été un merveilleux creuset. De Gallo-romains et de Germains elle a fait des Français. Le projet amendé que nous vous proposons facilitera cette action avec d'autres ethnies. Le racisme est une stupidité odieuse qui a poussé aux plus grands crimes de l'Histoire » (*JO*, Assemblée nationale, Quatrième législature, première session ordinaire de 1972-1973, n° 2545, 29 septembre 1972).*

Effets du mariage sur la nationalité :
comparaison de 27 législations contemporaines

	Existence d'une disposition spécifique	Résidence	Délai minimum après mariage	Autres dispositions
Afrique du sud	Oui	–	2 ans	–
Allemagne	Oui	5 ans	–	–
Australie	Non	–	–	–
Autriche	Oui	1 + 4 années de résidence ou 2 + 3 années de résidence	1 an	–
Belgique	Oui	3 ans	–	–
Canada	Non	–	–	–
Danemark	Non	–	–	–
Espagne	Oui	–	1 an	–
Estonie	Non	–		–
États-Unis	Oui	3 ans	–	–
Finlande	Oui	3 ans	2 ans	–
France	Oui	–	1 an	Naturalisation facilitée (par déclaration)
Grèce	Non	–	–	–
Irlande	Oui	–	3 ans	–
Israël	Oui	–	–	À la discrétion du ministre de l'Intérieur
Italie	Oui	6 mois en Italie ou 3 ans à létranger	–	Non condamnation pour certains délits

.../...

	Existence d'une disposition spécifique	Résidence	Délai minimum après mariage	Autres dispositions
Japon	Oui	1 an de résidence et 3 ans de mariage ou 3 ans de résidence et 1 an de mariage		
Lettonie	Non		–	–
Lituanie	Non	–	–	–
Luxembourg	Oui	3 ans	–	Preuve de vie commune
Mexique	Oui	2 ans	–	–
Pays-Bas	Oui	3 ans	–	–
Portugal	Oui	3 ans	–	Naturalisation facilitée (par déclaration)
Royaume-Uni	Oui	3 ans	–	–
Russie	Oui	–	–	Naturalisation facilitée
Suède	Oui	Rés. permanente (3 ans)	2 ans	–
Ukraine	Oui	2 ans	2 ans	–

III - LES POLITIQUES

Chapitre 5

FACTEUR RACIAL ET FACTEUR TERRITORIAL DANS LES POLITIQUES D'INTÉGRATION[1]

Daniel SABBAGH

Les rares études comparatives ayant pour objet les politiques publiques de traitement des zones urbaines dégradées aux États-Unis et en France ne peuvent que constater la différence d'envergure entre les dispositifs en vigueur des deux côtés de l'Atlantique. Si, aux États-Unis, les politiques de discrimination positive territoriale, qui visent davantage à lever les entraves à la mobilité individuelle des résidents des ghettos qu'à promouvoir le développement endogène de ces derniers, ne concernent qu'un petit nombre de sites et mobilisent des moyens financiers relativement modestes, en France, les ressources

1. Ce chapitre reprend, sous une forme nettement plus développée, des éléments de mon article « Discrimination positive et déségrégation : les catégories opératoires des politiques d'intégration aux États-Unis », Sociétés contemporaines, *53, 2004, p. 85-99.*

engagées sont, en proportion, beaucoup plus conséquentes[2]. Sans doute ce différentiel s'explique-t-il en partie par le fait que l'approche socio-spatiale de la correction des inégalités – à l'œuvre dans le cadre de la « politique de la ville[3] » et de la définition de « zones d'éducation prioritaire[4] » – permet, entre autres, de viser les populations issues de l'immigration sans pour autant les désigner expressément et exclusivement, la référence aux « quartiers » renvoyant implicitement au profil « ethnique » des espaces où celles-ci ont été reléguées[5]. Ainsi des « catégories à référent territorial (« jeunes de banlieue », « élèves de ZEP ») [sont-elles] spontanément investies d'un contenu [ethnoculturel], tant par les agents sociaux que par les acteurs institutionnels locaux[6]. » Toutefois, parce que les mesures en question se fondent officiellement sur un découpage de la population effectué suivant le critère du lieu de résidence – lui-même envisagé à travers son corrélat socio-économique –, l'article premier de la Constitution de 1958, selon lequel « la République [...] assure l'égalité devant la loi de tous les citoyens, sans distinction d'origine, de race ou de religion », demeure inviolé. En principe, c'est « *incidemment* que les populations issues de l'immigration se trouvent être, de fait, les destinataires [proportionnellement] privilégiées des

2. *Cf. Jacques Donzelot,* Faire société : la politique de la ville aux États-Unis et en France, *Paris, Le Seuil, 2003 ; Thomas Kirszbaum, « Discrimination positive et quartiers pauvres : la malentendu franco-américain »,* Esprit, *mars 2004, p. 96-117.*
3. *Cf. Jacques Donzelot,* Faire société, op. cit. ; *Philippe Estèbe,* L'Usage des quartiers : action publique et géographie dans la politique de la ville (1982-1999), *Paris, L'Harmattan, coll. « Logiques politiques », 2004 ; Patrick Le Galès, « Politique de la ville en France et en Grande-Bretagne : volontarisme et ambiguïtés de l'État »,* Sociologie du travail, *37 (2), 1995, p. 249-275 ; Dominique Damamme et Bruno Jobert, « La politique de la ville ou l'injonction contradictoire en politique »,* Revue française de science politique, *45 (1), février 1995, p. 3-30 ; Gérard Chevalier, « Volontarisme et rationalité d'État : l'exemple de la politique de la ville »,* Revue française de sociologie, *37 (2), 1996, p. 209-235 ; Damian Moore,* Ethnicité et politique de la ville : en France et en Grande-Bretagne, *Paris, L'Harmattan, 2001.*
4. *Cf. Agnès Van Zanten,* L'École de la périphérie : scolarité et ségrégation en banlieue, *Paris, PUF, 2001.*
5. *Cf. Gwénaële Calvès, « Fin d'une hypocrisie ? Quelques remarques sur la discrimination positive "à la française" », dans Michel Wieviorka et Jocelyne Ohana (dir.),* La Différence culturelle : une reformulation des débats, *Paris, Balland, 2001, p. 463.*
6. Ibid.

politiques de lutte contre l'exclusion[7] » et, en particulier, des politiques de discrimination positive territoriale. Mais en pratique, ces dernières peuvent aussi s'analyser comme un équivalent fonctionnel approximatif des programmes d'*affirmative action* américains, qui, eux, font intervenir directement le critère ethnoracial[8].

En effet, aux États-Unis, on appelle *affirmative action* les politiques qui octroient aux membres de divers groupes définis à l'issue d'un processus d'*assignation identitaire*[9] et ayant été soumis dans le passé à un régime juridique discriminatoire un *traitement préférentiel* dans la répartition de certaines ressources, génératrices de gratifications matérielles et symboliques. En règle générale, les groupes en question sont les Noirs, les « Hispaniques », les descendants des populations autochtones (*Native Americans*), les Asiatiques et les femmes. Les trois domaines d'application du dispositif sont l'emploi, l'attribution de marchés publics et l'admission dans les universités. Dans tous les cas, l'objectif est de remédier à la sous-représentation statistique des membres de ces groupes dans la population de référence. Plus précisément, l'expression « traitement préférentiel », employée ici sans aucune intention polémique, se rapporte à une situation dans laquelle (si l'on s'en tient au cas de figure simplifié de l'opposition binaire entre deux groupes raciaux préalablement délimités) un candidat noir N1 se trouve

7. Gwénaële Calvès, « Les Politiques françaises de lutte contre le racisme, des politiques en mutation », French Politics, Culture, and Society, *18 (3), 2000, p. 76. Du même auteur, voir aussi « Color-Blindness at a Crossroads in Contemporary France », dans Herrick Chapman et Laura L. Frader (eds),* Race in France : Interdisciplinary Perspectives on the Politics of Difference, *New York (N. Y.), Bergham Books, 2004, p. 219-226.*

8. Outre les articles de Gwénaële Calvès déjà cités, voir plus généralement Daniel Béhar, « Entre intégration des populations d'origine étrangère et politique de la ville : existe-t-il une discrimination positive à la française ? », Hommes et Migrations, *1213, 1998, p. 79-88 ; Dominique Schnapper,* La Démocratie providentielle : essai sur l'égalité contemporaine, *Paris, Gallimard, 2002, p. 200-209. Pour une analyse du dispositif français qui tend à réfuter l'hypothèse ici évoquée, voir Thomas Kirszbaum, « La discrimination positive territoriale : de l'égalité des chances à la mixité urbaine »,* Pouvoirs, *111, 2004, p. 101-118.*

9. Les notions d'« assignation » et d'« identité assignée » sont ici employées comme traduction de l'anglais ascriptive/ascription *– termes introduits dans le vocabulaire des sciences sociales par Talcott Parsons et dont l'usage dans ce contexte est emprunté à Rogers Smith (cf. Rogers M. Smith,* Civic Ideals : Conflicting Visions of Citizenship in U. S. History, *New Haven (Conn.), Yale University Press, 1997, p. 3-50). Elles présentent en effet l'avantage d'englober sous une même dénomination les femmes et les groupes définis sur une base ethnoraciale.*

sélectionné pour occuper une position donnée, alors qu'il existait au moins un candidat blanc B dont le niveau de qualification était « supérieur », c'est-à-dire tel que si un autre candidat *noir*, N2, avait présenté ce *même* niveau de qualification, c'est sa candidature qui aurait été retenue, de préférence à celle de N1[10]. En d'autres termes, c'est l'*identification raciale* qui, pour les acteurs en présence, constitue le facteur déterminant de l'obtention ou de la non-obtention d'un bien valorisé. La caractéristique essentielle du dispositif réside donc dans l'écart qu'il manifeste, d'une part, par rapport à une éventuelle norme de non-prise en compte du facteur racial (*color-blindness*), d'autre part, par rapport au principe méritocratique, alors même que ce dernier, censé être en vigueur dans deux des trois secteurs concernés par l'*affirmative action* (emploi et admission à l'université), demeure perçu comme intrinsèquement juste par une nette majorité de la population américaine[11].

Parce que la dynamique de *juridicisation du politique*[12] et les effets secondaires qu'elle induit demeurent beaucoup plus prononcés aux États-Unis qu'en France[13], et parce que le contenu même de la norme

10. Cf. Thomas Nagel, « Equal Treatment and Compensatory Discrimination », dans Marshall Cohen, Thomas Nagel et Thomas Scanlon (eds), Equality and Preferential Treatment, *Princeton (N. J.), Princeton University Press, 1977, p. 3. On entend par « qualifications » l'ensemble des indicateurs de compétence communément perçus comme susceptibles d'alimenter un jugement probabiliste légitime quant à la performance ultérieure du candidat. On notera que la définition du « traitement préférentiel » ici adoptée ne préjuge en rien de la* validité objective *des modalités concrètes de détermination du niveau de « qualification » des individus en concurrence.*

11. Cf. David Miller, « Distributive Justice : What the People Think », Ethics, *102, hiver 1991-1992, p. 558-564.*

12. On entend par juridicisation du politique *« la position [prééminente] du champ juridique dans le champ du pouvoir », laquelle procède, entre autres, de certaines « différences systématiques [...] dans les usages sociaux du droit, et plus précisément dans la place impartie au recours juridique dans l'univers des actions possibles, notamment en matière de luttes revendicatives » (Pierre Bourdieu, « La force du droit : éléments pour une sociologie du champ juridique »,* Actes de la recherche en sciences sociales, *84, 1986, p. 6). Plus précisément, si l'on suit les analyses de Philippe Raynaud, le transfert d'une fonction politique aux organes* judiciaires *apparaît dans une large mesure comme un produit dérivé du fédéralisme américain ; voir Philippe Raynaud, « La démocratie saisie par le droit »,* Notes de la Fondation Saint-Simon, *septembre 1995, p. 25.*

13. Cf. Martin Shapiro, « The Juridicialization of Politics », International Political Science Review, *15 (2), 1994, p. 101-112 ; Gwénaële Calvès, « La société sous l'emprise du droit. France-États-Unis : deux cultures juridiques »,* Cahiers français, *288, 1998, p. 1, 3-4 ; Laurent Cohen-Tanugi,* Le Droit sans l'État, *Paris, PUF, 1985.*

constitutionnelle qui encadre la mise en œuvre des mesures de discrimination positive est très nettement différent dans les deux pays, une comparaison terme à terme des politiques susceptibles d'être ainsi désignées des deux côtés de l'Atlantique atteindrait assez rapidement ses limites. En revanche, il n'est sans doute pas sans intérêt de relire la trajectoire américaine à la lumière de la grille d'interprétation évoquée plus haut à propos de la configuration française, qui met l'accent sur l'éventuel rapport de *substitution implicite* entre les variables ethnoraciale et territoriale dans les stratégies de réduction des inégalités sociales.

Dans cette perspective, en effet, les États-Unis se distinguent notamment par la légitimité apparemment reconnue à la prise en compte du facteur racial par les pouvoirs publics et ce, alors même qu'à partir de la première moitié des années 1970, l'institutionnalisation des politiques de discrimination positive dans l'admission aux établissements d'enseignement supérieur est allée de pair avec l'abandon d'une stratégie de déségrégation scolaire et de réduction des inégalités territoriales plus ambitieuse à certains égards. Cependant, la remise en cause partielle de l'*affirmative action* au cours de la dernière décennie fait apparaître le facteur territorial sous un jour relativement nouveau et ouvre la voie à une possible convergence entre les modèles de discrimination positive américain et français.

La configuration américaine : une racialisation de l'action publique longtemps tenue pour légitime

Les prémisses des deux modèles en question paraissent pourtant radicalement opposés en ceci que, aux États-Unis, l'identité raciale des citoyens a longtemps été prise en compte directement et explicitement par les pouvoirs publics, sans que ces derniers éprouvent le besoin de recourir à des *substituts fonctionnels* – de nature territoriale ou autre. Ainsi, le recensement, dès son inauguration en 1790, avait d'emblée intégré le facteur racial, à travers les catégories « *free white males* » et « *free white females* » (même si la « race » des esclaves – dont le décompte était alors nécessaire afin de déterminer le nombre d'élus à la Chambre des représentants dont devrait disposer chacun des États fédérés, suivant la « règle des trois cinquièmes[14] » –, n'était pas, elle, explicitement mentionnée). Par la suite, le principe de la catégorisation raciale devait survivre à la disparition des circonstances historiques qui lui avaient donné naissance, le formulaire transmis tous les dix ans à l'ensemble des ménages américains par le Bureau du recensement présentant seulement un caractère de plus en plus complexe au fil des années[15].

14. Cf. Margo Anderson et Stephen Fienberg, Who Counts ? The Politics of Census-Taking in Contemporary America, *New York (N. Y.), Russell Sage Foundation, 1999, p. 177, tableau 8.1. La règle des trois cinquièmes, qui établissait une équivalence statistique entre cinq esclaves et trois hommes libres, avait pour fonction première de restreindre l'influence des États esclavagistes sur le processus législatif.*

15. Jusqu'au recensement de l'an 2000, les individus que n'aurait satisfait aucune des options proposées en matière d'identification raciale (« Blanc », « Noir », Amérindien et Asiatique) ne pouvaient que déclarer leur appartenance à une race « autre » que celles mentionnées sur le formulaire – en indiquant cette dernière en marge de la case « Other *» ou «* Other race *», qui avait fait son apparition dès 1910. De fait, en 2000, 15,4 millions de personnes – dont 97 % d'« Hispaniques » (collectivité que le recensement considère comme un groupe « ethnique » et non « racial ») – ont précisément fait ce choix. De plus, depuis le recensement de l'an 2000, la possibilité de cocher simultanément plusieurs cases est également offerte aux personnes interrogées (mais seulement 2,4 % d'entre elles s'en sont prévalues). En revanche, l'adjonction d'une nouvelle catégorie « multiraciale » (mixed-race), un temps envisagée – et soutenue par une forte mobilisation associative (cf. Jon Michael Spencer,* The New Colored People : The Mixed Race Movement in America, *New York (N. Y.), New York University Press, 1997) –, a finalement été écartée en octobre 1997, en partie sous la pression des organisations noires, inquiètes (à tort, semble-t-il) des risques que les perturbations statistiques subséquentes feraient peser sur la gestion de l'action antidiscriminatoire (cf. Kenneth Payson, « Check One Box : Reconsidering Directive No. 15 and the Classification of Mixed-Race People »,* California Law Review, *84 (4), 1996, p. 1233-1291). D'après les données du recensement de l'an 2000 – et en faisant ici abstraction des 6,8 millions de recensés qui ont déclaré appartenir à plus d'un groupe racial –, la population américaine – 281,4 millions de personnes au total – comprend aujourd'hui 75,1 % de Blancs, 12,3 % de Noirs, 3,6 % d'Asiatiques, 0,9 % d'Amérindiens, 5,5 % de personnes ayant coché la case « autre race » – et 13 % d'Hispaniques (voir http://www.census.gov/Press-Release/www/2001/cb01cn61.html). Pour une vue d'ensemble sur l'appareil de classification ethnoraciale institué par le recensement, voir Melissa Nobles,* Shades of Citizenship : Race and the Census in Modern Politics, *Stanford (Calif.), Stanford University Press, 2000 ; Peter Skerry,* Counting on the Census ? Race, Group Identity, and the Evasion of Politics, *Washington (D. C.), Brookings Institution, 2000 ; Paul Schor,* Compter et Classer. Les catégories du recensement américain de la population, 1740-1940, *Paris, EHESS, 2001 [thèse de doctorat d'histoire] ; Sharon Lee, « Racial Classifications in the U. S. Census : 1890-1990 »,* Ethnic and Racial Studies, *16, 1993, p. 75-94. Sur les problèmes que soulève l'articulation entre ce système*

De même, l'article premier de la Constitution française de 1958 n'a tout simplement pas d'équivalent dans le contexte américain. En effet, l'adoption du Quatorzième Amendement en 1868, qui proclame notamment l'obligation pour tout État fédéré de garantir à l'ensemble des personnes soumises à sa juridiction l'« égale protection des lois » (*Equal Protection Clause*), s'est accompagnée d'un rejet *délibéré* de l'inscription dans la Constitution d'une norme de non-prise en compte du facteur racial (*color-blindness*), rejet qui apparaît de manière on ne peut plus claire à la lecture des débats parlementaires.

Comme l'a rappelé l'historien du droit Andrew Kull, la proposition d'interdire aux États et au gouvernement fédéral de recourir à toute forme de classification raciale avait été formulée pour la première fois à l'occasion d'un discours prononcé au Cooper Institute de New York, le 22 décembre 1863, par l'un des chefs de file du mouvement abolitionniste, Wendell Phillips, figure charismatique de la tendance la plus radicale du parti républicain alors au pouvoir[16]. Par la suite, l'idée allait être reprise par le représentant républicain Thaddeus Stevens qui, le 5 décembre 1866, lors des délibérations du Congrès relatives au Quatorzième Amendement, suggère la formulation suivante : « Toutes les lois [promulguées au niveau] national ou étatique s'appliqueront également à chaque citoyen, *et aucune discrimination ne sera établie [entre eux] à raison de la race ou de la couleur de peau*[17]. » Or ce principe de non-discrimination raciale, particulièrement contraignant de par sa clarté même, suscite immédiatement une contre-proposition du représentant John Bringham, où l'expression « égale protection des lois » apparaît pour la première fois. Comme on le sait, c'est cette formulation beaucoup plus équivoque qui devait être finalement retenue[18]. Ainsi, loin de refléter l'adhésion du 39e Congrès à une hypothétique norme de *color-blindness*, l'énoncé du Quatorzième Amendement témoigne de son refus d'inscrire dans la Constitution une

de classification et la logique spécifique des programmes de discrimination positive, voir Ann Morning et Daniel Sabbagh, « From Sword to Plowshare : Using Race for Discrimination and Antidiscrimination in the United States », International Social Science Journal, *157 (183), mars 2005, p. 57-74.*

16. Cf. Andrew Kull, The Color-Blind Constitution, *Cambridge (Mass.), Harvard University Press, 1992, p. 56.*

17. Congressional Globe, *39e congrès, 1re session 10 (1865), p. 10 (souligné par nous).*

18. Ibid., *p. 14.*

disposition tenue pour excessivement radicale par la majorité des Républicains eux-mêmes – et perçue par les Démocrates du Sud comme une aberration pure et simple.

En effet, celle-ci aurait nécessairement conduit à remettre en cause non seulement l'exclusion des Noirs du corps électoral et la ségrégation des établissements scolaires, mais aussi les nombreuses législations interdisant les mariages interraciaux. Ce faisant, elle aurait introduit une discordance particulièrement marquée entre le droit positif et l'état des représentations collectives afférentes aux distinctions raciales dans la société américaine. C'est donc à dessein que le Congrès, en définitive, opte pour une formule moins audacieuse et plus flexible, qui ne requiert pas l'élimination indifférenciée de l'ensemble des classifications raciales : si la notion d'« égale protection des lois » n'exclut évidemment pas l'édiction d'une norme de *color-blindness*, elle ne l'impose pas davantage. Ses implications à cet égard demeurent indéterminées, ce qui donne au juge une latitude considérable pour apprécier la validité de ces classifications au regard de la norme constitutionnelle. Par conséquent, à compter de 1868, les partisans de l'adoption préventive d'une règle uniforme de *color-blindness* à laquelle serait soumise l'action des pouvoirs publics vont se trouver dans la situation paradoxale de devoir réclamer à la Cour suprême de bien vouloir se dessaisir de certaines de ses prérogatives – en reconnaissant elle-même que le fait de laisser aux tribunaux le soin de déterminer au cas par cas le caractère raisonnable ou déraisonnable des décisions du législateur dans le domaine concerné ouvrirait inévitablement la voie à d'intolérables abus. Il n'est donc guère surprenant que leurs efforts n'aient pas été couronnés de succès. D'après l'interprétation de la Clause d'égale protection des lois qui allait demeurer dominante, pour qu'une classification raciale soit avalisée par le juge, il suffirait simplement qu'elle ne soit pas perçue par lui comme manifestement arbitraire. En cela, les différences de traitement fondées sur la « race » des citoyens se voyaient donc soumises au même critère d'acceptabilité que les autres dispositions législatives.

À l'origine, cette compatibilité majoritairement perçue entre le principe d'égalité inscrit dans le Quatorzième Amendement et le maintien de l'usage de certaines classifications raciales par les pouvoirs publics tenait avant tout au fait que certaines de ces classifications présentaient aux yeux des contemporains un caractère trop manifestement *raisonnable* pour être déclarées inconstitutionnelles. Comme l'indique un arrêt rendu par un tribunal de l'Ohio en 1871 :

> « Le principe d'égalité des droits n'impose pas que des enfants de sexe différent soient rassemblés au sein d'une même école. Il n'exige pas davantage que l'éducation dispensée à des personnes de race blanche et à des personnes de couleur le soit dans le cadre d'un même établissement[19]. »

En effet, pour la plupart des acteurs politiques de la Reconstruction[20] – Républicains compris –, le législateur demeurait parfaitement habilité à tenir compte de *l'infériorité objective* des Noirs dans certains domaines d'activité, alors communément admise. Ce n'est que dans le courant du XXe siècle que la pertinence des catégories raciales en tant que fondement d'une hiérarchie à la fois intellectuelle et morale allait cesser d'être tenue pour une évidence par la majorité de la population[21]. Le maintien de la ségrégation scolaire pouvait donc paraître compatible avec la Clause d'égale protection du Quatorzième Amendement, pourvu que les individus des deux races puissent « également » recevoir les formes d'éducation différenciées dont ils seraient en mesure de tirer parti, étant donné leurs facultés naturellement inégales[22].

Certes, à l'heure actuelle, le terme « race », tel qu'il est employé dans le discours public aux États-Unis, n'est plus censé faire nécessairement référence à une classification anthropologique des êtres humains en sous-ensembles génétiquement distincts et hiérarchiquement ordonnés dont la validité serait communément admise – comme c'est généralement le cas dans le contexte français. Le souci du gouvernement fédéral de prendre ostensiblement ses distances par rapport à cette conception essentialiste de la race comme catégorie anthropologique transparaît, par exemple, à travers la formulation *subjectiviste* de la question relative à l'identité raciale dans le formulaire du recensement, qui peut être interprétée comme encourageant implicitement les recensés à adopter à cet égard une perspective volontariste. En effet, alors que les questions

19. State ex rel. Garnes v. McCann, *21 Ohio S. Ct. 198 (1871), p. 211.*
20. *On désigne ainsi la période immédiatement postérieure à la guerre de Sécession, période qui s'achève en 1877 par le retrait des troupes nordistes des États du Sud ; cf. Eric Foner,* Reconstruction : America's Unfinished Revolution, 1863-1877, *New York (N. Y.), Harper and Row, 1988.*
21. *Cf. George Fredrickson,* The Black Image in the White Mind : The Debate on Afro-American Character and Destiny, 1817-1914, *New York (N. Y.), Harper and Row, 1971, p. 325-332.*
22. *Voir, plus généralement, Morgan Kousser,* Dead End : The Development of Nineteenth-Century Litigation on Racial Discrimination in Schools, *Oxford, Clarendon Press, 1986.*

portant sur le sexe, l'âge, mais également l'ethnicité et l'origine « hispanique » éventuelle sont rédigées de telle sorte que les réponses correspondantes apparaissent comme étant de nature strictement factuelle (*What is this person's ancestry or ethnic origin ? Is this person of Spanish/Hispanic origin ?*), la question sur l'identité raciale, si elle comprend aussi une première proposition interrogative semblable aux précédentes, invite ensuite la personne interrogée à indiquer « la race à laquelle [...] il ou elle *estime appartenir* » (*the race that the person considers himself/herself to be*)[23]. Le Bureau du recensement adopte donc sur ce sujet un point de vue *relativiste*, qui se traduit par la reconnaissance explicite du caractère subjectivement construit de l'identité raciale – apparemment conçue comme le produit d'un choix individuel relevant, en définitive, de l'appréciation souveraine de chacun.

Au-delà même de ce contexte spécifique, le mot « race » désigne aujourd'hui aux États-Unis, de manière particulièrement elliptique, principalement les groupes ayant été victimes dans le passé de pratiques discriminatoires officielles et systématiques sur le fondement d'un racisme à prétention scientifique désormais largement discrédité – mais dont les effets demeurent perceptibles. Alors que le terme renvoyait précédemment à des traits collectifs présumés essentiels, immuables et profondément déterminants, il se réfère à présent, de manière quasiment antithétique, à des identités produites par un certain type de comportements sociaux, comportements que l'on suppose modifiables – et que l'on entreprend précisément de modifier. En somme, la « race » tend à ne plus avoir comme définition légitime que celle qui en fait le fondement d'inégalités de traitement elles-mêmes illégitimes et idéalement appelées à disparaître. Toutefois, non seulement ce glissement sémantique, inégalement perceptible au sein même de la communauté savante[24], conserve le plus souvent un caractère implicite, mais surtout – trait particulièrement remarquable au regard de la configuration française –, la délégitimation de la race en tant que catégorie primordiale inscrite dans le cadre d'une conception biologisante de la vie sociale n'a pas conduit à une *déracialisation de l'action publique*, tant s'en faut.

23. Census 2000 brief, « Overview of Race and Hispanic Origin », mars 2001 (http://www.census.gov/prod/2001pubs/c2kbr01-1.pdf).
24. Cf. Ann Morning, The Nature of Race : Teaching and Learning About Human Difference, *thèse, département de sociologie, Princeton (N. J.), Princeton University, 2004.*

Le tournant des années 1970

S'il ne saurait être question ici de retracer dans le détail la genèse et l'institutionnalisation politico-administrative et jurisprudentielle des programmes de discrimination positive ethnoraciale[25], il est frappant de constater que cette dernière va de pair avec un renoncement de fait à certaines politiques redistributives faisant intervenir le critère de la localisation géographique et ce, suivant un processus composé de deux étapes principales.

La première est l'arrêt de la Cour suprême *San Antonio Independent School District v. Rodriguez* (1973)[26] portant sur la question de savoir si l'inégalité dans la répartition des crédits affectés au financement de l'enseignement public entre les différents districts de l'État du Texas, conséquence de leur indexation sur le montant des recettes de l'impôt foncier, était ou non constitutive d'une violation du Quatorzième Amendement. En effet, les juges allaient alors estimer que le préjudice relatif – d'ampleur pourtant considérable[27] – subi par les résidents des districts les plus pauvres, sur lesquels ce mode de financement exerçait bel et bien un *effet discriminatoire*, ne suffisait pas à établir l'inconstitutionnalité du dispositif et ce, pour deux raisons. Premièrement – et à la différence du droit de vote, par exemple –, le fait de bénéficier d'un volume minimal de prestations éducatives ne constituerait pas un « droit fondamental » qui devrait impérativement être protégé contre ce type de *discrimination indirecte*[28]. Deuxièmement, à la différence des Noirs, la catégorie des « pauvres » ne serait pas susceptible d'être définie avec suffisamment de précision pour que son existence puisse être reconnue par les organes

25. *Sur ce point, voir John David Skrentny,* The Ironies of Affirmative Action : Politics, Culture, and Justice in America, *Chicago (Ill.), The University of Chicago Press, 1996 ; Daniel Sabbagh,* L'Égalité par le droit : les paradoxes de la discrimination positive aux États-Unis, *chap. 1, Paris, Économica, coll. « Études politiques », 2003.*

26. San Antonio Independent School District v. Rodriguez, *411 U.S. 1 (1973).*

27. Ibid., *p. 12-13.*

28. Ibid., *p. 33-38 (opinion majoritaire du juge Powell). Définie par la Cour suprême dans l'arrêt* Griggs v. Duke Power Company *(401 U.S. 424 [1971]), la « discrimination indirecte » recouvre l'ensemble des pratiques qui, formellement neutres, ont néanmoins un* impact négatif disproportionné *sur les individus appartenant à certains groupes victimes dans le passé d'une discrimination officielle de la part des pouvoirs publics et ce, indépendamment des motivations des agents responsables de ces pratiques.*

juridictionnels[29]. En pratique, les juges optent ainsi pour une restriction de la portée de la Clause d'égale protection des lois *en tant que fondement potentiel d'une intervention redistributive* aux situations où l'inégalité engendrée par l'action des pouvoirs publics opère au détriment d'une minorité raciale (ou encore des femmes). Pour qu'une mesure gouvernementale ayant un impact négatif disproportionné sur un groupe prédéfini se trouve de ce fait frappée d'inconstitutionnalité en vertu du principe d'égalité inscrit dans le Quatorzième Amendement, il faut que le groupe-cible soit défini en fonction d'un critère autre que sa seule position dans la hiérarchie socio-économique. Le traitement des *effets secondaires* de l'action publique sur les différents « groupes » en présence revêt donc un caractère éminemment sélectif. Mais surtout, en déniant aux tribunaux fédéraux le pouvoir de prescrire des mesures correctrices destinées à égaliser la distribution des ressources éducatives entre les districts – et en laissant ainsi maîtres du jeu des États généralement peu disposés à agir[30] –, l'arrêt *Rodriguez* a pu, par contrecoup, donner une certaine crédibilité à l'argument qui ferait des politiques universitaires d'*affirmative action* un instrument de compensation partielle des inégalités inhérentes au système d'enseignement secondaire, instrument d'autant plus nécessaire que la réduction de ces inégalités s'avérerait par ailleurs improbable. Les programmes de discrimination positive mis en œuvre sur une base ethno-raciale peuvent dès lors apparaître comme un mécanisme correctif destiné à pallier l'absence, en amont, d'une stratégie redistributive digne de ce nom dans le domaine éducatif[31].

29. *Cf.* San Antonio Independent School District v. Rodriguez, *déc. citée, p. 19-25.*

30. *En vertu du Dixième Amendement, qui dispose que « les pouvoirs non délégués aux États-Unis par la constitution, ni refusés par elle aux États, sont réservés aux États respectivement, ou au peuple », le financement de l'enseignement secondaire public relève principalement de la compétence des États fédérés.*

31. *On notera toutefois qu'une enquête de grande envergure menée par le sociologue James Coleman et publiée en 1966 était parvenue à la conclusion que la réussite scolaire dépendait moins de l'ampleur des ressources financières dévolues par les pouvoirs publics à l'enseignement primaire et secondaire – et de son incidence sur le nombre d'élèves par classe ou le niveau de formation des enseignants – que d'autres facteurs échappant à leur domaine d'intervention, notamment l'influence du milieu familial en tant qu'espace de transmission des « formes les plus inarticulées [...] de la culture [...], maîtrisables uniquement par incorporation » (John Crowley,* Immigration, « relations raciales » et mobilisations minoritaires au Royaume-Uni : la démocratie face à la complexité sociale, *t. 2, thèse de doctorat en science politique, Paris, IEP, 1995, p. 462) ; cf. James S. Coleman* et al., Equality of Educational Opportunity, *Washington (D. C), Government Printing Office, 1966.*

La seconde étape du processus ici évoqué est le coup d'arrêt donné par la Cour suprême au mouvement de déségrégation des établissements scolaires dans une décision de 1974, *Milliken v. Bradley*[32]. Mais pour mieux en mesurer la portée, sans doute faut-il revenir sur l'évolution sémantique de la notion de « déségrégation » manifeste dans la jurisprudence antérieure de la Cour, qui avait vu se substituer à l'approche *color-blind* initialement prédominante un proportionnalisme racial de nature plus ou moins explicite.

La « ségrégation » peut en effet désigner deux phénomènes distincts, unis par un rapport dont la définition est précisément au cœur de la controverse : d'une part, une *procédure* institutionnalisée d'assignation coercitive des élèves à l'un ou l'autre des établissements scolaires d'une circonscription donnée en fonction de leur identité raciale, procédure qui était autrefois l'un des piliers du système de subordination généralisée des membres de la minorité noire en vigueur dans les États du Sud (« ségrégation *de jure* ») ; d'autre part, une *configuration distributive* dans laquelle les effectifs de chacun de ces établissements ne seraient composés, *pour une raison ou pour une autre*, que de membres d'un seul et même groupe racial (« ségrégation *de facto* »). Jusqu'à l'arrêt de la Cour suprême *Brown v. Board of Education of Topeka* (1954)[33], où seront finalement déclarées contraires au Quatorzième Amendement les lois des États du Sud qui imposaient le regroupement des élèves blancs et noirs dans des établissements distincts, les litiges sur lesquels le juge était appelé à statuer concernaient des situations caractérisées par la coïncidence de ces deux éléments et l'existence entre eux d'un lien de causalité immédiatement repérable : *de toute évidence*, le primat ostensiblement accordé au critère racial dans le processus d'affectation scolaire était à l'origine de l'homogénéité raciale des établissements. Dans *Brown*, la Cour avait donc pu invalider le dispositif mis en cause, sans pour autant être amenée à préciser clairement si le facteur déclenchant le jugement d'inconstitutionnalité résidait dans l'assignation raciale proprement dite ou dans l'état de séparation entre élèves blancs et élèves noirs qui en était la conséquence. La question de savoir si l'un ou l'autre de ces deux faits, considéré isolément, suffirait à établir l'existence d'une violation de la Clause d'égale protection des lois demeurait donc en suspens[34].

32. Milliken v. Bradley, *418 U.S. 717 (1974).*

33. Brown v. Board of Education of Topeka, *347 U.S. 483 (1954).*

34. *Sur l'arrêt Brown, voir, entre autres, Jack Balkin et Bruce Ackerman (eds),* What Brown v. Board of Education Should Have Said : The Nation's Top Legal

Près de quinze ans plus tard, dans l'arrêt *Green v. New Kent County School Board*[35], la Cour suprême avait paru prendre position sur ce point, en revenant sur le système d'affectation qui laissait aux parents le libre choix de l'établissement scolaire de leurs enfants – avec pour conséquence le maintien d'un cloisonnement entre les établissements fréquentés par les membres des deux groupes raciaux[36] – et en imposant pour la première fois une procédure alternative spécifiquement destinée à faire en sorte que la composition raciale des effectifs de chacune des écoles d'un même district reflète approximativement celle de la population du comté dans son ensemble[37]. L'objectif était que les écoles et les lycées ne puissent plus, en pratique, être instantanément identifiés à un groupe racial dont les membres constitueraient encore l'immense majorité des élèves[38]. Or, constatait la Cour, cet objectif n'avait aucune chance d'être atteint si l'on autorisait le recours à des critères d'assignation intrinsèquement *color-blind* mais ayant pour effet de perpétuer la séparation des deux collectivités raciales. Tel était le cas notamment de la proximité entre l'établissement scolaire et le domicile familial, du fait de la persistance d'une ségrégation résidentielle massive – elle-même largement issue de la discrimination dans le logement avalisée par les pouvoirs publics jusqu'au *Fair Housing Act* de 1968[39]. Le *busing* –

Experts Rewrite America's Landmark Civil Rights Decision, *New York (N. Y.), New York University Press, 2001 ; James Patterson,* Brown v. Board of Education : A Civil Rights Milestone and Its Troubled Legacy, *Oxford, Oxford University Press, 2001 ; et, plus généralement, Michael Klarman,* From Jim Crow to Civil Rights : The Supreme Court and the Struggle for Racial Equality, *Oxford, Oxford University Press, 2004.*

35. Green v. New Kent County School Board, *391 U.S. 430 (1968).*

36. En 1968, 85 % des Noirs et la quasi-totalité des Blancs effectuaient toujours leur scolarité dans l'école à laquelle les membres de leur groupe racial se voyaient auparavant assigner d'office ; cf. Green v. New Kent County School Board, *déc. citée, p. 438.*

37. Et ce, en dépit des dispositions explicites incluses dans le Titre IV du Civil Rights Act *de 1964 relatif à l'objectif de « déségrégation » des établissements, d'après lesquelles ce terme désignerait simplement la non-prise en compte de la « race » des élèves par les autorités scolaires dans leurs décisions d'affectation, et non leur « assignation à [l'une ou l'autre des différentes] écoles publiques dans le but de remédier à un déséquilibre racial » (cf. Jeremy Rabkin,* Judicial Compulsions : How Public Law Distorts Public Policy, *New York (N. Y.), Basic Books, 1989, p. 149-150).*

38. Green v. New Kent County School Board, *déc. citée, p. 435.*

39. Jones v. Alfred H. Mayer Co., *392 U.S. 409 (1968). S'il est vrai que, dans les années 1980, la ségrégation résidentielle a sensiblement diminué dans les centres urbains relativement récents des États du Sud et de l'Ouest – en particulier lorsque ces derniers abritent des installations militaires, une université*

dispositif qui tient son nom du moyen de transport utilisé afin d'acheminer un certain nombre d'élèves noirs vers des établissements jadis réservés aux Blancs (et vice-versa), jusqu'à ce que la proportion des Noirs au sein de chaque établissement soit approximativement égale à leur pourcentage dans le district correspondant – semblait donc bel et bien avoir été approuvé par la Cour.

Il est vrai qu'en dépit de la norme sous-jacente de quasi-proportionnalité raciale commune au *busing* et à l'*affirmative action*, il existe entre ces deux politiques une différence qui tend à faire apparaître la première comme moins difficile à justifier que la seconde. Cette différence a trait à la *rareté* du bien réparti. En effet, dans la mesure où la définition d'un emploi ou d'une place à l'université comme un *bien* – et un bien disponible en quantité limitée – fait l'objet d'un relatif consensus, la reconnaissance du coût que représente pour un individu le fait d'en être privé à cause de la discrimination positive ne soulève pas de problème particulier. En outre, quand bien même cet individu serait finalement admis dans une autre université, le coût en question ne disparaîtrait pas pour autant. Il ne ferait que se déplacer indéfiniment, puisque son admission ne peut logiquement être acquise qu'au détriment d'un autre candidat, qui aurait accédé à la position convoitée en l'absence de l'accroissement de la concurrence induit par le programme d'*affirmative action* mis en œuvre dans le premier des deux établissements, et dont l'éviction pourra donc être envisagée comme la conséquence indirecte dudit programme. Dans l'hypothèse où, en définitive,

ou une antenne de la bureaucratie étatique ou fédérale –, on ne saurait en dire autant pour ce qui est des métropoles industrielles du Nord-Est et du Middle West, dans lesquelles une plus grande proportion du parc immobilier est antérieure à la loi de 1968 ; cf. Reynolds Farley, « Racial Issues : Recent Trends in Residential Patterns and Intermarriages », dans Neil Smelser et Jeffrey Alexander (eds), Diversity and Its Discontents, *Princeton (N. J.), Princeton University Press, 1999, p. 99-102. Sur les politiques de déségrégation résidentielle mises en œuvre dans le contexte français et référées à un objectif de « mixité » parfois soupçonné de participer d'une ethnicisation implicite de l'action publique, voir notamment Thomas Kirszbaum et Patrick Simon,* Les Discriminations raciales et ethniques dans l'accès au logement social, *Note du GELD n° 3, Paris, GIP GELD-114, 2001 ; Annick Tanter et Jean-Claude Toubon, « Mixité sociale et politiques de peuplement : genèse de l'ethnicisation des opérations de réhabilitation »,* Sociétés contemporaines, *33-34, 1999, p. 59-86 ; Emmanuelle Deschamps, « La politique urbaine du logement : l'objectif de mixité sociale »,* Revue française des affaires sociales, *55 (3), 2001, p. 81-97 ; Sylvie Tissot, « "Une discrimination informelle ?" Usage du concept de mixité sociale dans la gestion de l'attribution de logements HLM »,* Actes de la recherche en sciences sociales, *159, septembre 2005, p. 54-69.*

ce candidat malchanceux aurait lui-même été admis dans un troisième établissement moins coté que les deux précédents, le raisonnement s'applique à nouveau à l'échelle de ce dernier, et ainsi de suite. Par conséquent, même dans le cadre d'un litige dont l'objet serait limité à la politique de discrimination positive en vigueur dans la première université, le plaignant peut effectivement apparaître comme représentant indirectement les intérêts de l'ensemble des victimes potentielles de la réaction en chaîne inévitablement amorcée par le dispositif, lequel comporte bien un coût *récurrent*. Du reste, l'existence même dc programmes d'*affirmative action* confirme – s'il en était besoin – que le nombre total des personnes désireuses d'accéder à l'université – et *a fortiori* à des cursus spécialisés du type de ceux proposés dans les facultés de médecine et de droit – est supérieur au nombre de places vacantes. La rareté des biens alloués est ainsi l'une des composantes essentielles du problème que soulève la discrimination positive.

Il n'en va pas nécessairement de même en ce qui concerne les politiques de déségrégation scolaire. En effet, deux cas de figure peuvent être ici distingués. Si l'on adopte une définition minimale et consensuelle du bénéfice en jeu, d'après laquelle ce dernier consisterait simplement en l'accès aux prestations fournies par le système d'enseignement public dans le cadre de l'une ou l'autre des unités qui le composent, l'élément de rareté fait défaut et le coût qu'infligerait le *busing* aux individus qui s'en prétendent les « victimes » apparaît tout bonnement inexistant, puisque le dispositif ne prive à proprement parler aucun élève d'une éducation et des atouts que cette dernière est censée procurer. Si l'identité raciale des individus est bien le principal déterminant de leur affectation à tel ou tel établissement scolaire plus ou moins éloigné de leur lieu de résidence, le *busing, a priori*, ne comporte pas la dimension *redistributive* qui caractérise l'*affirmative action*. Afin que devienne perceptible le préjudice que sa mise en œuvre ferait subir à certains des acteurs en présence, il est nécessaire de rompre avec cette conception de l'éducation comme ressource indifférenciée – qui postule l'interchangeabilité et l'équivalence généralisée des différents établissements – pour incorporer à la définition du bien valorisé une spécification supplémentaire.

En effet, à partir du moment où ce dernier serait défini comme le fait pour l'enfant d'être affecté à « l'école publique la plus proche du domicile familial », à « l'école jouissant de la meilleure réputation » ou, plus généralement, à « l'école publique correspondant au choix des parents », le problème de la rareté réapparaît et certaines familles pourront s'estimer lésées par le fonctionnement du dispositif. Cependant, dans la mesure où le « choix » en question serait déterminé par le souhait desdits parents de maintenir leurs enfants dans un environnement scolaire racialement homogène, reste à déterminer si les pouvoirs publics doivent ou non tenir compte du « préjudice » résultant de sa non-satisfaction. Quand bien même les individus concernés se verraient refuser ce qu'ils considèrent comme un bénéfice du seul fait de leur identité raciale, les raisons qui motivent leur opposition au *busing* sont-elles de nature à constituer un intérêt *légitime* – dont l'existence devrait être intégrée au calcul inhérent au processus adjudicatif ? Dans cette perspective, que le *busing* apparaisse, en définitive, comme plus aisément acceptable que l'*affirmative action* dépendrait donc d'un jugement d'attribution relatif à l'immixtion éventuelle dans le processus de formation des préférences des parents – ou dans leur perception des écarts de niveau entre les différents établissements – d'un sentiment d'animosité raciale, que le juge – et les pouvoirs publics dans leur ensemble – ne sauraient légitimement prendre en compte[40].

Il existe néanmoins entre les deux dispositifs une autre différence, qui a trait à la définition du désavantage que *l'absence* d'une politique d'intégration volontariste ferait subir aux Noirs – différence qui, à l'inverse, rend le *busing a priori* plus difficile à justifier que l'*affirmative action*. En effet, alors que le caractère dommageable de la non-obtention d'un emploi visé ou d'une place à l'université paraît relativement évident, la nature précise du handicap que représenterait pour les Noirs la ségrégation *de fait* des établissements scolaires issue simplement du cloisonnement des espaces résidentiels où se trouvent concentrés les membres des différents groupes raciaux – par opposition à leur ségrégation juridiquement imposée, invalidée par l'arrêt *Brown* en raison de sa dimension *stigmatisante* – est sans doute plus délicate à cerner[41]. Dans ce cas, il faudrait pouvoir mettre en lumière l'existence d'un désavantage exclusivement lié à l'homogénéité raciale de la population de l'établissement scolaire considéré – et irréductible à des facteurs économiques. En effet, si c'est simplement parce que les Noirs sont, en

40. Voir l'arrêt Palmore v. Sidoti, *466 U.S. 329 (1982), et, plus généralement, Owen Fiss, « School Desegregation : The Uncertain Path of the Law », dans Marshall Cohen, Thomas Nagel et Thomas Scanlon (eds),* Equality and Preferential Treatment, op. cit., *p. 159-164.*

41. John Hart Ely, « If at First You Don't Succeed, Ignore the Question Next Time ? Group Harm in Brown v. Board of Education and Loving v. Virginia », Constitutional Commentary, *15 (2), 1998, p. 215-223.*

moyenne, plus pauvres que les Blancs que le niveau des écoles composées principalement d'élèves noirs est plus faible, en principe, c'est une redistribution directe des ressources financières entre les membres des deux groupes raciaux qui devrait alors s'imposer. Par ailleurs, il faudrait également que la démonstration de l'existence de ce désavantage demeure invulnérable à la critique – formulée par Malcolm X, mais aussi par le juge noir ultra-conservateur Clarence Thomas[42] – selon laquelle *l'intégration raciale* en tant qu'objectif premier d'une politique publique mise en œuvre dans le secteur éducatif ne ferait en réalité que refléter la persistance dans l'esprit de ses promoteurs d'un préjugé négatif quant aux capacités intellectuelles des Noirs, pour lesquels l'immersion dans un environnement majoritairement « blanc » constituerait toujours un atout irremplaçable. Jusqu'à présent, les tentatives de formulation d'un argument qui esquiverait simultanément ces deux écueils demeurent largement inabouties.

Quoi qu'il en soit, dans la décision *Milliken v. Bradley*, les juges allaient porter un coup sévère à l'entreprise déségrégationniste en limitant le champ d'opération du *busing* au périmètre d'un seul et même district, rétrécissement alors justifié par la Cour suprême au nom du respect de l'« autonomie locale » de ces unités pourtant issues d'un découpage administratif de nature strictement fonctionnelle[43]. En pratique, l'arrêt permettait aux résidents des banlieues de se soustraire à l'obligation d'intégration raciale des établissements scolaires – dont la portée se trouvait désormais limitée aux seuls centres urbains –, contribuant ainsi à accélérer l'abandon de ces derniers par une fraction substantielle de la classe moyenne blanche, suivant un processus cumulatif connu sous le nom de « *white flight* ». Pour ne prendre qu'un exemple, dans la municipalité de Boston, où l'opposition au *busing* était à son comble, la proportion d'élèves blancs dans les écoles publiques, qui atteignait 60 % en 1972, n'était plus que de 27 % en 1985[44]. D'où également le caractère paradoxal du raisonnement suivi par la Cour dans *Milliken*, d'après lequel les districts qui n'auraient pas connu la ségrégation raciale légalement imposée antérieurement à 1954 devraient être tenus à l'écart du *busing*, dans la mesure où l'existence même de plusieurs d'entre eux en tant qu'unités

42. Missouri v. Jenkins, *132 L Ed 2d 63 [515 U.S. 70] (1995), p. 96.*
43. Milliken v. Bradley, *déc. citée, p. 444-445.*
44. Cf. Richard Kahlenberg, The Remedy : Class, Race, and Affirmative Action, *New York (N. Y.), New Republic Books, 1996, p. 319.*

administratives distinctes résultait d'une augmentation de la densité démographique à la périphérie de certaines agglomérations urbaines *enregistrée précisément suite à l'exode des Blancs provoqué par le dispositif.* En définitive, de par ces effets pervers encore renforcés par les incitations qu'elle engendre, la décision de la Cour n'allait donc aboutir qu'à déplacer la frontière entre les espaces ségrégués – qui tendent désormais à correspondre aux districts dans leur ensemble plutôt qu'à chacun des établissements qui s'y trouvent –, réduisant ainsi sérieusement l'efficacité de la politique de déségrégation volontariste engagée depuis l'arrêt *Green*. En effet, dans les quelques zones où l'on avait pu observer un recul significatif de la ségrégation scolaire (*de facto*), le *busing* de type plus global mis en œuvre à l'échelle de plusieurs districts semblait bien avoir joué un rôle décisif[45]. À partir de la seconde moitié des années 1980 – notamment du fait des répercussions de l'arrêt *Milliken* –, on a donc pu constater une augmentation sensible de la proportion des élèves noirs et hispaniques inscrits dans des écoles fréquentées quasi exclusivement par les membres des deux groupes en question[46].

En définitive, l'arrêt *Milliken*, en offrant aux Blancs désireux de ne pas être personnellement affectés par l'intégration raciale des établissements scolaires une possibilité de défection (*exit*)[47] à travers la simple mobilité géographique, a certainement contribué à la détérioration du système d'enseignement secondaire public en milieu urbain au cours des trois dernières décennies, dans la mesure où c'est bien la frange de ses effectifs la plus aisée et la plus exigeante à l'égard des prestations

45. C'est ce qu'a montré le sociologue Gary Orfield à travers les exemples du Kentucky, de la Floride et du Delaware, États dans lesquels, en 1980, 90 % des élèves noirs fréquentaient des établissements « intégrés » ; cf. Gary Orfield, Public School Desegregation in the United States, 1968-1980, *Washington (D. C.), Joint Center for Political Studies, 1983, p. 40.*

46. Cf. Gary Orfield, « Schools More Separate : Consequences of a Decade of Resegregation », Harvard Civil Rights Project (juillet 2001), 29, à consulter sur le site http://www.law.Harvard.edu/groups/civilrights/publications/resegregation01/schoolsseparate.pdf. Dans le cas des Hispaniques, cette évolution s'explique par la conjonction de deux facteurs principaux : d'une part, un fort accroissement démographique lié à l'immigration ainsi qu'au maintien de leur taux de fécondité à un niveau élevé ; d'autre part, la politique de regroupement des programmes d'éducation bilingues, qui contribue à la concentration de ces élèves dans un nombre d'établissements réduit.

47. Cf. Albert Hirschman, Exit, Voice, and Loyalty, *Cambridge (Mass.), Harvard University Press, 1970, p. 4, 21-29.*

dispensées que le *white flight* allait réduire à la portion congrue[48]. Or c'est précisément cette détérioration – et le creusement des inégalités économiques entre les districts – qui contribueront par la suite à faire apparaître l'*affirmative action* comme un mécanisme correcteur nécessaire afin que les membres des collectivités ethnoraciales globalement défavorisées accèdent néanmoins à l'université et à l'emploi. En dernière analyse, la discrimination positive ethnoraciale pourra donc être envisagée comme une mesure de substitution destinée à compenser partiellement l'abandon de l'entreprise d'égalisation des ressources éducatives sur le territoire national engagée au niveau de l'enseignement secondaire, dont le *busing* était l'une des composantes principales[49].

La remise en cause de l'« affirmative action » et la redécouverte de la variable territoriale

Depuis le milieu des années 1990, les modalités d'interaction entre la variable raciale et la variable territoriale dans les politiques d'intégration américaines ont toutefois été sensiblement modifiées par le démantèlement des programmes de discrimination positive partiellement engagé. Le 20 juillet 1995, le Board of Regents de l'Université de

48. La tendance à la désertion des centres urbains par la classe moyenne blanche encouragée par l'arrêt Milliken *– et l'érosion de leur assiette fiscale consécutive au transfert massif de ressources financières vers la périphérie qu'elle implique – invitent par ailleurs à remettre en question la thèse du sociologue Peter Eisinger, selon laquelle le modèle clientéliste d'une ascension sociale fondée sur la captation des emplois relevant de certains services publics par les membres de la minorité considérée – elle-même rendue possible par leur accession aux instances dirigeantes des municipalités à l'issue de la compétition électorale, comme ce fut le cas pour les Irlandais – vaudrait également pour les Noirs ; cf. Peter Eisinger,* The Politics of Displacement : Racial and Ethnic Transition in Three American Cities, *New York (N. Y.), Academic Press, 1980, p. 195-196.*

49. Pour une présentation plus détaillée des enjeux politico-juridiques afférents aux politiques de déségrégation scolaire, voir Charles Clotfelter, After Brown : The Rise and Retreat of School Desegregation, *Princeton (N. J.), Princeton University Press, 2004 ; Jennifer Hochschild,* The New American Dilemma : Liberal Democracy and School Desegregation, *New Haven (Conn.), Yale University Press, 1984 ; David Armor,* Forced Justice : School Desegregation and the Law, *Oxford, Oxford University Press, 1995 ; Thomas Sugrue,* The Origins of the Urban Crisis, *Princeton (N. J.), Princeton University Press, 1996.*

Berkeley, établissement jadis réputé pour être à l'avant-garde du mouvement pour la promotion de la diversité ethnoraciale, ouvrait la voie en adoptant une règle générale de *color-blindness* dans le processus d'admission. En mars 1996, dans l'arrêt *Hopwood v. State of Texas*[50], la cour d'appel fédérale du Cinquième Circuit interdisait toute prise en compte du facteur racial dans la sélection des candidats aux établissements d'enseignement supérieur des États relevant de sa juridiction – Texas, Mississipi et Louisiane – en tant que celle-ci constituerait une violation de la Clause d'égale protection des lois[51]. Le 9 novembre 1996, dans le cadre d'un référendum d'initiative populaire habilement baptisé *California Civil Rights Initiative* par ses instigateurs, près de 55 % des électeurs californiens votaient en faveur de la « Proposition 209 », qui mettait fin à l'ensemble des programmes de discrimination positive en vigueur dans le secteur public. Deux ans plus tard, dans l'État du Washington, un référendum du même type allait aboutir à un résultat identique – à une majorité plus large encore (58 %). Enfin, en Floride, en février 2000, un décret du gouverneur Jeb Bush ordonnait l'élimination des politiques d'*affirmative action* mises en œuvre dans les procédures de passation des marchés publics ainsi que dans les universités d'État[52].

50. Hopwood v. State of Texas, *78 F.3d 932 (5e Circuit, 1996).*

51. Comme on le sait, alors qu'en France l'exercice du contrôle de constitutionnalité est centralisé et relève de la compétence exclusive du Conseil constitutionnel, aux États-Unis, il est du ressort de l'ensemble des instances juridictionnelles – dont la cour d'appel susvisée. Sur l'arrêt Hopwood, voir Reva Siegel, « The Racial Rhetorics of Colorblind Constitutionalism : The Case of Hopwood v. Texas », dans Robert Post et Michael Rogin (eds), Race and Representation : Affirmative Action, *New York (N. Y.), Zone Books, 1998, p. 29-72.*

52. Le mouvement a toutefois été interrompu en juin 2003 lorsque la Cour suprême, dans deux décisions simultanées relatives à différents programmes d'affirmative action *mis en œuvre par l'Université du Michigan, a confirmé la validité constitutionnelle du principe de la prise en compte du facteur racial dans le processus de sélection tout en invalidant l'un de ces programmes en raison du caractère* quantifié, automatique *et* excessif *de l'avantage qu'il accordait aux Noirs et aux Hispaniques (cf.* Grutter v. Bollinger, *No. 02-241, 2003 WL 21433492 (23 juin 2003) ;* Gratz v. Bollinger, *No. 02-516, 2003 WL 21434002 (23 juin 2003)). Ces arrêts sont d'autant plus significatifs qu'à la différence de la situation qui prévaut en France – où l'article 5 du Code de procédure civile dispose que « le juge doit se prononcer sur tout ce qui est demandé » –, la Cour suprême, depuis la loi Evarts de 1891 – complétée par le* Judiciary Act *de 1925 – décide en toute discrétion de statuer ou non sur les litiges qui lui sont déférés. Un refus d'intervenir n'a pas besoin d'être motivé.*

Dans les six États où ont été démantelés les programmes de discrimination positive dans l'admission aux établissements d'enseignement supérieur (Texas, Mississippi, Louisiane, Californie, Washington et Floride), on a pu observer un déclin spectaculaire du nombre de Noirs et d'Hispaniques au sein de la population étudiante des meilleures universités concernées. Ainsi, en 1997, seuls 21 Noirs et 73 Hispaniques avaient reçu une offre d'admission à la faculté de droit de UCLA, ce qui représentait respectivement une baisse de 80 % et de 32 % par rapport aux chiffres de l'année précédente. À Berkeley, si l'on considère la totalité des programmes de troisième cycle – les seuls à être initialement affectés par la suppression de l'*affirmative action*, qui allait être étendue à l'ensemble du cursus universitaire un an plus tard –, en 1997, on ne dénombrait en tout et pour tout que 7 étudiants hispaniques (au lieu de 28 en 1996) et un seul étudiant noir (au lieu de 20 en 1996)[53]. Dans le cas texan, alors qu'en 1996, les candidats noirs qui s'étaient vu proposer une offre d'admission à la faculté de droit de l'Université du Texas à Austin étaient au nombre de 55, ils n'étaient plus que 5 en 1997 ; cette année-là, la proportion de Noirs au sein de la population étudiante était réduite à 2 % (contre 7 % en 1996), et celle des Hispaniques à 5 % (18 % en 1996)[54]. Certes, ce déclin ne frappait que les universités les

53. Cf. San Francisco Chronicle, *31 décembre 1997, p. A-15. Pour ce qui est de la* Law School *envisagée isolément, en 1997, le nombre d'offres d'admission adressées à des candidats appartenant à des « minorités sous-représentées » (Noirs, Hispaniques et Amérindiens) n'était plus que de 55, contre 167 un an plus tôt ; sur ces 55 offres, seules 7 allaient être finalement acceptées par les individus concernés, parmi lesquels ne figurait aucun des 14 candidats noirs admis. Dans ce cas, l'élimination des programmes de discrimination positive entraîne donc à la fois une réduction impressionnante du* taux d'admission *des candidats noirs et hispaniques et une baisse encore plus prononcée de leur* taux d'inscription effective *dans les établissements visés ; en effet, ces candidats interprètent apparemment la suppression du dispositif comme une manifestation d'hostilité à leur égard, ce qui les incite à se diriger plutôt vers d'autres universités lorsque cela leur est possible, nonobstant l'argument rebattu selon lequel la certitude de ne pas avoir bénéficié d'un « traitement de faveur » présenterait l'avantage de venir renforcer leur « estime de soi » présumée défaillante (voir, par exemple, Shelby Steele,* The Content of Our Character : A New Vision of Race in America, *New York [N. Y.], St. Martin's Press, 1990, p. 90).*

54. Pour d'autres statistiques analogues, voir Rachel Moran, « Diversity and Its Discontents : The End of Affirmative Action at Boalt Hall », California Law Review, *88, 2000, p. 2241-2352.*

plus sélectives[55], dont les exigences, en l'absence de la discrimination positive, ne peuvent aujourd'hui être satisfaites que par une poignée de candidats noirs et hispaniques, qui ont souvent fait aussi acte de candidature auprès d'établissements extérieurs à l'État et encore plus réputés, auxquels ils ont toutes les chances d'accéder. Toujours est-il que la quasi-disparition des membres des deux principales minorités ethnoraciales des universités les plus prestigieuses desdits États demeurait bien, en elle-même, socialement et politiquement explosive.

Les pouvoirs publics se sont donc efforcés de remédier à cet état de fait. Ainsi, par une loi du 15 avril 1997, l'assemblée législative de l'État du Texas, dans l'espoir de contrecarrer le déclin du nombre d'étudiants noirs et hispaniques consécutif à la jurisprudence *Hopwood*, a imposé aux deux universités publiques les plus sélectives – l'Université du Texas à Austin et Texas A & M University – l'obligation d'admettre en première année tous les diplômés de l'enseignement secondaire qui figureraient parmi les 10 % d'élèves les mieux classés à l'échelle de leur établissement d'origine[56]. Le Board of Regents de l'Université de Californie a pris également des mesures analogues, et il en va de même en Floride[57].

L'important est que ces nouvelles dispositions, qui garantissent l'accès à une université publique aux meilleurs lycéens toutes « races » confondues, ont eu pour effet d'accroître substantiellement le pourcentage d'étudiants noirs et hispaniques – en hausse de 17 % à l'Université de Californie un an après leur entrée en vigueur[58] –, du simple fait de l'existence d'un nombre non négligeable de lycées dont la quasi-totalité des élèves appartient à l'un ou l'autre des deux groupes en question. Paradoxalement, c'est donc le maintien à un niveau élevé d'une ségrégation « objective » du système d'enseignement primaire et secondaire

55. En Californie, si la suppression des programmes de discrimination positive, à l'automne 1997, a immédiatement entraîné une chute du nombre d'étudiants noirs inscrits en première année de 62 % à Berkeley et de 40 % à UCLA, cette réduction a été partiellement compensée par l'augmentation enregistrée simultanément sur les campus de Santa Cruz (17 %), Riverside (28 %) et Irvine (29 %), qui fait apparaître une redistribution des membres de ce groupe entre les différentes composantes du système universitaire californien ; cf. Abigail Thernstrom et Stephan Thernstrom, « Reflections on The Shape of the River *»,* UCLA Law Review, *46 (5), 1999, p. 1626-1627.*

56. Uniform Admission Policy Act *(Texas Education Code Ann. § 51.801-51.805).*

57. Dans le cas californien, le pourcentage retenu est de 4 % seulement. Il est de 20 % en Floride.

58. Cf. Chronicle of Higher Education, *20 avril 2001, p. B-12.*

qui met à la disposition des autorités publiques ce qu'il faut bien considérer, à l'instar du cas français, comme un *équivalent fonctionnel approximatif* de la discrimination positive ethnoraciale. Nul n'étant véritablement disposé à faire face aux conséquences prévisibles d'une politique d'admissions strictement *color-blind* – soit la quasi-disparition des étudiants noirs de certaines des universités les plus sélectives[59] –, on peut s'attendre à ce qu'un éventuel abandon des programmes d'*affirmative action* s'accompagne d'une prolifération de subterfuges de ce genre, dont l'objectif premier est bien de minimiser *la visibilité* de la prise en compte du facteur racial[60]. Reste que, dans le cas présent, cette nouvelle forme de *discrimination positive indirecte mais intentionnelle*, même si elle parvenait à annihiler intégralement les conséquences du démantèlement de l'*affirmative action* quant au nombre total de Noirs et d'Hispaniques finalement admis dans les établissements d'enseignement supérieur, risque bien de se traduire par une détérioration de leur niveau moyen de qualification – puisque l'automaticité de la procédure interdit désormais de prendre en compte la qualité variable et le degré d'exigence inégal de leurs lycées d'origine et des enseignements par eux suivis. En ce sens, le gain symbolique que représenterait la conformité apparente de cette mesure substitutive au principe de *color-blindness* a pour contrepartie un accroissement de l'écart observé par rapport à l'autre principe qui s'oppose à l'*affirmative action* – soit le principe méritocratique.

59. Cf. William Bowen et Derek Bok, The Shape of the River : Long-Term Consequences of Considering Race in College and University Admissions, *Princeton (N. J.), Princeton University Press, 1998, p. 34-35, 39.*

60. Voir, plus généralement, Daniel Sabbagh, « Judicial Uses of Subterfuge : Affirmative Action Reconsidered », Political Science Quarterly, *118 (3), 2003, p. 411-436. Les limites des mesures ici évoquées tiennent, d'une part, à leur non-transposabilité aux étapes ultérieures du parcours universitaire – admission en troisième cycle (*graduate studies*) ou dans les facultés de médecine ou de droit (*professional schools*) – comme à tout ce qui demeure extérieur au domaine éducatif, d'autre part, au fait que leur efficacité, étant donné la persistance d'un écart significatif entre les performances moyennes des lycéens blancs et noirs,* est étroitement dépendante de la non-réalisation de l'objectif de déségrégation des établissements d'enseignement secondaire *auquel les pouvoirs publics, jusqu'à présent, se sentaient généralement tenus de proclamer leur adhésion – fût-ce de manière symbolique. Qui plus est, il est concevable que le dispositif lui-même contribue à préserver* le statu quo *à cet égard, dans la mesure où les parents d'enfants noirs et hispaniques, pour accroître la probabilité que ces derniers accèdent à l'université par ce biais, pourraient être incités à ne pas les inscrire dans des lycées « intégrés » – où la compétition est généralement plus intense.*

Un autre des subterfuges susmentionnés est la pratique – abondamment débattue – consistant à substituer à la discrimination positive un système de préférences accordées en fonction du degré de désavantage socio-économique des candidats (*class-based affirmative action*)[61]. En effet, le choix des modalités concrètes d'évaluation de ce désavantage soulève inévitablement des problèmes épineux. Ainsi, dans le contexte universitaire, si l'on prend le parti de se référer exclusivement à un indicateur relativement simple tel le revenu, le remplacement de la discrimination positive par un agencement qui adjoindrait au principe méritocratique l'octroi d'une préférence *de dimension inchangée* à l'ensemble des candidats situés en deçà d'un seuil préalablement fixé entraînera nécessairement une réduction spectaculaire de la proportion de Noirs dans la population étudiante de l'établissement considéré. Cette réduction est le résultat logique de la conjonction des deux faits suivants : d'une part, les Noirs ne représenteraient plus alors qu'une minorité des personnes appelées à bénéficier de cette nouvelle forme de traitement préférentiel (la majorité des pauvres ne sont pas noirs) ; d'autre part, à revenu égal, et à tous les niveaux de l'échelle des revenus (y compris donc pour le sous-ensemble des étudiants issus de milieux modestes auxquels le nouveau dispositif octroierait un avantage spécifique), on observe la persistance d'un écart substantiel entre les scores obtenus aux épreuves de sélection (*Scholastic Assessment Test, Law School Admission Test*, etc.) par les candidats blancs et noirs au détriment de ces derniers[62]. La plupart d'entre eux ne bénéficieraient donc pas de ce nouveau type d'*affirmative action*, lequel est d'autant moins adapté à l'objectif implicite de quasi-proportionnalité ethnoraciale qu'à l'heure actuelle, on observe une surreprésentation statistique des personnes ne pouvant apparaître comme « désavantagées » au regard de cette grille de classification socio-économique au sein du sous-ensemble des étudiants noirs finalement admis dans les établissements les plus sélectifs.

Par conséquent, les partisans de la politique en question envisagent plutôt la construction d'un indice de désavantage socio-économique complexe, qui intégrerait délibérément l'ensemble des paramètres par

61. *Pour un plaidoyer en ce sens, voir Richard Kahlenberg,* The Remedy : Class, Race, and Affirmative Action, op. cit.
62. *Cf. Christopher Jencks et Meredith Phillips (eds),* The Black-White Test Score Gap, *Washington (D. C.), Brookings Institution, 1998 ; Carl Bankston et Stephen Caldas, « The American School Dilemma : Race and Scholastic Performance »,* Sociological Quarterly, *38 (3), 1997, p. 423-429.*

rapport auxquels les Noirs apparaissent particulièrement mal lotis – le revenu, mais également le niveau d'éducation des parents, la valeur de leur patrimoine[63], la structure familiale[64], et, surtout, *le lieu de résidence* –, indice dont l'usage ferait ainsi figure d'équivalent fonctionnel de la discrimination positive ethnoraciale[65]. C'est dire que la *color-blindness* du processus allocatif ne serait qu'apparente, puisque la prise en compte de l'identité raciale des candidats, exclue de la phase de sélection proprement dite, demeurerait présente au stade antérieur de l'élaboration de l'indicateur de désavantage socio-économique considéré, la prise en compte de la variable supplémentaire que constitue la localisation territoriale – à travers la catégorie « résident d'un quartier défavorisé » – contribuant ici à assurer la concordance recherchée entre l'usage du critère prohibé et celui de son substitut. Ainsi une procédure censée être « racialement neutre » se trouverait-t-elle sélectionnée précisément parce qu'elle s'avère constituer, à travers ses effets secondaires, l'équivalent fonctionnel approximatif d'une pratique discriminatoire non médiatisée – elle-même illégitime aux yeux de la majorité de l'opinion publique : ce qui se donne à voir comme un *effet dérivé* de l'utilisation de certains des critères d'allocation retenus constitue, en fait, la raison véritable de leur adoption par l'instance allocatrice[66].

63. *En effet, l'écart de patrimoine entre Blancs et Noirs tend à être* inversement proportionnel *au niveau de revenu correspondant ; voir, plus généralement, Dalton Conley, « Getting Into the Black : Race, Wealth, and Public Policy »,* Political Science Quarterly, *114 (4), 1999-2000, p. 595-612.*
64. *Les familles monoparentales composées d'une mère et de ses enfants représentaient 28 % des ménages noirs en 1969, 40 % en 1978 et 48 % en 2000 (cf. William Julius Wilson,* The Declining Significance of Race, *Chicago (Ill.), The University of Chicago Press, 1978, p. 158 ; http://www.census.gov/Press-Release/www/2001/cb01-34.html). En 1998, seulement 36 % des enfants noirs habitaient avec leurs deux parents – contre 74 % des enfants blancs (cf. U. S. Census Bureau,* Statistical Abstract of the United States : 1999, *Washington (D. C.), 1999, p. 67 [tableau 83]). Pour plus d'informations à ce sujet, voir Dalton Conley,* Being Black, Living in the Red : Race, Wealth, and Social Policy, *Berkeley (Calif.), University of California Press, 1999, p. 109-132 ; Orlando Patterson,* The Ordeal of Integration, *Washington (D. C.), Civitas, 1997, p. 32-38 ; M. B. Tucker et C. Mitchell-Kernan (eds),* The Decline in Marriage Among African-Americans : Causes, Consequences, and Policy Implications, *New York (N. Y.), Russell Sage Foundation, 1995.*
65. *Cf. Richard Kahlenberg,* The Remedy, op. cit., *p. 170 ; Richard Fallon, « Affirmative Action Based on Economic Disadvantage »,* UCLA Law Review, *43 (6), 1996, p. 1927, n. 47.*
66. *À ce propos, voir plus généralement Jon Elster, Local Justice : How Institutions Allocate Goods and Necessary Burdens, Cambridge, Cambridge University Press, 1992, p. 116-120.*

Bien entendu, dans cette optique, il importe que la *zone de congruence* entre les effets induits par l'usage des deux critères de sélection – officiel et officieux – soit la plus étendue possible, sans toutefois dépasser le seuil au-delà duquel l'équivalence objective entre eux deviendrait suffisamment flagrante pour que soit dévoilée l'intention discriminatoire ayant présidé au choix des critères de substitution. Dans une perspective comparative, l'analyse ici engagée conduirait alors à s'interroger sur deux points : la situation française reflète-t-elle ou non une semblable *stratégie de substitution* de la variable territoriale à la variable ethnoraciale – dont les ressorts seraient néanmoins partiellement distincts des deux côtés de l'Atlantique ? Si tel est le cas, ce seuil au-delà duquel l'efficacité symbolique du dispositif se trouverait compromise est-il aujourd'hui dépassé ? Quelles que soient les réponses que l'on apporte à ces questions, c'est bien, en somme, à une convergence tendancielle des politiques de discrimination positive américaines et françaises que l'on assiste à l'heure actuelle, convergence qui s'opère autour de leur dimension *euphémisatrice* et qui, contrairement à une idée reçue, reflète sans doute davantage un rapprochement des premières par rapport aux secondes que l'inverse.

Chapitre 6

LA GESTION PUBLIQUE DE L'ISLAM EN FRANCE ET EN ALLEMAGNE
LES MODÈLES NATIONAUX À L'ÉPREUVE

Claire de Galembert

Si elle s'est imposée plus tôt en France qu'en Allemagne, la question de l'intégration de l'islam est, dans ces deux pays, aujourd'hui plus que jamais sur l'agenda politique. En France, une étape importante a été franchie au printemps 2003 avec la mise sur pied du Conseil français du culte musulman pour faire « une place à l'islam à la table de la République[1] ». Outre-Rhin, les personnalités et autorités politiques allemandes ont multiplié, depuis la réforme du droit de la citoyenneté de 1999, les déclarations concernant la mise à niveau de l'islam avec les autres communautés religieuses présentes en Allemagne. « Le chemin du dialogue et de la "citoyennisation" (*Einbürgerung*) de l'islam en Allemagne est une voie sans retour » affirmait, en juin 2002, la ministre fédérale déléguée aux Étrangers, Marieluise Beck.

L'émergence de la question de l'islam sur les scènes publiques nationales, observable en France depuis la fin des années 1980, une décennie plus tard en Allemagne, ne fait toutefois que marquer le début d'une

1. Allocution du 28 janvier 2000, lors de la réunion plénière destinée à procéder à la ratification du texte « Principes et fondements juridiques régissant les rapports entre les pouvoirs publics et le culte musulman ».

étape nouvelle dans l'histoire des relations entre les musulmans et leur société d'accueil. Ce surgissement s'inscrit en effet dans la continuité des relations plus ou moins denses qui se sont nouées *in situ* dans les contextes locaux depuis les années 1970. Ce glissement des scènes locales aux scènes nationales marque toutefois dans les deux pays un basculement : l'officialisation du traitement de la question sociale de l'islam par les acteurs publics. Se développe ainsi sur fond d'improvisation et d'expérimentation de l'action publique, une volonté politique nationale non seulement de faire de l'islam une religion parmi d'autres, mais aussi de « normer » un tant soit peu l'action publique en la matière. De fait, l'implantation de l'islam est un phénomène que les autorités publiques de part et d'autre du Rhin ont, *nolens volens,* été amenées à prendre en compte sous l'effet de la sédentarisation d'une importante population de culture musulmane, estimée – selon des critères aléatoires – à 3 millions de personnes en Allemagne et à environ 4 à 5 millions de personnes en France[2]. L'on peut certes discuter la validité de l'équation qui ferait de toute personne issue d'un pays majoritairement musulman un fidèle de l'islam. Il n'en demeure pas moins qu'ont surgi dans les deux pays des acteurs et groupes d'intérêt islamiques (personnalités, associations, fédérations) formulant des demandes religieuses diverses : demande de permis de construire pour des lieux de culte, demande d'organisation de production de viande halal, célébration des fêtes musulmanes et en particulier de la fête du sacrifice du mouton, cours d'éducation religieuse, aménagement de carrés islamiques dans les cimetières, prise en compte des interdits alimentaires dans les cantines scolaires. Cette mobilisation, quoique disparate et s'articulant selon des temporalités différentes d'un site à l'autre, a porté dans l'espace public la revendication de reconnaissance de l'islam. Elle a pour corollaire l'émergence d'un nouveau groupe social (aux contours certes fluctuants) dans les sociétés française et allemande : des musulmans devenant non seulement objets et destinataires d'un discours mais aussi sujets d'une action collective.

Oscillant entre des problématiques sécuritaire, cultuelle et sociale, la question de l'islam s'impose ainsi comme un incontournable « problème public » dans les deux espaces nationaux. Problème public non seulement

2. *Selon les estimations officielles présentées par le Rapport du Haut Conseil à l'intégration,* La République et l'islam, *2000, ainsi que dans la réponse du gouvernement Schröder à la* Grosse Anfrage *de la CDU (Antwort der Bundesregierung, Deutscher Bundestag, Drucksache 14/4530).*

au sens où la question de la présence et de l'intégration de l'islam fait l'objet tant en France qu'en Allemagne de disputes idéologiques aux accents parfois extraordinairement violents, mais aussi au sens où il apparaît aujourd'hui évident que l'islam, devenu la deuxième religion après le christianisme, est redevable d'un traitement public, ce dont atteste l'entrée des instances étatiques de part et d'autre du Rhin sur la scène de la régulation publique de l'islam.

Dès lors, la question à laquelle ne peut échapper le comparatiste est de savoir dans quelle mesure les cadres nationaux modulent la manière dont la question de l'islam est formalisée et traitée dans les deux pays. Une telle question va d'autant plus de soi que, lorsqu'elle évoque les cultures politiques française et allemande, la littérature comparative tend à privilégier les contrastes par rapport aux ressemblances. Et cela, concernant autant les rapports entre ce qu'il est convenu d'appeler l'État et la société civile, que s'agissant des politiques migratoire et religieuse, qui ne feraient, en somme, que refléter ce contraste au niveau sectoriel. Selon la vulgate du comparatisme franco-allemand, les deux pays incarneraient deux régimes d'action publique distincts. Le système politique allemand, placé sous le signe de la « domestication du pouvoir » se caractériserait par le fédéralisme et l'association explicite d'acteurs privés (y compris religieux) à la gestion des affaires de la cité. Le système français serait marqué en revanche par une forte tradition centralisatrice et étatiste. Il représenterait le prototype de la relation entre un État fort et une société faiblement organisée[3]. Assez logiquement, les modes de rapports entre l'État et les communautés religieuses, et notamment les Églises chrétiennes, seraient le reflet de ce contraste. La France laïque, archétype du régime de séparation entre les Églises et les cultes ne serait en somme que l'expression d'un État ne supportant pas qu'un groupe intermédiaire vienne s'intercaler entre l'État et le citoyen et refoulerait par conséquent les identités religieuses, comme toutes formes d'intérêts fondés sur des particularismes régionaux ou culturels, dans la sphère du privé. Point de référentiel laïque en Allemagne. C'est le paradigme du confessionnalisme qui tend à être mobilisé, dès lors que l'on traite de la question religieuse moins abordée sous l'angle de l'affrontement entre l'État et l'Église que sous celui de la

3. Voir, sur ce point, l'article d'Olivier Giraud, « Les représentations dans l'analyse de l'action publique en France et en Allemagne. Entre traditions étatiques et traditions intellectuelles », dans Bénédicte Zimmermann (dir.), Les Sciences sociales à l'épreuve de l'action. Le savant, le politique en Europe, *Paris, Éditions de la MSH, 2004.*

cohabitation de cultures confessionnelles différentes[4]. L'inscription de la religion dans la cité impliquerait moins un effacement de ses manifestations collectives dans l'espace public que sa contribution légitime et reconnue à la formation des valeurs collectives. S'agissant plus précisément du rapport entre État et religion, ce serait le modèle du partenariat entre acteurs politiques et acteurs religieux, et en particulier les Églises, qui caractériserait le modèle allemand. Dans le domaine des politiques migratoires, c'est également plutôt les contrastes que les ressemblances qu'ont longtemps retenus les comparatistes intéressés à la confrontation des cas allemands et français. L'un et l'autre ont longtemps été assimilés à des idéaux-types distincts notamment en matière d'intégration à la nation. La France constituerait dans la perspective de cette opposition, la figure emblématique du pays d'immigration et de l'État-nation fondé sur l'universalisme républicain. L'Allemagne représenterait quant à elle, du moins jusqu'à la réforme du droit de la citoyenneté opérée en 2000, le prototype d'un État-nation fondé sur une conception ethnique de l'appartenance à la nation[5].

Dans quelle mesure ces cultures politiques nationales[6] s'actualisent-elles dans le traitement public de la question de l'islam de part et d'autre

4. Claire de Galembert, « État, nation et religion dans l'Allemagne réunifiée », Vingtième Siècle, *66, avril-juin 2000, p. 37-52.*

5. Dominique Schnapper, La France de l'intégration, *Paris Gallimard, 1991, ou encore* La Communauté des citoyens : sur l'idée moderne de nation, *Paris, Gallimard 1994. Riva Kastoryano,* La France, l'Allemagne et leurs immigrés : négocier l'identité, *Paris, Armand Colin, 1996 ; Rogers Brubaker,* Citoyenneté et nationalité en France et en Allemagne, *Paris, Belin, 2004.*

6. Nous n'ignorons pas le caractère polysémique du concept de culture politique. Précisons donc que l'usage que nous en faisons est assez éloigné de la notion de « civic cultur *» qu'en firent ses pères fondateurs, Almond et Verba, dont les recherches se situaient dans une perspective macrosociologique et hypothético-déductive (Gabriel Almond et Sidney Verba,* The Civic Culture. Political attitudes and Democracy in Five Nations, *Londres, Sage, 1989). La notion, telle que nous l'utilisons ici, est redevable des refontes qu'elle a connues ces dernières années, notamment à la faveur de la redécouverte des vertus du micro et dont le livre de Daniel Cefaï dresse la synthèse (*Cultures politiques, *PUF, 2001). Elle se situe en somme à mi-chemin entre deux pôles. Un pôle déterministe, selon lequel les acteurs seraient moins des opérateurs que des agents reconduisant, plus ou moins à leur insu, des modèles qu'ils auraient intériorisés et qui enfermeraient leurs représentations et pratiques dans une logique préétablie. Un pôle artificialiste et/ou constructiviste qui, au contraire, occulterait la prégnance de cet horizon de sens, hérité des cultures et mémoires collectives, et concevrait l'action dans une visée strictement utilitariste. Pour reprendre la définition qu'en propose Daniel Cefaï : « Les cultures politiques ouvrent des horizons de monde, imposent des repères de compréhension et d'orientation, fixent le spectre des actions possibles, orientent les vecteurs*

du Rhin ? Articuler une réflexion dans le sillage de cette interrogation exige au préalable de se départir du prisme réifiant que véhicule immanquablement une approche en termes de modèles macrosociologiques. Commençons à cet égard par remarquer que les évolutions récentes qu'ont enregistrées les deux pays atténuent singulièrement l'acuité de l'opposition binaire évoquée ci-dessus. Parmi celles-ci, trois valent ici la peine d'être mentionnées : la politique française de décentralisation amorcée au début des années 1980 ; les mutations de la laïcité française s'affichant de moins en moins comme une laïcité d'indifférence et d'ignorance mais de plus en plus comme une laïcité de reconnaissance ; la rupture symbolique que marque en Allemagne la réforme de la citoyenneté entrée en vigueur en 2000. À ce premier constat de convergence, qui ne fait que mettre en exergue la permanence des changements qui travaillent la réalité sociale, ajoutons que les cultures politiques nationales ne sont pas des matrices qui généreraient de manière mécanique et univoque des schèmes d'action et enfermeraient les individus et les groupes dans des routines préétablies, auxquelles ils n'auraient d'autre choix que de se conformer. Si elles peuvent être comparées à des codes, ceux-ci sont constamment rejoués au gré des situations qui contribuent en somme autant à leur pérennisation qu'à leur réinvention. Or cette dynamique est particulièrement évidente dans le cas de la gestion publique de l'islam : le problème étant émergent, les acteurs ne disposent *a priori* ni de repères stabilisés ni de cadres normatifs préalablement définis. Cela ne signifie pas pour autant que les modalités de gestion publique de l'islam en France et en Allemagne sont exemptes de spécifications nationales. Quel que soit leur caractère hétéroclite, les situations locales n'en reflètent pas moins une grammaire publique héritée d'histoires et de mémoires collectives propres à chacun des pays. Quels que soient les usages différenciés, et parfois même contradictoires, qui peuvent en être faits dans le même espace national, ces grammaires dessinent les contours d'un périmètre de possibles qui distingue *in fine* ce que l'on pourrait appeler des déclinaisons nationales du pluriel. Ces déclinaisons nationales de l'action publique relative à l'islam sont d'autant plus prononcées que le problème se déplace de l'échelle locale à l'échelle nationale et que l'État central ou fédéral s'impose comme nouvel acteur.

*de la mémoire et du projet, focalisent l'attention sur des objets et des enjeux, canalisent les énergies et jugulent les imaginations des acteurs. » (*Cultures politiques*, op. cit., *p. 115.)*

Le local : lieu d'invention de l'action publique relative à l'islam

Dès lors que l'on se situe sur le terrain de la comparaison des pratiques de l'action publique relative à l'islam en France et en Allemagne, un constat s'impose : les contextes locaux constituent au départ autant d'arènes et de scènes, sinon parfaitement cloisonnées du moins distinctes et autonomes les unes des autres, sur lesquelles s'improvisent les pratiques de gestion publique du fait islamique.

Cette affirmation relative à la primauté du local est sans doute assez peu surprenante dans le cas allemand, dans lequel le système politique fédéral garantit une large marge d'autonomie aux collectivités locales, et en particulier aux communes, en vertu du principe très solidement ancré de *Selbstverwaltung*[7]. Elle peut paraître plus contre-intuitive dans le cas français en raison de la forte tradition centralisatrice qui le caractérise, quoi qu'il en soit de la politique de décentralisation impulsée dans la décennie 1980. Or, précisément, ce constat d'autonomie participerait d'un « exceptionnel normal » pour reprendre le bel oxymore forgé par Eduardo Grandi au fil de ses réflexions sur la micro-histoire. Les études empiriques sur le système politique administratif français « en action », menées dans une perspective de sociologie des organisations, ont en effet pointé les limites d'une approche qui conçoit le système français comme une pyramide hiérarchique des pouvoirs[8], représentation en fonction de laquelle le local ne serait que la reproduction en miniature de schèmes nationaux[9]. Cette approche a au contraire permis de mettre en relief la relative autonomie de la périphérie par rapport au centre. Rejoignant les constats de la micro-histoire, elle invite en somme à se défier des approches totalisantes et de surplomb de la réalité, et à privilégier un axe d'observation *bottom-up* (du bas et du micro vers le haut et le macro) plutôt que *top-down* (du haut et du macro vers le bas et le micro) comme on y incline souvent.

L'espace local est le lieu concret de l'action. C'est là que s'articulent, en France comme en Allemagne, les premières demandes et mobilisations religieuses, conséquences l'une et l'autre de la sédentarisation.

7. *Helmut Wollman et Roland Roth (Hrsg.),* Kommunalpolitik. Politisches Handeln in den Gemeinden, *Opladen, Leske + Budrich, 1999.*
8. *Patrice Duran et Jean-Claude Thoenig, « L'État et la gestion publique territoriale »,* Revue française de science politique, *46 (4), 1996, p. 580-623.*
9. *Jacques Revel,* Jeux d'échelles, *Gallimard, Le Seuil, 1996.*

C'est le théâtre de la transformation d'un islam de repli, relégué dans les espaces de clandestinité, d'un islam des caves ou d'arrière-cours (*Hinterhofsmoschee*) à un islam affirmant sa visibilité publique dont la demande de mosquée est à la fois le vecteur et l'instrument. Sur ce terrain s'établissent les rapports sociaux entre une population musulmane et la société environnante, au fur et à mesure que l'islam des fils prend le pas sur l'islam des pères, qu'à un islam « espace de substitution » dans lequel la religion tient lieu de valeur refuge dans un univers hostile se substitue un islam « moyen d'affirmation, voire de contestation »[10], que les musulmans deviennent de nouveaux entrants, et par là même des ayants droit, et que l'on passe d'une problématique d'hospitalité à une problématique de droit de cité.

Le local est en effet l'arène où se nouent *in concreto* les négociations et transactions initiales entre les multiples figures que peuvent prendre la puissance publique et les individus et groupes qui articulent des demandes d'islam (lieux de culte, cimetières, viande halal, cours de religion). Ceci s'explique non seulement en raison du fait que les objets sur lesquels se cristallisent les toutes premières demandes d'islam – et en particulier les salles de prières – relèvent souvent d'un espace de proximité (le quartier, la ville), mais aussi en raison du fait que ces demandes ressortissent pour l'essentiel dans les deux pays de compétences communales : attribution de terrain, plan d'occupation des sols, instruction des demandes de permis de construire, mise aux normes de sécurité imposée par la législation relative aux établissements recevant du public, etc[11]. Cette primordialité du local découle enfin du cloisonnement

10. Nous empruntons cette dichotomie au sociologue Mustapha Belbah qui l'a développée longuement dans son article « À la recherche des musulmans de France », dans Gilles Kepel (dir.), Exils et Royaumes, *Presses de Sciences Po, 1994, p. 331-345.*

11. Comme le remarque Franck Frégosi, à propos de la France, qui invite à se défier des effets de prismes que peut induire une lecture de la gestion publique de l'islam en ne considérant que l'action de l'État central : « Cette primauté des enjeux locaux de la régulation du religieux se vérifie notamment à propos des questions aussi élémentaires que la gestion et les implantations de lieux de culte, les regroupements occasionnels ou réguliers du type pèlerinage, les questions liées aux inhumations ou celles touchant au respect des interdits alimentaires [...] dans les restaurants scolaires. » (Franck Frégosi et Jean-Paul Willaime (dir.), Le Religieux dans la commune. Les régulations locales du pluralisme religieux en France, *Genève, Labor et Fides, 2001, p. 16-17.) À ceci près que des questions, telles que celle de l'implantation des lieux de culte, à en croire les tensions qu'elles suscitent, ne sont précisément en rien des questions « élémentaires ».*

initial existant entre les différents acteurs porteurs de demande religieuse. Aussi les demandes religieuses sont-elles, du moins au départ, moins le fruit d'acteurs-relais d'institutions et d'organisations visant à conquérir de nouveaux territoires que le produit d'une demande spontanée d'individus dont précisément la vie religieuse est livrée à elle-même. Le local est *ipso facto* tout autant le lieu de tâtonnements de l'action publique relative à l'islam qu'un espace d'expérimentation inédit pour ces groupes et individus qui souhaitent assurer la pérennité d'une tradition religieuse dont la transmission est perturbée par la rupture migratoire.

S'il est une chose que révèle la comparaison entre la France et l'Allemagne, dès lors qu'on choisit cette échelle d'observation, c'est que, du fait de cette dimension expérimentale, l'action publique relative à l'islam, telle qu'on peut l'observer des années 1980 aux années 1990, se caractérise plus par son aspect erratique et disparate, voire contradictoire d'une scène à l'autre, que par sa régularité, voire son homogénéité. Tandis que certaines municipalités sont précocement concernées par le problème, d'autres l'ignorent durablement, soit que leur ignorance participe d'une méconnaissance pure et simple des réalités islamiques qui ne débordent pas sur l'espace public, soit qu'elle procède d'une stratégie d'évitement ou de déni du problème. Les configurations locales s'avèrent par conséquent parfois aussi déterminantes, voire plus déterminantes, que les configurations nationales, et cela à plus forte raison tant que la question de l'islam ne fait pas l'objet d'une prise en charge officielle à l'échelle nationale. Le corollaire de cette première observation réside dans le fait que les temporalités de l'action d'un lieu à l'autre sont elles aussi variables.

Qu'il s'agisse de la constitution d'acteurs collectifs du côté islamique, des prises de conscience de l'enracinement de l'islam par les acteurs publics ou de la négociation de l'entrée de l'islam dans la cité, ces opérations s'effectuent selon des rythmes différents d'un site d'interactions à l'autre. Il suffit de consulter les archives municipales des villes de Berlin et de Hambourg pour s'en convaincre. Dès la fin des années 1970, la question de l'islam opère quelques percées sporadiques dans les débats des parlementaires du Landtag berlinois. En 1980, les discussions des parlementaires de la Stadt-Staat font état d'une « affaire du voile » berlinoise provoquée par un différend entre une enseignante acquise au kémalisme et l'une de ses élèves voilées. À Hambourg, qui compte pourtant une importante population de tradition islamique, la question de l'islam est à peine évoquée au parlement local. Il aura fallu le choc des attentats du 11 septembre pour que société et autorités locales prennent la pleine mesure des transformations des réalités islamiques hambourgeoises.

Les recours à l'expertise pour éclairer la décision des pouvoirs publics sont un autre indice témoignant de ce décalage chronologique dans la publicisation du problème islam. Dès la fin des années 1970, les autorités berlinoises estiment nécessaire de commanditer un rapport posant la question de l'impact de l'islam sur l'intégration des travailleurs étrangers et de leur famille[12]. Sans être centrale, la question de l'islam est dès lors explicitement traitée par l'Ausländerbeauftragte et l'administration scolaire berlinoise. Il faut attendre le début des années 1990 pour qu'à Hambourg, un rapport sur les mosquées des musulmans turcs soit produit, sous la houlette de l'administration chargée de la question du travail, de la santé et des affaires sociales[13]. Encore faut-il préciser que ce rapport résulte moins d'une initiative prise par le politique que d'une simple embauche sur un contrat à durée déterminée d'une jeune femme turque par ladite administration. Il est à noter en outre que ce rapport, resté relativement confidentiel, n'a débouché sur aucune prise de mesures concrètes de la part des autorités locales à l'égard de l'islam.

De semblables disparités dans les chronologies et les manières de faire sont observables en France. La question du traitement public des demandes de mosquées est à ce sujet exemplaire. Mantes-la-Jolie, en optant pour la construction d'une mosquée, dès la fin des années 1970, se distingue durablement des autres municipalités françaises par la précocité de cet acte de reconnaissance à l'égard de l'islam, qui amorce sa transplantation en France sous l'effet du processus de sédentarisation de la population venue des pays du Maghreb[14]. D'autres municipalités bloquent à l'inverse de telles demandes : par le refus de vendre des terrains disponibles à cet effet, par l'exercice abusif du droit de préemption des terrains sur lesquels les associations porteuses de projet de mosquée ont jeté leur dévolu, par le refus d'accorder un permis de construire, ou encore par des manœuvres dilatoires invoquant le droit de

12. *Christoph Elsass,* Einflüsse der islamischen Religion auf die Integrationsfähigkeit der ausländischen Arbeitnehmer und ihrer Familienangehöriger, *Berlin, Senatskanzlei, 1980.*

13. *Ursula Mihçiyazgan,* Moscheen türkischer Muslime in Hambourg, *Hamburg, Behörde für Arbeit, Gesundheit und Soziales, 1995.*

14. *« Le "oui" municipal à la mosquée de Mantes-la-Jolie : les faux-semblants de l'hospitalité religieuse », dans Anne Gotman (dir.),* Villes et Hospitalité. Les municipalités et leurs étrangers, *Paris, Éditions de la MSH, p. 383-407.*

l'urbanisme pour faire avorter le projet[15]. Le principe constitutionnel de laïcité et la loi de séparation de 1905 peuvent aussi être invoqués à des fins justificatives opposées. D'un côté, le maire de Mantes explique en conseil municipal – pour appuyer sa décision de consentir à la vente d'un terrain en vue de la construction d'une mosquée – « que depuis la loi de séparation de l'Église et de l'État, l'État n'a pas à s'opposer, sous peine de tomber sous le coup de l'entrave à la liberté de culte, à l'édification d'un lieu de culte ». D'un autre côté, nombreux sont les acteurs municipaux qui, dans les années 1980, s'abritent derrière l'article 2 de la loi de Séparation (disposant que la République ne reconnaît ni ne subventionne aucun culte) pour justifier leur attentisme. D'autres municipalités sont allées encore plus loin n'hésitant ni à user de moyens plus persuasifs ni à sortir de la légalité. La destruction à coups de pelleteuse d'une salle de prière située dans la commune de Charvieu-Chavagneux dans l'Isère ou encore l'organisation (parfaitement illégale), en 1992, par le maire communiste de Libercourt[16], d'un référendum local destiné à bloquer les travaux d'agrandissement d'une salle de prière en constituent des illustrations éclatante, à notre connaissance, sans équivalent en Allemagne, où les conflits, portant d'ailleurs moins souvent sur cet objet qu'en France, comme nous le verrons ci-dessous, se règlent d'abord sur le terrain juridique. Si l'entrée en scène de l'administration centrale, encourageant les municipalités à « sortir l'islam des caves », a changé la donne, la situation n'en demeure pas moins contrastée d'une ville à l'autre. Certaines villes telles que Lyon, Roubaix, ou Mulhouse ont franchi le cap de la construction de la mosquée. D'autres telles que Marseille et Nantes atermoient encore en dépit d'engagements de principe.

Les projets de mosquée ne suivent pas tous le même itinéraire : les paramètres locaux en modulent la trajectoire. C'est à Mantes la partie musulmane qui est porteuse du projet. À Mulhouse, c'est le maire qui fait un appel du pied auprès des acteurs islamiques, annonçant publiquement les dispositions favorables de la ville à une telle perspective. De même en est-il de la ville de Montreuil qui a annoncé sa volonté de

15. Sur ce point, il ne semble pas y avoir de différence fondamentale entre la France et l'Allemagne. Voir l'exposé de la situation qu'en donne le Rapport du Haut Conseil à L'intégration, La République et l'Islam, *novembre 2000, ainsi que le rapport du Deutsch-islamische Institut,* Moscheebau in Deutschland. Hindernislauf zwischen Anliegern, Parteien, Stadtrat und Verwaltung, *Eine Dokumentation des deutsch-islamische Institutes für Wissenschaftliche und kulturelle Zusammenarbeit Celle.*

16. Sur ces cas, voir l'évocation qu'en fait Gilles Kepel dans son ouvrage, À l'Ouest d'Allah, *Paris, Le Seuil, 1994, p. 246 et suiv.*

mettre à la disposition des musulmans un « lieu digne ». Certaines villes disent sans faire, d'autres font sans dire, cherchant ainsi à éviter l'écueil des débats de postures idéologiques et pratiquant en quelque sorte la politique du fait accompli. Les conditions posées par l'acteur municipal, qui s'impose comme l'interlocuteur de référence dès lors qu'il est question d'édifier un lieu de culte, varient elles aussi d'un site à l'autre. Certaines villes, lorsqu'elles mettent à disposition un terrain, posent au préalable la clause d'interdiction de financements étrangers et/ou exigent la fédération des acteurs associatifs islamiques implantés localement. Certaines poursuivent l'objectif de construire des mosquées-cathédrales qui fédéreraient en un pôle central l'ensemble des acteurs islamiques présents sur le territoire municipal. Ce fut le cas de la ville de Mulhouse au début des années 1990 dont le projet n'a pas abouti. C'est aussi le cas de la ville de Montreuil qui conditionne en 2002 l'octroi d'un terrain contre l'organisation en fédération des différentes associations islamiques présentes sur le territoire de la ville. D'autres optent pour des « mosquées de proximité » épousant l'hétérogénéité des paysages associatifs locaux.

Les décalages chronologiques observés au sein du même cadre national renvoient à la spécificité des configurations locales. Ces dernières ne sont pas tant à considérer comme le produit d'une influence exercée par un cadre donné sur les acteurs que comme celui d'une influence réciproque, le contexte cadrant les acteurs autant que ceux-ci le façonnent par leur action. La précocité du passage des musulmans à l'action collective à Mantes-la-Jolie n'est pas sans lien avec les sociabilités tissées, d'une part, dans l'industrie automobile de la vallée de la Seine, d'autre part, dans les cités d'habitat social concentrées dans la ZUP du Val-Fourré, la plus grande de France. La différence de rythme entre Berlin et Hambourg peut être quant à elle pour partie interprétée comme le résultat de la composition des populations immigrées dans ces deux villes. L'affirmation précoce du *leadership* d'organisations turco-islamiques à Berlin a partie liée, d'une part, avec l'importance du fait migratoire dans une ville où après la construction du mur l'immigration de travail est devenue un enjeu stratégique vital, d'autre part, avec le caractère massif de la population turque dans cette immigration de travail. La transposition dans l'espace local des conflits politico-religieux présents dans la société d'origine a encouragé l'émergence d'organisations prestataires de services religieux et la constitution d'une structure fédérative à l'échelle du *Land* : la Fédération islamique de Berlin (Islamische Föderation Berlin) existe ainsi depuis 1980. Sans doute a-t-elle été favorisée par l'action de « traduction » et de médiation qu'ont jouée certains des convertis allemands, très au fait des structures d'opportunité qu'offre le droit berlinois en matière religieuse[17]. À l'inverse, la constitution plus tardive d'un acteur collectif islamique à Hambourg (la *Schura*, constituée en 1998) découle de l'extrême éclatement du champ migratoire d'une ville, dans laquelle l'islam a pourtant pris pied de longue date. Si l'on se situe du point de vue des acteurs publics, la rapidité avec laquelle, en comparaison de Hambourg, la question de l'islam surgit à Berlin (dès 1980) comme problème public est indissociable des débordements sur l'espace public que génèrent les violences internes au champ islamique en cours de constitution, d'une part, de la fragilité de cette ville « en exil » et tenue à bout de bras par l'Allemagne fédérale, d'autre part. Il est à cet égard caractéristique que la politique d'intégration pionnière, mise en œuvre par la ville de Berlin au début 1980, soit justifiée par ses promoteurs par les risques de fragilisation que pourrait comporter à terme la création de frontières entre Allemands et groupes de populations étrangères dans une ville déjà déstabilisée par sa partition Est-Ouest.

Si les comparaisons entre les cas locaux relevant du même espace national font apparaître des dissimilitudes importantes, la juxtaposition de cas issus de contextes nationaux différents peut donner lieu à l'observation de saisissants parallèles. Ainsi, dans les villes de Mantes-la-Jolie et de Pforzheim, des associations islamiques ont été les heureuses bénéficiaires, l'une en 1980, l'autre au début des années 1990, d'un arbitrage du premier magistrat de la ville en leur faveur alors que l'hostilité au projet était dominante dans les sociétés locales. Dans un cas comme dans l'autre, cet engagement du maire les isole politiquement jusque dans leur propre camp politique. L'un comme l'autre « payent de leur personne » cette démarche à contre-courant, essuyant diffamations, violence verbale et menaces de mort. Le parallèle se poursuit également concernant leurs quelques alliés dans ce « combat » : quelques militants d'extrême gauche et quelques groupes de chrétiens versés dans le dialogue islamo-chrétien ou impliqués dans un travail social auprès des immigrés. Tout se passe comme si, à en juger par les narrations *a posteriori* qui sont faites de ces histoires, les réponses des municipalités aux demandes d'islam, en l'occurrence de

17. Claire de Galembert, « Musulmans de Berlin, musulmans d'Allemagne : au seuil du droit de cité », dans Anne Gotman (dir.), Villes et Hospitalité. Les municipalités et leurs étrangers, *Paris, Éditions de la MSH, p. 409-424.*

lieux de prière, étaient du coup davantage tributaires de la « personne » du maire que de sa fonction institutionnelle ou encore de son « profil » politique. Il ne s'agit évidemment pas ici de souscrire à l'analyse des acteurs, mais bien davantage de constater que la manière dont ces derniers mettent en avant des paramètres biographiques pour justifier leur action résulte de l'absence de procédures routinières en fonction desquelles s'orienter.

Ce constat d'hétérogénéité est certes imputable à l'agrégation de multiples variables : degré de concentration de la population de tradition islamique sur un territoire, sa composition démographique, taille des villes, rapports de force sur l'échiquier municipal, alternances politiques, etc. Il ne fait toutefois que manifester l'incertitude normative dans laquelle se trouvent les acteurs tant du côté public qu'islamique. Cette incertitude normative n'est d'ailleurs pas simplement vecteur de discontinuité dans l'espace : elle peut l'être dans le temps. La relation amorcée entre acteurs publics et islamiques s'interrompt souvent, tributaire de systèmes d'interactions fragiles, reposant plus sur des personnes que sur des routines institutionnelles et des savoir-faire rôdés par la pratique.

De manière significative, lorsqu'il revient sur son engagement en faveur de la construction d'une mosquée au Val-Fourré, le précurseur que fut l'ancien maire de Mantes-la-Jolie parle de son « premier combat frontal ». Par combat frontal, il ne se réfère pas à un conflit dont les lignes seraient fixées d'avance, mais précisément à un affrontement d'autant plus périlleux que les enjeux et adversaires en sont imprévisibles.

> « Jusque-là, c'était un combat de la gauche contre la droite, du côté économique, c'était plutôt facile, c'était assez cerné : le capitalisme d'un côté, le modèle libéral de l'autre. Ça ne touche pas le fond de la personne. Je pense que ce n'est pas de même nature. Lorsqu'on touche le fait religieux [...], on touche l'intérieur de la personne [...], on va toucher viscéralement la croyance ou la peur [...], on va chercher dans l'histoire, dans les images, les fantasmes ».

En d'autres termes, la demande d'islam – qui s'exprime en l'espèce à travers la question du projet de construction d'une mosquée – prend la classe politique de court. En l'absence de schèmes de référence susceptibles d'agréger les positions individuelles en position collective, la question ne peut qu'être livrée au chaotique affrontement des convictions personnelles.

Acteurs islamiques et acteurs publics sont donc voués à explorer, au gré de leurs initiatives, des solutions pragmatiques. Comme le dit tel élu de la ville de Nantes qui a favorisé le prêt de locaux associatifs à une association musulmane au début des années 1990 :

> « On n'avait pas tellement de méthode [...]. À l'époque, le problème du culte n'était pas posé. Aujourd'hui, il se pose. Il y avait des demandes [...] mais il n'y avait pas forcément de discours très clair, en disant à la limite que tout le monde a le droit d'exercer son culte [...] dans le cadre du droit, les gens avaient les moyens ou pas [...]. C'est la volonté de quelques-uns plus qu'une politique globale par rapport à ces problèmes-là [...][18]. »

À sa manière, l'actuel maire de Mantes-la-Jolie ne dit pas autre chose, lorsqu'il affirme : « il faut qu'on invente nos règles au fur et à mesure qu'on avance[19] ». De même en est-il du maire de Mulhouse livrant l'analyse suivante :

> « La difficulté, c'est qu'il n'y a pas de modèle, il n'y a pas de guide ; c'est qu'on invente en permanence [...]. On se plante assez souvent mais quand on s'est planté, il faut savoir en faire l'analyse [...]. On est passé par toutes les erreurs possibles et imaginables dans notre relation avec l'islam [...], mais en même temps, on avance [...], on continue d'avancer[20]. »

Ressortent ainsi de l'histoire croisée de l'islam en France et en Allemagne des profils comparables d'acteurs « pionniers » ou expérimentateurs, investissant, sans toujours en avoir conscience, une fonction de médiation entre des mondes sociaux étrangers les uns aux autres. Au sein du monde politico-administratif, on retrouve la figure du marginal-sécant qui prend, parfois à ses risques et périls, des initiatives, sans être toujours mandaté pour le faire. On y retrouve celle de l'« acteur fusible », agent contractuel chargé du dossier ou agent des services techniques qui endosse, bon gré mal gré, sous couvert d'un travail technique une responsabilité politique dont se défaussent sur lui les autorités. Du côté du monde islamique, on retrouve de part et d'autre du

18. Entretien, mai 2003.
19. Entretien, avril 2003.
20. Entretien, juillet 2003.

Rhin, parmi d'autres figures, celle de l'entrepreneur d'identité islamique. Jouant sur les multiples interstices qu'ouvrent ces incertitudes, tissant un réseau d'alliance et de solidarité avec des mondes différents, de telles figures parviennent parfois à s'imposer localement comme des points d'équilibre et/ou des pôles de stabilisation. Certains même, forts de ce « capital immatériel » accumulé, accèdent à la notabilité. En creux des histoires singulières, livrées par ces différents extraits de la réalité, se dessine l'apprivoisement réciproque entre des mondes qui, à mesure qu'ils se rencontrent, définissent de nouveaux rôles, fonctions et positions, et impliquent de nouveaux apprentissages.

Sans doute, l'un des symptômes les plus évidents de cette situation d'incertitude, qui confine parfois à l'anomie, réside-t-il dans la place et le rôle que joue le conflit dans cet apprivoisement mutuel. Là encore, l'histoire croisée nous révèle une dynamique commune sur laquelle il importe d'insister. La construction d'un rapport stabilisé entre les différents acteurs islamiques et les acteurs publics se décline moins sous le signe de l'harmonie et du consentement mutuel que sous celui de l'affrontement, de la contrainte réciproque et du conflit. La rencontre est rarement spontanée ou recherchée. La reconnaissance de l'islam est le plus souvent conquise de haute lutte. Le malentendu, l'affrontement et la controverse constituent un passage quasi obligé de ce processus non exempt de violence symbolique, voire de violence physique. Ces conflits opposent en les structurant, à partir d'objets matériels divers, un monde du « eux » et un monde du « nous », qui suit la ligne religieuse (l'islam devenant en quelque sorte un idiome de stratification sociale). Mais ils se jouent simultanément au sein de ces deux mondes dans lesquels, à la faveur des luttes, se façonnent progressivement des systèmes d'interaction ainsi que des normes d'action.

Mettre l'accent sur les similarités que fait ressortir la comparaison entre ces quelques extraits de réalité des sociétés allemande et française ne doit pas nous conduire à en occulter les spécifications nationales. Si, en France comme en Allemagne, les acteurs expérimentent, hésitent, improvisent, errent, se fourvoient et finissent par amender leur action, ce n'est assurément ni en fonction des mêmes références symboliques, historiques ou juridiques qu'ils le font : mémoire coloniale, référentiel laïco-républicain, conception idéalisée du modèle français d'intégration, loi de 1905, d'un côté ; refoulement politique de l'importance du fait migratoire dans l'histoire de l'Allemagne fédérale, dispositif juridique offrant de solides garanties aux communautés religieuses, histoire multiconfessionnelle, de l'autre. Les cultures politiques nationales, à défaut de déterminer le comportement des acteurs dessinent des horizons de sens dans lesquels les acteurs puisent des repères de compréhension et d'action. De même, les arguments mobilisés par les disputes idéologiques s'articulent-ils selon des grammaires publiques propres.

Déclinaisons nationales du pluriel

Ces grammaires façonnent en partie les attentes de la population musulmane. Elles en modèlent aussi les revendications et leur prise en considération par les acteurs publics. S'esquissent ainsi des déclinaisons nationales du pluriel. Il existe certes un tronc commun de demandes religieuses (lieux de culte, organisation du respect des prescriptions alimentaires, carrés islamiques dans les cimetières, pour ne citer que quelques exemples). Mais sur certains points, elles divergent, reflétant des dispositifs institutionnels hérités de l'histoire qui, quoique joués diversement et toujours en mouvement, n'en dessinent pas moins des contours de modalités distinctes de présence du fait islamique dans la cité.

Un certain nombre d'exemples accréditent ainsi l'idée selon laquelle la culture politique allemande, porteuse d'une conception de la liberté religieuse plus extensive qu'en France, influe sur la manière dont la question de l'islam se pose. Ainsi en est-il de l'organisation d'un cours de religion islamique à l'école publique en Allemagne, pays dans lequel la Loi fondamentale garantit ce droit. Point n'est besoin d'insister sur le fait qu'en France, une telle requête, au reste inexistante dans l'état actuel des choses, serait probablement inaudible compte tenu de la laïcité républicaine en vertu de laquelle l'enseignement de la religion n'est pas du ressort de l'espace public. Les versions françaises et allemandes de l'affaire du voile islamique fournissent une seconde illustration de l'impact des cultures politiques sur la manière d'envisager l'inscription du fait religieux dans la cité. Un temps spectatrice déroutée par les passions soulevées par le port du voile de jeunes filles musulmanes à l'école outre-Rhin, l'Allemagne se trouve elle-même, depuis la fin des années 1990, aux prises avec sa propre affaire du voile. Celle-ci ne se module toutefois pas dans des termes identiques. La question concerne en effet le port du voile des membres du corps enseignant et non des jeunes filles scolarisées dans les établissements publics – situation qui ne suscite guère de dissensions.

Une autre manifestation de l'impact de ces architectures sémantiques distinctes vaut d'être soulignée. Les différences observées concernant les dispositifs juridiques relatifs à la chose religieuse et cultuelle ne sont sans doute pas étrangères au constat selon lequel les pierres d'achoppement de la négociation du rapport entre musulmans et pouvoirs publics ne sont pas toujours les mêmes en France et en Allemagne. Le thème de la construction des mosquées, bien que suscitant protestations et débats en Allemagne, paraît en effet moins sujet à controverse qu'en France. Ces disputes idéologiques se focalisent bien davantage sur la question de l'accréditation juridique des différents groupes islamiques qui en font la demande, accréditation qui, entre autres, ouvre en principe la voie à l'organisation d'un enseignement religieux à l'école. Tout se passe comme si, ces objets différenciés de controverse d'un espace national à l'autre ne faisaient que renvoyer à des modalités distinctes de reconnaissance de l'islam. Plus précisément, on pourrait, s'agissant de la France, se risquer à avancer ici l'hypothèse selon laquelle, en l'absence de procédures officielles d'accréditation juridique des interlocuteurs islamiques, la portée symbolique que revêt la construction d'une mosquée est accrue. Ces différences en partie induites par des dispositifs juridiques distincts refléteraient des *legal cultures* propres aux deux pays dont on trouve une expression supplémentaire dans le recours différentiel au registre juridique par les mobilisations des acteurs islamiques de part et d'autre du Rhin. Le recours itératif au judiciaire pour régler les différents qui opposent les groupes islamiques aux autorités publiques (concernant des questions aussi diverses que les conditions de production de la viande halal, l'exemption de cours d'éducation physique ou de cours d'éducation sexuelle, ou encore le port du voile par les enseignantes) est sans équivalent en France, quoi qu'il en soit de la judiciarisation du conflit sur le voile islamique. Cette prédilection des acteurs islamiques pour le registre juridique en Allemagne, si elle résulte et reflète une culture juridique allemande caractérisée par une litigiosité (*litigation rate*)[21] particulièrement élevée, est sans doute aussi l'expression d'un rapport au droit distinct dans les sociétés turques et maghrébines.

21. *Ehrhard Blankenburg, « Changes in Political Regimes and Continuity of the Rule of Law in Germany », dans Herbert Jacob* et al. *(dir),* Courts, Law and Politics in Comparative Perspective, *New Haven (Conn.), Yale University Press, 1996, p 249-314.*

Cette dernière observation suggère d'être attentif aux effets de différenciation inhérents aux contextes d'origine des populations issues de l'immigration dont proviennent en France et en Allemagne les acteurs islamiques. Les champs islamiques français et allemand présentent à cet égard d'indéniables spécificités. Le champ islamique semble moins intégré en France qu'en Allemagne. La domination de l'islam en Allemagne par les organisations turco-islamiques plus ou moins concurrentes n'est sans doute pas étrangère à cette situation de plus grande cohésion. Cette prééminence des organisations turco-islamiques découle certes de la surreprésentation des populations turques ou d'origine turque au sein de la population professant l'islam en Allemagne. Mais elle est bien davantage imputable à la manière dont l'islam s'est presque immédiatement constitué en enjeu politique au sein du champ migratoire, conçu comme base arrière des mouvements politiques antikémalistes. À l'inverse, la configuration nettement plus éclatée et centrifuge du champ islamique en France renvoie à la diversité de provenance des populations et à l'absence d'un centre de gravité organisationnelle tel que celui produit par les conflits existant entre les différentes organisations turco-islamiques en Allemagne. Ce ne sont là que quelques pistes d'analyse qui mériteraient assurément des approfondissements.

Ainsi, les contextes nationaux, en offrant des ressources symboliques et matérielles différentes, sans enfermer le jeu des acteurs ni le prescrire, ne sont pas sans effets sur la configuration que prend la gestion publique de l'islam de part et d'autre du Rhin. Or, tout se passe comme si, plus les questions relatives à l'islam montent en généralité, plus la prise de ces cultures politiques sur l'action se renforce.

Mise à l'agenda de l'intégration de l'islam et effets accrus des grammaires publiques nationales

Le processus d'invention balbutiante d'une action publique au niveau local se double progressivement d'une montée en généralité du problème de l'islam qui outrepasse le contexte local pour accéder à la scène nationale. Cette percée de la question sur les scènes nationales stimule une volonté politique d'alignement des pratiques et de mise en cohérence des normes d'action qui accroît les effets structurants des grammaires publiques nationales. À certains égards, ce processus que l'on qualifiera ici de normalisation de l'action publique relative à l'islam, qui va de pair avec l'élaboration d'un discours politique à son sujet, donne à voir des *policy styles* allemand et français.

Vecteurs et opérateurs du changement d'échelle du problème

Plusieurs dynamiques favorisent la diffusion du problème de l'islam à l'échelle nationale. À plusieurs égards, la conflictualisation de la question consiste en un premier vecteur de changement d'échelle de traitement du problème. Et cela, pour plusieurs raisons. Premièrement, on ne saurait assez insister sur la caisse de résonance à la fois régionale et nationale qu'offrent les médias à des événements *a priori* isolés localement. Cette re-contextualisation nationale d'événements locaux contribue à l'élargissement de la scène du débat. Elle favorise la mise en relation de conflits épars. L'orchestration médiatique de certains événements locaux, tels que les conflits ayant trait au port du voile dans un établissement scolaire, à la construction d'une mosquée dans une ville ou encore à l'organisation des cours de religion islamique à l'école, en accédant à la scène médiatique nationale, font figure de déclencheurs, voire d'accélérateurs de diffusion du problème. Le conflit est aussi vecteur de généralité en ce sens qu'il sollicite ou provoque dans certains cas des arbitrages extérieurs à la situation locale qui contribuent eux aussi à faire changer d'échelle au problème. C'est ainsi que le conflit du voile de 1989 n'est plus seulement un problème entre des jeunes filles musulmanes, leurs parents, les enseignants et le proviseur du lycée de Creil enracinés localement, mais devient un objet de conflit entre une administration centralisée – l'Éducation nationale – et une revendication identitaire islamique, en même temps qu'un débat de société d'envergure nationale. On pourrait faire le même commentaire à propos du conflit qui s'est noué autour du cas deFérestha Ludin, enseignante stagiaire qui s'est vue interdire le droit d'enseigner en raison de son voile islamique. Au-delà même de l'affrontement entre la jeune femme et l'administration scolaire du Bade-Wurtemberg, ce cas a provoqué un débat généralisé sur la question du port du foulard à l'école en Allemagne.

La transformation progressive de la position et du statut des personnes se réclamant de l'islam de part et d'autre du Rhin est un second facteur favorisant le changement d'échelle du problème. La population de culture musulmane, si elle continue de se distinguer sociologiquement par sa marginalisation socio-économique, n'en est pas moins représentée désormais par des intermédiaires disposant d'un plus fort capital social, économique et relationnel, et maîtrisant mieux l'ensemble du répertoire de l'action collective. Cette évolution s'accompagne de la constitution de réseaux d'organisations engagées dans une course à la représentativité qui favorise la visibilité du fait islamique sur les scènes nationales.

La perspective de l'intégration nationale et citoyenne des musulmans, *ipso facto* la transformation de l'islam en religion de Français et d'Allemands, ne reste évidemment pas sans effets symboliques. On peut remarquer à cet égard une forte corrélation entre la prise de conscience publique de cette transformation fondamentale, qui touche aussi au statut politique des musulmans désormais électeurs, et la prise en charge du problème de l'islam par les autorités politiques au niveau national.

Il n'est pour s'en convaincre que d'observer la manière dont la réforme du droit de la citoyenneté en Allemagne a contribué à propulser la question de l'islam sur la scène fédérale, alors qu'elle était jusque-là plutôt restée cantonnée dans le cadre des États fédérés. En effet, à peine la réforme a-t-elle été mise sur le métier que les acteurs politiques, de rang fédéral, le président de la République, le président du Bundestag, certains des ministres fédéraux ou députés du Bundestag ont multiplié les déclarations sur l'avenir de l'islam en Allemagne. Les partis politiques se saisissent également de la question, comme en témoigne l'audition sur l'islam en Allemagne[22] organisée par la fraction parlementaire du Bundestag de la CDU. La question fait son entrée dans l'arène parlementaire fédérale *via* une question (*grosse Anfrage*)[23] posée par un groupe de députés appartenant à la CDU donnant lieu, quelques mois plus tard, à la présentation d'une réponse détaillée de cent pages émanant du ministère de l'Intérieur[24].

Ce glissement du niveau local au niveau national s'accompagne, dans les deux pays, d'un recadrage progressif du problème : non que cette montée en puissance d'acteurs politiques de rang national ou fédéral ne change radicalement la donne, mais bien plutôt que l'action d'explicitation des normes en précise les contours. De plus, dans un cas

22. *Cf.* Islam in Deutschland, *Dokumentation eine Anhörung der CDU/CSU-Bundestagsfraktion, décembre 1999.*
23. *Deutscher Bundestag, Drucksache 14/2301.*
24. *Antwort der Bundesregierung, Deutscher Bundestag, Drucksache 14/4530.*

comme dans l'autre, cette entrée en scène de l'État comme acteur de l'intégration de l'islam marque une étape importante, puisqu'elle témoigne d'une « prise en compte » du problème et implique sa prise en charge partielle par des institutions de rang national.

Le débat porte dès lors moins sur la légitimité de la présence de l'islam dans les sociétés nationales que sur les possibilités et les modalités de son intégration. Quelles que soient ces modalités, l'intégration de l'islam est désormais présentée par les autorités politiques comme une évidence et une nécessité. Le nouvel argumentaire se présente en termes de justice et d'égalité : il en va de la crédibilité des valeurs démocratiques et de celles de l'État de droit. Il en va de la sécurité : intégrer l'islam peut constituer une réponse au risque de développement de l'islamisme qui se développe sur le terreau des frustrations générées par l'exclusion économique, sociale et politique. C'est enfin une affaire de cohésion sociale : intégrer l'islam suppose un mouvement dialectique d'ajustement entre la société d'accueil et les nouveaux entrants indispensable à l'enraiement du développement de la ghettoïsation, qu'on tend à désigner plutôt par le terme de « communautarisme » en France, par celui de « sociétés parallèles » en Allemagne.

Dès lors que ce principe de reconnaissance de l'islam comme l'une des composantes légitimes des paysages français et allemand est affirmé, se pose la question de la « normalisation » de la situation de cette religion. Cette normalisation n'implique pas seulement un plaidoyer en faveur d'un alignement de l'islam sur les autres cultes présents historiquement, comme le suggèrent les différentes prises de position de diverses autorités. Elle implique également une action de mise aux normes de l'islam dont les *modus operandi* reflètent en partie des *policy styles* distincts.

La normalisation à la française : la régulation top-down

En France, la mise en cohérence des normes de l'islam, mise aux normes qui concerne autant l'islam que les autorités censées les faire appliquer, remonte aux années 1990. Elle se manifeste, d'une part, par l'entrée en scène de l'État central pour arbitrer des conflits locaux, et notamment du ministère de l'Intérieur qui s'érige un peu en « propriétaire » du problème, d'autre part, par la mise en œuvre d'une politique visant à organiser l'islam de France. Trois conflits rendent en effet manifeste la prise en charge de la question de l'islam par les autorités centrales :

l'affaire de la destruction de la mosquée de Charvieu-Chavagneux en 1989, celle du référendum local organisé à propos de la mosquée de la ville de Libercourt par le premier magistrat de la ville en 1992, celle de l'affaire du voile islamique du lycée Gabriel-Havez de Creil en 1989.

Les deux premières affaires provoquent un ferme rappel à l'ordre du pouvoir central (en l'espèce du ministère de l'Intérieur) qui se prose dès lors en garant de la défense des libertés publiques. En 1989, le ministre en exercice, Pierre Joxe, rappelle à propos de l'affaire de Charvieu-Chavagneux que « la République assure la liberté de conscience et garantit la liberté de culte ». Localement, le préfet de l'Isère (département dont relève la commune de Charvieu) s'emploie à ce que les musulmans puissent disposer d'un nouveau lieu de culte. Dans le même esprit de régulation de contrôle, deux ans plus tard, le ministre, Philippe Marchand, exige que la préfecture du Pas-de-Calais, département dont relève la commune de Libercourt, prennent les mesures qui s'imposent pour que soit respectée la liberté du culte. Estimant que celle-ci ne saurait être fonction des consultations populaires ou des consultations territoriales, le ministre insiste notamment pour que la neutralité du droit de l'urbanisme trop souvent dévoyée à effet de s'opposer à l'édification d'un lieu de culte islamique soit respectée[25].

Ces différents arbitrages de l'État central en faveur de la population musulmane, largement commentés par les médias, valent ici d'être soulignés. Non seulement parce qu'ils sont révélateurs du mécanisme de régulation croisée propre au système politico-administratif centralisé, mais aussi parce qu'ils entérinent un tournant dans la gestion publique de l'islam[26]. Ces interventions successives des ministres de l'Intérieur, dont on redécouvre à l'occasion qu'ils sont ministre de l'Intérieur et des Cultes, traduisent plus fondamentalement la prise en charge du dossier par les autorités centrales, par ailleurs interpellées par une autre affaire qui connaît un extraordinaire retentissement médiatique : celle du voile islamique. Cette affaire avait conduit le ministre de l'Éducation nationale, Lionel Jospin, à saisir le Conseil d'État d'une demande d'avis sur la compatibilité entre le port de signes d'appartenance à une communauté religieuse et le principe de laïcité de l'école. Ce recours à l'arbitrage

25. *Claire de Galembert, « De l'inscription de l'islam dans l'espace urbain »,* Les Annales de la recherche urbaine, *68-69, septembre-décembre 1995, p. 184.*

26. *Michel Crozier et Jean-Claude Thoenig, « La régulation des systèmes organisés complexes »,* Revue française de sociologie, *16 (1), 1975, p. 3-32.*

juridique de la plus haute juridiction administrative[27] traduit bien l'embarras dans lequel se trouve alors le gouvernement. Il est l'expression évidente d'une quête de repères stables susceptibles d'encadrer les pratiques des acteurs sur le terrain, même si cette demande d'avis n'a pas obtenu l'effet de pacification escompté par les gouvernants en place.

La mise en œuvre d'une politique d'organisation de l'islam de France inaugurée en 1990 par le ministre de l'Intérieur, Pierre Joxe, et reprise par l'ensemble de ses successeurs de droite comme de gauche, constitue le second indice traduisant la mise à l'ordre du jour de la « normalisation » de l'islam (au double sens de banalisation et de mise aux normes) et témoignant de l'entrée en scène de l'État central comme instance de régulation de l'islam en France. De la mise sur pied par Pierre Joxe du Conseil de réflexion sur l'islam en France (CORIF) en 1991 à la création au printemps 2003 du Conseil français du culte musulman (CFCM), l'idée reste la même : il faut doter l'islam d'une structure représentative d'envergure nationale qui puisse à la fois faire office d'interlocuteur des pouvoirs publics et d'instance régulatrice de la prétendue « communauté musulmane »[28]. Cette succession d'initiatives répond officiellement à un triple souci : « domestiquer » l'islam en le dégageant des influences étrangères, favoriser l'émergence d'un islam modéré, remédier enfin à la discrimination de fait dont sont victimes les musulmans en raison de leur extériorité à la culture nationale et aux peurs que suscite l'islam. L'analyse de la situation que livre *a posteriori* Pierre Joxe de sa décision de travailler à l'organisation de l'islam de France, à défaut de refléter la réalité, traduit du moins la perception qu'on pouvait en avoir au début des années 1990 :

27. Le Conseil d'État a posé le principe pour les élèves du droit d'exprimer et de manifester leurs croyances religieuses à l'intérieur des établissements scolaire, dès lors qu'elles ne contreviennent ni à l'ordre public ni à la règle de l'assiduité scolaire ni à la sécurité de l'élève. Une circulaire rédigée par le ministère a aussitôt été diffusée dans les établissements scolaires, suscitant bien des protestations et conduisant à la multiplication des litiges juridiques.

28. La continuité de cette politique, en dépit de l'alternance politique, a été soulignée par Jean-Pierre Chevènement estimant qu'il s'agit là « ni d'une cause de droite ni d'une cause de gauche mais tout simplement d'une cause nationale qui devait échapper à toute récupération politique » (conférence de presse de Jean-Pierre Chevènement, 28 janvier 2000).

> « Le constat le plus évident et le plus préoccupant pour les pouvoirs publics demeure l'absence d'autorité religieuse individuelle ou collégiale, légitime détentrice de la "parole religieuse". Sans "représentants officiels", les musulmans qui vivent en France ne peuvent proposer guère d'interlocuteurs musulmans fiables aux pouvoirs publics pour aménager certaines conditions pratiques liées à l'exercice du culte. Aucune demande de manifestation religieuse importante, aucun aménagement, aucune dérogation ne peut être facilement examinée par les administrations, toutes émanant de responsables religieux locaux dont la légitimité est aléatoire. Tout doit être négocié localement entre les communes, les administrations, les représentants de l'État, au gré des pressions, des sympathies, des influences. La plupart du temps, les autorités sont mises devant le fait accompli, embarrassées par la conduite à tenir, hésitant entre le respect inspiré par l'exercice du culte et le principe de la laïcité de l'État, souvent l'un et l'autre mal compris[29]. »

Les propos de Pierre Joxe, en mettant l'accent essentiellement sur le problème que pose l'absence d'interlocuteur représentatif des musulmans, ont certes pour objet de justifier *a posteriori* l'initiative qu'il a prise quelque dix ans auparavant dans le cadre de ses fonctions de ministre de l'Intérieur en faveur de l'organisation de l'islam de France. Ils n'en soulignent pas moins un climat d'incertitude normative favorable à la résolution au cas par cas au gré des circonstances, mettant ainsi en exergue l'enjeu de cette régulation : l'élaboration de normes d'action publique implique un processus de définition conjointe des normes d'action publique et des normes religieuses.

En cela, les préoccupations qu'elle manifeste ne sont sans doute pas fondamentalement différentes de celles qu'expriment depuis quelques années les autorités publiques allemandes, comme nous le verrons ci-après. Il n'en demeure pas moins que cette volonté d'organiser « par le haut » une instance qui centraliserait la représentation de l'islam est typique d'un régime d'action publique marqué doublement par une tradition centralisatrice et par celle d'un État fort se concevant en somme comme le grand ordonnateur du social[30].

29. *Pierre Joxe,* L'Édit de Nantes, une histoire pour aujourd'hui, *Paris, Hachette, 1998, p. 338.*
30. *La loi sur le port des insignes religieux dans les établissements scolaires du secondaire, dont la promulgation est intervenue après la rédaction de cet article, participe de cette logique.*

Normalisation à l'allemande : entre régulation polycentrique et juridique

Le *modus operandi* de la normalisation de l'islam est assez différent en Allemagne. La réforme de la loi sur la citoyenneté, en faisant tomber une barrière symbolique qui séparait jusqu'alors les Allemands de leurs immigrés, a propulsé la question de l'islam sur le devant de la scène nationale. La nouvelle loi sur la nationalité, expurgée de la clause donnant droit à la double nationalité, a été votée à une très large majorité au Bundestag, le 7 mai 1999. Elle marque une évolution considérable du droit de la nationalité en donnant la préséance au sol sur le droit du sang[31]. Le statut de citoyen n'est pas seulement conçu comme la juste contrepartie de leur contribution à la bonne marche de l'économie allemande ; il est aussi conçu comme le symbole d'une transformation de l'idéal national exigeant une mise en conformité du dispositif législatif avec la réalité. À l'idéal d'une *Kulturnation*, véhiculé par la loi de la nationalité de 1913, s'oppose désormais avec vigueur l'idée d'une *Staatsnation* qui renforce l'ancrage de l'Allemagne dans l'espace démocratique européen. Cette réforme – dont l'un des buts est d'enrayer le phénomène de marginalisation des étrangers[32] – a incontestablement précipité le processus d'émergence de l'islam dans l'espace

31. D'un côté, elle introduit une « bonne dose de droit du sol ». Au titre du paragraphe 4 de la loi, tout enfant né en Allemagne bénéficie automatiquement de la nationalité allemande, si l'un de ses parents réside légalement depuis au moins huit ans sur le territoire allemand. De l'autre côté, elle relativise la toute-puissance d'un ius sanguinis *qui donnait un droit à la nationalité aux personnes d'origine allemande expatriées depuis plusieurs générations.*

32. Dans une interview accordée au journal Le Monde, *le ministre de l'Intérieur, Otto Schily, interrogé sur ladite réforme, la présentait comme une mesure destinée à prévenir les risques d'explosion sociale dus à la marginalisation des étrangers. « Les Turcs immigrés en Allemagne ressentent aussi un sentiment croissant d'éloignement vis-à-vis des Allemands qui est difficile à surmonter. Si nous laissons cela s'empirer, nous allons nous retrouver dans une situation dangereuse. [...] Nous assistons à l'émergence de ghettos. Les enfants dont les grands-parents ont émigré de Turquie vers l'Allemagne ont tendance à ne pas maîtriser la langue allemande, indispensable pour s'intégrer. C'est un signe très inquiétant, qui montre que les gens se replient sur leur identité turque et n'ont pas le sentiment de faire partie intégrante de la société allemande. » (*Le Monde, *19 février 1999.) Sur la nécessité de pratiquer une véritable politique d'intégration débouchant sur la naturalisation pour lutter contre la formation de ghettos règne un certain consensus dans la classe politique allemande. Le député FDP Westerwelle le rappelle lors de l'adoption du projet final : « Qui veut mettre un terme à la ghettoïsation dans les villes doit avant tout combattre la ghettoïsation dans la tête des enfants. »*

public auquel nous assistons depuis la réunification allemande. De fait, elle change radicalement la doctrine – au reste, plus implicite qu'explicite – sur laquelle reposait la gestion publique de l'islam en Allemagne, davantage fondée sur l'idée d'une délégation de la question à l'État turc que sur celle d'intégration nationale. Otto Schily, ministre de l'Intérieur du gouvernement Schröder et maître d'œuvre de la réforme du droit de la nationalité entrée en vigueur en janvier 2000, a ainsi clairement plaidé en faveur d'une politique d'ouverture à l'islam. Il estime en effet que l'islam devrait à plus ou moins court terme bénéficier d'un statut identique à celui des Églises chrétiennes[33], rejoint dans cette conviction par Johannes Rau, le président de la République fédérale[34]. De manière significative, la question de l'avenir de l'islam en Allemagne a fait son entrée dans l'arène parlementaire fédérale, et cela, par le biais d'une question posée par la fraction CDU, qui a par ailleurs organisé en 1999 une audition sur ce thème. Plus récemment, Marieluise Beck, annonçant la création d'un Conseil des religions (Rate des Religionen), affirmait : « Après le 11 septembre, il est devenu évident que la naturalisation de l'islam en Allemagne constitue un défi d'intégration politique, et qu'il est urgent que cette question soit mise à l'ordre du jour. L'intégration, avec un "R" comme religion – ajoute-t-elle – n'en est en Allemagne qu'à ses débuts[35]. » L'Ausländerbeauftragte der Bundesregierung fixe là un objectif politique, de même que le fait la réponse extrêmement documentée du gouvernement à la *grosse Anfrage* de la fraction CDU du Bundestag qui affirme que le gouvernement fédéral fera, dans les limites de ses compétences et de ses possibilités, tout ce qu'il pourra pour accompagner en soutenant ce processus d'intégration[36].

33. Frankfurter Allgemeine Zeitung, *14 janvier 1999.*
*34. Johannes Rau s'est en particulier prononcé en faveur d'un cours de religion à l'école : « Les personnes qui sont venues chez nous ont peut-être abandonné leurs liens géographiques avec leur pays d'origine mais pas leur lien spirituel. De ce fait, elles ont non seulement le droit de cultiver leur conviction religieuse, mais aussi de la transmettre à leurs enfants. » (*Berliner Morgenpost, *4 mars 2000.)*
35. Vom Dialog zur Kooperation. Die Integration von Muslimen in der Kommunen, *Dokumentation eines Fachgespräches, n° 12, Berlin et Bonn, Services de la Bundesausländerbeauftragte, mai 2002, p. 5. Voir également le document « Fünf Thesen über den Umgang mit religiöser Vielfalt unter dem deutschen Verfassungsbogen », Berlin, 20 mars 2004. Discours prononcé à l'occasion de la manifestation « Untergang des Abendlandes ? Die Verfassungspolitischen und gesellschaftlichen Auswirkungen des Kopftuchstreits », Tutzing, Evangelischer Akademie Tutzing.*
36. « Fünf Thesen über den Umgang mit religiöser Vielfalt unter dem deutschen Verfassungsbogen », Berlin, 20 mars 2004, p. 3.

Toutefois, la marge d'action de l'État fédéral est nettement plus réduite que celle de l'État français, puisque la question des rapports entre l'État et les communautés religieuses se trouve être du ressort des communes et des *Länder*. Tout au plus, les autorités fédérales peuvent-elles faire des recommandations et favoriser les procédures de concertations permettant la confrontation de points de vue, d'expériences et de projets issus des différents *Länder*[37]. La régulation publique de l'islam reste ainsi marquée par le polycentrisme propre au système fédéral puisque chaque *Land* a pleine liberté, dans la limite du respect des principes posés par la Loi fondamentale, d'organiser ses rapports avec cette nouvelle religion et ses divers représentants. La diversité des solutions plus ou moins provisoires apportées à la question brûlante de l'organisation des cours de religion à l'école (sur laquelle nous ne nous étendrons pas, tant elle a été bien documentée par ailleurs[38]), ou encore à celle du port du voile par les enseignantes, traduit bien ce mode de régulation propre au fédéralisme allemand. De même peut-on en voir une bonne illustration dans la manière dont la cour constitutionnelle de Karlsruhe, statuant en 2003 sur le cas d'une enseignante voilée, a rappelé aux *Länder* qu'il leur revenait, s'ils jugeaient l'état du droit insatisfaisant, de prendre l'initiative de le changer *via* l'action législative des parlements des États fédérés, seuls habilités à ce jour à promulguer une loi concernant une telle question.

Cette esquisse rapide de logiques allemande et française de normalisation de l'islam fait certes ressortir d'évidentes distinctions nationales. L'action de standardisation qu'elle implique s'énonce aux moyens de

37. *À l'instar de ce que s'emploie à faire depuis plusieurs années l'Ausländerbeauftragte der Bundesregierung en favorisant l'organisation de rencontres entre responsables d'organisation islamiques, experts scientifiques, acteurs publics, etc., sur des thèmes précis, donnant lieu à des documents de synthèse, voire à des recommandations. Voir, en particulier,* Islamischer Religionsunterricht an staatlichen Schulen in Deutschland. Praxis-Konzepte-Perspektiven. Dokumentation eines Fachgespräches. Beauftragte der Bundesregierung für Ausländerfragen, *Berlin et Bonn, 2000 ; et aussi* Vom Dialog Zur Kooperation. Die Integration von Muslimen in der Kommune, *Dokumentation eines Fachgespräches, Berlin et Bonn, mai 2002.*

38. *Ali-Özgür Özdil,* Aktuelle Debatten zum Islamunterricht in Deutschland : Religionsunterricht, Religiöse Unterweisung für Muslime, Islamkunde. Studien zum interreligiösen Dialog, *Hambourg, E. B.-Verlag, 1999. Voir aussi* Islamischer Religionsunterricht an staatlichen Schulen in Deutschland. Praxis - Konzepte - Perspektiven, *Dokumentation eines Fachgesprächs, Beauftragter der Bundesregierung für Ausländerfragen, n° 8, Berlin et Bonn, septembre 2000.*

grammaires politiques en partie tributaires des histoires et mémoires collectives qui différencient sans les déterminer les modalités de traitement du fait islamique dans les deux pays. Ne s'en dégage pas moins un phénomène de convergence sur lequel il semble opportun d'attirer l'attention. Ce parcours croisé donnant à voir la mise en place d'un processus de régulation nationale de l'islam témoigne bien, dans un cas comme dans l'autre, de l'entrée en scène de l'État sur les scènes islamiques nationales en cours de constitution. En creux de cette entrée en scène se lisent tout d'abord les incertitudes organisationnelles de l'islam transplanté ainsi qu'une demande de repères de la part des acteurs aux prises avec sa gestion publique. La « normalisation » de l'islam a ainsi pour corollaire une action de standardisation de l'action publique à son endroit : l'un ne peut aller sans l'autre. Considérée sous l'angle de cette double dynamique, l'action de régulation étatique, telle qu'elle se déploie en France et en Allemagne, se trouve aujourd'hui confrontée aux fluctuations qui travaillent les champs islamiques français et allemand. En Allemagne, et *a fortiori* en France, les pouvoirs publics ont à faire à des champs islamiques encore extrêmement mouvants et instables.

Chapitre 7

LA POLITIQUE DE LA LANGUE : ENTRE INTÉGRATION ET RECONNAISSANCE DE LA DIFFÉRENCE[1]

Nikola TIETZE

Depuis quelques années, les médias de la République fédérale d'Allemagne soulignent la méconnaissance par les immigrés de la langue allemande. Il s'agirait là d'un problème d'intégration d'un « genre nouveau ». Les questions linguistiques n'avaient, en effet, guère influencé le débat sur la différence des « étrangers » qui étaient inévitablement « autres » par leur nationalité et donc par leur culture en général. L'entrée en vigueur de la réforme du code de la nationalité, en 2000, a en revanche renversé les significations des différences en Allemagne et, entre autres, poussé la connaissance de l'allemand au premier plan dans les processus de distinction entre ceux qui seraient « intégrables » et ceux qui devraient rester « étrangers ». Alors que le maintien et le soutien de la langue d'origine se trouvaient au centre de l'attention politique et pédagogique jusqu'aux années 1990 – aussi bien pour assurer un retour des immigrés dans leur pays d'origine que pour respecter leur culture d'origine –, les nouvelles politiques de l'intégration,

1. *Cet article a été traduit de l'allemand par Anne David.*

notamment stipulées par la loi d'immigration de 2005 (*neues Zuwanderungsgesetz*) insistent sur l'apprentissage de l'allemand, et le valorisent en accordant des statuts de séjours stables en lien avec l'épreuve de sa connaissance.

En France, en revanche, ni l'enseignement de la langue maternelle aux enfants d'immigrés, ni l'apprentissage de la langue française n'ont occupé une position remarquable dans la politique d'intégration. En effet, les premiers travailleurs étrangers avaient été recrutés dans les anciennes colonies (États du Maghreb, en particulier l'Algérie, et autres pays africains). La connaissance du français semblait être un acquis implicite de la politique coloniale et donc une évidence. En 1974, après l'arrêt du recrutement de la main-d'œuvre étrangère et les débuts du regroupement familial, on a fait confiance à la capacité d'assimilation linguistique de l'école, censée faire automatiquement des enfants d'immigrés des citoyens parlant français[2]. Cependant, cette politique implicite de la langue tente de renoncer à des mesures particulières pour des groupes spécifiques, et, depuis la fin des années 1990, il lui est reproché d'être insuffisante[3]. En même temps, dans les instances régulant les politiques d'intégration, on recherche des liens possibles entre reconnaissance de la différence et garantie de l'égalité. Dans ce contexte, la réforme de l'enseignement des langues d'origine apparaîtrait comme une politique de reconnaissance compatible avec les valeurs républicaines[4].

2. Le résultat de cette politique implicite de la langue à l'égard des immigrés, qui ne semble pas nécessiter de débats publics ni de programmes politiques, est exprimé ici par un homme de trente ans avec les mots suivants : « Oui, ils parlent le kabyle. Ma mère quand j'étais petit, elle m'a dit : "Va chercher du pain !" ou des choses comme ça en kabyle. Je le comprends. [...] Enfin, mes parents parlent en kabyle et je parle en français. Même maintenant, je n'ose pas leur parler en kabyle. Je ne sais pas assez. Enfin, je n'ai jamais vraiment parlé avec mes parents. Non, on ne parle pas vraiment ensemble. » (interview effectuée au sein de l'Association de la culture berbère [ACB], dans le cadre d'un travail de recherches sur l'identification avec la communauté linguistique kabyle, 24 avril 2001). Voir également A. I. Hassanain, « La communication verbale au sein de la famille immigrée en France », Le Furet, *19, 1996, p. 36-38 ; Patrick Simon, « L'acculturation linguistique. Utilisation du français et transmission de la langue des immigrés à leurs enfants »,* Migrants-formation, *108, 1997, p. 53-66.*

3. Christine Candide, « Apprentissage de la langue. Vers une lente émergence d'un droit », VEI Enjeux, *125, juin 2001, p. 108-117 ; Marie Lazaridis, « La scolarisation des enfants de migrants : entre intégration républicaine et mesure spécifique »,* VEI Enjeux, *125, juin 2001, p. 198-208.*

4. Haut Conseil à l'intégration, Liens culturels et intégration. Rapport au Premier ministre, *Paris, La Documentation française, 1995, en particulier p. 21-22, et p. 85.*

La revalorisation de la langue nationale pour une intégration politique dans la société de la République fédérale, d'un côté, et les tentatives de reconnaissance de compétences linguistiques particulières encourageant l'intégration dans la République française, de l'autre, donnent lieu à des convergences entre les politiques de la langue en France et en Allemagne. Les enquêtes historiques ont toujours souligné les différences entre les deux pays dans leur rapport à l'État, la nation et la langue. Ces différences semblent passer à l'arrière-plan et faire place à une politique complexe, parcourue de contradictions et de principes divergents[5]. Les processus de construction de l'État national, dans les deux pays, sont généralement considérés comme des paradigmes pour des conceptions discordantes de la langue nationale, voire de la nation même. La langue allemande a servi, depuis le romantisme, à justifier une identité nationale, qui a devancé la création d'un État, tandis que la langue française a toujours été un moyen pour l'État de se constituer et de se légitimer[6]. Elle est en ce sens liée à la transmission et à la propagation de valeurs républicaines[7]. L'allemand a, en revanche, été considéré comme le vecteur décisif pour l'appartenance à la *Kulturnation*[8]. Mais, face à la diversification des relations sociales due à l'immigration, et face aux développements supranationaux (processus d'unification européenne, tendances à la mondialisation économique...), qu'est-il advenu de ces conceptions de la langue nationale ? Impliquent-elles

5. *Renée Balibar,* L'Institution du français. Essais sur le colinguisme des Carolingiens à la République, *Paris, PUF, 1985 ; Eugen Weber,* La Fin des terroirs. La modernisation de la France rurale. 1870-1914, *Paris, Fayard, 1984 ; Anthony R. Lodge,* Le Français. Histoire d'un dialecte devenu langue, *Paris, Fayard, 1997 (version anglaise, 1993) ; Thomas Nipperday,* Deutsche Geschichte : 1800-1866. Bürgerwelt und starker Staat, *Munich, Beck, 1983.*
6. *Ulrich Bielfeld,* Nation und Gesellschaft. Selbstthematisierungen in Frankreich und Deutschland, *Hambourg, Hamburger Edition, 2003, p. 110-186 (Voir notamment le chapitre sur Johann Gottlieb Fichte et Maurice Barrès).*
7. *William Safran, « Politics and Language in Contemporary France : Facing Supranational and Infranational Challenges »,* International Journal of the Sociology of language, *137, 1999, p. 39-66.*
8. *Johann Gottlieb Fichte,* Reden an die Deutsche Nation, *Hamburg, Felix Meiner Verlag 1978 [1re éd. 1808], particulièrement, « Vierte Rede. Hauptverschiedenheit zwischen den Deutschen und den übrigen Völkern germanischer Abkunft », p. 58-74. Thomas Nipperdey écrit à propos du lien entre nationalisme et romantisme : « Les Allemands sont, à travers leur langue, leur style de vie et d'expression et leur histoire, un peuple [...]. Il s'agit maintenant [dans la seconde moitié du XVIIIe siècle, NdT] de ne plus seulement constater cette identité nationale, mais aussi de la vouloir, de la saisir, de la maintenir et de la développer. » (Thomas Nipperday,* Deutsche Geschichte, 1800-1866. op. cit., *p. 301.)*

toujours les mêmes définitions de la différence dans les représentations que les nations donnent d'elles-mêmes ?

Pour avancer un début de réponse à ces questions, il faudra reconstruire les développements actuels de la politique de la langue dans le contexte de l'immigration. Dans un deuxième temps, on établira un lien entre ces développements et les orientations générales de politique de la langue en France et en Allemagne. La langue nationale sera considérée comme une institution qui, d'un côté, légitime l'unité, et de l'autre, est supposée toujours renouveler l'unité nationale dans des structures étatiques et sociétales – comme, par exemple, l'école, les lois, les discours politiques, et les médias.

La place de la langue dans la politique allemande d'intégration

Depuis le recrutement de travailleurs étrangers et depuis son arrêt en 1973 (ayant pour conséquence une augmentation du regroupement familial), la question du soutien et de l'acquisition de la langue maternelle des immigrants s'est trouvée au centre de l'attention politique et pédagogique en République fédérale, alors même que l'organisation Sprachverband – Deutsch für ausländische Arbeitnehmer e.V. (Fédération de la langue – Allemand pour travailleurs étrangers) a été fondée en 1974. Cette organisation, qui dispose encore aujourd'hui de moyens fédéraux pour l'enseignement de la langue, a plutôt mené, jusque dans les années 1990, une existence discrète relativement aux objectifs de la politique d'intégration. Dans les rapports de la Bundesbeauftragte für Ausländerfragen des années 1990, le soutien linguistique pour les immigrants est certes abordé, mais détient, en comparaison avec la question de l'institutionnalisation de l'islam, par exemple, un rôle moins important dans les considérations politiques d'intégration, comme si les problèmes liés à la langue dérangeaient moins l'organisation sociale que les pratiques islamiques. En 1993, les auteurs de ce rapport consacrent une seule page à ce soutien, tandis que les divers problèmes de la pratique de la religion musulmane (construction de mosquées, enterrement islamique, enseignement religieux à l'école...) ont leur propre chapitre[9]. En 1995, seule une digression

9. Bericht der Beauftragten der Bundesregierung für die Belange der Ausländer über die Lage der Ausländer in der Bundesrepublik Deutschland 1993, *Bonn, mars 1994, ici p. 68 (Sprachförderung), p. 49-52 (chapitre III.5 « Über die Religionsausübung der Muslime »).*

de deux pages est dédiée au soutien linguistique, tandis que les questions de la gestion de l'islam sont traitées dans un chapitre à part entière[10]. C'est dans le rapport de 1997 que l'apprentissage de la langue se trouve réévalué, pour la première fois, dans une section propre intitulée « langue et intégration », et où il est question de façon explicite de sa fonction dans l'intégration des immigrés dans la société de la République fédérale[11].

En effet, à l'origine, l'objectif politique explicite de la République fédérale était de faire de l'immigration un phénomène temporaire. Les accords bilatéraux avec les pays d'origine pour la mise en application d'un enseignement complémentaire de la langue maternelle paraissaient être, dans les années 1970, un moyen adéquat pour ne pas compliquer ni empêcher un retour des immigrants[12]. Dans les années 1980, ces calculs politiques recevaient le soutien involontaire de pédagogues, de travailleurs sociaux et de chercheurs en sciences sociales, qui ne cherchaient pas à mettre en avant le retour des « travailleurs immigrés », mais qui reconnaissaient plutôt dans le maintien, ou dans la stabilisation de la culture et de la langue d'origine une condition nécessaire à l'épanouissement personnel des enfants de la deuxième génération et des jeunes nouvellement arrivés. Une bonne maîtrise de la langue maternelle augmenterait, du reste, les chances d'apprentissage de la deuxième langue[13]. Cette démarche pédagogique, appelée anciennement *Ausländerpädagogik* (pédagogie pour étrangers), aujourd'hui développée

10. Bericht der Beauftragten der Bundesregierung für die Belange der Ausländer über die Lage der Ausländer in der Bundesrepublik Deutschland, *Bonn, décembre 1995, ici p. 97 (Exkurs : Sprachförderung), p. 49-50 (chapitre II.5. « Über den Islam »).*

11. Bericht der Beauftragten der Bundesregierung für Ausländerfragen über die Lage der Ausländer in der Bundesrepublik Deutschland, *Bonn, décembre 1997, ici p. 42-46.*

12. Les contrats bilatéraux pour le soutien des langues d'origine reviennent moins sur des décisions nationales isolées de l'Allemagne ou de la France. Ils sont l'expression d'une politique impliquée à travers des organisations internationales telles que le Conseil de l'Europe ou la CEE (cf. Antonio Perotti, « L'Europe et la diversité. Interview », Revue internationale d'éducation, *17, 1998, p. 33-44, ici p. 37). En France et en Allemagne, les directives européennes sont appliquées sous la forme d'un enseignement complémentaire relevant des systèmes scolaires respectifs, tandis qu'en Grande-Bretagne, les missions concernées sont déléguées à des associations, c'est-à-dire au secteur privé.*

13. Ingrid Gogolin et Ursula Neumann, « Impulse für das Schulwesen durch schulische Maßnahmen für Minderheiten ? Einige Überlegungen am Beispiel der sprachlichen Bildung », Pädagogik und Schulalltag, *52 (3), 1997, p. 312-320, ici p. 316.*

sous le nom d'*Interkulturelle Pädagogik* (pédagogie interculturelle), et qui correspondait aux objectifs politiques consistant à maintenir une culture d'origine (quelle que soit la manière dont on définit cette identité culturelle), a fortement influencé l'organisation de l'enseignement adressé aux enfants des immigrés[14]. L'instruction complémentaire de la langue maternelle, volontaire et optionnelle, n'est plus seulement offerte par les consulats, mais des cours en écoles primaires sont également institués dans la langue maternelle, avec l'allemand en première langue étrangère. Cela aboutit à la prise en charge, par les autorités scolaires du *Land* en question, de l'enseignement de la langue maternelle et à son intégration dans l'enseignement scolaire général[15]. La compétence des *Länder* en matière de politique scolaire débouche obligatoirement sur une pratique très hétérogène de l'intégration linguistique des enfants immigrés. Ce pluralisme se renforce à travers la distinction, au sein de ce public scolaire, de différentes nationalités, différents niveaux de scolarité avant l'arrivée, et éventuellement différents vœux des parents. Ainsi, il existe une multitude de désignations pour une quantité tout aussi importante de programmes ou structures (classes de transition, cours de soutien ou classes de soutien, classes bilingues, classes préparatoires...). À l'opposé de la politique scolaire française, nationale et centralisée, les autorités scolaires et politiques allemandes ne craignent pas d'appliquer des mesures particulières à des

14. *Pour le débat pédagogique, il faut noter que la* interkulturelle Pädagogik, *dans le disours allemand actuel, est censée mener à des relations sociales intégrées de personnes d'origines culturelles diverses, tandis qu'il est reproché à la* Ausländerpädagogik *un esprit compensatoire et une pensée en termes de déficits d'intégration.*

15. *Ainsi, l'«* insistance *sur l'enseignement de la langue maternelle » est une caractéristique de l'enseignement des langues en Bavière (Die Beauftragte der Bundesregierung für Ausländerfragen,* In der Diskussion : Mehrsprachigkeit an deutschen Schulen. Ein Länderüberblick, *Berlin, 10, 2001, p. 15). Depuis 1982-1983, dans ce* Land, *il existe des classes dites « bilingues » que l'on peut suivre jusqu'à la fin du collège (9e année scolaire). Il y est offert un enseignement de langue et un enseignement de spécialité dans la langue nationale officielle (à l'heure actuelle : grec, italien, serbo-croate, croate et turc) ainsi qu'un enseignement d'allemand 2e langue ou allemand spécialité (*ibid., *p. 14). À Hambourg, depuis les années 1980, il existe une tendance à déplacer la prise en charge de l'enseignement complémentaire sous la compétence des autorités scolaires, de la jeunesse et de la formation professionnelle et son intégration dans l'enseignement classique (*ibid., *p. 23). Dans certaines écoles, on peut également suivre un enseignement de langue maternelle en kurde (cf. Bürgerschaft der Freien und Hansestadt Hamburg, 22 décembre 1998, Drucksache 16/ 1906).*

publics spécifiques. Le concept allemand de *Bildung*, imprégné de néo-humanisme, qui place l'individu et son épanouissement au centre des mesures éducatives, justifie cette démarche et influence encore aujourd'hui les débats pédagogiques en Allemagne[16].

L'impulsion décisive pour le changement de statut de la langue allemande et de son apprentissage ne procède cependant pas de considérations pédagogiques. Il est de nature politique et prend source dans l'entrée en vigueur de la réforme du droit à la nationalité, en janvier 2000. Une connaissance suffisante de l'allemand devient une condition juridique pour la naturalisation.

> « La discussion sur l'importance de l'apprentissage de la langue dans l'intégration des immigrés devient plus pressante et plus concrète. Plus pressante parce qu'avec la disposition, dans le nouveau Code de la nationalité, introduisant des connaissances suffisantes de la langue allemande comme condition à la naturalisation, alors la discussion sur la question des efforts d'acquisition de la langue à exiger des immigrés est encore plus intense[17]... »

Le Code de la nationalité prévoit, en effet, dans le paragraphe 86 (justifications du déboutement) :

> « il n'existe pas de droit à la naturalisation d'après le paragraphe 85, si [...] le candidat à la naturalisation ne dispose pas de connaissances suffisantes de la langue allemande[18]... »

Parallèlement, le gouvernement fédéral formule une politique d'intégration ayant trouvé son ancrage en partie au sein de la loi sur l'immigration (*Zuwanderungsgesetz*) de juin 2002, reformulée en 2004 après son abrogation par la Cour constitutionnelle[19].

16. Heinz Wismann, « L'identité affirmative des Allemands (Entretien) », Projet, *248, 1996, p. 55-61.*

17. Bericht der Beauftragten der Bundesregierung für Ausländerfragen über die Lage der Ausländer in der Bundesrepublik Deutschland, *Berlin, février 2000, ici p. 149.*

18. Deutscher Bundestag, 29 avril 1999, Drucksache 14/867, p. 11.

*19. En décembre 2002, la Cour constitutionnelle avait reconnu des vices de procédure dans le vote de la loi sur l'immigration devant le Bundesrat (22 mars 2002). Après d'âpres négociations entre représentants du gouvernement de la coalition social-démocrate/verte et l'opposition chrétienne-démocrate, une nouvelle version de la loi sur l'immigration (*Zuwanderungsgesetz*)*

> « La société d'accueil doit rendre possible un accès égalitaire au marché du travail et au système éducatif pour les immigrés venus dans la perspective d'un séjour de longue durée, il leur est demandé en contrepartie d'apprendre l'allemand. De plus, ils ont le devoir, comme tout autre citoyen, de respecter et d'observer la Constitution et ses lois. En particulier, l'apprentissage de la langue allemande est une condition importante pour l'intégration. Un apprentissage de la langue aussi rapide et solide que possible se trouve dans l'intérêt du migrant aussi bien que dans celui de la société d'accueil[20] ».

Le concept d'intégration actuel du gouvernement fédéral s'appuie donc sur deux principes : d'une part, les demandes qui sont faites aux immigrants et qui reposent en particulier sur les exigences de « respect de la Constitution et des lois de la République fédérale » ainsi que de « connaissance de la langue allemande », et d'autre part, la promesse de la part des institutions de la République fédérale de garantir les conditions de l'égalité des droits et de la participation pleine et entière à la vie sociale. Le *Integrationskurs* (cours à l'intégration), inspiré de la politique néerlandaise et stipulé dans les paragraphes 43, 44 et 45 de la nouvelle loi sur l'immigration, reflète ce concept et fait donc de l'incitation à l'apprentissage de la langue allemande l'un des points centraux de son programme.

La valorisation des connaissances de l'allemand s'articule, dès lors, avec l'instauration d'une véritable politique d'intégration que l'ancienne République fédérale (avant l'unification de 1990) avait refusé de formuler, en déclarant ne pas être un pays d'immigration[21]. Ce changement de

est adoptée en juillet 2004 (cf. Gesetz zur Steuerung und Begrenzung der Zuwanderung und der Regelung des Aufenthalts und der Integration von Unionsbürgern und Ausländern *[30 juillet 2004], Bundesgesetzblatt I/41, 5 août-2004, p. 1950-2011). Elle est entrée en vigueur le 1er janvier 2005 et consiste en une simplification des titres de séjour, dès lors définis en termes de raisons du séjour. Voir Ulrike Davy, « Das neue Zuwanderungsrecht : Vom Ausländergesetz zum Aufenthaltsgesetz »,* Zeitschrift für Ausländerrecht und Ausländerpolitik, *22 (5-6), 2002, p. 171-179 ; Der Beauftragte für Integration und Migration des Senats von Berlin,* Das neue Aufenthaltsrecht. Fragen und Antworten zum Zuwanderungsgesetz, *Berlin, 2005.*

20. Rapport de la commission indépendante « Immigration », *4 juillet 2001, ici p. 11.*

21. L'unification de la RFA et de la RDA, en 1990, a posé les bases nécessaires à l'introduction du nouveau code de nationalité, en 2000, parce qu'elle a rendu congruentes la citoyenneté et la nationalité allemandes. En ce sens, elle a permis de libérer en partie la conception du national de son lien avec

paradigme transforme la représentation de la différence des immigrés. Ils ne sont plus des étrangers par essence et non immuables en nationaux, comme dans les années 1970 et 1980, mais deviennent des citoyens allemands potentiels avec des différences évolutives et des problèmes spécifiques d'intégration. La représentante du service fédéral, qui a activement participé à la formulation des nouveaux principes, notamment dans le domaine de l'apprentissage de l'allemand, change d'ailleurs son nom au cours de cette redéfinition de politique[22]. La *Beauftragte der Bundesregierung für Ausländerfragen* (chargée du gouvernement fédéral pour les questions des étrangers) est désormais appelée *Integrationsbeauftragte* (chargée d'intégration) ou *Beauftragte der Bundesregierung für Migration, Flüchtlinge und Integration* (chargée du gouvernement fédéral pour la migration, les réfugiés et l'intégration).

Dans le contexte de ces perspectives de politique d'intégration, la langue allemande apparaît éminemment comme un instrument pour assurer l'égalité des chances, en particulier sur le marché du travail et de la formation. Elle n'est donc plus considérée comme un marqueur culturel de la différence. Les connaissances de la langue sont considérées comme une condition pour surmonter les problèmes du quotidien, pour participer à la vie sociale et pour communiquer avec les Allemands et les immigrés d'autres nationalités. Ainsi, les responsables de la politique actuelle d'intégration reviennent au principe qui a mené, en 1974, à la fondation de l'organisation Sprachverband-Deutsch für ausländische Arbeitnehmer e.V, c'est-à-dire :

> « Conformément aux principes du financement des cours de langues par le Sprachverband, l'aide à l'intégration sociale et professionnelle

l'ascendance et de l'ouvrir à des définitions territoriales. C'est ainsi que l'acquisition de la citoyenneté allemande fondée davantage sur un droit du sol devient possible dans la loi sur la nationalité de 2000.

22. *Voir, pour le développement des concepts et du contenu des cours à l'intégration et de la réflexion sur l'apprentissage de l'allemand, Beauftragte der Bundesregierung für die Belange der Ausländer, « Avant-Propos »,* Deutsch lernen – (k)ein Problem ? Sprache und Sprachkompetenz als Instrument der Integration, *Bonn et Berlin, avril 1997, p. 1-10 ; Beauftragte der Bundesregierung für Ausländerfragen,* Anstöße zum Thema Integration I/II *;* Bericht der Beauftragten der Bundesregierung für Ausländerfragen, *février 2000 ; Dagmar Beer-Kern,* Ausbildungssituation von Jugendlichen ausländischer Herkunft. Möglichkeiten und Chancen der Förderung, *Arbeitsstab der Beauftragten der Bundesregierung für Ausländerfragen, mai 2001.*

des travailleurs étrangers et de leur famille est l'objectif premier de ces cours de langues[23] ».

La place de la langue dans la politique française d'immigration

En France, les offres d'apprentissage de la langue pour les travailleurs étrangers sont organisées, depuis les années 1960, dans le cadre de cours d'alphabétisation. Le fait de ne pas pouvoir lire, écrire, ni parler le français fait des immigrés, souvent polyglottes, des analphabètes qu'il faut protéger de l'exclusion sociale[24]. Dans cette perspective, l'apprentissage de la langue est intégré dans des mesures de formation professionnelle qui, à l'origine, étaient organisées, tantôt dans les grandes entreprises, tantôt par des bénévoles dans des associations. En 1971, ces activités sont reconnues par l'État en tant que missions sociales générales et réorganisées dans le cadre d'une loi sur la formation professionnelle. Du fait de la récession économique, qui touche en premier lieu les immigrés, le gouvernement fait de leur formation professionnelle une priorité : en 1975, le Fonds d'action sociale (FAS), rebaptisé en 2002 FASILD (Fonds d'action et de soutien pour l'intégration et la lutte contre les discriminations) est désigné comme organisme qui finance les mesures de formation pour les immigrés[25]. Ainsi, – comme dans le cas des cours d'allemand financés par l'organisation fondée en 1974 Sprachverband- Deutsch für ausländische Arbeitnehmer e.V. – l'apprentissage de la langue devient un instrument pour l'intégration sur le marché du travail et de la formation[26]. En 1987, pour la

23. *Bundesministerium für Arbeit und Sozialordnung,* Forschungsbericht. Evaluation der Sprachförderung Deutsch für ausländische Arbeitnehmer, *Bonn, 1999, p. 17.*

24. *Le problème linguistique des travailleurs étrangers consiste cependant avant tout dans le maniement de plusieurs langues avec différents niveaux de maîtrise, et qui sont liées à différents domaines d'action (leur langue maternelle de la région d'origine dans leur pays d'origine, la langue officielle de cet État, la langue de la religion et les connaissances du français).*

25. *Christine Candide, « Apprentissage de la langue. Vers une lente émergence d'un droit »,* VEI Enjeux, *125, juin 2001, p. 108-117, ici p. 110.*

26. *À partir de 1978, le secrétaire d'État à l'Immigration a fixé des normes de financement et de contenu d'enseignement. Au cours de la loi de décentralisation de 1982 et 1983, qui réduit notamment la compétence exclusive de l'État pour la formation professionnelle, le soutien linguistique des immigrés entre dans le champ politique des régions (cf. Christine Candide, « Apprentissage de la langue », art. cité).*

première fois, le ministère des Affaires sociales et de l'Emploi exprime officiellement son mécontentement à propos du système existant, et entame une réforme de l'enseignement de la langue[27]. Cela se traduit en 1995, entre autres, par une réforme du FAS[28]. Alors qu'auparavant cette institution décidait elle-même de sa politique de financement en fonction des demandes et des besoins des associations, elle est alors transformée en une « organisation fondée sur la commande publique[29] ». La politique d'apprentissage de la langue acquiert alors un nouveau statut : elle devient un domaine de la politique de l'État qui, procédant de besoins identifiés et définis par lui, détermine l'étendue de l'apprentissage de la langue pour le déléguer ensuite à des organisations publiques ou privées. Toutefois, le FAS demeure à la fois la charnière et le pivot organisationnels de la réalisation de cette politique. C'est donc à cette association qu'incombe la responsabilité du droit des primo-arrivants de recevoir deux cents heures de cours dans les deux années suivant leur arrivée, droit inscrit dans la circulaire de 1994 du ministère des Affaires sociales, de la Santé et de la Ville[30]. Depuis l'introduction des fameuses Plates-formes d'accueil en 1999, ce droit a été étendu aux membres étrangers de la famille d'un Français et aux familles réfugiées, a été augmenté à cinq cents heures et a trouvé actuellement sa mise en pratique par le biais du Contrat d'accueil et d'intégration (CAI), expérimenté depuis juillet 2003, qui inclut une journée de formation civique obligatoire et un suivi social facultatif[31].

Parallèlement au problème de l'organisation de l'enseignement de la langue en direction des immigrés adultes, se pose, depuis le début du recrutement des travailleurs étrangers, la question de l'intégration de leurs enfants dans le système scolaire français. Alors que ce problème s'était présenté de manière isolée dans les années 1960, il se transforme en un défi sociétal global, au moins depuis l'augmentation du regroupement familial, à la suite de l'arrêt des recrutements. À partir de 1970, le

27. Ministère des Affaires sociales et de l'Emploi, DPM, bureau Formation-Promotion, 28 août 1987.

28. La réforme de 1995 repose notamment sur un arrêté du ministère des Affaires sociales, de la Santé et de la Ville de 1994 qui prescrit un certain nombre de mesures pour le renforcement de l'intégration des groupes de population immigrés (cf. circulaire de 1994 relative à l'intégration des populations immigrés, cité d'après Christine Candide « Apprentissage de la langue », art. cité, p. 112).

29. Christine Candide « Apprentissage de la langue », art. cité, p. 111.

30. Ibid., *p. 112.*

31. « Le droit à la langue », Comme la ville, *15, septembre 2004, p. 10-11.*

gouvernement publie une circulaire destinée aux recteurs et aux inspecteurs d'académie, dans laquelle il permet, dans les écoles, la création de structures spécifiques pour les enfants d'immigrés[32]. De cette façon, il légitime une pratique déjà existante dans diverses écoles[33]. Mais cette publication est « un petit accroc au sacro-saint principe républicain qui avait prévalu jusque-là d'une même école pour les élèves, français et étrangers[34] ». Un système flexible devrait donc permettre une intégration rapide dans le quotidien scolaire classique, afin de ne pas enfermer les élèves dans une structure scolaire spécifique, ou afin de ne pas les exclure du système classique[35]. Cette doctrine domine, aujourd'hui encore, la politique scolaire face aux primo-arrivants : Jack Lang, ministre de l'Éducation du gouvernement Jospin de 1998 à 2002 réaffirme en 2001 « la nécessité de garder le moins longtemps possible ces élèves dans des classes spécifiques. Ils doivent rejoindre rapidement le cursus classique pour s'intégrer dans le droit commun de la scolarité, plaide-t-on au sein du cabinet Jack Lang[36] ». Cette conception de l'intégration des enfants d'immigrés dans les écoles françaises est supposée trouver, depuis 1975, un soutien, à travers la création des Centres de

32. *Circulaire n° IX 70-37,* Bulletin officiel, *5, 29 octobre 1970.*

33. *Marie Lazaridis, « La scolarisation des enfants de migrants : entre intégration républicaine et mesure spécifique »,* VEI Enjeux, *125, juin 2001, p. 198-208, ici p. 198-199.*

34. Ibid., *p. 199.*

35. *Il s'agit de ce que l'on appelle les CLIN (Classes d'initiation), qui accueillent pendant un an les enfants ayant besoin d'une préparation linguistique au système éducatif français, ou ce que l'on appelle CRI (cours de rattrapage intégrés). Dans le dernier cas, les enfants sont dans les mêmes classes que les enfants francophones et reçoivent un cours de langue supplémentaire de sept à huit heures. Dans une autre circulaire du 25 septembre 1973 (73-383,* Bulletin officiel, *36, 4 octobre 1973), cette politique est poursuivie et une distinction supplémentaire est introduite entre les enfants ayant déjà entamé un parcours scolaire avant leur arrivée en France, et ceux pour qui ce n'est pas le cas. Ces derniers peuvent passer deux ans dans une classe d'adaptation. En 1986, les mesures pour la scolarisation des enfants de migrants sont à nouveau précisées par deux arrêtés (circulaire 86-119,* Bulletin officiel, *13, 3 avril 1986 et circulaire 86-120,* Bulletin officiel, *13, 3 avril 1986) qui sont aujourd'hui toujours en vigueur.*

36. *« L'école mal préparée à l'afflux des enfants non francophones »,* Le Monde, *9 novembre 2001. Pour rapprochement, on pourra se conférer à l'exemple de la Bavière, où le passage d'une classe de transition bilingue à une classe « classique » doit se produire – si possible – après la fin de l'école élémentaire ou au début du collège (4e, 5e ou 6e année de scolarisation) (cf. Die Beauftragte der Bundesregierung für Ausländerfragen,* In der Diskussion : Mehrsprachigkeit an deutschen Schulen. Ein Länderüberblick, *n° 10, Berlin, 2001, p. 14).*

formation et d'information pour la scolarisation des enfants de migrants (Cefisem)[37]. Dans la République fédérale, l'attention politique et pédagogique se concentre, entre les années 1970 et la fin des années 1980, presque exclusivement sur l'enseignement de la langue maternelle, tandis que cet enseignement – appelé Enseignement des langues et cultures d'origine (ELCO) – demeure, en France, largement annexe pour la politique d'intégration. Il s'appuie sur des contrats bilatéraux passés avec les pays d'origine et reste optionnel pour les élèves, rencontre la méfiance de l'opinion publique, en particulier des enseignants et des familles elles-mêmes. Jusque dans les années 1990, il est vu comme un dispositif plutôt suspect[38].

> « L'intégration dans le système éducatif ou tout autre espace social implique le respect des différences entre individus ; c'est ce qui légitimerait le principe d'un enseignement des langues et cultures d'origine. Mais il convient de veiller à ce que cet enseignement n'ait pour effet de radicaliser la différence [...] ; de renforcer des particularismes susceptibles de freiner le processus d'intégration qui, bien évidemment, implique l'appropriation de certains modèles identificatoires proposés par la société française[39]. »

Cependant, comme son équivalent allemand, l'ELCO a ceci d'attractif qu'à travers lui, un retour des familles immigrées semble possible, bien qu'une partie de la souveraineté nationale sur le système éducatif soit déléguée à des États étrangers. Or, l'immigration conservant de moins

37. Depuis l'arrêté 2002-102 du 25 avril 2002, les Cefisem s'appellent CASNAV (Centres académiques pour la scolarisation des nouveaux arrivants et des enfants du voyage) (cf. Annexes « Actualisation de la réglementation », dans VEI Enjeux, *hors série, 4, juillet 2002 ;* Bulletin officiel du ministère de l'Éducation nationale et du ministère de la Recherche, *numéro spécial, 10, 25 avril 2002, p. 113-125).*

38. La méfiance se nourrit avant tout de la suspicion que les enseignants désignés des pays d'origine et le matériel éducatif conçu là-bas pourraient contredire les principes républicains de la socialisation scolaire française. En particulier, les États islamiques sont soupçonnés de mener, au moyen de leur enseignement linguistique, un travail implicite de prosélytisme (cf. Françoise Lorcerie, « L'islam dans les cours de "langue et culture d'origine" : le procès », Revue européenne des migrations internationales, *10 (2), 1994, p. 5-41).*

39. Ginette Barreau, « Enseignement des langues, cultures d'origine et intégration », Notes et Documents, *10, mai 1994, ici p. 3. Les* Notes et Documents *sont publiés par le DPM, qui, par ailleurs, dépend du ministère des Affaires sociales, de la Santé et de la Ville.*

en moins un caractère provisoire, l'argumentation en faveur de cet enseignement complémentaire change également : son intégration dans le système éducatif national ouvre la possibilité de contrôler, au moins en partie, les contenus d'enseignement de ces États étrangers. Son rattachement au domaine privé, c'est-à-dire à la vie associative des migrants, pourrait inciter des groupes militants à prendre en charge cet enseignement[40].

Malgré l'apparente stabilité du système, en ce qui concerne l'intégration dans le parcours scolaire français, une critique grandissante à l'encontre des structures d'accueil et de l'efficacité de la politique de la langue se fait entendre dans la seconde moitié des années 1990. Là où il n'existe pas de structures spécifiques telles que les classes d'initiation ou classes d'accueil, les primo-arrivants sont intégrés dans des classes conçues pour les élèves nés en France et ayant de grosses difficultés à apprendre. De cette manière, il devient impossible de répondre adéquatement aux besoins spécifiques des enfants ayant des lacunes ou n'ayant aucune connaissance préalable du français (et qui ne sont pas pour autant obligatoirement incapables de suivre le contenu des enseignements). La direction de la Population et des Migrations (DPM) a publié, en 2001, une étude dans laquelle on peut lire la remarque suivante :

> « [...] Il nous semble qu'il y a dans ces orientations systématiques une vraie dérive, voire gâchis par rapport aux possibilités cognitives des jeunes primo-arrivants qui, pour certains, ont déjà engagé une scolarité en lycée[41]. »

Les connaissances scolaires acquises par les enfants non-francophones avant leur migration ne sont pas prises en compte[42]. Dans le

40. *Marie Guinot-Delery et Michaela Leuprecht, « L'enseignement des langues et cultures d'origine facilite-t-il réellement l'insertion dans la société d'accueil ? »,* Hommes et Migrations, *1209, 1997, p. 77-87, ici p. 84. L'argument du contrôle des contenus d'enseignement rappelle les débats français et allemand sur la nécessité de l'institutionnalisation de l'islam. Ici aussi, il s'agit de contrôler partiellement la transmission de contenus religieux. Pour cela, il faut introduire une instance officielle de représentation de l'islam (France), ou un enseignement religieux de l'islam intégré dans le système scolaire (Allemagne).*

41. *« Les jeunes primo-arrivants âgés de 15 ans et plus. Approche des situations et parcours à travers les instances chargées de leur accueil, de leur orientation et de leur formation »,* Migrations Études, *102, novembre 2001, p. 12.*

42. *« L'école mal préparée à l'afflux des enfants non francophones »,* Le Monde, *9 novembre 2001.*

même temps, il existe dans de nombreux collèges de banlieue une hiérarchisation entre de « bonnes » classes et ce que l'on appelle des classes « poubelles », dans lesquelles on retrouve les élèves ayant des difficultés à apprendre – handicapés ou non, et les primo-arrivants[43]. Cette assimilation entre problèmes scolaires d'ordre socio-économiques et lacunes dans la connaissance du français apparaît également à travers le fait que la plupart des Cefisem ont été rattachés, dans les années 1990, aux actions des Zones d'éducation prioritaires (ZEP) et sont ainsi devenus des centres de formation complémentaire pour des écoles ayant un public socio-économique défavorisé[44]. À la vue d'une telle application de la directive (consistant à intégrer au plus vite dans un quotidien scolaire normal les élèves avec des lacunes ou sans connaissance préalable du français), le principe républicain d'égalité de traitement et donc la méfiance à l'égard de structures d'exception (ayant pour objectif de surmonter les problèmes particuliers) se transforment, au contraire, en un facteur d'exclusion. Ce risque existe d'autant plus que le nombre des enfants d'immigrés a augmenté ces dernières années et s'est parallèlement diversifié, à travers un regroupement familial continu, un nombre en hausse de demandeurs d'asile et la régularisation de sans-papiers[45]. Les capacités du système conçu dans les années 1970 et 1980 sont dépassées. Une compétence linguistique limitée en français correspond, soit à des difficultés à apprendre, soit à une caractéristique socio-économique qui assimile les primo-arrivants aux jeunes de deuxième génération, bien que les deux groupes se distinguent fondamentalement par leurs expériences et leurs problèmes sociaux.

Les contradictions de l'apprentissage scolaire de la langue renvoient d'ailleurs à la multiplicité de réformes de la langue toujours réformée en direction des immigrants n'ayant plus d'obligation scolaire. La tentative d'« étatisation » des mesures d'intégration, formulée dans la réforme de 1995 du FAS, pour réagir face aux connaissances déficitaires du français par les immigrés et ainsi agir sur leur intégration dans le marché du travail, apparaît alors comme la reconnaissance politique d'un problème social. En ne considérant plus l'apprentissage de la langue comme une mission « charitable » ou « humanitaire » des associations[46], les acteurs

43. *Claire Schiff, « Les adolescents primo-arrivants au collège. Les contradictions de l'intégration dans un univers en tension »,* VEI Enjeux, *125, juin 2001, p. 187-197, ici p. 191.*
44. *Marie Lazaridis, « La scolarisation des enfants migrants », art. cité, p. 204.*
45. Le Monde, *9 novembre 2001, art. cité.*
46. *Christine Candide, « Apprentissage de la langue », art. cité, ici p. 113.*

politiques se débarrassent du mythe des acquis implicites de la période coloniale, c'est-à-dire de l'acquisition automatique de compétences linguistiques à travers des institutions sociales telles que l'école, le lieu de travail ou les institutions publiques. La recomposition de la population immigrée qui ne vient plus systématiquement des anciennes colonies et qui se renouvelle constamment à travers le regroupement familial et la régularisation des demandeurs d'asile ou sans-papiers, rend de plus en plus compliquées les distinctions entre première, deuxième et troisième générations. La question de la langue dans la société française n'a, du coup, pas de caractère provisoire, qui disparaîtrait avec une intégration progressive des travailleurs étrangers et de leur famille. Une politique d'apprentissage de la langue est donc nécessaire et se traduit aujourd'hui en France dans le débat sur la création d'un droit à l'apprentissage de la langue française[47].

> « On a bien d'un côté la nécessité, l'obligation, le devoir d'apprendre la langue française, mais à aucun moment on a l'organisation permettant d'y accéder. Si on en reste là aujourd'hui, on accepte que le mode d'accès à la langue est non seulement discriminatoire, mais est aussi parfaitement aléatoire[48]. »

L'ambition d'un tel droit est ainsi intégrée dans le projet de politique globale de lutte contre les discriminations :

> « La discrimination met en évidence la responsabilité de la société d'accueil [...] À partir de là, les institutions ont leur responsabilité. Jusqu'à maintenant, on a considéré que c'est à l'individu de faire l'effort pour montrer sa volonté d'être un bon Français [...] On a tendance à penser aujourd'hui que la question de la langue est peut-être la première des discriminations[49]. »

47. *Christine Candide, « Apprentissage de la langue », art. cité ; FAS,* Groupe de réflexion sur la maîtrise de la langue et la formation linguistique. Comptes rendus des rencontres, *2001.*
48. *FAS,* Groupe de réflexion sur la maîtrise de la langue et la formation linguistique. Comptes rendus des rencontres, *réunion du juin 2001, p. 64.*
49. *Fédération AEFTI,* Compte rendu du séminaire du 15 juin 2001 autour de la discrimination, *Montreuil, 2001, p. 10 (citation d'une déclaration de Nourredine Broubaker [FAS]).*

Contrairement à l'Allemagne, où on peut observer un véritable changement de paradigme, l'évolution de la politique d'intégration en France mène à une reconsidération lente de la place de l'apprentissage du français. Négligé jusqu'à la fin des années 1980, il est d'abord reconnu en tant qu'impératif social et ensuite défini en termes politiques dans le cadre de la lutte contre les discriminations. Ces transformations renvoient à un changement des représentations de l'altérité des immigrés. Lorsque ceux-ci sont avant tout considérés comme des travailleurs originaires des anciennes colonies, leurs langues respectives n'existent pas dans les considérations politiques. Elles deviennent un handicap social, au moment où les difficultés sur le marché de travail et celles de leurs enfants à l'école mettent en question l'égalité des chances sociales et économiques, promise par le modèle républicain, sous condition de restriction des particularités culturelles à l'espace privé. La déstabilisation de ce principe, à laquelle tentent de répondre l'élaboration de la lutte contre les discriminations comme axe de la politique d'intégration du gouvernement Jospin (1997-2002) et sa reprise avec l'accentuation de la laïcité sous l'impulsion du président Jacques Chirac, à partir de 2002, conduit à une perception politique des problèmes sociaux liés à la maîtrise du français et celle des langues d'origine[50]. Celles-ci représentent, dès lors, des vecteurs de différence qui appellent à une régulation politique et sont ainsi reconnus politiquement. La langue française est

50. La politique de lutte contre les discriminations revient sur un rapport du Haut Conseil à l'intégration (HCI) de 1998, qui déclare que la lutte contre les discriminations doit représenter un axe de la politique d'intégration (cf. HCI, Lutte contre les discriminations : faire respecter le principe d'égalité. Rapport au Premier ministre, Paris, La Documentation française, 1998 ; Françoise Lorcerie, « La lutte contre les discriminations ou l'intégration requalifiée », VEI Enjeux, *121, juin 2000, p. 69-80). Le gouvernement Jospin concrétise cet objectif politique avec diverses mesures comme, par exemple, la fondation du GELD (Groupe d'étude et de lutte contre les discriminations), l'introduction en 1999 des CODAC (Commissions départementales d'accès à la citoyenneté) et l'aménagement en 2000 d'un numéro gratuit de conseil téléphonique à destination des victimes et témoins de discriminations raciales (le numéro vert 114). Les CODAC sont remplacés par les COPEC (Commissions pour la promotion de l'égalité des chances et de la citoyenneté), depuis février 2005. Dans son discours prononcé à Troyes, le 14 octobre 2002, Jacques Chirac annonce sa perspective de lutte contre les discriminations en insistant sur la nécessité de la cohésion sociale et le devoir de « remettre les valeurs républicaines au cœur de notre pacte social » (« M. Chirac défend son gouvernement et la "cohésion nationale" »,* Le Monde, *15 octobre 2002). Cette revalorisation des principes républicains renvoie entre autres à l'ébranlement des acteurs socio-politiques après le succès de Jean-Marie Le Pen aux élections présidentielles 2002.*

cependant renforcée dans son rôle intégrateur à travers ce processus dont témoigne entre autres le dispositif du Contrat d'accueil et d'intégration (CAI). La promotion de son apprentissage n'est pourtant pas seulement un instrument pour inclure plus efficacement de nouveaux arrivants dans l'espace national. Elle représente également un symbole qui porte la valeur de la justice sociale inscrite dans le projet républicain. Cette politique de la langue française est désormais menée sous le titre de la défense du droit à la langue et peut mêler sous le même slogan des domaines aussi divers que ceux de l'immigration, de la lutte contre les discriminations et contre l'illettrisme, ainsi que de la ville. C'est ainsi qu'on peut lire, par exemple, dans la revue *Comme la ville* de la délégation interministérielle à la Ville (DIV) :

> « La question de la langue, la DIV l'a placée au cœur de son combat contre la pauvreté et pour le développement des quartiers car, s'agissant des populations les plus démunies qui vivent dans les banlieues, elle représente souvent un enjeu d'intégration sociale[51]. »

Le plurilinguisme : une voie de sortie d'un dilemme ou un danger pour la nation ?

Même si les dirigeants des deux pays fondent leur politique sur des traditions et des structures institutionnelles tout à fait différentes, elles paraissent aujourd'hui portées par le même idéal, à savoir produire l'égalité des droits des immigrés et leur inclusion sociale à travers le renforcement de leurs compétences dans la langue nationale. L'idée de l'intégration nationale de la République fédérale, qui a subi son changement fondamental avec la réforme du droit à la nationalité en 2000, fait ainsi un pas de plus vers les principes fondateurs de la nation française. La langue allemande devient un instrument que l'on peut apprendre et qui doit garantir la participation à la vie sociale et politique. Elle n'est plus exclusivement liée à la représentation nationale qui s'ancre dans l'identité culturelle de chaque individu[52].

51. *« Le droit à la langue »,* Comme la ville, *art. cité, p. 2.*
52. *« L'étranger, sans un apprentissage de longue haleine de la langue allemande, ne pourra jamais comprendre le véritable allemand et laissera sans aucun doute le vrai allemand non traduit », cité dans Johann Gottlieb Fichte, « Vierte Rede. Hauptverschiedenheit zwischen den Deutschen und den übrigen Völkern germanischer Abkunft »,* Reden an die deutsche Nation, *Hambourg, Felix Meiner Verlag, 1978 [1re éd. 1910], p. 73.*

> « À travers l'exigence d'apprendre la langue nationale, il ne s'agit pas de *Leitkultur* (culture directrice) ou d'orgueil allemand, mais bien plutôt de chances de participation concrètes pour les minorités[53]. »

Langue et culture ne sont, certes pas totalement séparées l'une de l'autre dans cette représentation de la nation, mais néanmoins, la langue allemande acquiert, en plus de son importance culturelle, une fonction politique pour la construction d'une vie démocratique. Comme le rappelle le président du Bundestag Wolfgang Thierse, lors de la réunion des délégués fédéraux de la communauté turque :

> « Nous avons été, ces dernières décennies, trop négligents avec la langue en tant que base d'une intégration culturelle. Même si la culture allemande n'est pas un exemple au sens de *Leitkultur* (culture directrice), un espace public commun est nécessaire, qui doit pouvoir se comprendre, en Allemagne, en allemand[54]. »

En Allemagne, la réévaluation politique de la compétence linguistique va de pair avec une ré-interprétation de la connaissance, par les immigrants, de leur langue maternelle, en particulier en ce qui concerne les enfants scolarisés. La mise en avant des langues maternelles, censée affirmer une identité culturelle spécifique, cède de plus en plus sa place à la devise « Éducation au plurilinguisme[55] ». La différence entre cette politique de plurilinguisme et celle qui conçoit la langue maternelle en tant que catégorie d'origine immuable se trouve dans la dévaluation d'identités déterminées, fixant une fois pour toutes l'appartenance à un groupe. Dans la nouvelle perspective, la compétence linguistique permet à l'individu une mobilité sociale, facilite ses relations aux autres et favorise sa participation politique et économique. C'est ainsi que la Bundesbeauftragte für Ausländerfragen incite à « la transformation du modèle d'enseignement existant (d'enseignement de la langue maternelle), en une éducation au plurilinguisme, pour reconnaître la richesse

53. *http://www.bundestag.de/aktuell/presse/2002/pz_20429.html, p. 2.*
54. *Bundestagspräsident Wolfgang Thierse bei der Bundesdelegiertenversammlung der Türkischen Gemeinde (le président du parlement fédéral, Wolfgang Thierse, lors de la réunion des délégués fédéraux de la communauté turque), 28 avril 2002 (http://www.bundestag.de/aktuell/presse/2002/pz_20429.html, p. 2).*
55. *Marieluise Beck, « Vorwort. Die Beauftragte der Bundesregierung für Ausländerfragen »,* In der Diskussion. Mehrsprachigkeit an deutschen Schulen. Ein Länderüberblick, *10, août 2001, p. 6.*

de la multiplicité des cultures et des capacités linguistiques, [...] et pour construire et encourager des compétences réelles dans une période d'internationalisation grandissante[56]. » Derrière cette interprétation nouvelle et initiée politiquement, se cache une prise de conscience du fait que le soutien de la langue maternelle conduirait sur le long terme à une discrimination sociale au sein de la République fédérale. On a ainsi imposé à la deuxième génération d'immigrés un parcours scolaire et un parcours de formation qui ne dépassent pas le *Hauptschulabschluß* (diplôme sanctionnant la fin du collège) et qui restreignent les jeunes gens à un choix limité de certains métiers peu considérés et mal payés[57]. Par ailleurs, le recours à l'État d'origine, dans le cas de l'enseignement assuré par les consulats de pays d'origine, conduit à la perpétuation de discriminations à l'égard de certaines minorités (par exemple à l'égard des Kurdes). Dans le cas des enfants de *Aussiedler* (rapatriés), pour qui aucun enseignement de langue maternelle n'est prévu, un éventuel lien à l'État d'origine et à sa langue (par exemple le polonais, le russe ou le bulgare) n'est, à aucun moment, pris en compte. Dès lors, la diversité des populations immigrées et des causes de leur migration montrent que la nationalité et la compétence linguistique doivent être de plus en plus distinguées dans la pratique, afin de pouvoir répondre aux besoins des migrants et de leurs enfants[58]. Même si avec cela on ne résout pas les hiérarchies entre des langues étrangères reconnues, telles que le français ou l'anglais, et les langues d'origine des migrants, on vise et on aspire, au moins idéalement, à une égalité. Le plurilinguisme des immigrés est considéré, de même que la connaissance de l'anglais ou de l'espagnol, comme une « technique culturelle » ou comme un « outil nécessaire » de l'individu dans un monde en voie d'internationalisation[59].

En France, le soutien des langues maternelles des immigrés est en cours de réévaluation depuis les années 1990. Dans un développement pratiquement contraire au processus allemand de changement d'interprétation, le Haut Conseil à l'intégration reconnaît dans son rapport publié en 1995 que « l'intégration suppose une connaissance de soi, de ses origines, et c'est cette connaissance qui permet une intégration

56. Ibid., *p. 6.*
57. *Cf. Ingrid Gogolin et Ursula Neumann, « Impulse für das Schulwesen durch schulische Maßnahmen für Minderheiten ? », art. cité, p. 316.*
58. Ibid., *p. 319.*
59. *Cf. ministère du Culte de Basse-Saxe (1993), cité d'après Ingrid Gogolin et Ursula Neumann, « Impulse für das Schulwesen durch schulische Maßnahmen für Minderheiten ? », art. cité, p. 318.*

réfléchie, assumée et donc réussie[60] ». La connaissance de la culture des parents et de leur langue maternelle empêcherait la perversion des contenus culturels que l'on rencontre, entre autres, sous la forme du fondamentalisme, en particulier du fondamentalisme islamique. Par la même occasion, on conserverait un lien avec le pays d'origine qui serait éminemment utile pour le développement économique de certaines régions (comme, par exemple le Mali, le Sénégal ou la Mauritanie)[61]. Ainsi de « jeunes Français [...] ont droit à cette connaissance qui est une façon d'affirmer leur identité[62] ». À l'inverse des considérations fédérales allemandes, il ne s'agit pas ici d'intégration d'étrangers, mais de Français avec une histoire familiale et culturelle spécifique. Il est accordé à ces Français un droit à une identité culturelle particulière censée compléter l'appartenance politique à la nation française, voire la soutenir. À cet égard, la réévaluation de l'enseignement de la langue maternelle et sa réforme semblent être, pour le Haut Conseil à l'intégration, un moyen adéquat pour intégrer avec succès les adolescents de la deuxième génération dans la nation française[63]. L'ELCO devrait donc être transformé, dans le cadre du système scolaire public, en un enseignement général de langue étrangère, ce que Jack Lang (PS), alors ministre de l'Éducation nationale, a confirmé dans un discours en 2001 comme objectif de la politique scolaire[64]. L'identité culturelle particulière, liée ici à la compétence linguistique, obtient ainsi une place légitime dans la politique française d'intégration. Sur le chemin d'une politique de lutte contre les discriminations, introduite avec le rapport de 1998 du Haut Conseil à l'intégration, cette attention pour la particularité culturelle trouve un soutien, au sens où des relations innovatrices entre la reconnaissance des différences et la mise en place de l'égalité sont recherchées. Dans le même temps, le soutien des primo-arrivants ne concerne plus exclusivement les connaissances du français. L'objectif est surtout de lier les connaissances linguistiques à acquérir avec celles déjà acquises : « permettre à des enfants allophones, mono ou (pluri)lingues dans une ou des langue(s) autre(s) que le français,

60. *Haut Conseil à l'integration,* Liens culturels et intégration. Rapport au Premier ministre, *Paris, La Documentation française, 1995, p. 22.*
61. Ibid., *p. 22.*
62. Ibid., *p. 22.*
63. *« Un véritable enseignement de ces langues en tant que langue étrangère et non d'origine est souhaitable », cité dans Haut Conseil à l'intégration,* Liens culturels et intégration, op. cit., *p. 85.*
64. *Jack Lang, « Discours d'ouverture »,* VEI Enjeux, *hors série, 3, 2001, p. 5-17, ici p. 13.*

d'accéder à un bi ou (pluri)linguisme où le français est la langue de la communication scolaire et extra-scolaire[65] ». La condition reste cependant – comme le montre la dernière partie de la citation – que la langue française soit la langue d'expression principale dans la vie publique. En effet, elle est « la colonne vertébrale qui donne sens à notre existence et autour de laquelle s'organisent les savoirs et les activités[66] ».

La relative réévaluation de l'altérité culturelle, au moyen du soutien du plurilinguisme dans le cadre de la politique française, ainsi que la réinterprétation des connaissances de la langue maternelle à travers les instances de la politique d'intégration de la République fédérale, renvoient, dans la confrontation comparative, à un ajustement de l'estimation des identités particulières au sein des relations sociales définies dans le cadre de l'État-nation : la reconnaissance de la différence dans la politique française correspond à l'indifférence vis-à-vis de l'appartenance à des groupes définis culturellement dans la politique allemande, qui tente dans le même temps de définir les principes politiques de l'égalité. Dans les deux pays, le plurilinguisme devient alors une valeur censée justifier le changement d'orientation de la politique et donner une impulsion à l'unification européenne.

En Allemagne, l'ancien ministre de la Culture du premier gouvernement de coalition rouge-vert (1998-2002), Julian Nida-Rümelin (SPD) avance que le plurilinguisme représente la clé pour une politique de la langue qui « ne s'oriente plus sur le trinôme nation, langue et État » et qui soit adaptée à l'ouverture de la société de la République fédérale[67]. Le plurilinguisme est ici plus qu'une politique instrumentale qui prépare les futurs citoyens de la République à des marchés de l'économie et du savoir mondialisés. Il sert, entre autres, le programme normatif d'un dialogue interculturel, censé se traduire par une compétence linguistique plus grande :

> « Et là où on pratique le plurilinguisme, on encourage aussi l'ouverture culturelle des interlocuteurs. Et c'est à partir de là, seulement, que l'on pose les fondements pour définir sa propre identité en

65. *Ministère de l'Éducation nationale,* Le Français langue seconde, *Paris, CNDP, coll. « Repères », 2000, p. 5.*

66. *Jack Lang « Discours d'ouverture », art. cité, p. 9.*

67. *Discours du ministre Julian Nida-Rümelin à Bruxelles le 26 novembre 2001 (http://www.bundesregierung.de/dokumente/Rede/ix_63687.htm, p. 3) ; et « Interview Staatsminister Julian Nida-Rümelin »,* Frankfurter Rundschau, *18 janvier 2002.*

> rapport avec d'autres cultures et d'autres langues. C'est seulement à travers cette méthode de recherche d'identité, c'est-à-dire à travers la coopération communicative et le balancement interculturel, que l'importance culturelle d'une langue nationale peut être affirmée en toute conscience[68]. »

En France, Jack Lang (PS), longtemps ministre de la Culture et ancien ministre de l'Éducation nationale du gouvernement Jospin (1998-2002), fait également du plurilinguisme un instrument de l'entente interculturelle :

> « Le plurilinguisme n'est pas seulement un avatar de la défense du français. Il est la condition de la sauvegarde des langues et la garantie du brassage des cultures. [...] Cette sensibilisation linguistique favorise l'écoute des autres et la découverte des cultures[69]. »

Dans le même temps, il intègre ses convictions en matière de politique de la langue dans une politique de soutien à l'Union européenne, quoiqu'il entende la compétence linguistique (dans ce contexte) en tant que connaissance des langues nationales.

> « Si l'on veut construire l'Europe à la base, il faut enfin donner une éducation européenne à notre jeunesse[70]. »

Pour les dirigeants politiques français et allemands, le lien entre politique de reconnaissance des différences et intégration nationale semble ainsi se trouver dans le plurilinguisme.

Les langues ne se réduisent pas aux fonctions institutionnelles. Elles renvoient surtout à des pratiques et à des développements sociaux qui remettent en question les politiques nationales de la langue[71]. On peut citer ici l'exemple des « jeunes Français » qui s'opposent à l'idéal républicain de la maîtrise de la langue française par des créations linguistiques sous forme de musique (rap), de graffiti ou d'incivilités

68. *http://www.bundesregierung.de/dokumente/Rede/ix_63687.htm, p. 4.*
69. *Jack Lang, « L'amour de Babel », dans Guy Gauthier (dir.),* Langues : une guerre à mort, *Condé-sur-Noireau, Éditions Corlet, 2000, p. 128-130, ici p. 129-130.*
70. *Jack Lang, « L'amour de Babel », art. cité, p. 130.*
71. *Louis-Jean Calvet, « La guerre des langues et les chances d'un véritable plurilinguisme », dans Guy Gauthier (dir.),* Langues, op. cit., *p. 10-16, ici p. 15.*

linguistiques[72]. Que l'on considère cette pratique linguistique et musicale de la jeunesse qui s'articule à un langage du corps, notamment à travers les vêtements, comme une innovation ou comme un facteur de stigmatisation supplémentaire, il n'en reste pas moins que, dans ce cas, la dérégulation linguistique est utilisée comme une forme de critique à l'égard des déséquilibres socio-économiques dans les rapports sociaux et ainsi comme un moyen de remettre en question l'efficacité du principe de la langue dans la représentation de la nation. En France, depuis les années 1980, les jeunes de la « deuxième génération » sont devenus l'objet principal de l'attention de la politique d'intégration. Ils mettent en évidence, par leur comportement linguistique, leur « extranéité » à l'encontre de cet ensemble de valeurs nationales et ils défient les idéaux de l'intégration nationale[73]. En Allemagne, apparaît un phénomène semblable sous la forme de la *Kanak Sprak*, qui n'a cependant jamais connu, sur la scène publique allemande, une importance comparable au phénomène français[74]. Les codes de comportement linguistique en France sont moins prononcés que pour la « langue des banlieues » qui inclut, par exemple, des différences certaines entre les diverses banlieues. Elle a été peu problématisée publiquement par les institutions telles que l'école, la police ou la justice, comme c'est le cas en France, et a également été peu considérée comme une remise en question des principes nationaux. Sous-évaluée et considérée comme des « dissonances

72. *Claudine Dannequin, « Outrances verbales ou mal vivre chez les jeunes des cités »,* Migrants-formation, *108, 1997, p. 21-29 ; Azuz Begag, « Trafic de mots en banlieue : du "nique ta mère" au "plaît-il" ? »,* Migrants-formation, *108, 1997, p. 30-37.*

73. *Claudine Dannequin, « Outrances verbales ou mal vivre chez les jeunes des cités », art. cité, p. 27. Le comportement linguistique des jeunes gens vivant en banlieue se traduit avant tout par un phénomène phonétique (roulement des « r », débit de mots rapide), des exagérations du sens des mots et des recours à des mots issus d'autres langues (arabe, romanche, langues africaines, etc.). L'éloignement à l'égard du système de valeurs national, censé être exprimé, se réfère également à l'univers linguistique des parents dont les enfants ne maitrisent la langue que partiellement.*

74. *Feridun Zeimoglu,* Kanak Sprak. 24 Mißtöne vom Rande der Gesellschaft, *Berlin, Rotbuch Verlag, 1995 : « La puissance des mots du Kanak s'exprime dans un balbutiement escamoté, haletant et hybride sans points et sans virgules, avec des pauses arbitraires et des tournures improvisées. Le Kanak ne parle sa langue maternelle qu'approximativement, même l'"alémanique", il ne le parle couramment qu'à certaines conditions. [...] Dans ses images improvisées et ses "synonymes", il laisse apparaître des emprunts allant du turc littéral à l'argot dialectal de villages anatoliques » (p. 13). Voir également Ayhan Kaya,* « Sicher in Kreuzberg ». Constructing Diasporas : Turkish Hip-Hop Youth in Berlin, *Bielefeld, Transcript-Verlag, 2001.*

en marge de la société » ou relativisée en tant que phénomène culturel temporaire de la jeunesse, la *Kanak Sprak* n'a jamais représenté une critique ni même une forme de protestation contre les idéaux linguistiques de la politique allemande d'intégration[75]. L'innovation linguistique de la langue des banlieues ou de la *Kanak Sprak* qui, en fin de compte, joue avec les conventions linguistiques et les règles sociales, ne représente cependant pas vraiment un danger politique pour le statut du français ou de l'allemand. En réalité, ce comportement linguistique peut être considéré par les institutions comme l'expression d'une marginalisation sociale, et ainsi être exclu des champs de discussion de la construction de la nation.

Les langues dites minoritaires et régionales posent cependant un défi autrement important à la régulation nationale des rapports sociaux, parce qu'elles s'articulent explicitement à la gestion de l'altérité à l'intérieur de l'espace national. La Charte européenne pour les langues régionales et minoritaires, adoptée en 1992 par le Conseil de l'Europe, ouvre la voie d'un cadre juridique et dans le cas de la ratification au cas par cas par les États membres, celle d'un cadre institutionnel pour une revendication de la différence. Cette Charte, conçue à l'origine comme une « action pour la sauvegarde du patrimoine culturel européen, pour la défense des droits de l'homme et pour l'intégration européenne », est entrée en vigueur en Allemagne depuis le 1er janvier 1999[76]. Le danois, le haut et bas sorabe, ainsi que le frison satérois et septentrional obtiennent à travers elle une protection en tant que langue minoritaire dans leurs régions de pratique respectives. Le bas allemand est reconnu en tant que langue régionale dans les *Länder* suivants : Brême, Hambourg, Mecklembourg-Poméranie, Basse-Saxe et Schleswig-Holstein. Le romanche des Sintis et des Roms est protégé, quant à lui, sur l'ensemble du territoire allemand, grâce à des mesures particulières[77]. La République fédérale définit une minorité nationale d'après les cinq critères suivants :

75. *Une des raisons de la non-relevance de la langue Kanak est qu'elle n'a pas trouvé le soutien, comme en France, de la scène musicale du Rap et du Hip-Hop. Ce qui est en Allemagne plutôt un phénomène des classes moyennes est en France identifié à la scène artistique des banlieues.*

76. *Conseil de l'Europe,* Les Langues régionales ou minoritaires en Europe. Exposé des motifs, *Strasbourg, Conseil de l'Europe, 1987, p. 3. Cf. Bundesregierung, « Entwurf eines zweiten Gesetzes zur Europäischen Charta der Regional – oder Minderheitensprachen des Europarates vom 5.November 1992 » (http://www.bmi.bund.de/dokumente/Artikel/ix_19264.html).*

77. *Les réglementations pour la protection du romanche ne sont pour le moment appliquées que dans le* Land *de Hesse et prévoient dans le détail les*

> « Les membres sont de nationalité allemande ; ils se distinguent de la population majoritaire au moyen d'une langue, culture et histoire propres, donc au moyen d'une identité propre ; ils veulent préserver leur identité, ils sont traditionnellement en Allemagne chez eux ; ils vivent ici dans des *angestammte Siedlungsgebiete* (territoires coloniaux héréditaires)[78] ».

Ce concept de minorité s'applique aux Danois de nationalité allemande, aux Sorabes, aux Frisons en Allemagne et aux Sinti et Roms allemands, c'est-à-dire à « quatre groupes de nationalité allemande vivant depuis des centaines d'années traditionnellement en Allemagne[79] ».

Alors que le statut de minorité et les droits particuliers des langues régionales et minoritaires défient à peine l'intérêt public en Allemagne, les hommes politiques, juristes et journalistes français débattent depuis l'adoption de la Charte européenne de sa conformité avec les principes républicains de la France. En l'occurrence, ce sont les langues régionales qui se trouvent au centre du débat[80]. On peut y distinguer trois

dispositions suivantes : l'utilisation du romanche dans des réunions de conseils communaux et régionaux, la possibilité de formuler des demandes auprès de services publics en romanche, et la prise en considération des demandes faites par des agents du service public de langue romanche d'être mutés dans les lieux linguistiques correspondants (cf. http://www.bmi.bund.de/dokumente/Artikel/ix_59436.htm). La reconnaissance de l'allemand plat en tant que langue régionale rend, quant à elle, possible un affichage bilingue dans les régions concernées.

78. http://www.bmi.bund.de/dokumente/Lexikon-Modul/ix_19870.htm

79. http://www.bmi.bund.de/dokumente/Lexikon-Modul/ix_19870.htm. La reconnaissance en tant que minorité nationale dans la République fédérale se réfère, de même la reconnaissance de langues minoritaires ou régionales, à un accord-cadre du Conseil de l'Europe du 1er février 1995.

80. Deux refus (1996, 1999) du Conseil constitutionnel ont jusqu'ici empêché la ratification de la Charte. Quatre rapports d'experts ont été proposés, depuis 1997, afin de réexaminer les doutes constitutionnels, ou pour les surmonter (Nicole Péry, Langues et cultures régionales. Rapport d'étape, *1998, http://www.ladocumentationfrancaise.fr/brp/notices/984000481.shtml) ; Bernard Poignant,* Langues et cultures régionales : rapport au Premier ministre, *Paris, La Documentation française, 1998 ; Guy Carcassonne,* Étude sur la compatibilité entre la Charte européenne des langues régionales ou minoritaires et la Constitution. Rapport au Premier ministre, *1998 (http://www.ladocumentationfrancaise.fr/brp/notices/984001697.shtml) ; Bernard Cerquiglini,* Les Langues de France. Rapport au ministre de l'Éducation nationale, de la Recherche et de la Technologie et à la ministre de la Culture et de la Communication, *1999 (http://www.ladocumentationfrancaise.fr/brp/notices/994000719.shtml).*

argumentations différentes[81]. Tout d'abord, la reconnaissance de communautés de langue au sein de l'État-nation contredit le fondement de l'unité de la République française, qui surmonte les particularismes culturels grâce à ses institutions, ou plutôt les réprime, comme c'est le cas aux yeux de ses opposants. En outre, la protection des communautés régionales, qui s'étendent sur le territoire de plusieurs nations (comme dans le cas des Basques, et comme dans le cas, du fait de la parenté de la langue avec l'allemand, des Alsaciens), remettrait la souveraineté nationale en question. Une « Europe des régions » serait, d'après les opposants à la Charte, privilégiée aux dépens du projet politique d'une « Europe des nations », tandis que ses partisans appuient justement l'importance de la pluralité culturelle pour une intégration européenne réussie contre la standardisation par la culture anglo-américaine. Enfin, la ratification de la Charte pour les langues régionales et minoritaires attire à elle l'introduction d'instances, qui restent à définir, entre l'individu et l'État français, qui, cependant, fidèle à sa tradition républicaine, ne peut reconnaître que des citoyens individuels et, en aucun cas, des collectifs intermédiaires particuliers. Pourtant, la nation française, définie politiquement et fondée sur des valeurs universelles, s'est octroyée en 1992 au cours de la ratification du traité de Maastricht une dimension culturelle particulière, dans la mesure où il a été ajouté à l'article 2 de la Constitution la phrase suivante : « La langue de la République est le français[82]. » Ainsi, aux yeux des partisans de la charte du Conseil de l'Europe, la reconnaissance défaillante des communautés de langue minoritaire déboucherait sur une politique « nationaliste », s'opposant à l'intégration européenne. En effet, « les souverainistes français » aspireraient au final à un « cloisonnement des populations européennes dans des communautés nationales dont chacune se regrouperait (tel serait du moins l'idéal des souverainistes en France) autour d'une identité culturelle et linguistique distincte et publiquement homogène[83] ».

Le débat autour de la ratification de la Charte européenne a conduit les responsables d'associations d'immigrés à demander la reconnaissance de leur langue d'origine comme langue minoritaire en France comme, par exemple, certaines voix se font entendre au sein de

81. Alain Renaut, « Le débat français sur les langues régionales », dans Will Kymlicka et Sylvie Mesure (dir.), Les Identités culturelles, *Paris, PUF, 2000, p. 381-400.*

82. Ibid., *p. 390.*

83. Ibid., *p. 391.*

l'Association de culture berbère (ACB). Si le kabyle et d'autres langues berbères ainsi que les dialectes nord-africains de l'arabe devaient être ajoutés au catalogue des langues minoritaires appartenant au patrimoine linguistique de la France – tel que le rapport d'expert de Bernard Cerquinglini (1999) le prévoit –, alors, dans le cas d'une ratification de la Charte européenne, ces langues devraient être traitées de la même manière que les langues régionales telles que le breton, le corse ou l'alsacien, et devraient, entre autres, être enseignées sur demande dans les écoles publiques[84]. Cela aurait entre autres pour conséquence de rendre inutiles les contrats bilatéraux pour l'enseignement complémentaire de la langue maternelle (ELCO), et cela réaliserait en partie les demandes du Haut Conseil à l'intégration, à savoir transformer l'ELCO en un enseignement de langue étrangère classique ou lier la politique de reconnaissance linguistique à la politique de lutte contre les discriminations.

Dans cette interprétation de la Charte, un remaniement des principes de l'intégration politique des États-nations devient évident, alors qu'à l'origine, les initiateurs de la Charte du Conseil de l'Europe pensaient à la protection des droits des minorités de l'Europe de l'Est et en avaient exclu les langues des migrants non-européens. En effet, la revendication de la reconnaissance d'une langue venue en Europe occidentale à travers l'immigration comme le kabyle, par exemple, peut être interprétée comme une forme possible d'appropriation des valeurs républicaines. Les enfants et petits-enfants d'immigrés devenus citoyens français posent leur pratique linguistique dans le même cadre juridique et institutionnel national et européen que les Bretons, les Alsaciens ou les Basques. De cette manière, ils « re-territorialisent » en quelque sorte leur langue d'origine[85]. Si on leur retire ce droit, alors on introduit, à leurs yeux, une hiérarchie dans le statut de citoyen[86]. Il y aurait ainsi alors des droits pour les citoyens avec une généalogie familiale ancienne en France, et d'autres pour ceux en ayant une plus récente. « Le Français de souche », qui ne peut se justifier qu'à travers un *ius*

84. *Bernard Cerquiglini,* Les Langues de France, op. cit.
85. *En outre, dans l'État français, de moins en moins de personnes parlant les langues régionales « historiques » ne se laissent restreindre à des territoires précis. La mobilité, réclamée par chaque citoyen pour pouvoir participer à la vie économique, mène à ce que les langues visées par la Charte ne se laissent que difficilement réduire à une région à travers un ancrage territorial.*
86. *Cf. Bernard Cerquiglini,* Les Langues de France, op. cit.

sanguinis, serait ainsi privilégié face aux « Français issus de l'immigration » qui tirent leur légitimité des droits politiques du *ius solis*.

Même si jusqu'ici en République fédérale, où la Charte du Conseil de l'Europe a été ratifiée, une telle appropriation et un tel remaniement de la convention n'ont pas eu lieu, l'argumentation développée plus haut pour la France est applicable à la situation allemande. Si on prend au sérieux les principes de la réforme du droit à la nationalité et les discours politiques sur l'« ouverture culturelle » de la République fédérale, alors il ne devrait pas exister d'avantages pour les Allemands avec des *angestammte Siedlungsgebiete* (« territoires coloniaux héréditaires ») ou avec une tradition *über mehrere hundert Jahre* (« remontant à plusieurs siècles ») face aux « étrangers de nationalité allemande[87] ». Les formules légèrement archaïques, voire folkloriques dans les documents du ministère de l'Intérieur en lien avec les langues minoritaires et régionales – telles que *Mehrheitsvolk* (« peuple majoritaire »), *Volksgruppen* (« groupes du peuple »*), angestammtes Siedlungsgebiet* (« territoires coloniaux héréditaires ») – auraient pu être évitées si la Charte du Conseil de l'Europe avait été placée dans un cadre politique reflétant les relations sociales actuelles. Mais en conséquence, les dirigeants politiques auraient eu à débattre également du double affichage, par exemple en kurde et en allemand dans un quartier tel que Berlin-Kreuzberg[88]. Les langues représentées par les anciens immigrés pourraient être enseignées comme langues minoritaires dans les écoles publiques, ce à travers quoi, du reste, le problème de la séparation entre enseignement de la langue maternelle et nationalité des élèves, toujours soulevé par les experts, pourrait être résolu[89].

87. *Cf. http://www.bmi.bund.de/dokumente/Lexikon-Modul/ix_19870.htm. Le concept contradictoire d'« étranger de nationalité allemande » apparaît en allemand dans des variations diverses dans l'usage. Ainsi, par exemple, le* Süddeutsche Zeitung *écrit en première page de son édition du 11 octobre 2002 : « La Turque de nationalité allemande a été licenciée en 1999... »*

88. *L'affichage bilingue est un droit dans certaines régions où le bas allemand est reconnu comme langue régionale.*

89. *Cf. Ingrid Gogolin et Ursula Neumann, « Impulse für das Schulwesen durch schulische Maßnahmen für Minderheiten ? », art. cité, p. 319.*

Politique de la langue et constructions de la différence

Les transformations stratégiques de la politique de la langue, dans le cadre des politiques d'immigration allemande et française, répondent avant tout aux nécessités de l'intégration sociale. À cet égard, la langue se voit attribuer une fonction instrumentale, dans la mesure où elle est censée favoriser les relations sociales dans la société d'accueil. Les besoins du marché du travail déterminent en fait le soutien linguistique. Le débat français actuel sur le droit à la langue et l'inscription en Allemagne d'un cours d'intégration dans la loi fédérale sur l'immigration renvoient à une conception de la langue nationale censée garantir l'intégration sociale des deux côtés du Rhin, faisant ainsi disparaître une partie des différences historiques relatives aux représentations de la langue entre les deux pays.

Les motifs sociaux qui guident le soutien linguistique offensif en Allemagne deviennent cependant porteurs d'un projet politique, dans la mesure où les orientations de politique de la langue sont présentées comme une question de démocratie ou, comme le souligne l'ancien ministre de la Culture, Julian Nida-Rümelin – elles sont censées produire un « espace public commun ». C'est ainsi que la Deutsche Akademie für Sprache und Dichtung montre que les décisions politiques du gouvernement et du parlement législatif doivent s'appuyer sur des documents accessibles linguistiquement à l'ensemble de la population. Sans cela, « une société à deux vitesses se développe. La menace d'un rétrécissement du discours démocratique plane[90]... » Une telle politisation de la langue nationale grâce au concept de l'espace public démocratique est inutile en France, parce que la conception de la langue nationale implique et justifie aussitôt son importance politique. La participation égalitaire au marché de la formation et du travail est en effet conçue comme vecteur de la production de l'unité de la nation. La République qui ne parle que le français (et, depuis 1992, également dans un ajout à la Constitution) représente en elle-même l'idée d'un espace public régné par l'égalité des chances de ceux qui parlent cette langue. C'est pour cela que le français est substantiellement et sans détour lié au projet politique de la nation. Il est « patrie intérieure » et une « façon

90. *Deutsche Akademie für Sprache und Dichtung,* Stellungnahme zur Debatte über den zunehmenden Einfluß des Englischen auf die deutsche Sprache, *23 janvier 2002, p. 4.*

incomparable d'exister »[91], pendant que l'allemand est d'abord un « chez soi » (*Heimat*), c'est-à-dire un ensemble émotionnel au-delà de toute dynamique politique[92]. Les sentiments liés à la langue doivent alors se rationaliser par des nécessités sociales ou considérations politiques qui leur sont extérieures, et non pas inhérentes comme dans le cas du français.

Ces représentations de la langue nationale impliquent des processus dissemblables de production et de reconnaissance de l'altérité, bien que les politiques de la langue française et allemande à l'égard des immigrés et leurs enfants convergent de plus en plus. La représentation de la langue comme « chez soi » représente la raison profonde de la manière traditionnelle de penser la *Ausländerpädagogik* (« pédagogie pour étrangers »), qui a fait de l'apprentissage de la langue maternelle des immigrés le point central de ses représentations éducatives. Aujourd'hui encore, cela apparaît dans les déclarations de politique d'intégration de certains hommes politiques qui – comme, par exemple, la fraction PDS au Bundestag après les élections de 1998 – revendiquent un droit à la langue maternelle :

> « Les hommes et femmes d'origine étrangère ne [doivent] pas être obligés de renoncer à leur langue maternelle et à leurs traditions et culture propres[93]. »

Même si les problèmes de l'enfermement des immigrés dans leur culture d'origine sont actuellement reconnus, et même si l'apprentissage de l'allemand est davantage promu, il n'en reste pas moins que cette tradition pédagogique ne s'est pas évanouie avec la redéfinition de la politique d'intégration. Elle participe toujours à la discussion et à l'élaboration des concepts politiques, ce qui représente indéniablement une ressource pour la construction d'une différence culturelle favorisée entre autres grâce à l'enseignement scolaire de la langue d'origine. Dans la politique française de la langue à l'égard des immigrants, la dimension

91. *Bertrand Poirot-Delpech « Défense et illustration du français »,* Le Monde, *17 avril 1994.*

92. *Allocution du président du Bundestag, Wolfgang Thierse, sur « la diversité des langues en tant qu'obligation politique » devant le Deutschen Philologen-verband (Berlin, Humboldt-Universität, http://www.bundestag.de/gremien/praesidium/reden/2001/007.html).*

93. Reinblick, *6, 2001 (http://www.pds-im-bundestag.de/aktuelles/publikationen/reinblick/2001).*

émotionnelle de la langue n'a jamais été appliquée dans les programmes pédagogiques ou politiques, parce que les « sentiments en rapport au pays natal » appartiennent à la sphère privée et n'intéressent ni les hommes politiques en charge de l'éducation ni ceux en charge de l'intégration. Les émotions sont réduites, dans la sphère publique, à la République, à ses valeurs et au « rayonnement de la langue française » (Académie française), ou respectivement réservées pour les débats passionnés sur les langues régionales et leurs droits. Les changements d'appréciation des langues d'origine que les autorités étatiques découvrent dans le cadre de la lutte contre les discriminations ne peuvent donc pas s'appuyer sur une tradition pédagogique et des structures organisationnelles comparables à celles d'Allemagne. La valorisation des « compétences diverses » et l'exploitation du « bilinguisme précoce d'une partie de la jeunesse de notre pays comme une richesse et un atout » représentent davantage la déclaration d'une volonté politique qu'une pratique[94]. Mais cette volonté fait place à la construction de différences qui sont perçues en termes sociaux, non pas comme en Allemagne à travers un ensemble émotionnel lié à l'origine. Dans cette perspective, il devient possible en France de réunir des domaines aussi divers que la lutte contre l'illettrisme, contre les discriminations et la ségrégation urbaine sous la même politique : celle du droit à la langue. En Allemagne, par contre, la politique de la langue dans le contexte de la régulation de l'immigration et de l'intégration est distinguée de celle menée pour lutter contre la dégradation du niveau scolaire en allemand ou la pauvreté dans certains quartiers de la ville. Chaque domaine procède à la construction d'altérités particulières. En France, on ne sait en revanche plus très bien à quelle différence et au quel besoin en termes d'intégration, le droit à la langue tente de répondre : à la différence culturelle de l'immigré et de son enfant, à celle du « banlieusard » par rapport à l'adulte du centre-ville, au besoin du primo-arrivant ou à celui de la personne qui a échoué à l'école ?

Par ailleurs, les logiques politiques liées différemment à l'allemand et au français comportent d'une manière dissemblable des dynamiques conflictuelles qui émergent des constructions d'appartenance linguistique de la part d'acteurs collectifs minoritaires. En France, le débat passionné autour de la ratification de la Charte européenne pour les langues régionales et minoritaires, dans lequel des groupes minoritaires liés à l'histoire de l'immigration récente sont impliqués, et la quasi-

94. *Bertrand Cerquiglini, « Le droit à la langue »,* Comme la Ville, *art. cité, p. 22.*

indifférence publique vis-à-vis de la ratification effectuée de la même Charte en Allemagne où (à part la question de la langue romanche) la reconnaissance de la différence semble se restreindre à des questions plutôt folkloriques, révèlent parfaitement cette divergence du poids conflictuel attribué à la différence linguistique et sa concurrence avec la langue nationale. Il n'est de même pas étonnant que les créations linguistiques sous la forme du rap, de graffiti ou de mélange avec des langues étrangères participent à la construction d'une altérité sociale de « jeunes de banlieue » qui interrogent, voire dérangent les autorités étatiques en France, pendant que des phénomènes comparables en Allemagne n'attirent pratiquement pas l'attention des acteurs politiques ou scolaires. L'altérité socio-économique mise en valeur par cette production d'une différence linguistico-vestimentaire ne touche en effet pas à la représentation de la nation allemande ni à son projet de citoyenneté, mais se renforce en revanche en termes de critique de promesse non respectée de la République laïque dont la langue française est un principe politique.

La langue nationale est cependant devenue un champ de négociation des différences et de leur régulation politique en France et en Allemagne, en dépit des divergences dans la définition des problèmes sociaux et dans l'attribution de leur importance politique. Les transformations des politiques de la langue et les tentatives d'institutionnalisation du plurilinguisme en témoignent. Alors, la question de savoir quelles langues peuvent être reconnues dans le cadre de la gestion du pluralisme social et de ce plurilinguisme restera un champ de conflit intarissable. Les distinctions claires entre le National (*Inländer*) et l'Étranger (*Ausländer*), entre indigène et allogène ou entre Français et immigré sont de plus en plus difficiles à déterminer, de manière que finalement, la question de savoir quelles langues possèdent une place légitime dans le territoire de l'État-nation ou dans « le patrimoine linguistique » de la nation ne trouve plus de réponse incontestable. Pourquoi le kurde parlé par des citoyens allemands aurait-il moins de droits dans la République fédérale que le sorabe ? Pourquoi le breton serait-il un élément légitime de la République française, alors que le kabyle ne fait pas partie de son « patrimoine linguistique » ?

IV - LES INTERACTIONS

Chapitre 8

COMMUNAUTÉ ET EXCLUSION
LE RÔLE DE L'IMMIGRATION, DE LA RACE ET DE LA PAUVRETÉ

Michèle LAMONT

Ce chapitre est consacré à la place que les simples citoyens donnent aux immigrés dans leur société. Plus précisément, en s'appuyant sur des entretiens approfondis, il différencie l'évaluation des immigrés en termes moraux et culturels par les travailleurs français, d'une part, américains, d'autre part, et cherche à voir s'il y a inclusion des immigrés dans la « communauté imaginaire » des « gens comme nous[1] ». Je compare également la place qu'ils accordent aux immigrés avec celle qu'ils donnent aux Noirs et aux pauvres. Pour les travailleurs français, le terme « nous » contient tous les Français, mais

*1. Le concept de « communauté imaginaire » est emprunté à Benedict Anderson (*Imagined Communities : Reflections on the Origin and Spread of Nationalism, *Londres, Verso, 1991 [2ᵉ éd. éd. revue et augmentée], p. 6-7) qui affirme que la plupart des communautés sont imaginaires parce que chaque membre de la communauté ne fait jamais connaissance avec la plupart des autres membres. Selon lui, par ailleurs, les communautés se définissent par les caractéristiques suivantes : on y rencontre une forte camaraderie horizontale et elles sont limitées, c'est-à-dire qu'elles sont bornées par des frontières et ne sont pas de même étendue que l'humanité.*

assez fréquemment, il s'agit seulement des « Français de souche », descendants de Français depuis plusieurs générations. Une partie des hommes avec qui j'ai parlé considérait les immigrés (en l'occurrence, uniquement les immigrés musulmans) comme incapables de s'assimiler à une culture française universaliste. Les pauvres et les Noirs figurent quand même dans leur définition du « nous » français : en effet, leur vision du lien social qui structure la société française minimise les divisions nationales internes et valorise l'humanitarisme, la responsabilité collective à l'égard des concitoyens indigents et un républicanisme universaliste. Aux États-Unis, les travailleurs avec qui je m'entretiens élèvent souvent des frontières morales face aux pauvres et aux Africains-Américains au nom de l'éthique professionnelle et de la responsabilité ; pour la plupart, ils se montrent indifférents envers les immigrés (définis implicitement comme non-Noirs). Quelques-uns englobent les immigrés dans le « nous », pourvu que ce soient de bons voisins et qu'ils aspirent au rêve américain. Mais d'autres critiquent les immigrés, dans la mesure où ils considèrent que ces gens refusent d'apprendre l'anglais : ce faisant, on leur reproche de « causer la perte » du pays dans son ensemble, en mettant ainsi en péril une situation précieuse entre toutes pour un travailleur, le fait d'être américain.

Dans son examen de la recherche européenne sur l'intégration des immigrés, Favell critique la tendance de ces études à se focaliser sur l'État[2]. Afin de compléter cet ensemble de connaissances, ce chapitre aborde l'intégration des immigrés en se centrant sur les définitions populaires de la citoyenneté, c'est-à-dire la manière dont tout un chacun définit les valeurs qui rassemblent les gens et évalue l'insertion culturelle des immigrés dans la communauté. Mon analyse révèle la persistance de modèles nationaux nettement différenciés en ce qui concerne la façon de voir les immigrés chez les travailleurs américains et français. Cela ne concorde pas avec les mouvements de mondialisation dans l'économie[3], parmi les immigrés[4] et au niveau culturel[5]. Cette étude montre également que, si le modèle post-national décrit de façon

2. *Adrian Favell, « Integration Policy and Integration Research : A Critique of Current Cross-National and Comparative Approaches », rapport préparé pour le Carnegie Endowment « Comparative Citizenship Project », 1999.*

3. *John Naisbitt,* Global Paradox, *New York (N. Y.), William Morrow, 1994.*

4. *Alejandro Portes, « La mondialisation par le bas. L'émergence de communautés transnationales »,* Actes de la recherche en sciences sociales, *129, 1999, p. 15-25.*

5. *Mike Featherstone,* Global Culture. Nationalism, Globalization and Modernity, *Londres, Sage, 1990.*

satisfaisante l'attitude des organisations internationales et des associations d'immigrés, qui abordent l'intégration des immigrés en mettant l'accent sur les droits de l'homme[6], ce modèle ne s'applique pas aux travailleurs que j'ai rencontrés : la défense de la culture nationale est bien plus importante pour eux (particulièrement dans le cas français) que, semble-t-il, un discours abstrait et lointain sur les droits de l'homme. Leur communauté imaginaire se dessine avant tout en termes moraux et culturels, et non pas politiques : en définissant « des gens comme nous », les travailleurs font référence à des qualités morales essentielles qui leur permettent de faire face aux difficultés de leur propre vie – par exemple, une solide éthique professionnelle et un sens de la responsabilité. Placés au centre de la vision que les travailleurs se font d'eux-mêmes, ces traits leur permettent aussi de juger en termes négatifs des classes ou des groupes ethniques ou raciaux qui leur semblent laisser à désirer sur ce plan. Les travailleurs tracent donc simultanément des frontières morales, raciales, sociales et nationales.

En conclusion, je comparerai brièvement les « modèles étatiques officiels » d'intégration des immigrés proposés par la France et les États-Unis à la vision par les travailleurs de la place des immigrés dans leurs communautés imaginaires. De même que l'idéologie de la République française trace une frontière très nette entre ceux qui partagent cette culture politique sacrée et ceux qui ne le font pas, un certain nombre de travailleurs français distinguent nettement ceux qui peuvent s'assimiler de ceux qui ne le peuvent pas. Aux États-Unis, il n'existe pas de modèle américain « officiel » d'intégration des immigrés. On a affaire, par contre, à une culture politique du pluralisme dont la définition est vague et qui encourage un mélange variable d'assimilation culturelle et de multiculturalisme[7]. L'absence d'un modèle officiel clairement défini d'intégration des immigrés aux États-Unis va dans le même sens que la présence minime des immigrés dans les définitions que les travailleurs américains donnent de leur communauté imaginaire.

6. *Yasemin Nuhoglu Soysal,* Limits of Citizenship : Migrants and Postnational Membership in Europe, *Chicago (Ill.), University of Chicago Press, 1994.*
7. *Gary Gerstle, « Liberty, Coercion, and the Making of Americans »,* The Journal of American History, *84 (2), 1997, p. 524-558 ; Donald L. Horowitz, « Immigration and Group Relations in France and the United States »,* Immigrants in Two Democracies : French and American Experience, *New York (N. Y.), New York University Press, 1992, p. 3-35 ; Christian Joppke, « Multiculturalism and Immigration : A Comparison of the United States, Germany, and Great Britain »,* Theory and Society, *25, 1996, p. 449-550.*

En insistant sur la place des frontières symboliques dans les relations entre groupes, ce chapitre s'inscrit dans une tradition sociologique importante qui remonte aux écrits d'Émile Durkheim et de Marcel Mauss[8] sur le système de classification, de Georg Simmel[9] sur le statut symbolique de l'« étranger », d'Herbert Blumer[10] sur le racisme et la défense de leur position par les groupes, de Fredrik Barth[11], enfin, sur la dimension relationnelle de l'identité ethnique et raciale. Ces dernières années, on a vu croître l'intérêt pour l'analyse des procédés par lesquels les groupes raciaux et ethniques définissent leur identité ou leur communauté imaginaire en traçant des frontières qui les séparent des autres groupes[12]. Mon travail contribue à ce courant de recherche en déterminant par méthode inductive les principes les plus marquants de classification et d'identification qui sont à l'œuvre dans les évaluations effectuées par les travailleurs. Cette méthode me permet de produire, dans une étude plus vaste, une sociologie comparative des frontières et des modèles ordinaires de définition de la communauté qui dégage des schémas d'inclusion/exclusion fondés sur la moralité, la race, la classe et la nationalité, d'un groupe à l'autre[13]. Ce chapitre présente des

8. *Émile Durkheim et Marcel Mauss,* Primitive Classification, *traduit et présenté par Rodney Needham, Chicago (Ill.), University of Chicago Press, 1963.*
9. *Georg Simmel, « The Stranger », dans Kurt W. Wolff (ed.),* The Sociology of Georg Simmel, *New York (N. Y.), Free Press, 1950, p. 402-408.*
10. *Herbert Blumer, « Race Prejudice as a Sense of Group Position »,* Pacific Sociological Review, *1, 1958, p. 3-7.*
11. *Fredrik Barth, « Introduction », dans Fredrik Barth (ed.),* Ethnic Groups and Boundaries : The Social Organization of Culture Difference, *Londres, George Allen and Unwin, 1969, p. 9-38.*
12. *Michèle Lamont (ed.),* The Cultural Territories of Race : Black and White Boundaries, *Chicago (Ill.), University of Chicago Press, 1999 ; Katherine Verdery, « Ethnicity, Nationalism, and State-Making.* Ethnic Groups and Boundaries *: Past and Future », dans Hans Vermeulen et Cora Govers (eds),* The Anthropology of Ethnicity : Beyond « Ethnic Groups and Boundaries », *Amsterdam, Het Spinhuis, 1994, p. 33-58 ; Mary Waters,* Black Identities. West Indian Immigrant Dreams and American Realities, *Cambridge (Mass.), Harvard University Press, 1999 ; Aristide R. Zolberg et Long Litt Woon, « Why Islam is Like Spanish : Cultural Incorporation in Europe and the United States »,* Politics and Society, *17 (1), 1999.*
13. *Michèle Lamont, Ann Morning et Margarita Mooney, « North African Immigrants Respond to French Racism : Demonstrating Equivalence Through Universalism »,* Ethnic and Racial Studies, *25 (3), 2002, p. 390-414. Je partage les réserves d'usage concernant la notion de « modèle » national : j'estime en effet que cette notion minimise l'importance des influences internationales et des variations internes à des sociétés spécifiques ainsi que l'impact de la réforme sur les traditions. On trouvera une critique de ce concept dans Riva Kastoryano,* La France, l'Allemagne et leurs immigrés : négocier l'identité, *Paris, Armand Colin, 1996.*

résultats partiels de ce projet plus vaste, concernant précisément la question de l'intégration des immigrés[14].

L'étude vise à reconstruire les frontières symboliques ou cartes mentales utilisées par les individus pour décrire « nous » et « eux » : comment les personnes que j'ai interrogées décrivent-elles leurs amis et leurs ennemis, leurs personnalités de référence et leurs héros, ce qu'ils aiment et ce qu'ils n'aiment pas ? Comment décrivent-ils les types de personne, abstraits et concrets, à l'égard de qui ils éprouvent un sentiment de supériorité ou d'infériorité, de ressemblance ou de différence ? Quelles sont les différences qui se situent au cœur des cartes individuelles de perception et les différences qui ne sont pas principales dans la manière dont les gens discutent de la valeur, de la situation et, indirectement, de l'appartenance à une communauté ? Par là même, quel pourrait être l'ordre naturel en fonction duquel les travailleurs hiérarchisent les autres quand, par exemple, ils déclarent qu'il est, bien sûr, plus important d'être honnête que raffiné ou que l'argent ne constitue pas un bon indice de la valeur d'une personne ?

Il faut noter que je compare la France et les États-Unis parce que ces deux pays se sont définis comme sauveurs du monde, comme porteurs

14. L'étude s'appuie sur cent cinquante entretiens approfondis avec des travailleurs subalternes, employés de bureau ou de magasin (« cols blancs ») ou ouvriers (« cols bleus ») résidant dans la banlieue de New York ou de Paris. Les personnes interrogées ont été choisies de façon aléatoire dans les annuaires téléphoniques de quartiers populaires. Chaque entretien durait environ deux heures et était mené par moi-même à un moment et en un lieu choisi par mon interlocuteur. Pour participer à l'étude, les travailleurs devaient avoir obtenu un diplôme à l'issue d'études secondaires, mais ne pas avoir de diplôme universitaire et ils devaient exercer à plein temps depuis au moins cinq ans un emploi manuel ou un emploi de bureau subalterne (des détails plus étendus figurent dans l'annexe méthodologique). Je n'ai interrogé que des hommes, mon but étant de comparer ces travailleurs avec des hommes ayant étudié à l'université, cadres dirigeants ou membres de professions libérales, que j'avais rencontrés en vue d'une étude antérieure (Michèle Lamont, La Morale et l'Argent. Les valeurs des cadres en France et aux États-Unis, *Paris, Métailié, 1994). Dans le cadre du projet plus développé, j'ai interrogé des travailleurs blancs nés aux États-Unis et nés en France et, également, des travailleurs africains-américains et des immigrés nord-africains travaillant en France ; mais, dans ce chapitre, je ne décris que les résultats d'entretiens avec des Blancs (trente ouvriers et quinze employés dans chaque pays). L'espace dont je dispose étant limité, je néglige les variations intra-nationales et intra-groupe pour n'examiner que les différences nationales. Je me borne, pour l'essentiel, à décrire les schémas de délimitation et je renvoie à l'étude plus vaste (Michèle Lamont,* La Dignité des travailleurs, *Paris, Presses de Sciences Po, 2002 pour la traduction française) les lecteurs intéressés par une analyse plus complète des processus de causalité.*

privilégiés des idéaux universels de liberté et d'égalité, bien que leur histoire respective ait, jusqu'à une période récente, comporté la ségrégation et le colonialisme. Aujourd'hui, 28 % de la population française a voté au moins une fois pour le Front national, parti ouvertement raciste et antisémite[15] ; quant aux États-Unis, le racisme symbolique a remplacé le racisme manifeste au sein de couches nombreuses de la population[16]. Ces situations paradoxales rendent la comparaison particulièrement attrayante.

Les cultures françaises de la solidarité

Dans une veine durkheimienne, Jeffrey Alexander explique que « les membres de communautés nationales pensent souvent que “le monde”, et cela comporte au premier chef leur propre nation, est plein de gens qui ne méritent pas de jouir des libertés et du soutien de la collectivité, ou qui n'en sont pas capables (en partie parce que ce sont des égoïstes immoraux). Les membres de la communauté nationale ne veulent pas “sauver” ces personnes. Ils ne veulent pas les accueillir, les protéger, leur offrir des droits parce qu'ils les voient comme sans valeur, sans moralité, en quelque sorte “non civilisés”[17]. » Dans la France contemporaine, ces personnes indignes appartiennent principalement à un groupe en nombre croissant, celui des immigrés musulmans originaires d'Afrique du Nord, car « l'islam marque la frontière de ce qui est étranger[18] ».

Entre 1960 et 1974, la plupart des immigrés en France venaient d'Afrique du Nord (Maroc, Algérie, Tunisie) ; souvent, leur séjour en France était régi par un permis temporaire qui les vouait aux emplois les moins bien payés et les moins recherchés dans les usines, les mines, les travaux publics. Après 1974, les membres de cette minorité visible

15. Communication personnelle avec le professeur Martin Schain, spécialiste du Front national.

16. David O. Sears, « Symbolic Racism », dans Phyllis A. Katz et Dalmas A. Taylor (eds), Eliminating Racism : Profiles in Controversy, *New York (N. Y.), Plenum Press, 1988, p. 53-84.*

17. Jeffrey Alexander, « Citizen and Enemy as Symbolic Classification : On the Polarizing Discourse of Civil Society », dans Michèle Lamont et Marcel Fournier (eds), Cultivating Differences : Symbolic Boundaries and the Making of Inequality, *Chicago (Ill.), University of Chicago Press, 1992, p. 291.*

18. Riva Kastoryano, La France, l'Allemagne et leurs immigrés : négocier l'identité, *Paris, Armand Colin, 1996, p. 63.*

ont pu faire venir leur famille et l'installer sur le sol français. Leurs effectifs ont augmenté rapidement et ils représentent aujourd'hui 34 % de la population immigrée et 5 % de la population vivant sur le territoire français[19]. Ils se concentraient à la lisière des grandes villes où ils rencontraient toutes sortes de problèmes – criminalité, toxicomanie, alcoolisme, aliénation – associés à la pauvreté et à de mauvaises conditions de logement. De nombreux citoyens français se mirent à imputer la responsabilité des problèmes sociaux et du chômage aux étrangers, terme qui renvoyait généralement aux Nord-Africains. Un sentiment de concurrence et l'effritement de la culture ouvrière traditionnelle se traduisirent progressivement par le développement de la xénophobie et la revendication de renvoi des non-Européens dans leur pays d'origine[20]. Ce mouvement s'amplifia pour déboucher sur un remarquable succès : en 1984, lors des élections au Parlement européen, le Front national, dont le programme consistait essentiellement à refuser l'immigration, obtint plus de 11 % des voix. Ce parti, qui recueille régulièrement les suffrages de 15 % de l'électorat français[21], déplore la disparition de la France de jadis, blanche et culturellement homogène, où les quartiers étaient sûrs et authentiquement français, où la culture populaire et l'identité collective coexistaient de manière organique, sans subir le désagrément des coutumes, des odeurs et des vêtements bizarres des immigrés non européens[22].

Parmi les travailleurs français d'origine, la moitié des ouvriers et quelques employés traçaient des frontières fermes à l'égard des Nord-Africains[23]. Ce faisant, ils utilisaient trois types d'arguments principaux,

19. En 1990, les immigrés européens formaient 40 % des 3 607 590 étrangers vivant en France, tandis que les Africains formaient 46 % des étrangers et 6,4 % de la population française. 34 % de ces Africains étaient originaires d'Algérie, de Tunisie et du Maroc ; 5 % seulement venaient des pays subsahariens francophones (Institut national de la statistique et des études économiques, Recensement de la population de 1990. Les populations des DOM-TOM, nées et originaires, résidant en France, *Paris, La Documentation française, 1993, p. 16). Ce dernier chiffre croît très rapidement : en 1975, les Africains subsahariens ne constituaient que 2 % des étrangers vivant en France (*ibid.*).*

20. Michel Wieviorka, La France raciste, *Paris, Le Seuil, coll. « Points », 1992.*

21. Pascal Perrineau, « Le Front national : du désert à l'enracinement », dans Pierre-André Taguieff (dir.), Face au racisme, *vol. 2.,* Analyses, hypothèses, perspectives, *Paris, La Découverte, 1991.*

22. Nonna Mayer et Pascal Perrineau, Le Front national à découvert, *Paris, Presses de Sciences Po, 1989.*

23. Quinze ouvriers sur trente et trois employés subalternes sur quinze (soit 20 % de ce dernier groupe) se sont exprimés de manière à créer une hiérarchie

qui peuvent être résumés de la manière suivante[24] : 1) Les immigrés sont dépourvus d'éthique professionnelle et de sens des responsabilités ; ils bénéficient d'une part de richesse collective plus grande que celle qui leur revient. En prétendant combattre l'exclusion sociale dont ils souffrent, l'État français les privilégie, ce qui bafoue le sentiment qu'ont les travailleurs de leur position en tant que groupe[25], et leur semble inéquitable étant donné que la qualité de la vie et l'éducation sont en dégradation constante dans les quartiers populaires ; 2) La culture politique française du républicanisme ne reconnaît pas les exigences particularistes basées sur la religion, la race et la naissance et postule que toute personne peut rejoindre le corps social, à condition qu'elle s'assimile et parvienne à partager la culture politique commune. À la différence d'autres catégories d'immigrés[26], les Nord-Africains sont perçus comme incapables de s'assimiler ou refusant de le faire, ce qui rend caduc leur droit de résider en France ; 3) Les musulmans, sur le plan culturel, sont fondamentalement différents des Français, voire incompatibles avec

*entre les Français et les Nord-Africains. Aux États-Unis, en revanche, respectivement 63 % et 60 % des travailleurs euro-américains, ouvriers et employés, ont fait des remarques similaires (dix-huit sur trente et huit sur quinze, respectivement). Au contraire, le discours antiraciste, qui défend l'égalité entre les groupes, est moins répandu aux États-Unis qu'en France : alors que respectivement 13 % et 20 % des répondants euro-américains ouvriers et employés tenaient des propos antiracistes des types décrits plus loin (respectivement, cinq et six répondants), les chiffres chez les ouvriers et employés français étaient de 23 % et 73 % (respectivement, sept et dix individus). Les Américains sont plus nombreux à avoir des positions neutres ou à ne pas remettre en cause l'inégalité raciale. C'est le cas de 30 % des employés américains et de 20 % des ouvriers américains, contre respectivement 26 % et 6 % de leurs homologues français. Les pourcentages doivent être interprétés prudemment car l'échantillon est réduit. En m'inspirant de David Goldberg (*Racist Culture. Philosophy and the Politics of Meaning, *Londres, Blackwell, 1993, p. 98), je définis le racisme comme un discours visant à promouvoir l'exclusion sur la base de l'appartenance raciale et produit par un groupe dominant contre un groupe dominé. Prenant la suite d'Aptheker (*Anti-Racism in U. S. History, *Westport (Conn.), Greenwood, 1992), je définis l'antiracisme comme un discours visant à réfuter la notion d'infériorité raciale.*

24. Une description plus détaillée figure dans Michèle Lamont, Ann Morning et Margarita Mooney, « North African Immigrants Respond to French Racism : Demonstrating Equivalence Through Universalism », Ethnic and Racial Studies, *25 (3), 2002, p. 390-414.*

25. Herbert Blumer, « Race Prejudice as a Sense of Group Position », Pacific Sociological Review, *1, 1958, p. 3-7.*

26. Gérard Noiriel, The French Melting Pot : Immigration, Citizenship, and National Identity, *traduit par Geoffrey de Laforcade, Minneapolis (Minn.), University of Minnesota Press, 1996.*

eux. Ils manquent de civilité : ils crachent devant les gens, ne demandent jamais pardon, sont impolis et manquent de respect pour les autres. De plus, ils ont des mœurs barbares (par exemple, ils tuent des chèvres sur leur balcon lors du ramadan). Ils détruisent la qualité de vie des Français et devraient rentrer chez eux. Les différences fondamentales sont décrites avec les termes suivants par un technicien des chemins de fer :

> « Il faut être honnête : le problème, c'est qu'ils n'ont pas la même éducation, les mêmes valeurs que nous. Nous avons une éducation générale chrétienne, la plupart des Français ne croient pas en Dieu, mais ils ont tous une éducation chrétienne qui règle nos relations. Mais dans le monde musulman, le Coran n'a pas du tout les mêmes valeurs. Ils envoient des enfants se faire tuer dans les champs de mines en Irak. Mais en France, si on tue des enfants, c'est vraiment un scandale. Mais dans ces pays, le social, ce n'est pas si important. La mère est heureuse d'envoyer son fils se faire tuer sur les mines. Elle va pleurer, c'est sûr, elle aura autant de chagrin qu'une mère européenne, mais ce n'est pas pareil... Et il y a aussi la question du respect de la valeur de la vie elle-même. Dans le monde musulman, les femmes n'ont pas leur place. Tandis qu'ici, en France, j'ai lavé la vaisselle... À un moment, ma femme a fait une dépression et je suis resté avec les enfants. Leur éducation n'est pas la même. »

Indubitablement, le rejet des musulmans est lié à la défense d'une « véritable culture française » qui est menacée non seulement de l'intérieur par les étrangers mais aussi de l'extérieur par l'américanisation. De surcroît, les notions coloniales relatives à la « mission civilisatrice » de la France et à la supériorité française restent présentes à l'esprit de nombreux travailleurs, surtout lorsqu'il s'agit d'anciennes colonies africaines ayant sombré dans la barbarie[27]. L'« altérité » des musulmans est soulignée tandis que les différences dans le degré d'implication religieuse de ces mêmes musulmans sont minimisées par les personnes interrogées. Les « Beurs » (enfants d'immigrés à la deuxième génération), qui détiennent la nationalité française, sont généralement considérés

27. *Herman Lebovics, « Where and How did the French Get the Idea that They Were the Trustees of Western Civilization, 1513-1959 ? », rapport présenté au New York Area French History Seminar, 1996 ; Alice L. Conklin,* A Mission to Civilize : The Republican Idea of Empire in France and West Africa, 1895-1930, *Stanford (Calif.), Stanford University Press, 1998.*

comme des immigrés, ce qui, encore une fois, donne l'impression d'un sentiment d'incompatibilité entre la culture française et l'islam.

L'importance donnée aux immigrés dans les frontières tracées par les répondants français est particulièrement remarquable, lorsqu'on la compare avec la place accordée par les travailleurs, dans le discours sur l'« Autre », à d'autres catégories de population, et, en particulier, lorsqu'on envisage la place donnée à des catégories autres sur le plan racial (notamment les Noirs) et aux pauvres.

Les entretiens indiquent avec netteté que la race n'est pas une base d'exclusion importante parmi les ouvriers français. En fait, très rares sont ceux qui mentionnent la race lorsqu'ils tracent des frontières, ce qui suggère un découplage entre le racisme et la couleur sombre de la peau, surprenant d'un point de vue américain. Deux répondants ont souligné la paresse des Noirs. L'un de mes interlocuteurs a attiré mon attention sur l'absence de racisme en France, donnant pour preuve le fait que les Martiniquais et Guadeloupéens noirs, en tant que citoyens français, sont *de jure* et *de facto* partie intégrante de la collectivité nationale en toute égalité, sur la base des idéaux républicains. Selon une enquête récente, à la question de savoir quelle catégorie d'immigrés posait le plus de difficultés d'intégration, 50 % des répondants français citaient les Nord-Africains, chiffre bien supérieur aux 19 % qui mentionnaient les Africains noirs ou aux 15 % qui nommaient les Asiatiques[28]. Des résultats moins récents fournissent constamment des éléments indiquant que les sentiments négatifs à l'égard des immigrés nord-africains sont bien plus forts que ceux qui visent les Noirs, les immigrés européens ou toute autre minorité raciale[29].

28. Donald L. Horowitz, « Immigration and Group Relations in France and the United States », dans Immigrants in Two Democracies : French and American Experience, *New York (N. Y.), New York University Press, 1992, p. 3-35 et surtout p. 19.*

29. Dès 1966, une enquête montrait que dix attributs négatifs s'appliquaient principalement aux Algériens aux yeux de cent vingt-neuf répondants, tandis que trente-neuf seulement pensaient que ces attributs s'appliquaient principalement aux Africains noirs et treize aux Portugais (Michel Hannoun, L'Homme est l'espérance de l'homme. Rapport sur le racisme et les discriminations en France, *Paris, La Documentation française, coll. « Rapports officiels », 1987). Une enquête nationale menée en 1973-1974 a également constaté que 34 % et 21 % des personnes interrogées avaient une opinion « plutôt mauvaise » ou « mauvaise » des Nord-Africains, contre seulement 15 % et 8 % pour les Africains noirs ; pour les immigrés européens, les chiffres tournent autour de 5 % (Alain Girard, Yves Charbit et Marie-Laurence Lamy, « Attitudes des Français à l'égard de l'immigration étrangère : nouvelle enquête d'opinion »,* Population, *6, 1974, p. 1015-1069 et surtout p. 1028).*

De nombreux facteurs s'allient à la culture du républicanisme pour faire en sorte que les frontières dressées contre les Noirs soient moins fortes que celles qui visent les Nord-Africains : 1) La plupart des Nord-Africains sont des immigrés de la première ou de la deuxième génération. Les Noirs sont plus hétérogènes : certains sont des immigrés récents venus d'Afrique subsaharienne, tandis que ceux qui viennent des DOM-TOM sont français depuis plusieurs générations. Pour cette raison, il est difficile de définir un « nous » qui soit opposé aux « Noirs » ; cela contrebalance la situation inférieure des Noirs en tant que peuples anciennement colonisés. 2) Les Noirs vivant en France sont plus hétérogènes, sur le plan religieux, que les Nord-Africains – par exemple, les Sénégalais sont essentiellement musulmans tandis que les Congolais sont catholiques[30]. Cela aussi empêche d'instaurer une distinction claire entre « nous » et « les Noirs ». Même s'il y a parmi les Nord-Africains une petite population juive, on considère souvent *a priori* qu'ils sont musulmans de façon homogène. 3) Les musulmans apparaissent de façon plus évidente aux yeux des travailleurs français parce qu'ils constituent un groupe plus vaste que les Noirs (en effet, ils représentent presque 5 % de la population française, contre moins de 2 % pour les Noirs). 4) Le processus de la décolonisation a été beaucoup plus paisible en Afrique française subsaharienne qu'en Afrique du Nord, ce qui a joué dans le fait que les stéréotypes concernant les Noirs sont moins négatifs que pour les Nord-Africains. 5) Enfin, à travers l'histoire, une proportion importante d'immigrants africains noirs sont venus en France pour y faire des études[31]. Cette population venait d'un milieu de plus haut niveau et était mieux assimilée que beaucoup d'ouvriers nord-africains peu qualifiés. La présence de ces gens allait contre les idées négatives qui pouvaient avoir cours sur les Noirs, à une époque où les Africains noirs peu qualifiés avaient moins facilement accès aux

*30. Michèle Tribalat (*Faire France. Une enquête sur les immigrés et leurs enfants*, Paris, La Découverte, 1995, p. 21) constate que 40 % des Africains noirs qu'elle étudie viennent de pays musulmans, alors que 14 % viennent de régions exclusivement chrétiennes ou animistes. Presque la moitié des immigrés d'Afrique noire proviennent de régions hétérogènes sur le plan religieux.*

31. Robert Delerm (« La population noire en France », Population, *19 (3), 1964, p. 515-528 et surtout p. 522-523) estimait que la population d'Africains noirs vivant en France en 1964 était composée de 10 000 à 12 000 étudiants, de 4 000 à 5 000 anciens étudiants qui étaient restés, de 5 000 « stagiaires au titre de la coopération » et de 40 000 à 50 000 travailleurs, sur lesquels 28 000 vivaient en région parisienne.*

rivages de la France que leurs homologues nord-africains, en raison de l'éloignement[32].

L'arrivée d'un nombre rapidement croissant d'immigrants en provenance d'Afrique de l'Ouest pourrait être fatale à cette dissociation relative entre la couleur sombre de la peau et le racisme. En particulier, la politique de regroupement familial, mise en œuvre après 1974, a fait venir un grand nombre de familles africaines, ce qui a rendu plus visible l'immigration des Africains musulmans, notamment en attirant l'attention de l'opinion publique sur la polygamie et la pratique traditionnelle des mutilations génitales féminines[33]. Cependant, dans l'ensemble, les caractéristiques combinées des Noirs vivant en France empêchent une bipolarité franche opposant « Français » à « Noir », contrairement à ce qui se passe pour les Nord-Africains. Des groupes « autres » sur le plan racial, comme les Asiatiques, ont connu une assimilation très réussie. Ils contribuent à la minimisation du rôle des différences raciales dans le processus de différenciation interne de la société française.

Les travailleurs français ramènent aussi à de moindres proportions la segmentation interne de leur société en intégrant parmi les « gens comme nous » des individus placés aux échelons les plus bas de la société. Il est rare, en fait, qu'ils expriment des sentiments de supériorité à l'égard des pauvres. Ces catégories d'individus sont souvent tout simplement absentes de leurs descriptions des frontières qu'ils tracent. Il ressort d'une analyse détaillée des entretiens que la plupart des répondants français sont indifférents aux pauvres ou n'en ont rien à dire, alors que c'est le cas pour seulement un quart des travailleurs américains (la moitié d'entre eux définissent leurs frontières contre les pauvres). Un certain nombre de travailleurs français expriment explicitement leur solidarité envers ceux qui sont au-dessous d'eux dans la

32. Hélène Bergues (« L'immigration de travailleurs noirs en France et particulièrement dans la région parisienne », Population, *28 (1), 1973, p. 59-79.) étudie une enquête de 1976 d'où ressort l'idée favorable que les Français se font des Africains noirs. Elle commente ces résultats comme suit : « on considère qu'ils sont agréables, polis, travailleurs, plutôt enfantins, mais de bonne disposition » ; « selon l'opinion générale, la venue de travailleurs africains est une bonne chose, si nous avons besoin de main-d'œuvre et qu'ils prennent des emplois dont les Français ne veulent pas » (p. 73). H. Bergues indique également ailleurs que « de bonnes relations sont généralement nouées entre les Africains noirs et les travailleurs français ou d'autres pays d'Europe. Seules les relations avec les groupes nord-africains semblent difficiles » (p. 74).*

33. Jacques Barou, « Les immigrations africaines », dans David Assouline et Mehdi Lallaoui (dir.), Un siècle d'immigration en France : 1945 à nos jours. Du chantier à la citoyenneté ?, *Paris, Diffusion Syros, 1996, p. 31-46.*

structure sociale, faisant usage du vocabulaire de la lutte des classes et de la solidarité de classe pour souligner que « nous sommes tous des salariés, nous sommes tous exploités ». Les références aux bénéficiaires de l'aide sociale et aux chômeurs sont souvent assorties de critiques du système capitaliste. Par exemple, un employé de banque déclare : « je trouve inacceptable que certaines personnes soient au chômage alors que d'autres puissent travailler autant qu'elles veulent ». Un vendeur chez un marchand de bois va dans le même sens, en expliquant que les mécanismes du marché ne doivent pas déterminer les salaires et conclut : « tous les travailleurs devraient être raisonnablement bien payés ». Comme beaucoup d'autres, cet employé de commerce s'oppose au libéralisme classique et à sa main invisible parce que ce sont des mécanismes inhumains qui pénalisent les plus faibles. L'aide sociale n'est pas remise en question ; ce qui pose problème, c'est la protection illégitime octroyée à des étrangers qui ne font pas vraiment partie du « nous » collectif.

Le républicanisme, le catholicisme et le socialisme fournissent tous des éléments de répertoires culturels qui favorisent ces faibles frontières en mettant l'accent sur l'importance de la solidarité sociale entre les citoyens (quelle que soit leur race), entre les pauvres et entre les travailleurs, respectivement[34]. Dans cet esprit, prié de choisir sur une liste de caractéristiques cinq qualités qu'ils trouvaient particulièrement importantes chez les autres, un tiers des travailleurs français a choisi *solidaire* ou *égalitaire,* contre un cinquième seulement des travailleurs américains ; aucun des Français n'a choisi *prospère,* alors que, là

34. L'inclusion des pauvres dans les définitions collectives de la communauté produites par les travailleurs français correspond à la politique institutionnelle de la France envers les pauvres. Le Parti socialiste a donné la priorité au chômage, c'est-à-dire à la « solidarité » et à la « lutte contre l'exclusion » à partir du début des années 1980. Il a créé le revenu minimum d'insertion (RMI) pour faciliter l'insertion des chômeurs et des travailleurs à temps partiel. Cette mesure se rattache à une tradition nationale bien établie de politiques d'assurances sociales basées sur la solidarité, qui favorisent les pauvres et les travailleurs indépendants (des éléments historiques sont fournis par Serge Paugham, La Société française et ses pauvres, *Paris, PUF, 1993 ; et Peter Baldwin,* The Politics of Social Solidarity : Class Bases of European Welfare State, *Cambridge, Cambridge University Press, 1990 ; on trouvera chez Gosta Esping-Anderson (*Three Worlds of Welfare Capitalism, *Cambridge, Polity Press, 1990, p. 70-71), une comparaison des systèmes de retraite, de soins médicaux privés, d'aide aux indigents et d'autres prestations sociales en France, au Canada et aux États-Unis). Une analyse plus large des problèmes liés à l'exclusion en France est entreprise par Robert Castel (*Les Métamorphoses de la question sociale, *Paris, Fayard, 1995).*

encore, un cinquième de leurs homologues américains optait pour ce terme (*successful*). Les travailleurs français rejettent souvent l'ambition sociale au nom de l'intégrité personnelle ; ils lui opposent des notions de convivialité, de partage, d'égalitarisme. Ils ont fréquemment des attitudes négatives à l'égard de l'argent et du pouvoir, qu'ils ressentent le plus souvent comme des forces contraignantes, répressives et aliénantes. Ils décrivent souvent la moitié supérieure de la société comme des exploiteurs privés d'humanité, ce qui donne l'impression d'une présence persistante, dans leur vision du monde, de la conscience de classe et du discours de la lutte des classes[35].

La collectivité à l'américaine

Dans l'esprit de nombreux travailleurs américains, l'appartenance sociale et culturelle est généralement associée au fait d'être blanc et de se situer au moins dans la couche inférieure des classes moyennes ou dans la classe ouvrière. Alors que les travailleurs français avec qui j'ai parlé ne dressaient pas de fortes frontières contre les pauvres, leurs homologues américains font le contraire. Comparés aux Français, les travailleurs américains évaluent souvent les gens sur la base de leur « réussite » et font souvent passer une frontière entre eux et les individus qui sont au-dessous d'eux sur l'échelle socio-économique. Ils ont souvent recours, pour ce faire, à des arguments empruntés à l'éthique et à l'ambition professionnelles. Par exemple, Frank Thompson, de Hempstead (Long Island), dit que s'il devait tracer une ligne pour distinguer les personnes supérieures des inférieures, il la tracerait contre « des gens qui, à mon avis, pourraient mieux faire, mais n'essaient pas. Si vous ne voulez arriver à rien, ce n'est pas un problème, mais n'en faites pas reproche à quelqu'un d'autre ». Un travailleur de Linden, qui n'a

35. Des sociologues estiment que la délimitation entre la classe ouvrière et la bourgeoisie était plus présente dans le débat public avant 1980 qu'aujourd'hui. Son importance a diminué avec le déclin du Parti communiste français et la baisse du taux de syndicalisation à la fin des années 1970 (René Mouriaux, « Stratégies syndicales face au chômage et à l'intervention industrielle de l'État dans la période 1962-87 », dans James F. Hollifield et George Ross (eds), Searching from the New France, *Londres, Routledge, 1991, p. 173-192). Cette délimitation et celle qui est dressée contre les immigrés ne ressortaient pas très nettement dans les entretiens que j'ai menés avec des cadres supérieurs et des membres de professions libérales. Une explication de ces tendances est proposée dans Michèle Lamont,* La Morale et l'Argent, op. cit., *1994.*

aucun diplôme universitaire, explique qu'il se sent supérieur « aux gens qui ne maîtrisent pas du tout leur vie. Si quelqu'un ne fait rien pour s'en sortir, je n'ai vraiment pas de pitié pour ce genre de personne ».

D'après les entretiens, il existe aux États-Unis une association étroite entre les frontières de classe et les frontières morales. De nombreux ouvrages contiennent des données parlantes sur l'association entre pauvreté et irresponsabilité, paresse, absence d'autosuffisance (par exemple Katz[36]), et mes entretiens révèlent des conceptions similaires. Par exemple, après s'être présenté fièrement comme un républicain convaincu, un de mes interlocuteurs expliquait ainsi ce que cela signifiait d'être un républicain : « Ne rien donner pour rien. L'incitation... Va chercher du boulot... [Nous ne devrions pas] rendre ça si facile de rester dépendant du chômage, de l'aide sociale. » Un autre se disait républicain conservateur parce qu'il « n'aim[ait] pas les gens qui essayaient de profiter et de prendre, prendre, sans jamais rien rendre ». Ces hommes ne sont pas contents de devoir payer tant d'impôts pour assister les pauvres qui « ne travaillent pas du tout et obtiennent tout gratuitement ». Plus souvent que les Français, ils mettent l'accent sur des aspects traditionnels de la moralité (par exemple, les Dix Commandements et la défense d'une éthique professionnelle traditionnelle)[37].

Quand on leur demande à qui ils se sentent supérieurs et inférieurs, la plupart des Américains interrogés glissent constamment et subtilement des frontières morales aux frontières raciales, traçant à la fois ces deux frontières, et justifient les attitudes racistes par des arguments moraux. Le discours sur lequel ils s'appuient pour tracer des frontières envers les Noirs ressemble à celui auquel ils ont recours pour rejeter les pauvres : ils soulignent leur absence supposée d'éthique professionnelle

36. Michael Katz, The Undeserving Poor : From the War on Poverty to the War on Welfare, *New York (N. Y.), Pantheon, 1989. Les Américains (cela a souvent été souligné) estiment que la pauvreté reflète une incapacité personnelle et reprochent souvent à la personne qui en est victime une inégalité structurelle. Pour illustrer cette interprétation, Fay Lomax Cook (*Who Should be Helped. Public Support for Social Services, *Londres, Sage, 1979) a constaté que les adultes américains sont moins disposés à aider les adultes démunis que tout autre groupe de la population nécessiteuse, y compris les enfants et les handicapés, car ils leur imputent la responsabilité du sort qu'ils subissent.*

37. On trouve chez Hilary Silver (« National Conceptions of the New Urban Poverty : Social Structural Change in Britain, France, and the United States », International Journal of Urban and Regional Research, *(17) 3, 1993, p. 336-354) une excellente comparaison des politiques et des attitudes françaises et américaines en ce qui concerne la pauvreté.*

et de sens de la responsabilité. Ils insistent aussi sur leur incapacité à éduquer leurs enfants correctement, surtout dans le domaine moral. Enfin, ils accusent les Noirs de « s'en tirer impunément [...], en faisant des choses que je n'aurais même pas l'idée de faire » (un fonctionnaire). À leurs yeux, les Africains-Américains ont « tendance à [...] essayer de s'en sortir en en faisant moins, le moins [...] possible tant qu'ils croient qu'ils peuvent quand même garder l'emploi, dans des cas où des Blancs en mettraient un coup » (un technicien en électronique). Un autre technicien en électronique résume la façon dont la situation est souvent perçue :

> « Je travaille tout le temps avec des Noirs, et ça ne me pose pas de problème... J'ai des préjugés, dans une certaine mesure... Comment dire ça gentiment... Je sais que c'est une généralité et que ça ne convient pas à tous, mais seulement à une partie d'entre eux. C'est toute cette histoire de chômage et d'aide sociale. Ceux qu'on voit surtout utiliser tout ça, c'est des Noirs. Je le vois en travaillant avec certains d'entre eux, d'après les conversations que j'entends... Les Noirs qui touchent des allocations, ils ne souhaitent pas du tout que ça s'arrête. Pourquoi le voudraient-ils ? C'est de l'argent gratuit. Je ne supporte pas de voir l'argent que j'ai tant de mal à gagner versé à quelqu'un qui a juste envie de rester assis sur son cul toute la journée et de toucher de l'argent gratuit. C'est de la connerie... C'est peut-être une façon de penser blanche, mais j'ai quand même l'impression que c'est vrai, dans une certaine mesure... On entend tout le temps ça à la télé : "On n'a pas besoin de faire ça parce qu'on a été réduits en esclavage il y a quatre cents ans. Vous nous le devez." Je ne vous dois rien du tout, point final. Je n'ai rien eu à faire avec ça et je ne vais pas payer pour ça... Ce qui ne me plaît pas non plus, c'est ce système qui permet à un Noir de dire n'importe quoi sur un Blanc, et on ne considère pas que c'est des préjugés. Mais si un Blanc fait la plus petite réflexion sur un Noir, vlan, on se retrouve devant le pasteur Al Sharpton et tous les autres connards. C'est de la connerie. C'est deux poids deux mesures, purement et simplement. »

Ce passage montre de quelle manière, pour certains travailleurs américains, les frontières sociales, raciales et morales agissent conjointement, si bien que la communauté des « gens comme nous » est définie de façon très étroite et exclut assurément les Noirs que l'on considère vivant sur le dos des gens qui travaillent[38]. Le fait que les frontières dressées contre les pauvres et les Noirs aux États-Unis le soient avec tant de force est sûrement en rapport avec l'étroite association entre ces deux groupes (par contre, dans le contexte français, les chômeurs de longue durée sont surtout des travailleurs français blancs, victimes de la restructuration économique). Aux États-Unis, le fait d'être noir et la pauvreté tracent donc les frontières de l'appartenance sociale ; cette tendance risque de s'accentuer encore à mesure que nous évoluerons vers une opposition entre tous les non-Noirs et les Noirs[39], et ce, malgré la place centrale de l'égalitarisme dans la culture politique américaine[40].

Les enquêtes montrent que, même si les Américains nourrissent des sentiments négatifs envers les immigrés, ces sentiments ne sont pas très vigoureux[41]. De plus, les attitudes concernant les politiques d'immigration

38. *Les idées racistes des gens à qui j'ai parlé ne sont pas exceptionnelles. Dans leur étude étendue de l'évolution des attitudes raciales aux États-Unis, Howard Schuman, Charlotte Steeh et Lawrence Bobo (*Racial Attitudes in America. Trends and Interpretation, *Cambridge (Mass.), Harvard University Press, 1985) ont constaté que les répondants au niveau d'études le plus élevé manifestent davantage de soutien à l'intégration, mais ont tendance à refuser que des Blancs soient placés dans des contextes où ils ne sont plus majoritaires (*ibid., *p. 199). De manière générale, ces auteurs constatent que, pour les Noirs comme pour les Blancs, les questions relatives à la mise en œuvre des politiques « révèlent toujours un degré de soutien inférieur à celui qui est affirmé quand il est question des principes » (*ibid., *p. 197). Ils remarquent également qu'« en 1983, l'approbation des mariages mixtes atteignait tout juste le niveau de l'approbation de l'intégration dans les transports collectifs au début des années 1940 [soit 40 %] » (*ibid., *p. 195).*

39. *Herbert Gans, « The Possibility of a New Racial Hierarchy in the 21st Century United States », dans Michèle Lamont (ed.),* The Cultural Territories of Race : Black and White Boundaries, *Chicago (ill.), University of Chicago Press, 1999, p. 371-390.*

40. *Seymour Martin Lipset,* The First New Nation : The United States in Historical and Comparative Perspective, *New York (N. Y.), Norton, 1979 ; Alexis de Tocqueville,* Democracy in America, *New York (N. Y.), Vintage, 1945. Mes entretiens confirment l'analyse des auteurs qui indiquent que, pour les Américains, les obligations morales s'appliquent à un nombre de personnes de plus en plus restreint, défini par les liens du sang, des origines ethniques et une religion commune, ou par une proximité physique qui correspond à un niveau de revenu similaire (Constance Perin,* Belonging in America, *Madison (Wis.), The University of Wisconsin Press, 1988 ; Jim Sleeper,* The Closest of Strangers : Liberalism and the Politics of Race in New York, *New York (N. Y.), Norton, 1991 ; Hervé Varenne,* Americans Together. Structured Diversity in a Midwestern Town, *New York (N. Y.), Teachers College Press, 1977 ; Alan Wolfe,* Whose Keeper ? Social Science and Moral Obligation, *Berkeley (Calif.), University of California Press, 1989).*

41. *Thomas J. Espenshade et Maryann Belanger, « Immigration and Public Opinion », dans Marcelo Suarez-Orozco (ed.),* Crossings : Mexican Immigration in Interdisciplinary Perspectives, *Cambridge (Mass.), Harvard University Press, 1998.*

ne sont pas cohérentes, manquent d'intensité, ne sont pas bien structurées et s'énoncent de façon confuse[42]. L'immigration a un niveau plus faible que les « Ne sait pas » dans les enquêtes où l'on demande aux répondants quels sont les « problèmes les plus importants » auxquels la nation fait face aujourd'hui : « Ne sait pas » est choisi cinq fois plus souvent que « les immigrés[43] ». De plus, alors que de nombreux Américains sont préoccupés par le nombre croissant d'immigrés, les sondages d'opinion montrent que le contrôle de l'immigration tient une place bien plus faible que le contrôle des impôts, de la criminalité et du coût de la santé dans les priorités du grand public[44].

Cette indifférence envers les immigrés est très différente de la situation constatée en France et correspond au résultat de mes entretiens : quand ils décrivent leurs cartes mentales, peu de travailleurs mettent en avant les immigrés. Quand ils le font, c'est rarement pour dénoncer leurs défauts moraux. Certains soulignent la difficulté à s'assimiler et trouvent choquant ce qu'ils perçoivent, chez les immigrés, comme un faible désir d'apprendre l'anglais. Cependant, les travailleurs sont généralement plus préoccupés par les dangers que cela occasionne pour la nation, dont la situation relative est menacée de déclin, que par la moralité des immigrés[45]. D'autres ont une vision positive des immigrés, surtout si l'on considère qu'ils cherchent à réaliser le rêve américain. Cela ne veut pas dire que les immigrés sont intégrés à la façon dont les travailleurs définissent leur « communauté imaginaire » ; il est plus exact de dire qu'ils sont en situation de non-évidence.

42. *Edwin Harwood, « American Public Opinion and U. S. Immigration Policy », dans Rita J. Simon (ed.), « Immigration and American Public Policy »,* Annals of the American Academy of Political and Social Science, *487, 1986, p. 205, cité par T. J. Espenshade et M. Belanger (dans Marcelo Suarez-Orozco (ed.),* Crossings, op. cit., *p. 21).*

43. *T. J. Espenshade et M. Belanger, « Immigration and Public Opinion », dans Marcelo Suarez-Orozco (ed.),* Crossings, op. cit., *p. 19.*

44. *Philip Martin, « The United States : Benign Neglect toward Immigration », dans Wayne A. Cornelius, Philip L. Martin et James F. Hollifield (eds),* Controlling Immigration : A Global Perspective, *Stanford (Calif.), Stanford University Press, 1994, p. 87.*

45. *Les enquêtes nationales montrent qu'au début des années 1980, 20 % des Américains environ ne voyaient pas les immigrés comme « des gens foncièrement bons et honnêtes » ; 18 % seulement ne les considéraient pas comme travailleurs (John S. Lapniski, Pia Peltola, Greg Shaw et Alan Yang, « The Pools-Trends. Immigrants and Immigration »,* Public Opinion Quarterly, *61, 1997, p. 356-383 et surtout p. 367).*

On trouverait peut-être des frontières plus nettes à l'égard des immigrés dans des États comportant une population d'immigrés plus forte (encore que les États du New Jersey et de New York figurent parmi les cinq États où le taux d'immigrés est le plus élevé). En outre, des débats récents concernant l'immigration en provenance d'Amérique latine donnent à penser que nous entamons une nouvelle phase de xénophobie (ce qui est confirmé par l'accroissement du pourcentage de population qui exprime des attitudes négatives à l'égard des immigrés[46]).

Conclusion

Cet aperçu rapide des schémas de délimitation qui prévalent en France et aux États-Unis demande encore à être précisé et soulève un certain nombre de questions. Cependant, les éléments recueillis donnent à penser que les travailleurs français et américains ont une vision différente de la place et de l'intégration des immigrés dans leurs communautés imaginaires : en France, les frontières sont érigées envers les immigrés musulmans, dont la culture est considérée comme fondamentalement incompatible avec une culture française universaliste qui, par le passé, a réussi à assimiler les immigrés. Dans le même temps, les frontières à l'égard des Noirs et des pauvres sont minimisées au nom d'une conception de la moralité qui met l'accent sur l'universalisme, l'humanitarisme et la solidarité et qui est influencée par le républicanisme, le catholicisme et le socialisme.

Aux États-Unis, en revanche, des frontières morales fortes sont tracées envers les pauvres et les Africains-Américains sur la base de la responsabilité et de l'éthique professionnelle. Par ailleurs, la présence des immigrés est beaucoup moins ressentie par les travailleurs américains que par leurs homologues français. Pour peu que les travailleurs réfléchissent à la question des immigrés, ils les décrivent sous un jour positif si ces immigrés partagent le rêve américain, ou critiquent leur refus d'apprendre l'anglais, ce qui risque de faire décliner la situation d'ensemble du pays. Comme on l'indiquait dans l'introduction, la présence de manières aussi différenciées de concevoir la place des immigrés dans une communauté imaginaire contredit les visions fondées sur la mondialisation, qui feraient

46. *Voir T. J. Espenshade et M. Belanger,* Crossings, op. cit. ; *et John S. Lapniski, Pia Peltola, Greg Shaw et Alan Yang, art. cité, p. 356-383.*

prévoir une plus grande similitude entre les points de vue des travailleurs français et américains.

Encore une fois, ce chapitre complète la recherche effectuée sur l'intégration des immigrés en se centrant non pas sur les choix politiques ou sur l'identité des immigrés, mais sur la façon dont les simples citoyens perçoivent les immigrés et leur place parmi « les gens comme nous ». Alors que le modèle de citoyenneté post-nationale insiste sur la diffusion d'un discours universaliste et axé sur les droits de l'homme au niveau politique et au sein des organisations d'immigrés, cette évolution n'apparaît pas chez les travailleurs, surtout les travailleurs français : leur conception de la place des immigrés dans leur communauté ne se centre pas sur les droits de l'homme mais sur les caractéristiques morales et culturelles de la population immigrée. Ils semblent particulièrement résolus à défendre leur communauté nationale contre ceux qui refusent l'assimilation.

Conformément aux principes centraux du libéralisme, le républicanisme français postule des citoyens jouissant de droits politiques égaux, qui concluent de façon volontaire et explicite un contrat par lequel ils délèguent leur souveraineté politique directement à l'État, dont le rôle est de définir et de promouvoir le bien commun[47]. L'État se situe au-dessus des intérêts particuliers en tant qu'agent neutre incarnant la raison universelle et agissant en faveur d'une masse indifférenciée de citoyens égaux. Aux États-Unis, bien que les individus soient au centre du système politique, une logique pluraliste l'emporte et les groupes présentent des revendications qui sont partiellement fondées sur leur identité culturelle[48]. Pour les Français, ce modèle doit être évité à tout prix, notamment parce qu'il a débouché sur la destruction du tissu

47. *Claude Nicolet, « Le passage à l'universel »,* La République en France. État des lieux, *Paris, Le Seuil, 1992, p. 122-168. Ces principes républicains, comprenant la notion symboliquement essentielle d'éducation laïque, ont acquis un caractère sacré depuis le Troisième République. À la fin du XIXe siècle, les républicains l'emportèrent sur les royalistes qui menaient une contre-révolution depuis 1789 avec le soutien de l'Église catholique, refusant en particulier le principe de séparation de l'Église et de l'État.*

48. *Sur l'impact du pluralisme sur la société américaine comparée à la société française, voir Denis Lacorne,* La Crise de l'identité américaine. Du melting-pot au multiculturalisme, *Paris, Fayard, 1997 ; Riva Kastoryano,* La France, l'Allemagne et leurs immigrés : négocier l'identité, op. cit. *; Laurent Thévenot et Michèle Lamont, « Exploring the French and the American Polity », dans Michèle Lamont et Laurent Thévenot (eds),* Rethinking Comparative Cultural Sociology : Repertoires of Evaluation in France and the United States, *Cambridge, Cambridge University Press, 2000.*

social américain, comme l'illustrent les émeutes de Los Angeles, la pauvreté généralisée, les conflits ethniques et les choix politiques fondés sur les phénomènes d'identité[49]. En France, les citoyens participent donc à la sphère publique en tant qu'individus et non en tant que membres d'un groupe ; et ces individus sont considérés comme des citoyens égaux, indépendamment de leurs caractéristiques culturelles, naturelles ou sociales. Cela signifie que des groupes ethniques, raciaux, religieux, régionaux ou professionnels ne peuvent pas utiliser leurs identités distinctes pour imposer leurs *desiderata* dans la sphère publique. En outre, ils sont incités à s'assimiler au nom d'une vision universaliste de la société[50] et ne bénéficient pas des avantages d'un pluralisme à l'américaine. Officiellement, la France ne comporte pas de minorité nord-africaine, mais elle abrite des « étrangers » qui sont définis non pas par rapport à leur identité culturelle mais par rapport à leur situation économique[51]. Elle ne comporte pas de catégorie de « Noirs », une loi de 1978 interdit le recueil de données portant sur l'origine ethnique et l'appartenance religieuse[52]. Enfin, ses lois contre la

49. Éric Fassin, « The Politics of Difference in the American Mirror : Immigration and Ethnicity in France », rapport présenté à la conférence « Multiculturalism, Minorities, and Citizenship », Florence, European University Institute, 1996. Sur cette question, voir aussi Adrian Favell, Philosophies of Integration : Immigration and the Idea of Citizenship in France and Britain, *Londres, MacMillan, 1997, p. 183. Le républicanisme présume que l'assimilation des groupes minoritaires est indispensable à la reproduction du corps social et à la défense des intérêts de la majorité (Gérard Noiriel,* Population, immigration et identité nationale en France XIXe et XXe siècles, *chap. 3, Paris, Hachette, 1992). Selon Brubaker (*Citizenship and Nationhood in France and Germany, *Cambridge (Mass.), Harvard University Press, 1992), cette approche assimilationniste pourrait constituer une définition culturelle de la nation spécifique à la France, caractéristique de la culture politique française.*

50. William Safran, « State, Nation, National Identity, and Citizenship : France as a Test Case », International Political Science Review, *12 (3), 1991, p. 219-238.*

51. Sophie Body-Gendrot, « Migration and the Racialization of the Postmodern City in France », dans Malcolm Cross et Michael Keith (eds), Racism, the City and the State, *Londres, Routledge, 1992, p. 83.*

52. Cette loi a eu pour point de départ la crainte de voir de telles données utilisées pour définir des quotas, ce qui risquait d'aboutir à une balkanisation sociale et mettait en danger les libertés individuelles. En fait, l'interdiction de recenser la population en tenant compte de la race remonte à 1848, date de l'abolition de l'esclavage dans les Antilles françaises (communication personnelle avec Emmanuelle Saada). La collaboration du gouvernement de Vichy avec les nazis renforce le sentiment d'une nécessaire protection des données personnelles des citoyens face à l'intrusion de l'État. Néanmoins, cette loi a eu au moins une conséquence qui n'était pas recherchée : en l'absence de statistiques relatives à l'origine ethnique, il est difficile de chiffrer certaines formes de discrimination.

discrimination manquent de vigueur, car la logique républicaine est censée constituer un rempart efficace contre la discrimination[53].

Par le passé, des institutions centralisées comme l'armée et l'école ont joué un rôle important en transformant en réalité les principes républicains : on y a transformé des paysans, des immigrés, toutes sortes de gens en Français en leur enseignant les règles de l'appartenance culturelle, y compris la minimisation des identités particulières[54]. Le but est alors de produire une communauté nationale à l'intérieur de laquelle les frontières culturelles et politiques seraient en grande partie superposées, si bien que la culture politique doit servir de délimitation entre le groupe interne national et les groupes externes[55]. Bien que le républicanisme soit aujourd'hui en crise[56], il constitue encore le modèle officiel de l'intégration des immigrés et concorde toujours avec le modèle défendu par les travailleurs que j'ai rencontrés : comme nous l'avons vu, ceux-ci critiquent les immigrés parce qu'ils refusent de respecter le contrat social général. Aux États-Unis, en revanche, la faible visibilité des immigrés auprès des travailleurs ou la tolérance dont

53. Une loi contre la discrimination dans l'emploi, le logement, la fourniture de services et l'incitation à la haine raciale a été adoptée en 1972, mais elle est rarement appliquée. Le pays a mis un certain temps à l'adopter (par rapport à d'autres nations occidentales) parce que les décideurs français pensaient que tous les citoyens bénéficiaient d'une protection égale de la législation française, celle-ci incarnant de facto *les principes républicains (Gary Freeman,* Immigrant Labor and Racial Conflict in Industrial Societies : The French and British Experience 1945-1975, *Princeton (N. J.), Princeton University Press, 1979, p. 156). Simultanément, pour qu'elle soit plus dure, cette loi a été intégrée dans le code pénal ; mais, de ce fait, assez peu d'affaires sont portées devant les tribunaux parce que les exigences en matière de preuve dans le domaine pénal sont difficiles à satisfaire. En 1991, en Grande-Bretagne, des procédures civiles ont ainsi débouché sur l'examen de 1 471 cas de discrimination relative à l'emploi, tandis qu'en France, quatre affaires seulement étaient déférées à des tribunaux (cité par Erik Bleitch, « Ideas and Race Policies in Britain and France », rapport, Eleventh International Conference of Europeanists, Baltimore, 26-28 février 1998, p. 4).*

54. G. Noiriel, The French Melting-Pot : Immigration, Citizenship, and National Identity, op. cit. *; également Eugen Weber,* Peasants into Frenchmen : The Modernization of Rural France, 1870-1914, *Stanford (Calif.), Stanford University Press, 1976.*

55. Adrian Favell, Philosophies of Integration, op. cit. *; Miriam Feldblum,* Reconstructing Citizenship : The Politics of Nationality Reform and Immigration in Contemporary France, *New York (N. Y.), State University of New York Press, 1999 ; George Fredrickson, « America's Diversity in Comparative Perspective », Presidential Address, Organization of American Historians, Indianapolis, 1998 ; Michèle Lamont,* La Dignité des travailleurs, op. cit.

56. Michèle Lamont, La Dignité des travailleurs, op. cit.

ils bénéficiaient correspond à l'absence d'un modèle américain « officiel » d'intégration des immigrés et à une culture politique du pluralisme qui favorise un mélange en proportions variables d'assimilation culturelle et de multiculturalisme[57].

Comme nous l'avons vu, les travailleurs français et américains ne définissent pas de la même manière leur « communauté imaginaire » de « gens comme nous », traçant des frontières qui excluent des catégories différentes de gens. Ces « modèles populaires » de communautés semblent correspondre aux modèles promus par les cultures et les institutions politiques de chaque nation. Il faudra examiner de plus près le processus de causalité à l'issue duquel les frontières deviennent sens commun, avant de comprendre véritablement la dynamique qui s'exerce entre ces deux niveaux de définition des communautés imaginaires.

Annexe méthodologique

Aux États-Unis, je me suis entretenue avec soixante ouvriers occupant un emploi stable, diplômés du secondaire mais pas de l'université[58]. Ce groupe comporte trente hommes qui se considèrent comme des Africains-Américains et trente hommes qui se considèrent comme des Euro-Américains ; lorsque cela était possible, je me suis efforcée d'harmoniser les professions et les âges[59]. Je me suis également entretenue avec quinze

57. Gary Gerstle, « Liberty, Coercion, and the Making of Americans », art. cité.

58. Ces travailleurs détiennent un emploi à plein temps et régulier depuis au moins cinq ans. Ils n'ont pas sous leur responsabilité plus de dix travailleurs. Explicitement, je n'utilise pas le revenu comme critère de sélection des répondants, afin d'inclure dans l'échantillon des travailleurs ayant des situations économiques diverses. J'estime que le fait de ne pas avoir de diplôme universitaire est déterminant dans les possibilités ouvertes à ces travailleurs et je privilégie ce critère dans la création de l'échantillon. Respectivement, 30 % et 50 % de Blancs et de Noirs, parmi les répondants, ont suivi jusqu'au bout un cycle au moins d'études supérieures, les autres ayant obtenu un diplôme d'études secondaires ou un GED (General Educational Development, programme de formation générale permettant d'obtenir l'équivalent d'un diplôme d'études secondaires).

59. Des centaines de lettres ont été envoyées à des répondants éventuels vivant dans des banlieues populaires dans la région de New York. Lors d'un entretien téléphonique ultérieur, on demandait à ces hommes de s'identifier eux-mêmes sur le plan racial ; nous avons choisi des personnes qui se classaient dans la catégorie des Noirs ou des Blancs et qui remplissaient d'autres critères de sélection relatifs à la profession, à l'âge, à la nationalité et au niveau d'études. Je considère que les termes « Noir » et « Blanc » sont des catégories mobiles qui sont l'objet de négociations intersubjectives à l'intérieur de paramètres déterminés.

employés subalternes euro-américains. Ils ont été sélectionnés de façon aléatoire dans les annuaires téléphoniques de localités populaires situées dans les environs de New York, par exemple Elizabeth et Linden, dans le New Jersey, et à Hempstead sur Long Island.

En France, je me suis entretenue avec trente ouvriers et quinze employés blancs, français de France, et avec trente immigrés nord-africains. Les critères de sélection des travailleurs français étaient parallèles à ceux utilisés pour les travailleurs américains. Quant aux Nord-Africains, le critère relatif au niveau d'études n'a pas été appliqué parce que la plupart des membres de ce groupe n'avait fréquenté l'école que pendant quelques années. Les deux groupes de personnes interrogées ont été trouvés dans des banlieues populaires de Paris, par exemple à Aubervilliers, Stains ou Ivry-sur-Seine.

Cette sélection aléatoire et le nombre relativement grand de répondants ne visaient pas à constituer un échantillon représentatif, mais à faire appel à une gamme importante de points de vue au sein d'une communauté de travailleurs. Bien qu'ils soient produits dans des contextes interactionnels spécifiquement structurés, les entretiens peuvent dégager des aspects relativement stables de l'identité en se centrant sur ce que les répondants prennent pour acquis.

Chapitre 9

MOBILISER CONTRE L'AUTRE LA NOUVELLE DROITE RADICALE ET SON RÔLE DANS LE PROCESSUS POLITIQUE[1]

Michael MINKENBERG

Il n'est guère de groupe politique, dans les démocraties occidentales contemporaines, qui s'appuie autant que la droite radicale sur l'instrumentalisation des « codes de l'altérité ». Cela constitue même, dans une certaine mesure, une caractéristique qui la définit : la mobilisation politique contre tout ce qui est « étranger » semble l'essence même de sa politique et de son identité. De nombreuses études montrent que les électeurs de la droite radicale, aux motivations protestataires assez vagues, sont souvent essentiellement mus par des craintes xénophobes ; l'idée selon laquelle leur mouvement serait axé de façon exclusive sur le thème de l'opposition à l'immigration ne fait pourtant

1. *Certaines parties de cet article ont déjà été publiées dans : « Context and Consequence : The Impact of the New Radical Right on the Political Process in France and Germany »,* German Politics and Society, *16 (3), 1998, p. 1-23 ; « The Renewal of the Radical Right : Between Modernity and Anti-modernity »,* Government and Opposition, *35 (2), 2000, p. 170-188.*

pas l'unanimité[2]. Alors que l'idéologie et le destin électoral des partis et mouvements de la droite radicale ont été abondamment étudiés, on a consacré beaucoup moins d'attention, que ce soit au niveau d'un pays ou sur un mode comparatif, au rôle de ces courants dans le processus politique et aux conséquences de leur mobilisation contre l'« Autre » sur l'ensemble du paysage politique. Le présent article adopte cette perspective pour comparer les nouvelles droites radicales de trois grandes démocraties occidentales, les États-Unis, la France et l'Allemagne, en s'intéressant de façon centrale aux effets de leur programme et de leur mobilisation politique. Plus précisément, cet article cherche à montrer jusqu'à quel point la droite radicale contemporaine de ces pays a réussi à faire figurer parmi les préoccupations politiques son message ethnocentrique, modifiant ainsi le discours dominant sur l'identité nationale et l'« altérité ».

Pour évaluer cet impact, l'analyse commence par un examen du concept de « radicalisme » de droite, des variantes idéologiques apportées par la droite radicale à sa dimension fondamentale, l'ethnocentrisme, et des différenciations survenues au sein de ce mouvement. L'article montre qu'à partir des années 1970 est apparue une nouvelle droite radicale qui est passée, dans son ciblage de l'« altérité », des attaques contre l'ordre démocratique à l'instrumentalisation de cette position au cœur de l'ordre démocratique. Il met ensuite l'accent sur l'interaction entre l'essor de ces partis et mouvements et la réalité environnante. En prenant pour base un processus-type de mobilisation de la droite radicale et d'interaction entre cette dernière et son contexte politique et social[3], on examinera ici l'hypothèse suivant laquelle, dans ces trois pays, la nouvelle droite radicale (quelles que soient les spécificités de son électorat) exerce une influence importante sur le discours relatif à l'altérité ainsi que sur les mesures politiques qui ont assigné à cette altérité une nouvelle définition. Plus précisément, on montrera comment l'interaction entre la droite radicale et d'autres acteurs politiques et sociaux a renforcé et ravivé la conception de la nation comme un « nous » opposé aux « autres » ethniques ou culturels, et a contribué à la

2. *Voir, par exemple, Hans-Georg Betz,* Radical Right-Wing Populism in Western Europe, *New York (N. Y.), St. Martin's Press, 1994 ; Herbert Kitschelt,* The Radical Right in Western Europe, *avec la collaboration d'Anthony McGann, Ann Arbor (Mich.), University of Michigan Press, 1995.*
3. *Voir Michael Minkenberg,* Die neue radikale Rechte im Vergleich. USA, Frankreich, Deutschland, *Opladen, Westdeutscher Verlag, 1998, chap. 1 et 9.*

légitimation de politiques plus restrictives à l'égard des « autres » – du moins de façon temporaire, et ce, bien avant le 11 septembre 2001.

La droite radicale, un ultranationalisme exclusiviste : de l'ancien au nouveau

Dans le sillage d'écrits consacrés au même sujet[4], la définition du « radicalisme de droite » utilisée dans cet article est liée à une conception théorique du changement social. Dans le cas présent, les théories de la modernisation sont utiles, puisqu'elles fournissent des fondements conceptuels sur lesquels appuyer ces analyses. La modernisation, telle qu'elle est définie par Dieter Rucht, constitue un point de départ prometteur : ce concept, selon lui, est notamment caractérisé par une autonomie croissante de l'individu (mobilité de la situation et flexibilité des rôles) et par un processus de différenciation fonctionnelle de la société (segmentation et autonomie croissante des sous-systèmes sociétaux[5]). De ce point de vue, on peut définir le radicalisme de droite comme un effort radical pour contrecarrer cette forme de changement social. Le contre-concept correspondant à la différenciation sociale est la communauté définie sur des bases nationales ; celui répondant à l'individualisation est le retour aux rôles et à la situation traditionnels de l'individu au sein de cette communauté. C'est cette mise en avant, ou cette radicalisation des images d'homogénéité sociale – et l'affirmation associée de distinctions tranchées entre « nous » et « eux » – qui caractérise la pensée de la droite radicale.

Les sociologues allemands Erwin Scheuch et Hans-Dieter Klingemann ont déjà, par le passé, cherché à expliquer la réussite du radicalisme de droite en s'appuyant sur certains aspects de la théorie de la modernisation, prenant ainsi la suite des travaux de Theodore W. Adorno et Seymour M. Lipset[6]. Scheuch et Klingemann ont examiné les succès électoraux soudains remportés en Allemagne de l'Ouest par le

4. *M. Minkenberg,* Die neue radikale Rechte im Vergleich, *op. cit. ; M. Minkenberg, « The Renewal of the Radical Right : Between Modernity and Anti-Modernity », art. cité.*
5. *Voir Dieter Rucht,* Modernisierung und neue soziale Bewegungen, *Francfort-sur-le-Main, Campus, 1994.*
6. *Erwin Scheuch et Hans Dieter Klingemann, « Theorie des Rechtsradikalismus in westlichen Industriegesellschaften »,* Hamburger Jahrbuch für Wirtschafts und Gesellschaftspolitik, *12, 1967, p. 11-29.*

Nationaldemokratische Partei Deutschlands (NPD, Parti national démocratique d'Allemagne) au milieu des années 1960 sous un angle comparatif et transnational. Ils partent de l'idée selon laquelle les éléments permettant l'apparition de mouvements de la droite radicale existeraient aujourd'hui dans toutes les sociétés industrielles, cet état de choses constituant à leurs yeux une situation « normalement pathologique ». Dans tous les pays en voie de modernisation rapide se trouvent des personnes qui ne peuvent s'adapter aux évolutions économiques et culturelles et qui réagissent aux pressions que ces changements entraînent par une rigidité et une fermeture d'esprit. Ces réactions sont parfois mobilisées par des partis ou mouvements de droite dont les philosophies politiques promettent une élimination des pressions et une société plus simple, meilleure. Le contenu de ces philosophies ne se réduit pas à une quelconque utopie plus ou moins plausible, mais se réfère généralement à une glorification de la nation avant la première grande vague de modernisation.

Dans ce contexte, le radicalisme de droite est défini comme une idéologie politique dont l'élément essentiel est le mythe d'une nation homogène, un ultranationalisme romantique et populiste dirigé contre la notion de démocratie libérale et pluraliste, et les principes d'individualisme et d'universalisme qui en sont le fondement. Cette définition est explicitement axée sur une vision de la nation située entre les pôles du *dêmos* et de l'*ethnos*. Le mythe nationaliste, au cœur de la pensée de droite radicale, est caractérisé par l'effort pour construire une idée de la nation et de l'appartenance nationale en radicalisant les critères d'exclusion et pour produire, à partir de l'idée de nation, l'image d'une extrême homogénéité collective. Ces critères d'exclusion – et l'image de l'« Autre » qui les accompagne – ne sont pas toujours nécessairement associés à l'ethnicité, mais peuvent aussi comporter des éléments religieux, culturels ou politiques. Le tableau 1 répertorie les codes d'altérité décelés ordinairement dans le discours de la droite radicale[7].

7. *Cf. M. Minkenberg,* Die neue radikale Rechte im Vergleich, op. cit., *p. 35-47, 115-119 ; voir aussi Wilhelm Heitmeyer, « Ethnisch-kulturelle Konfliktdynamiken in gesellschaftlichen Desintegrationsprozessen » dans Wilhelm Heitmeyer et Rainer Dollase (Hrsg.),* Die bedrängte Toleranz. Ethnisch-kulturelle Konflikte, religiöse Differenzen und die Gefahren politisierter Gewalt, *Francfort-sur-le-Main, Suhrkamp, 1996, p. 44.*

Tableau 1 – *Critères d'exclusion (notion « antagonique » de l'altérité) dans le discours de la droite radicale*

Critères d'exclusion	Argument central
Racisme	Infériorité de l'« autre » (hiérarchie « naturelle »)
Antisémitisme	Cas particulier de racisme
Chauvinisme	Supériorité de sa propre collectivité pour des motifs liés aux réalisations culturelles et économiques (différenciation en matière de développement)
Religiocentrisme (Fondamentalisme)	Supériorité de sa propre collectivité pour des motifs liés à une foi particulière et accès exclusif à la « vérité »
Xénophobie	Réaction défensive envers des personnes « autres » sur le plan ethnique ou culturel (combat autour des ressources, crainte de la « mixité culturelle »)
Nativisme	Cas particulier de xénophobie (dans les pays d'immigration, rejet des influences étrangères, quelles que soient les spécificités ethniques)
Hétérophobie	Intolérance à toute déviation par rapport aux normes dominantes (caractère inacceptable de ceux qui sont moralement « autres », même si leur origine ethnique est la même)
Cosmophobie	Infériorité des « autres », défense contre eux, mise en cause pour déviation par rapport aux « valeurs nationales » (« ennemis de la nation », francs-maçons, cosmopolites)
Autoritarisme	Infériorité des droits individuels et civiques (indépendamment de toute différence ethnique ou culturelle) au regard de l'État-nation et de la collectivité nationale

Source : Michael Minkenberg, *Die neue radikale Rechte im Vergleich. USA, Frankreich, Deutschland*, Opladen, Westdeutscher Verlag, 1998, p. 119 ; développement de la typologie de l'exclusion conçue par Wilhelm Heitmeyer dans « Ethnisch-kulturelle Konfliktdynamiken in gesellschaftlichen Desintegrationsprozessen », dans Wilhelm Heitmeyer et Rainer Dollase (Hrsg.) *Die bedrängte Toleranz. Ethnisch-kulturelle Konflikte, religiöse Differenzen und die Gefahren politisierter Gewalt*, Francfort-sur-le-Main, Suhrkamp, 1996, p. 44.

Cette liste contient évidemment, aux fins de l'analyse, des distinctions qui, sur le plan empirique, se chevauchent souvent, mais qui peuvent néanmoins aider à repérer la principale logique d'exclusion utilisée pour exercer une discrimination envers ceux qui sont considérés comme « autres », surtout quand on compare différents groupes de droite radicale dans un même pays ou dans plusieurs pays. Dans l'ensemble, au-delà de la diversité, on retrouve partout, dans une certaine mesure, le « métaconcept » d'ethnocentrisme dans ses trois dimensions fondamentales : exclusion des groupes extérieurs, hiérarchie des groupes dans la société et isolement des groupes marginaux[8]. L'ethnocentrisme constitue donc une racine du discours de la droite radicale, mais il n'en est pas une exclusivité. Pour l'analyse qui va suivre, les variantes idéologiques de la droite radicale contemporaine seront réparties dans les catégories ou versions suivantes : autoritaire fasciste, raciste classique (y compris l'aspect colonialiste), xénophobe, religieuse fondamentaliste. Ces quatre variantes ont en commun un attachement résolu à l'homogénéité interne de la nation et un style politique populiste, opposé à l'élite des gens en place ou *establishment* ; mais les deux dernières partagent un rejet des différences ethniques fondé sur une définition culturelle plus que sur la biologie. La première variante est définie par une proximité particulière avec les événements historiques et les concepts liés au fascisme et au national-socialisme. En réalité, certains groupes, par exemple la Deutsche Volksunion (DVU, Union du peuple allemand) ou les *skinheads*, peuvent se répartir entre plusieurs catégories ; cependant, d'une manière générale, cette classification permet, sur le plan de l'analyse, de structurer l'objet d'étude constitué par les acteurs de la droite radicale[9]. Il convient de faire ici une autre distinction importante. Les idées de la droite radicale ne sont pas nécessairement antidémocratiques par essence, dans le sens où elles s'opposeraient de façon intrinsèque au système dans son ensemble, comme le montre l'exemple de la pratique de l'esclavage et de la ségrégation raciale dans le Sud des États-Unis, alors que la Constitution était en vigueur. Si cette idéologie contient une contestation explicite de la constitution d'une démocratie libérale, ou si elle préconise l'usage de la violence pour atteindre ses objectifs politiques, elle sera considérée comme extrémiste de droite. La droite radicale peut être ou ne pas être anticonstitutionnelle ou violente, alors que l'extrême droite, cette variante de la droite radicale, l'est nécessairement.

8. *Cf. Ulrich Rosar,* Ethnozentrismus in Deutschland. Eine komparative Analyse, 1980-1996, *Wiesbaden, Westdeutscher Verlag, 2001, p. 28-39 ; Dieter Fuchs, Jürgen Gerhards et Edeltraud Roller, « Wir und die Anderen. Ethnozentrismus in zwölf Ländern der europäischen Gemeinschaft »,* Kölner Zeitschrift für Soziologie und Sozialpsychologie, *45 (2), 1993, p. 238-253 ; M. Minkenberg,* Die neue radikale Rechte im Vergleich, op. cit., *chap. 5.*

9. *Voir M. Minkenberg,* Die neue radikale Rechte im Vergleich, op. cit., *chap. 7, en particulier p. 236-245.*

La transformation de la droite radicale dans les démocraties occidentales

Dans les années 1960, diverses démocraties occidentales ont connu la mobilisation d'une « opposition nationale » de droite qui contestait le régime politique et se centrait sur des questions cruciales concernant la démocratisation. Dans ce sens, l'historien Wolfgang Wippermann a souligné à juste titre qu'« avec l'effondrement des régimes fascistes en Italie et en Allemagne [...], l'ère du fascisme a pris fin – mais pas l'histoire du fascisme[10] ». Aux États-Unis, par exemple, la fin de la ségrégation raciale a constitué un facteur central de mobilisation pour le mouvement de Wallace. En France, la fin de l'empire colonial, et en particulier la perte de l'Algérie, ont alimenté une droite radicale réactionnaire représentée par Poujade et plus tard par Tixier. En Allemagne de l'Ouest, l'essor du NPD est né d'une réaction contre la séparation du pays et l'intégration aux pays de l'Ouest de la République fédérale, qui signifiait la fin de l'État-nation allemand autoritariste. Dans ces trois pays, l'opinion publique accepta de mieux en mieux la nouvelle situation politique si bien que, au cours des années 1970, ces mouvements – et les positions qu'ils prenaient – perdirent leur audience et disparurent progressivement. Dès la fin de la décennie, de nouveaux acteurs politiques vinrent incarner la droite radicale et remportèrent davantage de succès que la vieille droite radicale de provenance fasciste ou raciste.

On doit envisager ce renouveau de la droite radicale dans le contexte des grandes évolutions sociales et culturelles survenues dans les sociétés occidentales. Ces processus ont reçu des dénominations diverses selon les auteurs : « post-industrialisme », « changement des valeurs », « capitalisme tardif », « troisième modernité », etc. Ont joué un rôle particulièrement important en Allemagne, parmi les contributions à ce débat, celles d'Ulrich Beck, qui parle de l'« autre modernité[11] », et de Ronald Inglehart, qui rattache au concept de « post-modernité[12] » son étude du « changement des valeurs post-matérielles ». Quand on se place dans le contexte de cette évolution structurelle et culturelle, la logique

10. *Wolfgang Wippermann,* Europäischer Faschismus im Vergleich, 1922-1982, *Francfort-sur-le-Main, Suhrkamp, 1983, p. 183.*

11. *Ulrich Beck,* Risikogesellschaft. Auf dem Weg in eine andere Moderne, *Francfort-sur-le-Main, Suhrkamp, 1986.*

12. *Ronald Inglehart,* Modernization and Post-Modernization, *Princeton (N. J.), Princeton University Press, 1997.*

présidant à l'exclusion et au choix de l'« autre » comme cible se modifient ; des problèmes particuliers comme l'immigration ou l'avortement, qui ne sont pas en tant que tels des problèmes nouveaux, occupent une place nouvelle et acquièrent une fonction mobilisatrice.

À la fin des années 1970, apparurent de nouvelles organisations de la droite radicale qui essayèrent d'influencer les élections et l'élaboration des orientations politiques. Aux États-Unis, ces groupes se formèrent à l'extérieur du système des partis, essentiellement en raison d'une structuration particulièrement contraignante des possibilités de formation de nouveaux partis politiques. Les groupes les plus importants ont été la Moral Majority (Majorité morale), mouvement fondé en 1979 et dirigé par le prédicateur fondamentaliste Jerry Falwell, et la Christian Coalition (Coalition chrétienne), issue de la campagne du télé-évangéliste Pat Robertson en vue d'obtenir l'investiture du Parti républicain pour les élections de 1988. Ces groupes, pour employer la terminologie de l'étude des mouvements sociaux, constituaient des foyers organisationnels *(organizational foci)* au sein d'un réseau de réseaux associant de multiples mouvements consacrés chacun à un seul thème ; ils permettaient de mobiliser et de politiser les fondamentalistes protestants. Ce mouvement, connu sous le nom de New Christian Right (Nouvelle Droite chrétienne), s'appuie sur une interprétation littérale de la Bible dans l'esprit du fondamentalisme religieux, considère les États-Unis comme une nation chrétienne et prône un programme politique qui, selon le politologue Theodore Lowi, peut être défini comme « une combinaison de la Bible et d'Edmund Burke[13] ». Ses membres se sont mobilisés contre les prétendus « humanistes séculiers » et ont fondé leur discours sur un code de l'altérité essentiellement religieux, qu'il n'est cependant pas difficile d'instrumentaliser en fonction d'une conception xénophobe de la lignée et de l'exclusion. Dans les années 1990, un autre groupe relevant de la droite radicale, le mouvement de Pat Buchanan, fit son apparition et jeta un pont nouveau entre le Parti républicain et la Nouvelle Droite chrétienne. Le slogan xénophobe de Buchanan, « *America First !* » (l'Amérique d'abord), concorde assez bien avec le nationalisme culturel de la Nouvelle Droite fondamentaliste : les uns et les autres veulent préserver le « cœur européen » des États-Unis.

13. Theodore Lowi, « American Impasse. The Ideological Dimension at Era's End », dans Michael Minkenberg et Herbert Dittgen (eds), The American Impasse. U. S. Domestic and Foreign Policy after the Cold War, *Pittsburgh (Pa.), University of Pittsburgh Press, 1996, p. 6.*

En Europe, la nouvelle droite radicale se compose principalement de partis plutôt que de mouvements, tels le Front national (FN) français, fondé en 1972 mais inactif pendant de nombreuses années, la DVU allemande, fondée en 1971 mais transformée en parti en 1987 seulement, ou les Republikaner (REP) allemands, fondés en 1983. Au total, entre 1965 et 1995, dix-neuf partis de droite radicale se sont formés en Europe, et plus de la moitié d'entre eux ont remporté en moyenne au moins 4 % des voix lors d'élections nationales ou européennes au cours des années 1980 et 1990[14]. En France, le FN a subi une scission en 1999, lorsque les partisans de Bruno Mégret ou « mégrétistes » se sont rebellés contre le chef du parti, Jean-Marie Le Pen, pour former leur propre groupe, le Mouvement national républicain (MNR) – qui n'a connu pour l'instant aucun succès électoral. À la différence des États-Unis, le code d'altérité dominant de la droite radicale européenne est fondé sur l'ascendance et l'origine ethnique plutôt que sur la religion ; dans le cas français, cependant, une dose d'ultracatholicisme et de nationalisme à coloration religieuse apparaît également dans les orientations du FN.

Outre ces organisations présentes dans l'arène électorale, certains groupes récents de la droite radicale essaient, au lieu de briguer des suffrages, d'influencer le débat public et l'opinion. Ces groupes – laboratoires d'idées, cercles intellectuels, entrepreneurs politiques – sont généralement désignés sous le nom de Nouvelle Droite. Aux États-Unis, cette Nouvelle Droite non religieuse comprend des organisations dirigées ou fondées par Paul Weyrich (Free Congress Foundations, Institute for Cultural Conservatism). En Europe, les groupes les plus remarquables sont ceux de la Nouvelle Droite française (le Club de l'Horloge et surtout le GRECE, dirigé par le philosophe Alain de Benoist), la Neue Rechte allemande, inspirée par sa contrepartie française mais aussi par la « révolution conservatrice » de Weimar, et la Nuova Destra italienne. Les idées de ces groupes sont largement diffusées par des revues comme *Éléments*, en France, ou, en Allemagne, *Junge Freiheit* ou *Criticón*. Cette Nouvelle Droite jette un pont, ou crée une charnière, entre le conservatisme traditionnel, établi, et les organisations de la nouvelle droite radicale. Indépendamment des pays et des éléments spécifiques à chacun d'eux, elle se caractérise par sa volonté de créer un contre-discours face aux « idées de 1968 ». Par exemple, l'historien allemand Rainer Zitelmann, tenant de la Nouvelle Droite, s'affirme décidé à surmonter le « double

14. *H. Kitschelt,* The Radical Right in Western Europe, op. cit., *p. 52.*

traumatisme » allemand de 1933 et 1968. La Nouvelle Droite s'approprie de façon plus ou moins réussie les stratégies et les thématiques de ses adversaires politiques, surtout la Nouvelle Gauche et les nouveaux mouvements sociaux. Ce soin apporté à la présentation des problèmes (« *issue framing* ») vise à mener une guerre culturelle (« *Kulturkampf von rechts* » ou « gramscisme de droite »), dans le but d'imposer aux termes du débat public un contenu de droite : nation homogène, État fort et discrimination contre tout ce qui est « étranger »[15].

Aux États-Unis, le renouveau idéologique le plus important consiste à se débarrasser de la discrimination et du racisme institutionnels et des conceptions traditionnelles du racisme biologique. Après 1968, à la suite de l'émancipation politique des Africains-Américains et de la fin du vieux Sud, le discours de droite se réorienta vers le fondamentalisme religieux et une version atténuée, ou symbolique, du racisme et de la xénophobie. Dans les années 1960, George Wallace, gouverneur de l'Alabama, pouvait encore faire campagne sous le slogan « Ségrégation aujourd'hui, ségrégation pour toujours ». C'est devenu impensable. Écoutons le nouveau cri de guerre de la droite radicale, lancé par exemple par Pat Buchanan à la convention du Parti républicain, en 1992 : « Une guerre religieuse se livre dans ce pays, et son enjeu est l'âme de l'Amérique. C'est un combat culturel, dont l'issue est aussi cruciale que celle de la guerre froide pour décider du genre de nation que nous serons[16]. » En Europe, le renouveau idéologique le plus important a eu lieu, lorsque la Nouvelle Droite a formulé son concept d'« ethnopluralisme », qui opère une démarcation entre la pensée de la Nouvelle Droite et les idées anciennes de racisme biologique et de supériorité des Blancs. S'appropriant de façon directe un concept de gauche, le droit à la différence, la Nouvelle Droite insiste sur l'incompatibilité des cultures et des appartenances ethniques et prône le droit des Européens à la différence, le droit de résister au brassage culturel. Comme le montre le sociologue français Pierre-André Taguieff, ce concept a beau

15. Cf. Michael Minkenberg, Neokonservatismus und Neue Rechte in den USA, *Baden-Baden, Nomos, 1990 ; M. Minkenberg, « The New Right in France and Germany. Nouvelle Droite, Neue Rechte, and the New Right Radical Parties », dans Peter Merkl et Leonard Weinberg (eds),* The Revival of Right-Wing Extremism in the Nineties, *Londres, Frank Cass, 1997, p. 65-90 ; Pierre-André Taguieff,* Sur la Nouvelle Droite, *Paris, Descartes, 1994 ; Friedemann Schmidt,* Die Neue Rechte und die Berliner Republik, *Wiesbaden, Westdeutscher Verlag, 2001.*

16. Cité dans Theodore Lowi, The End of the Republican Era, *Norman (Okla.), University of Oklahoma Press, 1995, p. 211.*

se prétendre pluraliste, il n'en est pas moins imprégné de racisme ou de « mixophobie[17] ». L'ethnopluralisme a seulement l'air d'être pluraliste et libéral ; par essence, il consiste en une ségrégation imposée par le pouvoir politique à l'égard des cultures et des appartenances ethniques en fonction de critères géographiques, en un apartheid planétaire. L'ethnopluralisme est le modèle élaboré par la Nouvelle Droite pour contrer le concept de multiculturalisme, une stratégie modernisée de lutte contre l'immigration et l'intégration.

Au niveau du discours des partis politiques, ce concept se réduit à un nationalisme défensif. Aucun des partis qui ont remporté des succès électoraux plus ou moins importants dans les années 1990 ne propose un retour aux régimes politiques dictatoriaux antérieurs à la démocratie ; ils proclament tous leur soutien aux principes républicains et aux constitutions libérales-démocrates (ce qui les distingue des mouvements fascistes de l'entre-deux-guerres en Italie ou en Allemagne). Ils ne veulent pas abolir la démocratie, ils veulent la redéfinir en tant qu'ethnocratie. « Les Français d'abord ! », « *Deutschland den Deutschen !* », « *America First !* », tels sont les slogans de ce nationalisme défensif. On trouve encore au sein de la droite radicale allemande des positions revanchardes en ce qui concerne les territoires perdus de l'Est. Par exemple, le programme des REP, en 1993, appelle les cinq nouveaux *Länder* « *Mitteldeutschland* » (Allemagne du centre), et l'unification de 1990 est dénommée « *Teilvereinigung* » (unification partielle). C'est le Front national qui a poussé le plus loin l'innovation en matière de programme. Il est allé jusqu'à accepter la perte de l'Algérie, contrairement à la position de Le Pen lui-même pendant les années 1960. Il a repris à son compte la phraséologie populiste du poujadisme, mais pas son programme économique de refus de la modernité. La quête d'une « troisième voie » entre le capitalisme occidental et le communisme de l'Est qui caractérisait la droite radicale traditionnelle, autrement dit le rejet de ce que d'aucuns ont appelé l'« impérialisme Vodka-Cola », a laissé place, pour l'essentiel, à un soutien convaincu, mais non sans restrictions, à l'ordre capitaliste. En somme, à partir des années 1970, les conceptions de la droite radicale ont évolué, passant de l'idéal d'un ordre politique nouveau (ou plutôt très ancien) à un centrage de plus en plus net sur une « altérité » définie par des critères ethniques et sur son instrumentalisation politique, résumée ici par le métaconcept d'ethnocentrisme.

17. *Pierre-André Taguieff,* La Force du préjugé, *Paris, La Découverte, 1987.*

Interaction et impact : les effets de la Nouvelle Droite radicale

La recherche sur le mouvement social propose le concept de « structures d'opportunité » pour expliquer comment un contexte permet la mobilisation. On retiendra ici la définition suivante : « des dimensions persistantes – mais pas nécessairement prédéterminées ou permanentes – de l'environnement politique qui fournissent aux gens les incitations nécessaires pour entreprendre une action collective en influant sur leur espoir de réussir ou leur crainte d'échouer[18] ». Il est important de souligner le rôle des attentes (subjectives) des acteurs, par opposition aux conditions objectives, et le fait que les ressources résultant des structures d'opportunité échappent au contrôle des acteurs. Puisque les attentes concernant les coûts et les avantages du comportement politique sont essentiellement déterminées par la culture, plus que par les considérations économiques, la culture politique d'un pays est un élément important des structures d'opportunité.

Pour la droite radicale, il s'agit de s'approprier le concept dominant de nation et d'appartenance à une nation, et de s'efforcer de présenter cette appropriation par opposition à l'interprétation de la nation par les élites en place. Puisque la droite radicale prétend, selon une thématique populiste, représenter l'homme de la rue face à une classe politique censée être corrompue, son contre-discours ultranationaliste ne peut pas s'écarter à l'excès des notions traditionnelles de l'appartenance à la nation, accessibles en tant que symboles culturels à une grande partie de l'opinion publique. La droite radicale dramatise donc la vulnérabilité de la nation en cas de crise réelle ou présumée (en mettant en lumière, par exemple, les attaques livrées par des ennemis intérieurs ou extérieurs contre l'intégrité nationale). Cela aboutit fréquemment à une radicalisation du discours ethnocentriste présent dans toutes les sociétés modernes, qui peut alors franchir les limites données par les conceptions dominantes de l'appartenance nationale au discours et à l'action politiques légitimes. La démarche de la droite radicale consiste en une instrumentalisation des codes ethnocentriques de l'altérité visant à diviser la société en fonction d'une dimension conflictuelle fondée sur les valeurs ou sur l'identité. Les niveaux d'interaction produits sont

18. *Sidney Tarrow,* Power in Movement. Social Movements and Contentious Politics, *Cambridge, Cambridge University Press, coll. « Cambridge Studies in Comparative Politics », 1998, p. 85.*

divers : le retentissement dans l'opinion publique et les réactions des autres partis débouchent sur la définition de préoccupations, tandis que les réactions des parlements et des gouvernements se traduisent par l'élaboration de mesures politiques.

Définition de préoccupations centrales pour l'opinion publique

Dans le modèle de processus utilisé ici, l'opinion publique fait figure, par rapport à la mobilisation de la droite radicale, de caisse de résonance pas totalement réactive. Le cas américain montre que le soutien au « racisme biologique » a décru depuis les années 1950, alors que l'amertume raciale, ou « racisme symbolique », a persisté. Par exemple, au milieu des années 1980, un quart des Américains était tout à fait d'accord avec l'affirmation suivante : si seulement les Noirs « faisaient un peu plus d'efforts », ils pourraient réussir aussi bien que les Blancs. Ce résultat s'insérait dans un syndrome que les auteurs d'une vaste étude ont dénommé « amertume raciale » et qui était associé à d'autres attitudes ethnocentriques et autoritaristes[19]. De plus, tandis que la résistance à l'immigration aux États-Unis s'accroissait au cours des années 1990 (au milieu des années 1990, 60 % des Américains s'opposaient à toute poursuite de l'immigration), un cinquième environ de la population pouvait être considéré comme des fondamentalistes religieux qui croyaient en la vérité littérale de la Bible et voyaient en elle la source suprême d'autorité. La plupart d'entre eux étaient favorables au rétablissement de la prière à voix haute dans les écoles, s'opposaient à l'homosexualité et se méfiaient des musulmans ; la moitié d'entre eux étaient partisans d'une réduction de l'immigration, d'une interdiction complète de l'avortement et d'un amendement à la Constitution qui proclamerait que les États-Unis seraient une nation chrétienne[20]. Certes, les mouvements de la Nouvelle Droite chrétienne jouent un rôle actif dans la vie politique des États-Unis depuis la fin des années 1970 et ont bénéficié du soutien au moins verbal du gouvernement Reagan dans les années 1980 ; néanmoins, on se fourvoierait en attribuant les données

19. *Cf. Donald Kinder et Lynn Sanders,* Divided by Color. Racial Politics and Democratic Ideals, *Chicago (Ill.), University of Chicago Press, 1996, p. 107.*
20. *Cf. M. Minkenberg,* Die neue radikale Rechte im Vergleich, op. cit., *p. 198-203.*

chiffrées ci-dessus aux effets de leurs activités. Le potentiel fondamentaliste s'est montré plutôt stable au fil du temps, mais ce qui a changé, et peut donc être considéré comme un résultat obtenu par la Nouvelle Droite chrétienne, c'est la politisation des fondamentalistes qui s'est manifestée par l'accroissement dans leurs rangs, depuis le milieu des années 1980, du nombre de personnes s'identifiant à un parti et lui apportant leurs suffrages[21]. Par ailleurs, le soutien ou la sympathie envers des organisations particulières du mouvement, loin d'augmenter, a plutôt légèrement décliné et s'est accompagné d'une opposition croissante au sein de l'opinion publique américaine. On a donc pu observer, au cours des années 1990, une polarisation croissante de l'opinion autour de grands thèmes du mouvement comme le féminisme, la question de l'avortement et celle des relations entre l'Église et l'État.

En France, de nombreux éléments tendent à montrer que la progression des sentiments ethnocentriques dans le grand public a suivi l'essor du FN plutôt qu'elle ne l'a précédé. Par exemple, entre 1984 et 1995, période où la percée du Front national a été suivie par sa consolidation[22], l'intolérance et les réactions de rejet suscitées par l'immigration en général, ainsi que l'intolérance envers les pratiques religieuses des musulmans en particulier, se sont développées. Au cours de cette période, la proportion de ceux qui étaient d'accord ou tout à fait d'accord pour estimer qu'il y avait trop d'immigrés en France est passée de 61 % à 73 %. Dans le même temps, le pourcentage de répondants en désaccord ou tout à fait en désaccord avec cette affirmation se maintenait à environ 25 %[23]. Puisque les chiffres de l'immigration en France, en particulier en ce qui concerne le nombre d'immigrés d'origine non européenne, sont restés à peu près stables pendant cette période par comparaison avec les décennies antérieures aux années 1980[24], ces changements, loin d'être une réaction à de véritables évolutions

21. *Cf. Michael Minkenberg, « The End of Conservatism ? Public Opinion and the American Electorate in the 1990s », dans Michael Minkenberg et Herbert Dittgen (eds),* The American Impasse, op. cit., *p. 125-156.*

22. *Cf. Guy Birenbaum* et al., *« Le Front national dans la durée », dans Nonna Mayer et Pascal Perrineau (dir.),* Le Front national à découvert, *Paris, Presses de Sciences Po, 1996 [2ᵉ éd. revue et augmentée], p. 343-379.*

23. *M. Minkenberg,* Die neue radikale Rechte im Vergleich, op. cit., *tableau 5.9.*

24. *James F. Hollifield, « Immigration and Republicanism in France : The Hidden Consensus », dans Wayne Cornelius, Philip L. Martin et James F. Hollifield (eds),* Controlling Immigration. A Global Perspective, *Stanford (Calif.), Stanford University Press, 1994, p. 151.*

démographiques, reflètent en réalité une politisation du point de vue sur l'immigration. Dans une optique à long terme, on peut donc considérer que la mobilisation effectuée par le FN a influé, en l'occurrence, sur la définition de préoccupations centrales. D'autres études vont dans ce sens en montrant que le FN a exercé une influence sur la détermination pour l'électorat de questions prioritaires : « En 1984, relativement peu d'électeurs, à l'exception de ceux qui soutenaient le Front national, considéraient l'immigration ou le maintien de l'ordre comme des priorités essentielles. Aujourd'hui, l'importance donnée à ces questions les met au même niveau que des problèmes comme l'inégalité sociale[25]. »

Mais la montée du FN n'a pas conduit à un déplacement généralisé et linéaire vers la droite suivant l'axe de la Nouvelle Politique. Les chiffres cités plus haut montrent que la sympathie ou la tolérance envers les immigrés n'a pas décru de façon significative. Le nombre des « sans opinion » a plutôt diminué au fil du temps, ce qui indique que les positions sur ces questions sont de plus en plus polarisées. Qui plus est, entre 1983 et 1995, en France, la proportion des personnes qui estiment que Jean-Marie Le Pen, chef du FN, est un danger pour la démocratie n'a pas cessé de croître, passant de 38 % à 68 %, tandis que ceux qui ne le considèrent pas comme dangereux, sans avoir diminué en nombre, se sont maintenus à 25 % depuis 1987[26]. Bref, pour ce qui est des courants d'opinion, l'essor du FN et sa consolidation persistante au sein de l'électorat français ont entraîné une polarisation croissante de l'opinion publique française suivant l'axe de la Nouvelle Politique. Ce phénomène de polarisation reflète une tension entre les dimensions politique et culturelle au sein de la conception française de l'appartenance nationale.

Sous cet angle, le cas allemand est très différent du cas français. L'ethnocentrisme chez les Allemands de l'Ouest a nettement augmenté entre 1988 et 1991 ; au cours de cette période, la proportion de répondants qui estimaient qu'il y avait dans le pays un trop grand nombre de personnes d'autres nationalités est passée de 45 % à environ 60 %. Ce niveau est resté stable au cours des deux années qui ont suivi, mais les

25. Martin Schain, « The National Front and the Politicization of Immigration in France : Implications for the Extreme Right in Western Europe », article rédigé en vue de la conférence sur « La citoyenneté, l'immigration et la xénophobie en Europe : Perspectives comparatives », Berlin, Wissenschaftszentrum, novembre 1997, p. 5.

26. Voir Nonna Mayer, « The National Front Vote and Right-wing Extremism », dans Frederick Weil (ed.), Extremism, Protest, Social Movements, and Democracy, *vol. 3 du* Yearbook Research on Democracy and Society, *Greenwich (Conn.), JAI Press, 1996, p. 215.*

partis de la nouvelle droite radicale ont remporté des succès électoraux notables à l'échelon local et régional. Cependant, en 1994, ce chiffre est descendu brutalement à 51 %[27]. Ces données révèlent l'absence d'influence identifiable exercée par les partis de la nouvelle droite radicale auprès du grand public, du moins en ce qui concerne la définition de préoccupations centrales. De toute évidence, l'ethnocentrisme en Allemagne avait déjà été politisé par les élites des grands partis avant l'essor de la nouvelle droite radicale ; cette tendance renvoie à une conception ethnique de l'appartenance nationale allemande qui est dominante dans le grand public comme au sein des élites. Au niveau de l'opinion publique, l'apparition de la nouvelle droite radicale n'entraîne ni polarisation ni déplacement significatif vers la droite. En fait, le déplacement vers la droite a précédé puis accompagné la progression de ces partis. Quels que soient les courants que l'on peut observer dans l'opinion publique, ils sont passablement contradictoires et donnent l'impression que l'opinion au sujet des étrangers en Allemagne et des migrations vers ce pays devient de plus en plus pluraliste.

Dans ces trois pays, la nouvelle droite radicale a donc radicalisé le discours sur l'« altérité », mais les effets de cette influence n'ont pas été uniformes. Aux États-Unis et en France, on a assisté à une polarisation au sein de l'opinion publique tandis qu'en Allemagne, il était impossible de repérer un effet spécifique de la nouvelle droite radicale. Cela donne à penser que les sentiments xénophobes sont alimentés par une instrumentalisation politique de l'altérité plutôt que par le niveau général de l'immigration[28]. Par ailleurs, les possibilités d'une telle stratégie d'instrumentalisation de la nouvelle droite radicale sont limitées par le contexte des conceptions dominantes de l'appartenance nationale, la droite radicale allemande disposant de moins de place pour provoquer une polarisation sur cette question que ses équivalents aux États-Unis et en France.

27. Cf. Manfred Küchler, « Xenophobie im internationalen Vergleich », dans Jürgen Falter, Hans-Gerd Jaschke et Jürgen Winkler (Hrsg.), « Rechtsextremismus. Ergebnisse und Perspektiven der Forschung », numéro spécial, Politische Vierteljahresschrift, *27, 1996, p. 251. Ce changement de pourcentage est partiellement dû à une légère modification du libellé de la question, le terme « personnes d'autres nationalités » ayant été remplacé par « étrangers ». Voir aussi Hermann Kurthen et Michael Minkenberg, « Germany in transition : immigration, racism and the extreme right »,* Nations and Nationalism, *1 (2), 1995, p. 189.*

28. Voir aussi Joel S. Fetzer, Public Attitudes toward Immigration in the United States, France, and Germany, *Cambridge, Cambridge University Press, 2000 ; il insiste sur le fait que la xénophobie ne peut s'expliquer, dans aucun de ces trois pays, par une augmentation de la proportion d'immigrés.*

Le rôle de la violence ou les effets de la mobilisation extrémiste sur la délimitation de l'Autre

D'autres acteurs politiques peuvent aussi réduire la marge de manœuvre. Ici, les actions collectives de la droite radicale dans les rues sont un facteur important qui donne forme à la mobilisation. Aux États-Unis, à la fin du XXe siècle, la contestation et la violence motivées par des positions de droite se manifestent surtout par des actes de violence raciste et d'extrême droite, d'une part, et par des activités d'opposition à l'avortement, d'autre part. Dans le cas de l'avortement, les données relatives aux manifestations protestataires indiquent une radicalisation significative du conflit à la fin des années 1980. Au cours des années 1970 et au début des années 1980, on signalait une moyenne d'environ dix épisodes liés à la contestation de l'avortement (les chiffres étant bien inférieurs en ce qui concerne les mouvements favorables à la liberté de l'avortement), mais on a constaté depuis 1984 une augmentation importante de ces faits (on en dénombre chaque année plus de cinquante). Plus précisément, les actions directes contre les locaux où se déroulent des interruptions de grossesse et contre le personnel qui les pratique (attentats à l'explosif contre des cliniques, incendies volontaires, invasion des lieux, vandalisme, courrier injurieux, blocage de l'accès aux locaux par des manifestants) se sont multipliées au cours des années 1980 ; avant 1984, on répertoriait en moyenne vingt incidents par an, mais on est passé à quatre-vingt-dix faits par an entre 1984 et 1991[29]. Certes, ces activités ne peuvent pas être attribuées directement à la Nouvelle Droite chrétienne, mais elles sont impulsées par des activistes qui appartiennent à des branches radicales dissidentes du mouvement anti-avortement, par exemple l'Army of God, ou qui ont milité dans d'autres groupes comme Operation Rescue avant de commettre leurs actes[30]. De plus, ces agissements surviennent dans un climat qui confère aux activités anti-avortement une légitimité croissante, ce que l'on peut attribuer à une mobilisation croissante du

29. *D. Rucht,* Modernisierung und neue soziale Bewegungen, op. cit., *p. 339 ; Dallas Blanchard,* The Anti-Abortion Movement and the Rise of the Religious Right. From Polite to Fiery Protest, *New York (N. Y.), Twayne Publishers, 1994, p. 56f.*

30. *Dallas Blanchard et Terry Prewitt,* Religious Violence and Abortion, *Gainesville (Fla.), University Press of Florida, 1993, p. 235-245.*

mouvement fondamentaliste et à son implantation de plus en plus solide (voir plus loin).

Proches des adversaires violents de l'avortement, les organisations de droite extrémistes et racistes manifestent une certaine vitalité[31]. Elles ont des antécédents notoires d'activités contestataires violentes, l'attentat à la bombe contre le bâtiment fédéral d'Oklahoma City en mars 1995 en constituant l'exemple le plus connu et le plus tragique. Certes, cette attaque a été commise par une seule personne, mais Timothy McVeigh n'agissait pas de façon isolée. Il a reçu l'aide d'autres personnes comme Terry Nichols, ancien membre de la Michigan Militia, et il appartenait idéologiquement aux milieux néonazis des États-Unis, comme l'indique le fait qu'il a vendu des exemplaires des *Turner Diaries*, bible néonazie aux États-Unis et manuel expliquant comment fabriquer des bombes et comment livrer une guerre raciale. On ne dispose pas de données chiffrées fiables sur le niveau de violence à caractère raciste et de droite aux États-Unis mais, selon plusieurs sources, le nombre de meurtres s'y rattachant a augmenté au cours des années 1990. *The Turner Diaries* est également un ouvrage répandu parmi les *skinheads* des États-Unis, une catégorie qui compte entre 3 000 et 4 000 individus et n'a pas, jusqu'à présent, fait l'objet d'études assez approfondies[32].

Comme on l'a indiqué plus haut, le paysage de la droite radicale française est dominé par le FN ; aucune organisation rivale, aucun groupe dissident ne sont parvenus à s'imposer. Mais l'essor du FN a aidé le parti à absorber toutes sortes de petits groupes et à s'approprier des éléments de la subculture de la droite radicale. Par comparaison avec d'autres pays, les milieux *skinheads* français comptent peu de membres[33]. Il y aurait actuellement entre 500 et 1 000 *skins* de droite, beaucoup moins que les estimations faites au milieu des années 1980,

31. *Sandi Dubowski, « Storming Wombs and Waco : How the Anti-Abortion and Militia Movements Converge »,* Front Line Research, *2 (2), 1996, p. 1-11.*
32. *Randy Blazak,* The Suburbanization of Hate. An Ethnographic Study of the Skinhead Subculture. Thèse inédite, *Atlanta (La.), Emory University, 1996, p. 27 ;* Anti-Defamation League, The Skinhead International, *New York (N. Y.), ADL, 1995, p. 77. Voir aussi Thomas Grumke,* Rechtsextremismus in den USA, *Opladen, Leske + Budrich, 2001.*
33. *Il n'existe presque pas d'écrits sur les milieux* skinheads *en France. Un des rares textes français relatifs aux* skinheads *contient très peu d'informations sur les* skinheads *français, alors qu'il apporte beaucoup d'éléments sur la situation en Allemagne. Voir Angelina Peralva, « La violence* skinhead *», dans Pascal Perrineau (dir.),* L'Engagement politique. Déclin ou mutation ?, *Paris, Presses de Sciences Po, 1994, p. 141-156.*

soit 1 000 à 1 500[34]. Des informations sur les liens entre le FN et la subculture activiste de droite, souvent diffusées et démenties à maintes reprises par les dirigeants du FN, indiquent que la double appartenance au FNJ (Front national de la jeunesse, l'organisation de jeunes du FN) et à une organisation étudiante violente, le Groupe union défense, est fréquente ; de plus, on a constaté chez les *skinheads* et dans le FNJ une politisation et une radicalisation croissante[35]. Malgré le degré assez élevé d'ethnocentrisme dans l'opinion publique française, les activités contestataires de la droite raciste ou extrémiste sont d'une ampleur limitée. Les actes racistes ou de droite (menaces ou actions contre les personnes ou les biens) sont généralement moins fréquents en France qu'en Allemagne, même si les méthodes différentes utilisées pour recenser le nombre de faits survenus rendent difficiles les comparaisons directes. La faiblesse de l'activisme dans l'extrême droite française ne correspond pas à la propension relativement forte, en France, à la contestation et à l'action directe[36].

Le scénario allemand présente des différences significatives avec les scénarios américain et français, par plus d'un aspect. À cause de la faiblesse organisationnelle des nouveaux partis de la droite radicale, de l'absence dans ces formations d'un dirigeant fort et charismatique et de leur rôle électoral limité, les milieux d'extrême droite ont acquis un dynamisme propre au cours des années 1980 et 1990 et ont donné naissance à une subculture viable et spécifique, dotée de ses propres médias, de ses magazines, de sa musique et autres moyens symboliques de représentation. Cette subculture sert de vivier de recrutement pour les groupes néonazis et engendre le dynamisme de groupe qui, dans des proportions de plus en plus importantes, débouche sur des actes de violence raciste et de droite. Selon de nombreux témoignages, le milieu *skinhead*, au début des années 1990, comptait environ 8 000 personnes,

34. *L'estimation chiffrée récente provient d'un document du ministère français de l'Intérieur, présenté à une conférence franco-allemande sur la droite radicale tenue à l'Europa-Universität Viadrina, Francfort-sur-l'Oder, 30 juin 2000. Voir aussi CRIDA (Centre de recherche, d'information et de documentation antiraciste),* Rapport 1996. Panorama des actes racistes et de l'extrémisme de droite en Europe, *Paris, 1996, p. 42.*

35. *Jonathan Marcus,* The National Front and French Politics. The Resistible Rise of Jean-Marie Le Pen, *Londres, MacMillan, 1995, p. 192 ; Commission nationale consultative des droits de l'homme,* La Lutte contre le racisme, *Paris, 1996, p. 41 ; CRIDA,* op. cit., *p. 40.*

36. *D. Rucht,* Modernisierung und neue soziale Bewegungen, op. cit., *p. 161-184.*

dont une part disproportionnée se trouvait dans les *Bundesländer* de l'Est. 10 % seulement d'entre eux étaient des néonazis, mais, outre ces derniers, 40 % se considéraient comme « de droite[37] ». À la fin des années 1990, il y avait en Allemagne environ 10 000 néonazis et un potentiel de plus de 5 000 extrémistes de droite enclins à la violence et peu respectueux de la politique menée par les partis. Les milieux néonazis allemands sont numériquement plus importants et plus hétérogènes qu'en France, et leur niveau de violence est plus élevé. Par exemple, entre 1983 et 1995, le nombre d'incidents répertoriés officiellement comme des violences de droite est passé de trente-cinq par an en moyenne au milieu des années 1980, à plus de cinq cents par an au milieu des années 1990 (avant 1990, seuls les *Länder* de l'Ouest sont comptés[38]). À l'Ouest, on peut considérer la montée de la violence en 1992 et 1993 (les meurtres à motivation raciale de Mölln et de Solingen en 1993 constituant le sommet de ce cycle) comme un moment critique de la mobilisation de la droite. Ces violences et la réaction qu'elles ont suscitée de la part des partis classiques et d'autres acteurs politiques ont entravé le développement de la mobilisation politique menée par les REP et la DVU. Dès lors, pour étudier la mobilisation de la droite radicale contre l'« autre », on doit aussi examiner la réaction des grands partis à la nouvelle droite radicale.

Le système des partis et la politique de l'altérité : radicalisation et délimitation

Puisque les sphères du système des partis et de l'élaboration de politiques se recoupent dans une large mesure et ne peuvent être totalement séparées, les effets d'interaction opérés par la nouvelle droite radicale dans ces domaines correspondent aussi, dans une large mesure, aux effets de l'interaction entre ces deux sphères. Aux États-Unis, l'organisation traditionnellement peu structurée et décentralisée des partis politiques empêche, face à des mouvements nouveaux, toute réaction unifiée, obéissant à une stratégie resserrée. En fait, les partis sont

37. *Klaus Farin et Eberhard Seidel-Pielen,* Skinheads, *Munich, Piper, 1993, p. 183-203.*
38. *M. Minkenberg,* Die neue radikale Rechte im Vergleich, op. cit., *tableau 7.20.*

ouverts à ces mouvements pour peu qu'il existe des affinités idéologiques et, dans cet ordre d'idées, on a pu constater une pénétration progressive dans le Parti républicain des diverses composantes, fondamentalistes et/ou xénophobes, de la nouvelle droite radicale, ce qui évoque la façon dont les nouveaux mouvements sociaux des années 1970 ont pénétré dans le Parti démocrate. Cela veut dire qu'aux États-Unis, des facteurs internes aux partis et aussi extérieurs aux mouvements ont pris de l'importance dans la mobilisation et l'interaction de ces derniers avec leur environnement[39]. À la fin des années 1970, les élites républicaines ont commencé à coopter la Nouvelle Droite chrétienne ; Ronald Reagan au cours de sa campagne et au début de son mandat, les sénateurs républicains Jesse Helms et Orrin Hatch, des membres du Congrès comme Newt Gingrich ou James Vin Weber ont adopté certains éléments de son programme. La fin des années 1980 vit un début de réorganisation du mouvement qui se traduisit par la création de quelques nouvelles organisations, en particulier la Christian Coalition dirigée par le télé-évangéliste Pat Robertson, forte d'une nouvelle stratégie qui visait moins les grandes institutions et personnalités de Washington (D. C.) et davantage la population du pays dans son ensemble[40].

Dans cet esprit, la Nouvelle Droite chrétienne commença à pénétrer dans les organisations locales et régionales du Parti républicain, en présentant de très nombreuses candidatures aux fonctions et mandats locaux. En novembre 1992, ses candidats remportèrent 40 % des sièges mis en jeu dans cinq cents consultations dont des élections à des conseils d'établissements scolaires, des conseils municipaux, des parlements d'État et au Congrès. Dès 1994, les partisans de ce mouvement contrôlaient dix-huit des cinquante organisations du Parti républicain au niveau des États tout en exerçant une influence significative sur treize autres[41]. Les programmes du parti au niveau des États reflètent

39. Benjamin Ginsberg et Martin Shefter, « The New Politics and the Reconstituted Right », dans Michael Nelson (dir.), The Elections of 1984, *Washington (D. C.), Congressional Quarterly Press, 1985, p. 3-24 ; Clarence Lo, « Countermovements and Conservative Movements in the Contemporary US »,* Annual Review of Sociology, *8, 1992, p. 107-134 ; D. Rucht,* Modernisierung, op. cit., *p. 484-488 ; M. Minkenberg,* Neokonservatismus und Neue Rechte in den USA, op. cit., *chap. 6.*
40. Matthew Moen, The Transformation of the Christian Right, *Tuscaloosa (Ala.), University of Alabama Press, 1992.*
41. John Persinos, « Has the Christian Right Taken over the Republican Party ? », Campaigns and Elections, *15, septembre 1994, p. 21-29. Des évaluations plus*

donc de plus en plus les orientations de la Nouvelle Droite chrétienne, notamment en ce qui concerne les relations entre l'Église et l'État, l'avortement, l'homosexualité, etc. Dans de nombreux cas, des branches locales du Parti républicain, sous l'influence de la Nouvelle Droite chrétienne, ont demandé que les États-Unis soient officiellement déclarés nation chrétienne. La relation entre le parti et le mouvement peut maintenant être qualifiée de « symbiose » plutôt que de simple alliance ; elle n'est plus stratégique, mais existentielle[42]. On peut situer le point culminant de cette évolution vers la droite en 1994, année où la Nouvelle Droite chrétienne est parvenue à faire désigner, et dans certains cas à faire élire, de nombreux candidats à des élections aux postes de membre du Congrès, de gouverneur d'un État, de membre du parlement d'un État[43]. Cette symbiose a été manifeste lors de l'élection présidentielle de 1996 : Pat Buchanan ayant alors affronté Robert Dole pour obtenir l'investiture du Parti républicain, il fallut, pour l'empêcher de nuire à la campagne de Dole, conclure un accord en vertu duquel la Christian Coalition soutiendrait le candidat Robert Dole. De ce fait, le programme du parti refléta, plus que jamais depuis l'apparition de cette tendance en 1980, l'idéologie du mouvement. Certains passages préconisaient une modification des politiques en matière de nationalité et d'immigration qui entraînerait, si on l'appliquait, la fin du principe américain du *jus soli* et une évolution vers la pratique allemande traditionnelle. L'élection de George W. Bush à la présidence en 2000 et sa réélection en 2004 ont montré à l'évidence que la symbiose entre le parti et le mouvement s'est poursuivie, bien que la relation se soit quelque peu rafraîchie au cours des années Clinton ; cette relation étroite continue à produire ses effets dans la vie politique aux niveaux de la nation, des États et des localités[44].

récentes donnent à penser qu'à la fin des années 1990, ce mouvement contrôlait trente organisations sur cinquante au niveau des États (communication personnelle avec Morris Fiorina, université de Harvard, février 1997).

42. *Michael Minkenberg, « Die Christliche Rechte in den USA als politischer Akteur »,* Forschungsjournal Neue Soziale Bewegungen, *4, décembre 2004, p. 42-52.*

43. *Dan Carney, « As Hostilities Rage on the Hill, Partisan-Vote Rate Soars »,* Congressional Quarterly Weekly Report, *54 (11), 27 janvier 1996, p. 199-201.*

44. *Michael Minkenberg, « Die Christliche Rechte und die amerikanische Politik von der ersten zur zweiten Bush-Administration »,* Aus Politik und Zeitgeschichte, *46, 10 novembre 2003, p. 23-32.*

En France, ce sont les élites des partis et la classe politique qui jouent traditionnellement le rôle dominant en élaborant les programmes politiques et en concrétisant les orientations politiques. On pourrait donc s'attendre à ce que le FN exerce davantage d'influence à ce niveau que dans le contexte sociétal de l'action collective. En fait, les schémas d'interaction entre les partis classiques et le FN révèlent plusieurs types d'effets différents, surtout en ce qui concerne la question de l'immigration. Jusqu'à la percée de 1983, il n'y a pratiquement pas eu d'interaction entre le FN et les partis classiques. Au cours des années 1970, un clivage est apparu entre la droite au pouvoir et l'opposition de gauche sur les politiques à adopter en matière d'immigration, la droite prônant une attitude plus restrictive. Mais, au-delà de ces divergences, il régnait un consensus fondamental sur l'acceptabilité de l'immigration et ses limites, sur la nécessité de combiner le contrôle et l'intégration[45]. Ce consensus eut à souffrir des comportements très différents des partis classiques face au FN dans l'arène électorale. La dynamique des formations d'alliances et la relation réciproque entre le FN et son environnement politique contribuèrent à la percée du FN – comme on put le voir lors des élections municipales de Dreux, en 1983, où les partis eurent des réactions fluctuantes, considérant d'abord le FN comme un phénomène sans conséquence, pour estimer ensuite que l'on pouvait profiter de la chance qu'il représentait. Au cours de la phase de consolidation du FN, entre 1984 et 1988, on vit apparaître le schéma suivant d'interaction stratégique. Les dirigeants nationaux du parti gaulliste Rassemblement pour la République (RPR) et de l'Union pour la démocratie française (UDF), parti de droite modérée, s'opposèrent de façon véhémente à toute alliance avec le FN, mais évitèrent de jeter le discrédit sur le parti et ses électeurs. Aux niveaux local et régional, cette attitude a permis l'acceptation d'autres alliances au cours des élections de 1986 et de 1988[46]. Après 1988, la direction du RPR a décidé de se démarquer fermement du FN et de mener une stratégie d'endiguement ; cependant, cette décision n'a été pleinement mise en œuvre qu'après 1992. Dès lors, les succès électoraux locaux du FN, de plus en plus nombreux – particulièrement les victoires de Toulon, de Marignane et d'Orange en 1995 et, plus tard, de Vitrolles –, ont été le fruit des efforts propres du parti,

45. Patrick Weil, La France et ses étrangers. L'aventure d'une politique de l'immigration, 1938-1991, *Paris, Calmann-Lévy, 1991.*

46. Pascal Perrineau, « Le Front national », dans Michel Winock (dir.), Histoire de l'extrême droite en France, *Paris, Le Seuil, 1993, p. 275-277 ; J. Marcus,* The National Front and French Politics, op. cit., *p. 136-143.*

œuvrant dans l'isolement électoral, et du comportement des électeurs, sans être influencés par la réponse stratégique des élites des partis classiques. En général, l'attitude de la droite classique face au FN depuis 1988 reflète une inversion des stratégies antérieures qui associaient la démarcation idéologique à la cooptation organisationnelle[47]. À la suite de cette inversion, et aussi de la stratégie propre du FN qui se présente comme une minorité persécutée prenant la parole au nom de tous les « honnêtes » citoyens français, le FN a bénéficié d'une légitimité de plus en plus grande tandis que l'opinion publique prenait des positions de plus en plus polarisées sur ce parti.

Si l'on compare le cas de l'Allemagne à celui de la France, on voit que la droite classique est dominée par des partis assez unis, la Christlich-Demokratische Union (CDU, Union chrétienne-démocrate) et son homologue bavarois, la Christlich-Soziale Union (CSU, Union chrétienne-sociale) ; de plus, le système allemand des partis a été modelé par la présence ancienne de la question de l'immigration dans le discours politique, l'insistance des partis classiques et du système lui-même sur la conception ethnique de l'appartenance nationale allemande et les conséquences de l'unification. Ce scénario correspond à la fragmentation électorale de la droite radicale allemande en différentes composantes telles que le Nationaldemokratische Partei Deutschlands (NPD), plus ancien, ou la DVU et les REP, plus récents. Au long des années 1980, les appareils des partis allemands – en particulier, le personnel politique de la CDU/CSU au niveau fédéral – ont mis eux-mêmes la question de l'immigration à l'ordre du jour et l'ont associée à un discours sur l'identité nationale allemande traditionnelle (voir plus bas).

La nature particulière, recoupant plusieurs classes sociales, de l'électorat de la nouvelle droite radicale (qui comporte une part croissante d'ouvriers[48]) a eu des conséquences importantes sur la position de ces partis dans la structure de la compétition entre partis en Allemagne. À la différence d'autres périodes où l'échange s'était déroulé essentiellement entre la CDU/CSU et la droite radicale, les deux grands partis

47. *Jean-Marie Donegani et Marc Sadoun, « Le jeu des institutions », dans Jean-François Sirinelli (dir.),* Histoire des droites en France, *vol. 1,* Politique, *Paris, Gallimard, 1992, p. 458.*

48. *H.-G. Betz,* Radical Right-Wing Populism in Western Europe, op. cit., *p. 150-166 ; Michael Minkenberg, « Die Neue Radikale Rechte im Vergleich : Deutschland und Frankreich »,* Zeitschrift für Parlamentsfragen, *28 (1), février 1997, p. 140-159.*

étaient touchés et contraints de réagir. De plus, la CDU/CSU était maintenant à même d'utiliser de façon stratégique l'atout de la nouvelle droite radicale contre le SPD, imposant donc à ce dernier de se conformer à une politique de droite. Cette interaction et l'évolution qui en résulta ont tenu une place particulièrement importante à l'occasion de la révision constitutionnelle de 1993. Une coalition regroupant la CDU/CSU, les libéraux du FDP et les sociaux-démocrates trouva à la fin de 1992 un compromis qui déboucha l'été suivant sur la modification de l'article de la Loi fondamentale relatif au droit d'asile. Le SPD se pliait donc au point de vue de la droite sur la question de l'asile et renonçait à exiger que toute modification de la Loi fondamentale sur l'asile soit liée à une libéralisation des politiques en matière de nationalité et d'immigration. Cette réorientation du SPD reflétait la présence dans les élites et parmi les militants de l'ensemble des partis d'une majorité qui, par principe ou pour des raisons pratiques, conservait une conception ethnique de l'appartenance à la nation allemande. Lors de la campagne de 1994 pour le Bundestag et jusqu'à la fin de la décennie, la CDU/CSU insista sur son opposition à l'immigration et son soutien limité à l'intégration et se présenta de plus en plus comme le parti du maintien de l'ordre. Par la suite, le SPD a lui aussi essayé d'instrumentaliser ces thèmes. Le résultat global, en association avec le contexte politico-culturel et la conception allemande de l'appartenance nationale, a été un déplacement vers la droite de l'ensemble du système des partis suivant l'axe de la Nouvelle Politique, au lieu de correspondre à un clivage entre la gauche et la droite.

L'élaboration des politiques ou la réglementation politique de l'Autre

Aux États-Unis, la symbiose de la nouvelle droite radicale avec le Parti républicain rend difficile toute tentative d'identifier des effets directs dans la sphère législative. Une bonne partie, voire la totalité des répercussions parlementaires et politiques de la nouvelle droite radicale dans ce pays, peut se mesurer en fonction d'activités du Parti républicain, mais les éléments permettant d'effectuer une analyse causale restent imprécis, si ce n'est en adoptant une approche au cas par cas. Le haut degré d'idéologie de droite manifesté par les plates-formes du Parti républicain ne correspond pas à des activités législatives des présidents ou des parlementaires républicains. Certains exemples importants comme les propositions faites en matière de politique familiale par le sénateur Paul Laxalt ou par Ronald Reagan, au début des années 1980, constituent des exceptions à la règle. En 1994, Newt Gingrich intégra certains éléments du programme de la Nouvelle Droite chrétienne dans son *Contract with America*, mais des thèmes centraux comme la prière à l'école ou l'avortement n'en faisaient pas partie. Cela ne renvoie pas forcément à une divergence entre la Nouvelle Droite chrétienne et Gingrich, mais plutôt à une stratégie consistant à exclure de ses objectifs annoncés tout ce qui risquait d'écarter de lui certains républicains et donc de l'empêcher d'obtenir la signature de tous les républicains au Congrès. La Christian Coalition accepta de soutenir Gingrich pourvu qu'il y ait réciprocité : le leader républicain dut promettre qu'au bout d'une période de cent jours suivant les élections de 1994, il adopterait le programme socioculturel de la Nouvelle Droite chrétienne – promesse qu'il ne tint pas, comme Ralph Reed s'en aperçut rapidement[49].

Au niveau plus général des orientations politiques, on répertorie des exemples ponctuels de glissement vers la droite comme l'annulation partielle par la Cour suprême de son arrêt de 1973 sur l'affaire *Roe v. Wade* relative à la réglementation de l'avortement (avec, par exemple, *Webster v. Reproductive Health*, arrêt de 1989 qui accorde aux États une relative liberté dans l'application de *Roe v. Wade*), le renforcement du maintien de l'ordre dans tout le pays, et notamment l'utilisation croissante de la peine capitale (tendance particulièrement évidente au Texas, lorsque George W. Bush en était gouverneur) et l'organisation de deux référendums en Californie, la Proposition 187 en 1994, qui demandait que les migrants en situation irrégulière et leurs enfants se voient refuser toute aide sociale y compris la couverture médicale, et la Proposition 209, en 1996, favorable à l'abrogation des programmes de « discrimination positive » (*affirmative action*). Toujours au niveau étatique, il faut aussi signaler le référendum du Colorado, en 1999, qui fut remporté par les adversaires des dispositions législatives protégeant les homosexuels de la discrimination ; la même année, au Kansas, l'organisme de supervision des établissements scolaires décida d'obliger ces derniers à inscrire dans leur programme d'études la « science de la création », en la présentant comme une option tout aussi vraisemblable

49. *Ralph Reed,* Active Faith. How Christians are Changing the Soul of American Politics, *New York (N. Y.), The Free Press, 1996, p. 185 ; Justin Watson,* The Christian Coalition. Dreams of Restoration, Demands for Recognition, *New York (N. Y.), St. Martin's Press, 1997, p. 72-80.*

que la théorie de l'évolution. Ces événements montrent la progression des idées de la nouvelle droite radicale dans le domaine des orientations politiques. Mais en général, les structures décentralisées du système politique américain, associées aux facteurs de la contre-mobilisation et de la riposte judiciaire (une partie de la Proposition 187, en Californie, fut déclarée inconstitutionnelle par les tribunaux), modèrent ou même contrecarrent ces mesures politiques, si bien que l'effet global est difficile à caractériser. Sous le gouvernement de George W. Bush, de nouvelles initiatives de réglementation de l'Autre ont fait leur apparition au niveau national. Même si la politique de l'immigration ne connut en principe aucune modification, le 11 septembre suscita de nouvelles inquiétudes à l'égard de l'autre dans le contexte islamique. L'islamophobie atteignit un niveau sans précédent quand les dirigeants de la droite chrétienne et les télé-évangélistes proclamèrent que l'islam était une « religion maléfique » pendant que le gouvernement Bush, s'attaquant au « mur de séparation » entre l'Église et l'État, attribuait des fonds fédéraux à des groupes religieux (la prétendue « initiative fondée sur la foi[50] »).

Dans les parlements européens, où des partis de la nouvelle droite radicale détiennent des sièges, ils ont obtenu peu de résultats, d'un ordre surtout symbolique. En deux années de représentation parlementaire à l'Assemblée nationale, entre 1986 et 1988, les initiatives législatives du FN se sont vues barrer la route par d'autres partis. Le groupe parlementaire du FN s'adapta rapidement aux habitudes parlementaires et essaya de se donner l'apparence d'une équipe sérieuse et travailleuse. Par exemple, alors que le FN détenait 6 % des sièges de l'Assemblée nationale, ses députés produisirent au total 9 152 amendements législatifs, soit 13,4 %. Mais malgré leurs efforts et leur extraordinaire assiduité aux séances parlementaires, leur bilan législatif mérita d'être qualifié de « production volumineuse mais stérile[51] ». Ce phénomène est encore plus évident dans le cas de la nouvelle droite radicale allemande. Une étude de leurs activités parlementaires dans les assemblées des *Länder* de Bade-Wurtemberg et de Brême et dans les conseils municipaux de Rhénanie du Nord-Westphalie révèle qu'ils ont entrepris plusieurs fois, en vain, de remettre en cause le pouvoir en place, au

50. Michael Minkenberg, « Die Christliche Rechte und die amerikanische Politik von der ersten zur zweiten Bush-Administration », art. cit., p. 29-32.
51. Christophe Maisonneuve, Le Front national à l'Assemblée nationale : histoire d'un groupe parlementaire, *thèse, Paris, Institut d'études politiques, 1991, p. 37.*

niveau de la municipalité ou du *Land* concernés, qu'ils n'ont pas acquis un grand savoir-faire, et qu'ils ont surtout dû s'occuper d'empêcher l'éclatement de leur groupe parlementaire en raison de vives dissensions internes[52]. La nouvelle droite radicale a remporté son succès parlementaire le plus remarquable avec la suggestion de la DVU, à Brême, visant à améliorer la sécurité dans les trains allemands[53].

Les réactions des autres partis ou du gouvernement au cours de l'élaboration des politiques induisent des effets réels et importants. Ceux-ci sont fortement influencés par les structures d'opportunité offertes aux nouveaux mouvements et partis politiques par les différentes nations. En France, les principaux partis impliqués dans l'élaboration des politiques ont réagi à la fois à la progression électorale du FN et à l'influence qu'il a eue sur le plan de la détermination des priorités au sein de l'électorat des grands partis. On a alors assisté à l'adoption sélective du programme et de la phraséologie du FN, surtout de la part de la droite classique. Dans les deux périodes de cohabitation sous la présidence de Mitterrand, de 1986 à 1988 et de 1993 à 1995 (la droite constituait le gouvernement, alors que le président venait de la gauche), la droite réagit à des préoccupations de plus en plus vives suscitées par l'immigration et à la stabilisation électorale du FN en prenant plusieurs mesures qui avaient pour but de rendre la naturalisation plus difficile et de restreindre l'immigration (c'est ce qu'on appelle les lois Pasqua[54]). Mais en 1986 et 1993, le Conseil d'État et le Conseil constitutionnel, respectivement, ont considéré certaines de ces mesures comme inconstitutionnelles et ont réaffirmé le fondement universaliste et républicain de la nationalité et de la citoyenneté française[55]. Pour ce qui est de la gauche, les socialistes avant 1993 (mais aussi après 1997, lors de la troisième cohabitation) ont essayé de contrer la montée du FN en prenant certaines initiatives (telles que le renforcement des contrôles aux frontières ou le placement en rétention des étrangers en situation irrégulière) ; cependant, en général, les critiques venues de l'intérieur du

52. *Christoph Butterwegge* et al., Rechtsextremisten in Parlamenten, *Opladen, Leske + Budrich, 1997.*
53. Ibid., *p. 102.*
54. *Henri Letigre,* La Réaction du RPR à la percée du FN, *Paris, La Pensée universelle, 1988, p. 123-166.*
55. *James F. Hollifield, « The Political Economy of Immigration. Markets Versus Rights in Europe and the United States », dans Schriften des Zentralinstituts für fränkische Landeskunde und allgemeine Regionalforschung (Hrsg.),* Wirkungen von Migrationen auf aufnehmende Gesellschaften, *Nuremberg, Erlangen, 1996, p. 68-72.*

parti étaient vives et les socialistes au pouvoir ne renoncèrent pas à la politique d'intégration amorcée au cours des premières années du régime Mitterrand.

Par rapport à la France, le schéma allemand d'interaction stratégique entre les partis gouvernementaux (surtout la droite) et la nouvelle droite radicale s'est caractérisé par l'action des élites et la réaction de la droite radicale sur l'axe de la Nouvelle Politique, et non l'inverse. Dès le début des années 1980, certaines élites culturelles et politiques néoconservatrices ont mis en avant des éléments traditionnels de l'identité nationale allemande pour mieux s'opposer aux positions de la Nouvelle Gauche, favorable à une identité post-nationale et à un « patriotisme constitutionnel ». Les néoconservateurs faisaient donc renaître l'idée d'une *Kulturnation* allemande, relevant partiellement d'une conception *völkisch*, c'est-à-dire exclusivement ethnique, de la nation allemande. Sur le plan du contenu (l'accent mis sur la vision ethnoculturelle de l'appartenance nationale et sur la normalisation du passé) comme sur le plan stratégique (visant à reprendre à la gauche l'« hégémonie culturelle » et à définir les termes du débat), ces efforts étaient similaires à ceux de la *Neue Rechte* intellectuelle et de certains cercles de la droite radicale dans la mesure où ils radicalisaient un discours ethnocentriste[56].

De plus, ce débat s'est accompagné d'une controverse sur l'immigration, le droit d'asile et les étrangers en Allemagne. Les responsables politiques ont mis en avant le caractère ethnique de l'identité allemande en contestant le concept de multiculturalisme, en niant la réalité de l'immigration et en attisant chez les Allemands la peur d'être « submergés » par les étrangers et leurs cultures. Il était difficile de parler d'une situation critique en matière d'immigration, sachant que 50 000 à 100 000 personnes par an avaient demandé l'asile entre 1980 et 1987 et que le pourcentage de non-Allemands résidant en Allemagne s'était élevé à 7 % entre 1975 et 1990. Néanmoins, dans le contexte de la campagne électorale de 1986-1987, les membres des partis de gouvernement firent assaut de statistiques sur la criminalité, sur les chiffres croissants d'étrangers en situation irrégulière, sur les frais de plus en plus élevés entraînés par les immigrés et les réfugiés, laissant notamment entendre qu'un accroissement spectaculaire de la criminalité

56. *Klaus Schönekäs, « Bundesrepublik Deutschland », dans Franz Greß, Hans-Gerd Jaschke et Klaus Schönekäs,* Neue Rechte und Rechtsextremismus in Europa, *Opladen, Westdeutscher Verlag, 1990, p. 218-349 ; M. Minkenberg,* Die neue radikale Rechts im Vergleich, op. cit., *p. 156-164 ; F. Schmidt,* Die Neue Rechte und die Berliner Republik, op. cit.

et de la violence résultait de la présence d'étrangers dans le pays. Ces thèmes furent donc présents dans le débat public bien avant l'essor des REP ou l'unification et l'arrivée d'une nouvelle vague de migrants venus de l'Est[57]. En fait, ce débat produisit les termes d'un discours politique que les REP purent utiliser ultérieurement comme base de mobilisation politique et pour radicaliser leur ancrage à droite ; de surcroît, il donna forme à l'interprétation par l'opinion publique des mouvements migratoires qui suivirent l'unification. Du fait de l'action conjuguée des élites conservatrices et des médias, les étrangers en général et les demandeurs d'asile en particulier furent qualifiés de « problème », les réfugiés étant dès lors considérés comme une menace plutôt que comme une responsabilité[58].

Dans le contexte créé avant l'unification par ce discours des élites et son retentissement dans l'opinion publique, les structures d'opportunité favorisant la mobilisation de la droite radicale, loin de s'élargir, eurent tendance à se rétrécir. Certes, le nationalisme acquerrait une nouvelle légitimité qui servait la nouvelle droite radicale, mais la stratégie préventive des élites conservatrices et la similitude entre leur discours sur l'immigration et l'appartenance nationale et celui de la nouvelle droite radicale débouchait sur un dilemme stratégique. Coincée dans un espace politique étroit entre la droite modérée et les extrémistes, la nouvelle droite radicale ne peut espérer de gains électoraux importants, qu'elle rende son programme plus conformiste ou qu'elle le radicalise. Par ailleurs, en récupérant certains des thèmes de la nouvelle droite radicale et en s'opposant à d'autres, la CDU/CSU et le SPD déplacèrent l'ensemble de l'échiquier politique vers la droite suivant l'axe de la Nouvelle Politique. Le traitement du débat sur le droit d'asile par les grands partis en 1992-1993 révèle ce glissement de façon parlante. Certes, le droit d'asile et l'immigration n'étaient qu'une partie des questions touchant à l'identité nationale allemande, mais ces thèmes pouvaient alimenter de façon particulièrement commode la problématique de la droite. La question du droit d'asile permettait de retirer toute légitimité aux programmes fondés sur le multiculturalisme et l'intégration ; les demandeurs d'asile eux-mêmes étaient liés à la montée de la criminalité et du chômage. Tant le comportement prétendument

57. *Dieter Oberndörfer,* Die offene Republik, *Fribourg-en-Brisgau, Herder, 1991 ; voir aussi Teun Van Dijk,* Elite Discourse and Racism, *Newbury Park (Calif.), Sage, 1993.*
58. *Klaus Bade,* Ausländer, Aussiedler, Asyl. Eine Bestandsaufnahme, *Munich, Beck, 1994, p. 99-103.*

délinquant des étrangers que les excès de la droite en 1992-1993 furent invoqués par le gouvernement de Bonn pour renforcer sa politique de sécurité publique, encore une fois avec le soutien explicite et implicite du SPD. De plus, les dirigeants de la CDU/CSU ne cessèrent de faire la cour aux nationalistes en mettant l'accent sur la priorité accordée à l'intérêt national, ce qui entrait parfois en contradiction avec la politique européenne du gouvernement. C'est ainsi que la nouvelle droite radicale « participa au gouvernement » en Allemagne, alors même qu'elle bénéficiait auprès de l'opinion publique d'une audience limitée, qui allait en diminuant ; elle contribua donc au renforcement des codes d'altérité traditionnels de l'Allemagne jusqu'au changement de gouvernement en 1998[59].

Cette tradition prend sa source dans la politique suivie par le passé par la république de Bonn, qui associait le recrutement de travailleurs immigrés à une législation libérale en matière de droit d'asile, cela s'alliant jusqu'à une période récente à la volonté persistante de conserver un caractère ethnique à la nationalité allemande. Ce n'est pas seulement la nouvelle droite radicale, mais aussi cet héritage et la situation géographique de l'Allemagne unifiée entre l'Europe occidentale et l'Europe orientale post-communiste qui, au cours des années 1990, ont rendu de plus en plus problématiques des sujets comme l'immigration, la citoyenneté, le multiculturalisme, et donc les dispositions réglementaires relatives à l'altérité. Alors que la république de Bonn présupposait une population allemande culturellement homogène, complétée par l'outil flexible de « travailleurs invités » temporaires, la nouvelle Allemagne fait face à la présence permanente d'immigrés, d'ailleurs nécessaires, et donc au problème d'une culture de plus en plus hétérogène. L'adoption en 1999 de la nouvelle loi sur la nationalité et les tentatives faites en 2002 et 2004 pour instaurer la première loi allemande sur l'immigration ont constitué des réactions à ces réalités et s'écartent de la politique allemande traditionnelle en matière de nationalité[60].

59. Eva Kolinsky, « A Future for Right Extremism in Germany ? », dans Paul Hainsworth (ed.), The Extreme Right in Europe and the USA, *Londres, Pinter, 1992, p. 89 et suiv. ; H. Kitschelt,* The Radical Right in Western Europe, op. cit., *p. 235-238. Voir aussi Christian Joppke, « Mobilization of Culture and the Reform of Citizenship Law : Germany and the United States », dans Ruud Koopmans et Paul Statham (eds),* Challenging Immigration and Ethnic Relations Politics, *Oxford, Oxford University Press, 2000, p. 145-146.*

60. Michael Minkenberg, « The Politics of Citizenship in the New Republic », dans Herbert Kitschelt et Wolfgang Streeck (eds), Germany Beyond the Stable State, *numéro special,* West European Politics, *26 (4), octobre 2003, p. 219-240.*

Cependant, les effets et la portée de cette nouvelle politique de la nationalité sont limités, entre autres choses, par les ramifications institutionnelles et culturelles de l'unification allemande. Ces limitations tiennent à une « subculture de résistance » à l'immigration, plus prononcée à l'Est qu'à l'Ouest. Le transfert des institutions de l'Ouest à l'Est a entraîné un chômage record et un phénomène d'appauvrissement régional. De ce fait, un « chauvinisme du bien-être » prononcé s'est répandu tout particulièrement dans la partie orientale de l'Allemagne. La généralisation, dans l'opinion publique, des angoisses et des griefs suscités par la venue de nouveaux immigrants, l'attitude réticente des syndicats, les orientations populistes adoptées par certaines personnalités de la CDU/CSU, tout cela empêche que surviennent des changements réels et efficaces dans la politique de la nationalité. Apparemment, comme les discours anciens sur l'Allemagne qui ne serait pas un « pays d'immigration », le « nouveau paradigme » célébré par le gouvernement Schröder reflète une politique des symboles plutôt qu'il ne traduit des changements effectifs et importants.

Conclusions

Cet article montre que depuis les années 1970, les conceptions de la droite radicale ont évolué, passant de l'idéal d'un ordre politique nouveau (ou très ancien) à une insistance de plus en plus forte sur l'« altérité » et son instrumentalisation politique, résumée ici par le métaconcept d'ethnocentrisme. Globalement, l'analyse de la nouvelle droite radicale dans les pays en question révèle une modification des centrages politiques au cours des années 1980 et 1990, qui correspond à un déplacement vers la droite du discours sur l'appartenance nationale en fonction du clivage opéré par la Nouvelle Politique. Cet impact, qui prend la forme d'« effets d'interaction », ne dépend pas uniquement de succès électoraux et de sièges au Parlement et ne se produit pas de façon linéaire.

À titre de conclusion générale recoupant tous les niveaux d'analyse, on note, dans le cas français, une polarisation croissante comportant certains indices d'une évolution vers la droite et, dans les cas américain et allemand, une évolution générale vers la droite comportant certains indices de polarisation. La pénétration de la nouvelle droite radicale dans le Parti républicain des États-Unis et la symbiose entre parti et mouvement est contrebalancée par les efforts de mobilisation du Parti démocrate et de différents groupes sociaux. Plus important encore, la société américaine a de nouveau affirmé ses aptitudes à contrer les tendances extrêmes, comme le prouvent les réactions à l'attentat d'Oklahoma City et aux excès du Parti républicain sous la direction de Gingrich. De toute évidence, les actes de violence motivés par des idées de droite sont plus apparents aux États-Unis qu'en France ou dans d'autres pays européens, mais de fréquentes réactions opposées à ce phénomène ont pour conséquence la perte de légitimité de mouvements et d'activités plus modérés, comme l'ont constaté les républicains au Congrès après 1995.

En France, le consensus des grands partis sur la conception républicaine de la nation laissa le FN élaborer un contre-discours sur l'identité nationale qui trouva un écho auprès de portions non négligeables de la population française. Dans ce climat, le FN fut initialement considéré comme une chance, tant par les gaullistes qui essayèrent d'en faire un partenaire au sein d'alliances dirigées contre la gauche, que par les socialistes, sous Mitterrand, qui utilisèrent le FN pour diviser la droite encore davantage. Qui plus est, le consensus sur la question de l'immigration s'effrita et, au moment où les grands partis commencèrent à voir dans le FN une menace et à le combattre sur tous les fronts, il s'était déjà installé en tant que force permanente dans le système français des partis. Il en résulta une polarisation croissante dans le paysage politique français autour du FN, c'est-à-dire que l'effet de détermination des questions prioritaires joua à plein, en même temps que le FN se trouvait rejeté par l'opinion publique et que la rue était le théâtre d'une mobilisation de ses adversaires. De la sorte, bien que le FN soit parvenu à mobiliser une proportion non négligeable de la population et à faire évoluer vers la droite le programme des partis en place (s'arrogeant efficacement le rôle de « voix »), la contre-mobilisation provoquée par leur succès trouva un écho au niveau de l'élaboration des politiques et barra la route à toute évolution plus radicale.

En Allemagne, l'adoption par les grands partis, en 1992, de la définition du « problème du droit d'asile » formulée par la droite, associée à une stratégie claire de démarcation et à la montée de la violence de droite, limita sérieusement le développement des partis de la nouvelle droite radicale. En règle générale, l'espace politique qui s'offre à tout parti de la droite radicale est fortement restreint par l'ombre infamante du national-socialisme. Le passé fasciste du pays et la notion dominante de *Kulturnation* allemande (qui comportait, dans la version reprise par la CDU/CSU, une vision *völkisch* de l'identité allemande) limitent la possibilité de développer un contre-discours vigoureux sur l'identité nationale sans apparaître trop extrême. Néanmoins, du point de vue des orientations politiques, les REP remportèrent une victoire par leur seule présence quand la Loi fondamentale fut modifiée en 1993. De plus, la prépondérance de la conception traditionnelle de la nationalité allemande limita également la résistance de l'opinion publique à la modification de la politique en matière de droit d'asile effectuée par les partis en place. Globalement, l'État et ses institutions, le degré de répression ou la menace de sanctions, et une opinion publique assez sensibilisée, jouèrent des rôles importants dans la limitation de l'impact de la nouvelle droite radicale. Mais cette marginalisation, entre autres conséquences, radicalisa des éléments situés à droite de l'échiquier politique et l'on constata une tendance croissante, chez les militants les plus combatifs, à choisir la rupture en rejoignant la subculture et les milieux violents. Même si les « Autres » firent l'objet d'une violence croissante dans les années 1990, ceux qui résistèrent de la façon la plus véhémente aux changements politiques entrepris par le gouvernement rouge-vert et à ses efforts pour mettre fin à une réglementation de la nationalité antilibérale et fondée sur des critères ethniques, furent, non pas la nouvelle droite radicale, mais de nombreux éléments des partis conservateurs d'opposition.

Conclusion

L'EFFACEMENT DU MULTICULTURALISME DANS L'ÉTAT LIBÉRAL

Christian JOPPKE

A en croire Will Kymlicka, dans un ouvrage récent[1], les multiculturalistes ont réussi à démontrer qu'il n'était pas de justice possible sans conscience des différences et qu'il fallait élaborer, à cette fin, les lois et politiques appropriées au sein de l'État libéral. Ce à quoi un théoricien du libéralisme répondit sèchement : « ceux qui ne s'alignent pas sur cette position n'en parlent généralement pas[2] ». En fait, au moment où Kymlicka faisait part de sa victoire, un certain nombre de philosophes et de spécialistes des sciences politiques de conviction libérale venaient de contester les présupposés du multiculturalisme, réfutant en particulier l'alliance entre multiculturalisme et libéralisme que Kymlicka disait avoir instaurée. Dans son essai *Culture and Equality*, Brian Barry défend, quant à lui, pour résoudre les conflits culturaux, la vieille « stratégie de la privatisation » qui a jadis donné naissance au libéralisme lui-même. La privatisation propose des palettes de choix normalisées et des règles du jeu qui laissent à chacun la possibilité de suivre son inclination particulière, selon ce qui lui convient. Être dispensé de suivre ces règles constitue la forme la moins controversée d'aménagement multiculturel, puisque ces dispenses ne coûtent

1. *Will Kymlicka,* Finding Our Way, *Oxford, Oxford University Press, 1998, p. 113.*
2. *Brian Barry,* Culture and Equality, *Cambridge (Mass.), Polity Press, 2001, p. 6.*

rien. Elles peuvent être motivées par la prudence, mais jamais par la justice : « généralement [...], soit les arguments en faveur de la loi [...] sont assez concluants pour exclure toute exemption, soit les arguments qui justifient les exemptions sont assez concluants pour faire comprendre que la loi elle-même n'est pas justifiée[3] ». Il existe une différence de catégorie, minimisée par beaucoup de défenseurs du multiculturalisme, entre le refus direct de possibilités égales à un groupe (par exemple, interdire aux Sikhs de rouler à moto) et l'octroi de possibilités identiques utilisées ou non selon les croyances (religieuses) du groupe concerné. Étant donné que personne n'est forcé de manger de la viande, lorsque certains groupes religieux sont dispensés de respecter le règlement qui prévoit que les animaux de boucherie doivent être étourdis avant l'abattage (méthode qui, selon les informations disponibles, est la moins cruelle et provoque le moins de souffrance), il s'agit vraiment de « se plier aux goûts d'un sous-ensemble de carnivores et non d'obéir aux exigences de la liberté religieuse[4] ».

Si Barry rappelle les vertus de la vieille distinction opérée par le libéralisme entre public et privé, Giovanni Sartori, dans son essai moins volumineux mais non moins stimulant *Pluralismo, Multiculturalismo e Estranei*[5], montre que le « pluralisme » dans le domaine politique – la deuxième invention historique du libéralisme après les lois et les institutions insensibles aux différences – doit assurément être distingué du multiculturalisme. Le pluralisme suppose l'appartenance volontaire au groupe, les affiliations multiples dans le contexte de clivages transversaux et une « reconnaissance réciproque » entre les parties au conflit : autant de conditions qui sont systématiquement rejetées par la politique du multiculturalisme. Assez proche de Barry sur ce point, Sartori souhaite remettre en vigueur les notions délaissées de citoyenneté universelle et de neutralité de l'État : « ...la citoyenneté suppose le postulat de la neutralité [...] de l'État à l'égard de l'identité culturelle ou ethnique de son *dêmos* ».

Enfin, selon Jacob Levy, si le multiculturalisme peut être défendu, ce n'est pas dans sa version idéale de « multiculturalisme des droits », mais sous une forme réaliste de « multiculturalisme de la peur[6]. » Évoquant la

3. *Brian Barry,* op. cit., *p. 39.*
4. *Brian Barry,* op. cit., *p. 46.*
5. *Giovanni Sartori,* Pluralismo, multiculturalismo, e estranei, *Milan, Rizzoli, 2000.*
6. *Jacob Levy,* The Multiculturalism of Fear, *Oxford, Oxford University Press, 2000.*

notion de « libéralisme de la peur » développée par Judith Skhlar, Levy suggère de considérer la diversité comme une réalité incontournable, et non comme un but qu'il faudrait concrétiser au moyen d'une politique d'État. Des mesures politiques tenant compte des différences sont peut-être la meilleure manière de réagir à une réalité marquée par la diversité culturelle et ethnique. Mais cela dépend des circonstances. Un programme qui consisterait à considérer la différence comme une question de droit et qui ne consisterait pas à répondre de façon pragmatique aux exigences qui en découlent irait trop loin et manquerait de cohérence interne.

L'intégration des minorités par la « reconnaissance culturelle » : une critique

En m'appuyant sur les critiques libérales portées récemment contre le multiculturalisme, je voudrais examiner de plus près une idée centrale de cette conception, selon laquelle on ferait progresser l'intégration des minorités (qu'il s'agisse d'immigrés ou de groupes liés à un territoire donné ou caractérisés par un style de vie), en reconnaissant une valeur égale à la « culture » qui constitue chaque minorité en groupe distinct. Depuis l'essai influent de Charles Taylor[7], on parle généralement dans ce contexte de « politique de la reconnaissance ». Le modèle d'intégration des minorités par la reconnaissance culturelle pose plusieurs problèmes.

Tout d'abord, il n'est pas évident que la *description* d'une réalité multiculturelle ou multiethnique débouche sur une *prescription* selon laquelle les lois et politiques de l'État devraient se faire l'écho de cette réalité ou même la favoriser. En d'autres termes, on ne voit pas bien pourquoi la *société* multiculturelle se refléterait dans un État multiculturel. Dans l'optique multiculturelle, un fait découle de l'autre logiquement. Mais, en fait, il n'y a là aucune conséquence logique. En réalité, on pourrait soutenir, à l'inverse, qu'une société centrifuge a besoin de politiques étatiques centripètes pour conserver sa cohérence. Constatons au moins que l'État libéral, insensible aux différences,

7. *Charles Taylor,* Multiculturalism and « The Politics of Recognition », *Princeton (N. J.), Princeton University Press, 1992.*

promoteur d'une citoyenneté universelle, qui fait aujourd'hui l'objet de tant de critiques, est apparu pour apporter la paix à une société extrêmement diverse, déchirée par les guerres de religion, dans l'Europe du XVIIe siècle. Personne n'a encore expliqué de façon satisfaisante pourquoi cette solution, qu'on pourrait appeler la privatisation des questions relatives aux choix de vie, a cessé de fonctionner.

La réponse apportée généralement à cette question est la suivante : alors que l'État est jadis parvenu à se différencier de la religion (donnant ainsi naissance à la doctrine libérale), il ne peut se dissocier totalement de l'ethnicité et de la nationalité. Malgré tous ses efforts, l'État doit sanctionner une langue nationale, des jours de fête, des particularismes qui portent inévitablement la marque d'un groupe majoritaire. Selon les multiculturalistes, il faut prévoir des compensations à ces contraintes, sous forme d'exemptions ou même d'initiatives affirmant la valeur égale des groupes qui ne s'identifient pas à ces particularismes. On est obligé de rétorquer que les conflits culturels sérieux seront inévitablement des conflits religieux et que les États libéraux ont déjà mis sur pied des méthodes diverses permettant de faire face à cette difficulté, soit qu'ils accordent aux religions minoritaires un statut public identique à celui des religions majoritaires (modèle allemand ou anglais), soit que toutes les religions soient exclues de la sphère publique (modèle français ou américain). La liberté de religion et la neutralité à l'égard des croyances sont des principes respectés et élevés au rang d'institution dans tous les États libéraux, d'une manière ou d'une autre. Les religions non chrétiennes doivent bénéficier du même traitement que les religions établies. L'État libéral ne peut pas forcer l'hindou ou le musulman à renoncer à sa religion. La plupart des autres contraintes sont négligeables. Elles ne violent aucun commandement ni programme d'activités, mais se réduisent à de simples conventions qui s'atténuent de plus en plus dans les États libéraux, comme je le montrerai plus loin.

Le choix d'une stratégie de privatisation ne force pas l'État libéral à rester à tout prix et à tout point de vue insensible aux différences. En s'appuyant sur des arguments pragmatiques et non sur les principes du respect des droits fondamentaux, on peut montrer que l'État doit *parfois* tenir compte des différences culturelles, lorsqu'il détermine ses orientations politiques. En vertu de ce scénario plus réaliste et moins sentimental, les différences culturelles sont une condition effective de la politique de l'État, mais ne constituent pas un but qui devrait être favorisé par cette politique. Jacob Levy parle d'un « multiculturalisme de la peur », qu'il faut différencier de la notion dominante de « multiculturalisme des droits et de la reconnaissance[8] ».

Comment cela se passe-t-il ? Levy analyse l'un des exemples les plus flagrants de conflit multiculturel dur, fondé sur la religion : l'excision (parfois appelée circoncision féminine). Si une forme relativement bénigne et sûre de cette intervention peut être pratiquée dans un centre médical américain (possibilité qui a fait l'objet d'un débat, finalement conclu par la négative, à Seattle en 1996), cette solution est peut-être préférable à celle qui consisterait, pour de jeunes musulmanes, à subir une mutilation génitale brutale et dangereuse dans leur pays, en Somalie. Désapprouver cette idée du point de vue libéral revenait à « sacrifier les intérêts réels de jeunes filles réelles[9] ». Mais l'approuver pour des raisons pragmatiques, ce n'est pas la « reconnaître » comme une pratique culturelle à laquelle nous attribuerions la même valeur qu'à nos propres pratiques culturelles : nous pouvons continuer à penser que ce n'est pas correct de mutiler les femmes.

Cela nous oriente vers un deuxième problème que pose le modèle de l'intégration des minorités par la reconnaissance culturelle : il est logiquement impossible de reconnaître toutes les cultures comme égales. En effet, les cultures ont ce que Brian Barry appelle un « contenu propositionnel » : elles font la différence entre vrai et faux, juste et erroné, beau et laid. Ces jugements ne peuvent pas être tous confirmés simultanément. Nous pouvons au mieux tolérer d'autres cultures, mais leur reconnaissance égale est impossible. Un auteur a décrit l'« absurdité » de cette reconnaissance égale : « On laisse les gens croire à la qualité de leur propre culture, y compris les croyances et les valeurs qu'elle incarne ; mais on leur demande aussi de croire que les cultures d'autres personnes, qui incarnent des croyances et des valeurs différentes, voire contradictoires, ont une qualité tout aussi grande. Comment pouvons-nous nous attendre à ce que des gens se convainquent de cette absurdité[10] ? » En d'autres termes, comme le dit Giovanni Sartori : « Attribuer une “valeur égale” à toutes les cultures [...] détruit la notion même de valeur. Si tout a une valeur, rien n'a aucune valeur ; la valeur perd tout contenu[11]. »

8. *Jacob Lévy,* op. cit.
9. Ibid., *p. 57.*
10. *Peter Jones, cité par Barry,* op. cit., *p. 271.*
11. *Giovanni Sartori,* op. cit., *p. 69.*

On peut même estimer qu'il y a à la base de cette attitude quelque chose de condescendant, et donc d'incontestablement occidental, parce que la notion de reconnaissance égale implique que *notre* culture nous fournit une norme externe et universelle permettant de juger toutes les autres cultures du monde en les considérant comme « égales ». Par le biais de ce présupposé obligatoire, le type d'universalisme qui est généralement rejeté dans les cercles multiculturalistes s'infiltre derechef dans les positions prises. Même Charles Taylor, qui a mis en avant la notion de reconnaissance dans le contexte de l'accueil des minorités, reconnaît que nous devons poser au départ une présomption de valeur égale, tout en minimisant cette notion par rapport à « l'exigence impérieuse de jugements de valeur favorables[12] ».

S'il est logiquement impossible de considérer que toutes les cultures sont de valeur égale, il faut donc aussi examiner de nouveau cette réflexion de Berlusconi qui a suscité tant de sarcasmes après le 11 septembre. Selon le président du Conseil italien, la culture de l'Occident était supérieure à celle de l'islam pour ce qui était des droits et des libertés individuelles : « Nous devons être conscients de la supériorité de notre civilisation, ce système qui a assuré le bien-être, le respect des droits de l'homme, et, contrairement à ce qui se passe dans les pays musulmans, le respect des droits religieux et politiques[13]. » On est en droit de s'interroger sur l'opportunité politique de cette remarque, surtout au moment où elle a été faite. Mais il n'y a qu'en Occident qu'on pouvait la condamner dans les termes les plus vigoureux, ce qui s'est produit immédiatement[14]. En effet, aucune culture non occidentale, y compris les cultures musulmanes, ne pouvait considérer un instant qu'elle ne valait pas davantage que la culture occidentale et que les priorités qu'elle fixait n'étaient pas préférables à celles de l'Ouest, ce qui équivaut bien à une supériorité.

La notion d'intégration des minorités par le biais de la reconnaissance culturelle pose un troisième problème, celui du caractère unilatéral de cette reconnaissance : habituellement, l'État et la société majoritaire sont priés de « reconnaître » le groupe minoritaire. Aucun acte de reconnaissance réciproque n'est exigé de la part de ce groupe. On constate avec intérêt la réduction, voire l'inversion de la notion

12. Charles Taylor, op. cit., *p. 71.*

13. Associated Press, *27 septembre 2001.*

14. Un délégué de l'Union européenne au Moyen-Orient a condamné cette déclaration « qui contredit totalement les valeurs en lesquelles nous croyons », art. cité.

classique de reconnaissance évoquée par Hegel dans la *Phénoménologie de l'esprit.* Pour Hegel, la reconnaissance, enjeu d'une « lutte » entre des parties au conflit initialement égales, était finalement, sous une forme intrinsèquement instable et insuffisante, imposée par le vainqueur (« maître ») au vaincu (« esclave »). Au lieu de trouver un *ersatz* de reconnaissance dans l'identification aux produits de son labeur, comme dans le scénario de Hegel, le « vaincu » demande maintenant au « vainqueur » de lui accorder une reconnaissance directe dans un acte de réparation et de restitution. Cela peut faire preuve d'une certaine naïveté psychologique, puisque le signe de l'infériorité est réaffirmé au moment même où l'on cherche à s'en débarrasser. Il peut éventuellement s'agir d'une exigence légitime de la part d'un groupe local qui a subi des torts au cours de l'histoire, mais la demande est plus difficile à justifier pour des groupes d'immigrés volontaires. Ce qui se perd dans la version multiculturelle de la reconnaissance, c'est l'idée que toute entente entre la majorité et la minorité immigrée doit être bilatérale et réciproque : la minorité, elle aussi, doit respecter la majorité. Il faut noter que, dans le contexte de l'immigration, il n'y a généralement pas de poids d'injustice historique qui crée un lien d'obligation particulier entre majorité et minorité. Comme l'a souligné Giovanni Sartori, la notion classique de tolérance comporte de façon inhérente un aspect de réciprocité : « lorsque nous sommes tolérants à l'égard des autres, nous nous attendons à ce qu'ils soient tolérants à notre égard[15] ». Si le multiculturalisme est peu apprécié dans l'ensemble des États qui accueillent des immigrés, le caractère unilatéral de la reconnaissance multiculturelle n'y est sans doute pas pour rien. Les musulmans doivent bénéficier de leurs exemptions par rapport à la réglementation générale, mais on ne leur demande rien en échange. En fait, ces dispenses leur permettent simplement de se dissocier des normes et des institutions occidentales, dénoncées comme « décadentes » et « corrompues ».

En quatrième lieu, l'accent mis sur la culture ignore d'autres sources de discrimination à l'égard des minorités, peut-être plus importantes, notamment les injustices économiques. Ces questions sont minimisées par Iris Marion Young[16], qui parle de problèmes de « répartition ». À ses yeux, bien plus que « l'affectation des biens matériels », les questions non liées à la « répartition », comme « la structure et les procédures de

15. *Giovanni Sartori,* op. cit., *p. 38.*
16. *Iris Marion Young,* Justice and the Politics of Difference, *Princeton (N. J.), Princeton University Press, 1990.*

prise de décision », la « division du travail », et la « culture », sont importantes[17]. En ce qui concerne la culture, ce qui est souhaité, c'est « l'affirmation » d'autres modes de vie. On a là quelque chose de plus que la simple égalité de droits, laquelle appartient à la sphère vulgaire de la répartition ou redistribution. Cette exigence implique l'approbation, la réévaluation positive, orchestrée par l'État, d'un mode de vie qui, jusqu'à présent, avait été dénigré et « opprimé ». Young demande tout simplement une « révolution culturelle », sans avoir d'idée concrète de la forme que prendrait cette révolution dans le domaine des politiques et des institutions. Dans cette optique maximaliste, même la « discrimination positive » à la mode des États-Unis ne suffit pas, alors qu'il n'existe probablement dans aucun État libéral de politique plus vigoureuse d'opposition aux discriminations. En fait, le programme de promotion des droits civiques et de lutte contre la discrimination, sous la bannière de l'égalité, n'a rien à voir avec le programme des multiculturalistes, où les différences tiennent une place essentielle. La discrimination positive vise à remédier à une différence évaluée de façon négative, tandis que la reconnaissance multiculturelle vise à instaurer et à rendre permanente une différence évaluée de façon positive. Plus précisément, la discrimination positive se voit reprocher d'entériner le « mythe du mérite », mythe dont l'élimination figure parmi les objectifs radicaux du multiculturalisme prôné par Young. Pour Brian Barry, qui se montre sarcastique devant la destruction des normes professionnelles résultant de cette position, on croirait la course du Dodo dans *Alice au pays des merveilles* : « tout le monde a gagné, et chacun doit recevoir un prix[18] ».

Cinquième point : même si, parmi les éléments constitutifs de l'intégration des minorités, ni la « culture » ni la « reconnaissance » ne posaient de problèmes, on ne sait pas bien à quels « groupes » ce modèle devrait s'appliquer. La plupart des théories du multiculturalisme souffrent de ce que David Laitin a appelé une vision trop polie (*genteel*) de la politique, dans laquelle on présuppose que les groupes ont vraiment le caractère de groupes[19]. Sur le plan sociologique, cela relève de la naïveté. Dans bien des cas, pour un groupe donné, plusieurs personnalités dirigeantes propagent des visions antagoniques de ce qui caractérise ce

17. *Iris Marion Young,* op. cit., *p. 22.*
18. *Brian Barry,* op. cit., *p. 95.*
19. *David Laitin, « Multicultural Citizenship »,* Political Theory, *26 (2), 1998, p. 221-236.*

groupe. Parfois, les affirmations des dirigeants ne correspondent pas aux opinions et aux souhaits de la base, elle-même composée de personnes qui s'identifient plus ou moins au groupe. Steven Lukes distingue plusieurs catégories, « non identifiés, ex-identifiés, trans-identifiés et anti-identifiés[20] ». Les multiculturalistes, en tant qu'acteurs politiques, se consacrent en outre à créer les cultures que l'on devra ensuite, dans un mouvement circulaire, « reconnaître » comme préexistantes, selon un processus comparable à celui qui a vu les partis politiques produire des clivages à la suite desquels sont apparues des « classes » qui ne résultaient pas automatiquement de divisions existant par elles-mêmes dans le vaste monde[21]. Cela ne pose pas de problème en ce qui concerne la « redistribution » banale qui, du moins, remplit les poches du membre ordinaire du « groupe ». C'est beaucoup plus ennuyeux pour ce qui est des questions « d'identité » non utilitaires, si importantes pour les multiculturalistes. Les exigences en ce domaine sont peut-être exagérées par les militants et les intellectuels qui, pour paraphraser Max Weber, vivent de leurs cultures plutôt que pour elles.

Même si l'on résout le problème de ce qui fait de chaque groupe un groupe, lesquels faut-il reconnaître lorsqu'une société accueillant des immigrés reçoit fréquemment plusieurs centaines de groupes différents ? Une telle diversité entre précisément en conflit avec la logique de la « reconnaissance ». Ce principe implique une relation particulariste : on ne peut reconnaître qu'un groupe à la fois. La sélection et la différenciation sont l'objet même de la reconnaissance. Mais quand le nombre de groupes est grand, cela devient problématique. Il y a d'abord le problème pratique du manque de temps. De plus, les lois et les mesures deviendraient assez peu maniables si chaque groupe recevait une dénomination spéciale et un traitement différent au sein de chaque texte réglementaire. Signalons ensuite une préoccupation plus profonde : tout cet exercice va contre le sentiment qu'une répartition « juste » des biens et des ressources (y compris maintenant, n'en déplaise aux multiculturalistes, le bien représenté par la reconnaissance symbolique) doit concerner *tous* les groupes et *tous* les individus d'une société donnée[22]. Enfin, une logique de la reconnaissance qui s'intéresse à un groupe à la fois suscite des griefs motivés par l'attribution de privilèges

20. Steven Lukes, « Toleration and Recognition », Ratio Juris, *57 (4), 1997, p. 213-222.*

21. Giovanni Satori, op. cit.

22. Steven Lukes, op. cit.

non dus à un groupe particulier, en dehors des circuits normaux de la politique majoritaire. Parce que des « groupes » en sont les acteurs, la politique multiculturelle est essentiellement corporatiste : c'est une vie politique où tout se joue dans les coulisses. Il semble que certains thèmes « appartiennent » aux groupes qui sont concernés au premier chef par cette question. Dans le scénario de Young, seules les « femmes » devraient prendre la parole, quand on examine les « droits en matière de procréation », etc. Certes, ce parti pris corporatiste explique que bien des revendications « multiculturelles » se soient réalisées dans des États libéraux, mais cela n'a pas vraiment aidé à leur conférer une légitimité.

Ce ne sont là que quelques-uns des problèmes qui se présentent, si l'on conçoit l'intégration des minorités sous l'angle de la reconnaissance culturelle. Je dois admettre que ce modèle a une certaine validité pour un petit nombre de groupes qui ont été lésés au cours de l'histoire, par exemple les Africains-Américains, les groupes indigènes et autres vaincus du processus de construction des nations, ces groupes étant dotés d'une base territoriale. L'affaire devient problématique quand on étend ce modèle outre mesure, en l'appliquant à divers groupes d'immigrés ou de personnes partageant un style de vie. Le piratage et la propagation d'un modèle politique inventé par un groupe et appliqué ensuite à toutes sortes de « groupes » est assurément, en tant que tel, un phénomène intéressant sur le plan sociologique, mais nous ne pouvons l'aborder plus en détail ici[23].

Du multiculturalisme à l'intégration citoyenne

Sur le plan pratique, un phénomène intéressant est apparu récemment : les quelques États qui avaient jusqu'à présent mis en pratique des politiques publiques multiculturelles ont battu en retraite et les ont remplacées par des politiques centristes d'intégration citoyenne, au moins en ce qui concerne les immigrés. Cette évolution est dictée par l'hostilité générale des opinions publiques à l'égard du multiculturalisme d'État,

23. John Skrentny étudie de façon intéressante, en termes sociologiques, le détournement et la diffusion de l'attitude de la minorité noire au sein de toutes sortes de groupes ethniques immigrés en Amérique, dans The Minority Rights Revolution, *Cambridge (Mass.), Harvard University Press, 2002.*

au moins autant que par les échecs et les insuffisances de ces politiques. Dans les lignes qui suivent, j'examinerai la rupture avec le multiculturalisme, en empruntant des exemples à l'Australie et à l'Europe occidentale.

Défendant, à la demande du gouvernement, le multiculturalisme canadien, Will Kymlicka a reconnu que ce dernier était « attaqué aujourd'hui plus que jamais », ce type de programme se voyant reprocher, au Canada comme dans tous les pays, d'alimenter le « séparatisme » ethnique et la « ghettoïsation »[24] des minorités. Accessoirement, il laissait entendre que la situation était meilleure en Australie, parce que le gouvernement de ce pays avait su montrer les « limites » du multiculturalisme. Les choses vont-elles mieux en Australie ?

À y regarder de plus près, il semble que non. Ce n'est pas surprenant, dès lors, que le multiculturalisme australien, visant à « préserver les cultures » et à placer les différences ethniques au rang d'une institution, ait essuyé auprès de l'opinion publique les mêmes critiques sévères que les programmes similaires d'autres pays[25]. En réponse, de nouvelles formulations du multiculturalisme ont souligné que, loin d'être la propriété des minorités ethniques, et surtout des militants qui prétendaient s'exprimer en leur nom, il constituait une option identitaire pour *tous* les Australiens. Ce n'était même pas une interprétation forcée ni nouvelle, puisque la notion de multiculturalisme était née au moment même où l'identité « ancienne » de l'Australie en tant que pays « blanc » et « britannique » s'était trouvée déconsidérée, au début des années 1970. Dans la mesure où le sentiment « national » multiculturel s'est renforcé au fil des années, le multiculturalisme a acquis de telles caractéristiques qu'il partage toujours le nom mais en aucun cas le contenu de la « politique de la reconnaissance » élaborée par Taylor, Young ou Kymlicka. Il faut donc être de mauvaise foi pour suggérer que l'existence de programmes portant le même nom entraîne l'applicabilité des objectifs relatifs aux droits des minorités proposés par les théoriciens.

L'idée que le multiculturalisme concernait « tous les Australiens » était déjà fortement présente dès 1978, dans le premier texte codifiant le multiculturalisme australien, connu sous le nom de Rapport Galbally. Il mettait par ailleurs l'accent sur les services et programmes destinés particulièrement aux immigrants : « le développement d'une société

24. *Will Kymlicka,* op. cit., *p. 16.*
25. *Katharine Betts,* The Great Divide, *Sydney, Duffy and Snellgrove, 1999, p. 13 ; Mikael Hjerm, « Multiculturalism Reassessed »,* Citizenship Studies, *4 (3), 2000, p. 306.*

multiculturelle se fera au bénéfice de tous les Australiens[26] ». La contribution du multiculturalisme à la construction nationale était particulièrement mise en évidence dans un document intitulé *Multiculturalism for All Australians : Our Developing Nationhood*, publié en 1982 par l'Australian Council on Population and Ethnic Affairs (Conseil australien chargé de la population et des affaires ethniques[27]). Même l'Australie blanche y était remodelée pour y devenir « notre passé multiculturel » : « le souci de l'intérêt général a suscité une action officielle [...], on a cherché à éviter les conflits entre groupes en excluant des groupes d'immigrants qui pourraient se trouver au centre de [...] conflits[28] ». C'était là une façon plutôt douce de décrire l'exclusion des Asiatiques dans le contexte de la politique de l'Australie blanche. Et si aujourd'hui se produisaient des « affrontements » entre la « culture de base » et les cultures minoritaires, « le Conseil envisagerait le rejet de l'élément litigieux appartenant à une culture incompatible[29] ». Étant donné la présence vigoureuse d'une telle « loyauté élémentaire à l'Australie[30] » dans les premières formulations du multiculturalisme, on s'étonnera de ce que les formulations ultérieures ont toutes invoqué au départ l'idée que le multiculturalisme attendait d'être libéré de l'emprise étouffante des groupes ethniques et d'être transformé en une doctrine pour « tous » les Australiens[31].

Dans le sens où il fournissait une option identitaire à une société de colons anglo-saxons dépourvue de mythe fondateur spécifique, le multiculturalisme australien n'a jamais été répudié officiellement. Cependant, même sous cette apparence nationale, dissociée du problème de l'accueil des minorités, le multiculturalisme a fait l'objet d'interprétations que séparaient de subtiles différences. On peut remarquer que

26. *Frank Galbally,* Migrant Services and Programs : Report of the Review of Post-Arrival Programs and Services for Migrants, *Canberra, Australian Government Publishing Service, 1978, p. 10.*
27. *L'auteur de ce rapport est J. Zubrzycki, universitaire d'origine polonaise et figure importante du développement initial du multiculturalisme australien.*
28. *Australian Council on Population and Ethnic Affairs,* Multiculturalism for all Australians : our Developing Nationhood, *Canberra, Australian Government Publishing Service, 1982, p. 8.*
29. *Australian Council on Population and Ethnic Affairs,* op. cit., *p. 30.*
30. Ibid., *p. 25.*
31. *Office of Multicultural Affairs,* National Agenda for a Multicultural Australia, *Canberra, Australian Government Publishing Service, 1989 ; National Multicultural Advisory Council,* Australian Multiculturalism for a New Century : Toward Inclusiveness, *Canberra, Australian Government Publishing Service, 1999.*

même sous l'angle de la fonction identitaire nationale, il a été revu à la baisse au fil des années. Pour ses partisans de gauche, le multiculturalisme s'identifiait à la nation : « nous devons être multiculturels pour être nationaux[32] ». Ou, pour emprunter une formulation négative à Al Grassby, défenseur historique du multiculturalisme australien : « supprimez l'Australie multiculturelle et il ne vous restera rien[33] ». Cette mise en équivalence des termes « multiculturel » et « national » posait deux problèmes. D'abord, l'héritage essentiellement britannique de l'Australie disparaissait dans l'opération. Certes, c'était précisément l'intention des personnes originaires du sud-est de l'Europe qui encourageaient l'idée selon laquelle « toutes les personnes qui vivent en Australie ont une origine "ethnique"[34] ». De plus – et c'est le problème principal – on ne pouvait pas, dans ce cadre, préciser qu'il s'agissait d'un multiculturalisme situé en Australie et pas ailleurs : la valeur ajoutée du terme « Australie » disparaissait. En réponse à ces deux problèmes, une version légèrement différente du multiculturalisme se fit jour en dehors de la gauche politique et des cercles militants « ethniques » : selon cette version atténuée, qui eut finalement le dessus, l'Australie était assurément multiculturelle, mais pas seulement.

La révision du multiculturalisme à la baisse fut mise en route par le Rapport Fitzgerald, commandé par le gouvernement en 1988, qui posa également les premières bases de la position australienne actuelle en faveur du recrutement d'immigrants hautement qualifiés (provenant en particulier de cette Asie traditionnellement honnie par l'Australie blanche). Le rapport insistait essentiellement sur l'idée que le soutien de l'opinion publique à l'immigration dépendait d'une dissociation entre celle-ci et le « multiculturalisme », ce dernier étant fréquemment rejeté en raison de ses rapports avec le militantisme « ethnique ». Élaboré par une personne à laquelle deux observateurs favorables attribuèrent une « origine ethnique australienne[35] », le Rapport Fitzgerald réduisait le terme « multiculturel » à un adjectif parmi tous ceux qui peuvent qualifier l'Australie, à l'instar de « démocratique », sans constituer une

32. *Stephen Castles,* et al., Mistaken Identity, *Sydney, Pluto Press, 1988, p. 5.*
33. *Cité par Katharine Betts,* The Great Divide, *Sydney, Duffy and Snellgrove, 1999, p. 322.*
34. *C'est ce qu'on lit dans l'ouvrage de Zubrzycki,* Multiculturalism for all Australians : Our Developing Nationhood, *Canberra, Australian Government Publishing Service, 1982, p. 2.*
35. *Robert Birrell et Katharine Betts, « The FitzGerald Report on Immigration Policy »,* Australian Quarterly, *60 (3), 1988, p. 266.*

définition centrale de son identité : « De même que l'Australie est une démocratie, mais qu'elle est dotée de sa propre identité, elle est également multiculturelle, mais conserve néanmoins de façon identifiable un caractère australien. C'est l'identité australienne qui compte le plus en Australie[36] ». Qu'est-ce qui constituait donc, au-delà de ces adjectifs d'ordre général, ce « caractère australien identifiable » qu'aucune immigration, quelle que soit son origine, n'était autorisée à mettre en danger ? La réponse fait peut-être écho aux origines irlandaises (et donc antibritanniques) de l'auteur du rapport : « une société ouverte, facile à vivre, détendue, qui se consacre davantage aux plaisirs que la vie peut offrir qu'à une recherche âprement compétitive de ce qui peut être nécessaire pour l'améliorer[37] ».

Cette révision à la baisse répondait à une nécessité logique, car il fallait bien définir les bases de l'identité australienne indépendamment du multiculturalisme : sans cela, comment distinguer l'Australie, par exemple, du Canada, où une description similaire s'imposa à peu près au même moment[38] ? De plus, les discours sur la « fidélité fondamentale à l'Australie » qui s'inséraient, depuis le début des années 1980, dans les déclarations relatives au multiculturalisme australien risquaient de rester lettre morte. Le *National Agenda for a Multicultural Australia* de 1989, qui resta pendant une décennie la déclaration fondamentale du gouvernement sur le multiculturalisme, choisit un angle d'approche un peu différent pour expliquer en quoi consistait l'Australie, outre le multiculturalisme : il évoquait une société marquée par l'héritage britannique. « Notre héritage britannique est extrêmement important pour nous. Il nous permet de nous définir comme Australiens [...]. C'est un élément important de ce qui rend l'Australie attrayante pour les immigrants et les visiteurs[39]... » Cette valeur ajoutée est précieuse si l'on veut fixer des limites au multiculturalisme, nécessité évoquée dès la première page du *National Agenda* qui mentionne l'obligation d'un « engagement primordial, allant dans le sens de l'unité, en faveur de

36. *Stephen Fitzgerald,* Immigration : a Commitment to Australia. The Report of the Committee to Advise on Australia's Immigration Policies, *Canberra, Australian Government Publishing Service, 1988, p. 10.*
37. *Stephen Fitzgerald,* op. cit., *p. 5.*
38. *Certes, le gouvernement canadien a promu sa loi sur le multiculturalisme avec la formule : « Le multiculturalisme, c'est être canadien », mais cela ne marchait qu'en lisant en filigrane : être multiculturel, c'est ne pas être américain (des États-Unis).*
39. *Office of Multicultural Affairs,* National Agenda for a Multicultural Australia, *Canberra, Australian Government Publishing Service, 1989, p. 50.*

l'Australie ». Publié peu après le Rapport Fitzgerald, cherchant de toute évidence à apaiser les critiques « ethniques » qui auraient souhaité une affirmation plus vigoureuse du multiculturalisme, le *National Agenda* constituait une autre mouture d'une version atténuée du multiculturalisme, qui ne réduisait pas à ce seul terme le fait d'être australien.

Le *National Agenda for a Multicultural Australia* introduisait également une nouvelle dimension, considérée comme décisive si l'on voulait rendre les mesures politiques relevant du multiculturalisme acceptables pour « tous » les Australiens, mais affaiblissant encore sa valeur en tant qu'option contribuant à l'identité nationale : son « efficacité économique[40] ». Initialement, il s'agissait d'améliorer l'intégration à la main-d'œuvre des nouveaux venus non anglophones, pour parvenir à une utilisation plus efficace des « ressources humaines ». Néanmoins, cette idée connut rapidement une réinterprétation et une valorisation. On expliqua qu'une main-d'œuvre diversifiée et un encadrement sensible à la diversité pouvaient constituer un atout dans une économie mondialisée et même se vendre à l'étranger en tant que « meilleure pratique mondiale pour la gestion de la diversité sur le lieu de travail[41] ». C'est à cette notion que correspond le concept de « diversité productive », propagé activement par l'Office of Multicultural Affairs (Bureau des affaires multiculturelles), depuis 1992. Deux promoteurs de la notion de « diversité productive » ont expliqué qu'il valait mieux « mettre l'accent sur la valeur marchande positive de la diversité plutôt que d'essayer de définir et de réparer des préjudices. La diversité doit être abordée comme une question centrale pour la gestion plutôt que comme une sorte d'action de rattrapage destinée à intégrer des groupes marginalisés[42] ». Cette version utilitaire du multiculturalisme, d'où disparaissent toutes les références antérieures à l'identité nationale ou à l'intégration des minorités, est aussi celle qui a su plaire à la coalition

40. « L'efficacité économique » est répertoriée parmi les « trois dimensions de la politique multiculturelle » (elle vient s'ajouter aux dimensions déjà présentes de l'« identité culturelle » et de la « justice sociale »), et elle est définie en ces termes : « la nécessité de préserver, de développer et d'utiliser efficacement les savoir-faire et les talents de tous les Australiens, quelles que soient leurs origines », dans Office of Multicultural Affairs, National Agenda for a Multicultural Australia, *Canberra, Australian Government Publishing Service, 1989.*

*41. Tel est l'espoir du gouvernement actuel (*A New Agenda for Multicultural Australia, *1999, p. 25).*

42. Bill Cope et Mary Kalantzis, « Productive Diversity », dans James Jupp (ed.), The Australian People, *Cambridge, Cambridge University Press, 2001, p. 818.*

gouvernementale de centre droit dirigée par John Howard, naguère fermement opposé au multiculturalisme. Le rapport *Australian Multiculturalism for a New Century* de 1999, commandé par le gouvernement à un homme d'affaires connu, ce qui est un choix significatif[43], continue à soutenir le multiculturalisme, mais insiste pour que ce dernier « accroisse les dividendes de notre diversité[44] ».

En ce qui concerne sa transformation en un programme de « diversification » lié à l'entreprise, d'où sont éliminées toutes les références à une réparation des actes de discrimination infligés antérieurement, il existe des parallèles frappants entre le multiculturalisme en Australie et aux États-Unis[45]. Cependant, comme le multiculturalisme américain n'a jamais acquis le statut de politique d'État officielle, il s'est davantage prêté à une réinterprétation créative par les systèmes secondaires de la société. Il n'y a pas de raison de se montrer sarcastique à ce sujet, car cette modalité d'intégration des non-Blancs peut s'avérer plus efficace et mieux acceptée par la société que les notions démodées d'« appartenance au groupe » et de « reconnaissance culturelle ».

Dans les quelques sociétés européennes qui ont mené de façon officielle des politiques multiculturelles, la volte-face a été encore plus prononcée. À la différence des États créés tardivement et peuplés par des colons, où le multiculturalisme fait durablement figure de choix identitaire pour la société dans son ensemble, le multiculturalisme européen a toujours été uniquement à destination des immigrants, de sorte qu'on éprouve ici une nostalgie moins vive à l'idée de renoncer à des politiques et à des slogans que l'on considère généralement comme à bout de souffle. Examinons l'évolution récente de deux modèles européens de multiculturalisme, les Pays-Bas et la Grande-Bretagne. Dès le milieu des années 1990, avant même l'ascension fulgurante du populiste Pim Fortuyn et l'article choc d'un commentateur de gauche, Paul Scheffer, sur la « tragédie multiculturelle » néerlandaise, le gouvernement avait abandonné la « politique des minorités ethniques » suivie auparavant pour adopter une politique d'intégration citoyenne[46].

43. *Neville Roach, directeur général de Fujitsu Australie.*
44. *National Multicultural Advisory Council,* op. cit.
45. *Ce dernier fait l'objet d'une excellente description dans Rémy Oudghiri et Daniel Sabbagh, « Des usages de la "diversité" »,* Revue française de science politique, *49 (3), 1999, p. 443-468.*
46. *Han Entzinger, « The Rise and Fall of Multiculturalism : The Case of the Netherlands », dans C. Joppke et E. Morawska (dir.),* Toward Assimilation and Citizenship : Immigrants in Liberal Nation-States, *Londres, Palgrave, 2002.*

L'ancienne politique dite « des minorités » posait plusieurs problèmes. D'abord, le nombre de pays sources s'étant multiplié et les groupes de migrants connaissant une diversification interne, il devenait difficile de perpétuer une politique qui consistait à sélectionner un nombre limité de « minorités ethniques » pour leur accorder un traitement particulier. Deuxièmement, la démarche d'ensemble qui visait à « émanciper » les minorités ainsi définies en les transformant en « groupes » dotés de leurs propres institutions parallèles a eu des effets négatifs, car cette stratégie a renforcé leur ségrégation et a contribué à les séparer de l'ensemble de la société. Enfin et surtout, la politique des minorités ethniques ne pouvait pas remédier au plus pressant des problèmes rencontrés par les immigrés et leurs enfants : le chômage et la marginalisation économique. À l'ombre du multiculturalisme officiel, on avait laissé se développer une classe dont la situation défavorisée était liée à l'origine ethnique, composée de « personnes qui ne se sentent pas attachées à la culture et à la société néerlandaises et ne veulent ni ne peuvent s'intégrer[47] ». La nouvelle politique d'« intégration », qui remplace depuis le milieu des années 1990 la « politique des minorités ethniques », insiste sur la dimension socio-économique de l'intégration, dédaignée jusqu'alors : les immigrés sont considérés comme des « individus » qu'il faut pousser à rejoindre la société à proprement parler et non maintenir à l'écart au sein de « groupes » disposant d'institutions parallèles. En ce qui concerne son objectif central (l'intégration socio-économique des immigrés et de leurs enfants), la nouvelle politique semble efficace : en quelques années, le taux de chômage des immigrés et des membres de minorités a presque été divisé par deux, passant de 26 % à 14 %[48].

La politique néerlandaise d'« intégration » a pour caractéristique originale d'être obligatoire et d'imposer certaines exigences aux immigrés en cours d'intégration. On répète rituellement, depuis de nombreuses années, que la politique d'intégration des immigrés ne doit pas être à sens unique mais, jusqu'à présent, cette formule signifiait que la société d'accueil devait changer, elle aussi, et pas seulement les immigrés. Aujourd'hui, la connotation de cette expression est radicalement différente. Roger van Boxtel, ministre néerlandais de la politique de la Ville et de l'Intégration, a ainsi déclaré :

47. *Entzinger cite et paraphrase Paul Scheffer, 2002, p. 78.*
48. Frankfurter Allgemeine Zeitung, *10 mai 2001, p. 4.*

> « On peut s'attendre à ce que les membres de minorités ethniques fassent de leur mieux pour acquérir dès que possible une position indépendante dans notre pays. Cela suppose qu'ils optent pour cette société et qu'ils utilisent de façon responsable les nombreux services que notre pays met à la disposition de ses nouveaux habitants. La maîtrise de la langue néerlandaise est un aspect déterminant de cette question[49] ».

Cette tendance se traduit de façon particulièrement visible par la loi néerlandaise sur l'intégration citoyenne pour les nouveaux venus, qui impose à ceux d'origine non européenne de prendre six cents heures de cours de langue et d'intégration citoyenne. Le modèle néerlandais d'initiation obligatoire à l'intégration citoyenne s'est répandu rapidement dans toute l'Europe, notamment en Finlande, au Danemark, en Belgique, en Autriche et en Allemagne. « Nous aurions dû commencer à procéder de cette manière il y a trente ans », a déclaré van Boxtel, lorsqu'il a été invité par un gouvernement allemand qui a finalement adopté la démarche néerlandaise dans sa loi de 2002 sur l'immigration[50].

Comme l'a noté le Néerlandais Paul Scheffer, l'évolution qui a conduit du multiculturalisme à l'intégration citoyenne reflète un véritable bouleversement non seulement aux Pays-Bas, mais dans toutes les sociétés européennes, qui passent « de la relativisation de leur propre culture à sa réaffirmation[51] ». Certes, ce virage a sûrement un rapport avec l'essor de nouveaux mouvements populistes de droite dans toute l'Europe, mais l'impact de ces mouvements ne doit pas être exagéré : la conversion néerlandaise à l'intégration citoyenne s'est produite *avant* la brusque apparition de Pim Fortuyn dans la vie politique nationale. De surcroît, le phénomène Fortuyn montre que le rejet du multiculturalisme est plus complexe que ne le laisse entendre l'étiquette galvaudée de « populisme de droite ». Dans ce cas particulier, il s'agit plutôt d'un rejet d'inspiration libérale. Il a fallu qu'un imam néerlando-marocain, très connu, affirme de façon provocatrice que l'homosexualité était une « maladie » pour que Fortuyn riposte en déclarant que l'islam était « une culture arriérée ». Comme on lui demandait s'il lui arrivait de parler

49. *Cité par Entzinger,* op. cit., *p. 74.*
50. Ibid. *La nouvelle loi allemande relative à l'immigration a été déclarée anticonstitutionnelle pour des raisons de procédure par le Bundesverfassungsgericht, en décembre 2002, et n'entrera donc pas en application.*
51. *Paul Scheffer, « Das Scheitern eines Traums »,* Die Zeit, *11 juillet 2002.*

avec ces « arriérés » de musulmans, Fortuyn répliqua : « Est-ce que j'ai déjà parlé avec des musulmans ? Je couche même avec eux[52] ». C'était un « populisme » particulier. Il n'était pas imprégné de nostalgie à l'égard de la monoculture d'autrefois (cette société-là réprimait aussi les gays). Il s'agissait plutôt de demander aux immigrés de procéder à des adaptations citoyennes qui avaient été négligées sous le règne du multiculturalisme officiel.

Le deuxième modèle européen de multiculturalisme, la Grande-Bretagne, a récemment connu la même évolution vers l'intégration citoyenne. Comme aux Pays-Bas, il faudrait être de mauvaise foi pour prétendre que le populisme de droite est responsable de cette évolution, parce que cette tendance politique n'a jamais été présente en Grande-Bretagne. Assurément, le combat contre le « fascisme » ou le « nazisme » est un ingrédient essentiel de la mobilisation « antiraciste » depuis les années 1980. Mais on a du mal à détecter dans les urnes l'existence de ces doctrines. Il s'agissait simplement de produire une « croyance généralisée » (N. Smelser) pour conserver au mouvement son dynamisme.

Avant de s'effondrer, l'orthodoxie multiculturelle britannique s'est encore exprimée, en l'an 2000, avec un rapport élaboré par le Runnymede Trust, *The Future of Multi-Ethnic Britain* (L'avenir de la Grande-Bretagne multiethnique), sous la direction de l'éminence grise britannique des relations entre les races, Bhiku Parekh, membre de la Chambre des lords. « La spécificité britannique, indiquait notamment le rapport, contient des connotations raciales systématiques et presque entièrement passées sous silence[53] ». Il était donc nécessaire d'évoluer vers une « post-nation multiculturelle », dans laquelle la Grande-Bretagne serait une « communauté de communautés ». Parce que la spécificité britannique était entachée par les questions de race, le modèle « libéral » d'intégration au sein d'une société diverse était défectueux. Il n'existait dans ce modèle « qu'une seule culture politique dans le domaine public », et la diversité était reléguée aux « vies privées des individus et des communautés ». Il fallait donc passer à un modèle « pluriel », dans lequel la « reconnaissance de la diversité culturelle » bénéficiait d'une place de choix dans la sphère publique[54]. On s'interroge : quand Robin Cook, ministre des Affaires étrangères dans le

52. *Sasha Polakow-Suransky et Giuliana Chamedes, « Europe's New Crusade »,* The American Prospect, *26 août 2002.*
53. *Runnymede Trust,* The Future of Multi-Ethnic Britain, *Londres, Profile Books, 2000, p. 38.*
54. Ibid., *p. 48 et suiv.*

premier gouvernement Blair, a déclaré que le « poulet tikka masala » avait remplacé le *fish and chips* comme plat préféré des Britanniques, n'était-ce pas un signe que le modèle pluriel était déjà installé ? La dualité entre les sphères publique et privée, présentée sous un jour négatif par les multiculturalistes, a toujours constitué un épouvantail. La réalité selon les libéraux, avec ses citoyens déracinés, n'a jamais existé, car la sphère publique est peuplée d'agents dotés d'identités et d'intérêts propres. Comme s'ils avaient compris qu'une nouvelle affirmation du multiculturalisme orthodoxe sentirait le réchauffé, Parekh et ses associés firent promptement quelques pas en arrière, et proposèrent une synthèse des modèles « libéral » et « pluriel » en déclarant : « la Grande-Bretagne est à la fois une communauté de citoyens et une communauté de communautés[55] ». *The Economist* estima que cette formule éludait le problème de fond, décrit en ces termes par le périodique : « dans le domaine des relations entre les races, il faudrait sans doute, au prix d'un choix difficile, traiter les gens soit comme des individus soit comme les membres de groupes[56] ».

En fait, les émeutes raciales qui eurent lieu au printemps et au début de l'été 2001 dans diverses villes du nord de l'Angleterre, les plus graves survenues en Grande-Bretagne depuis deux décennies, suscitèrent une réponse bien différente. Réalisée sous la direction d'un conseiller municipal chevronné, Ted Cantle, avec la participation de responsables politiques, de travailleurs sociaux et de spécialistes de l'administration locale pourvus de références impeccables en matière de « minorités », l'étude commandée par le gouvernement sur les origines des émeutes, *Community Cohesion*, dressa un tableau bien sombre de la réalité multiculturelle de la Grande-Bretagne :

> « Certes, la ségrégation matérielle constatée dans les cités d'habitation et dans les quartiers du cœur des villes n'avait rien de surprenant, mais l'équipe a été particulièrement frappée par la profondeur des clivages qui existent dans nos villes, petites et grandes [...]. Les systèmes d'enseignement, les organismes associatifs ou locaux, l'emploi, les lieux de culte, la langue, les réseaux socioculturels, tout cela est différencié, ce qui veut dire que le fonctionnement de nombreuses localités repose sur une série de vies parallèles. Ces vies, souvent, ne semblent pas avoir entre elles le moindre point de

55. Ibid., *p. 47.*
56. *« Don't mention the B-word »,* The Economist, *14 octobre 2000.*

contact. C'est dire à quel point il existe peu de recoupements entre elles, peu d'échanges significatifs[57] ».

En outre, l'étude déplorait « l'absence d'un débat honnête et vigoureux, car les gens abordent à pas feutrés les problèmes délicats comme la race, la religion ou la culture ». Enfin, loin de représenter et de défendre les intérêts de leur « communauté » au sens local et collectif, les conseillers appartenant à une minorité devaient leur poste « plutôt à des relations familiales ou autres raisons tout aussi déplacées ». Ils étaient englués dans les réseaux politiques de leur pays d'origine et dans des « combines »[58]. La « Grande-Bretagne multiethnique » dépeinte dans ce rapport était assurément faite de nombreuses « communautés », mais elle était dépourvue d'une méta-« communauté » au singulier pour les relier toutes entre elles.

On notera avec intérêt que, vingt ans plus tôt, après les émeutes de 1981 à Brixton, un gouvernement travailliste avait prescrit davantage de « discrimination positive » (*positive action*) et de multiculturalisme comme issue à l'échec de l'intégration des minorités[59]. En 2001, un gouvernement travailliste a estimé qu'il était temps d'aller « au-delà du multiculturalisme[60] ». Dans ses recommandations, le Rapport Cantle a fait entendre une tonalité nouvelle : il fallait arriver à un « sens plus grand de la citoyenneté[61] », « des éléments communs d'appartenance à une nation » devaient faire l'objet d'un accord, « l'utilisation de la langue anglaise » devait être renforcée dans les communautés minoritaires », et, dans l'ensemble, « la communauté non blanche [devait] se doter d'une meilleure acceptation des grandes institutions nationales et y participer davantage[62] ». Dans le même temps, le rapport déployait de grands efforts pour affirmer qu'il ne proposait pas un retour au passé pré-multiculturel : « il n'est pas question de remonter le temps pour revenir à une conception de la nationalité qui a été perçue comme dominante ou monoculturaliste[63] ».

57. *Cantle Report,* Community Cohesion, *Londres, Government Printing Office, 2001, p. 9.*
58. *Cantle Report,* op. cit., *p. 23.*
59. *Christian Joppke,* Immigration and the Nation-State : the United States, Germany, and Great Britain, *Oxford, Oxford University Press, 1999, p. 231 et suiv.*
60. *« Connubial wrongs »,* The Economist, *10 novembre 2001.*
61. *Cantle Report,* op. cit., *p. 10.*
62. *Cantle Report,* op. cit., *p. 19.*
63. *Cantle Report,* op. cit., *p. 18.*

Le ministre de l'Intérieur travailliste David Blunkett a continué avec rigueur à faire sortir la Grande-Bretagne du multiculturalisme : depuis deux ans qu'il est en poste, il a enfreint à peu près tous les tabous qui figeaient la question des relations raciales, dans une Grande-Bretagne soucieuse de respecter l'étiquette dans ce domaine, et empêchaient le développement du « débat honnête et vigoureux » demandé par le Rapport Cantle. « Nous avons des normes définissant ce qui est acceptable, et ceux qui viennent chez nous – car c'est ce qu'ils font – doivent se plier à ces normes », a-t-il déclaré la veille de la publication du Rapport Cantle[64]. Certaines pratiques en usage auprès des minorités, sur lesquelles personne n'avait osé, jusqu'à présent, faire le moindre commentaire, ont fait l'objet d'un examen public sous le ministère Blunkett. C'est le cas, notamment, des mariages arrangés, qui semblent, de manière alarmante, être souvent des mariages forcés. Au sein des communautés pakistanaises et bangladaises, il est fréquent que les parents fassent venir de leur pays d'origine de futurs conjoints destinés à leurs fils ou filles, cette démarche étant également motivée (on ose le penser) par le montant important de la dot, lorsque l'obtention d'un visa britannique est assurée. Cette pratique pose deux grands problèmes : d'une part, ce sont surtout les jeunes filles qui sont contraintes à de telles unions[65]. D'autre part, les rejetons de ces unions ont au moins un parent qui ne maîtrise pas du tout la langue anglaise et ne connaît pas la société anglaise, ni d'ailleurs aucune société occidentale. De ce fait, de génération en génération d'immigrants, la marginalisation et la ségrégation de ces minorités se renouvellent constamment. Entre 1996 et 2000, le nombre de mariages arrangés de ce type a plus que doublé, atteignant 12 000 en 2000. Il s'agissait bien d'un problème « multiculturel », où la « reconnaissance », loin d'être bénéfique, était néfaste. La pratique en question entrait en contradiction avec le principe libéral, selon lequel le mariage était « un choix de droit[66] ». Sans prendre de gants, le ministre Blunkett est entré dans le vif du sujet :

> « Nous pensons aussi qu'un débat doit être engagé au sein des communautés qui ont toujours recours à la pratique des mariages arrangés, afin de voir s'il est possible d'augmenter le nombre de mariages organisés dans la communauté déjà installée ici[67]. »

64. Independent on Sunday, *9 décembre 2001, p. 1.*
65. *Voir le rapport gouvernemental* A Choice by Right, *2000.*
66. Ibid.
67. *« At Last, a Debate that Will Penetrate the Racial Fog »,* Sunday Times, *10 février 2002.*

La riposte d'un représentant militant d'une de ces minorités était prévisible :

> « Il est tout à fait choquant de dire à des communautés britanniques bien établies qui leurs membres doivent ou ne doivent pas épouser. Cela va transmettre à ces communautés essentiellement asiatiques un message très malencontreux en leur faisant comprendre qu'elles ne sont pas dans la norme britannique[68]. »

Cette réaction fait elle-même appel à un principe libéral, selon lequel l'État ne doit pas intervenir dans les choix des individus concernant leur mariage. En réalité, le mariage arrangé place l'État libéral devant un dilemme : il peut difficilement agir contre la violation de ses propres principes s'il veut se conformer à son précepte de non-intervention dans la sphère privée. Lorsque, comme aujourd'hui, l'accent est mis sur l'intégration citoyenne, l'État libéral affirme avec plus de vigueur ses principes libéraux et se montre moins disposé à les voir violés sous couvert de tolérance « multiculturelle ».

L'évolution « au-delà du multiculturalisme » et vers l'intégration citoyenne est très visible dans le livre blanc du gouvernement *Secure Borders, Safe Haven : Integration with Diversity in Modern Britain*[69], qui expose un nouveau programme de gestion de l'immigration et d'intégration des immigrants. Ce document présente des points communs notables avec le Rapport Fitzgerald, publié en Australie en 1988 qui ouvrait la voie, pour des raisons économiques, à une nouvelle vague d'immigration, tout en réduisant fortement la place donnée au discours multiculturel. Le message est clair : si l'opinion publique doit tolérer une nouvelle vague d'immigration, elle doit être assurée de son « sentiment d'appartenance et d'identité[70] ». Les nouveaux venus doivent eux aussi acquérir « un sentiment d'appartenance, une identité, des références partagées qui puissent se transmettre d'une génération à la suivante[71] ». Pour poser les bases de cette évolution, le livre blanc commence par un chapitre consacré à « citoyenneté et nationalité » qui contient l'ensemble du programme d'intégration citoyenne. Tout en

68. Financial Times, *8 février 2002, p. 2.*
69. *Home office,* Secure Borders, Safe Haven : Integration with Diversity in Modern Britain, *Londres, Government Printing Office, 2002.*
70. *Extrait de l'avant-propos de David Blunkett (*Secure Borders, Safe Haven, op. cit., *2002).*
71. Secure Borders, Safe Haven, op. cit., *p. 27.*

réaffirmant le précepte, maintenu dans toute l'évolution « au-delà du multiculturalisme », selon lequel « notre société est multiculturelle et [...] modelée par les diverses populations qui la composent[72] », ce document tente de revaloriser la nationalité britannique, qui n'a jamais été un concept très étoffé et s'est toujours montrée dépourvue d'implications « identitaires ». Les mesures concrètes proposées consistent notamment en une prestation de serment lors d'une cérémonie de naturalisation à l'américaine, en un renforcement des exigences concernant la maîtrise de la langue anglaise lors de l'acquisition de la nationalité et en l'instauration d'un enseignement obligatoire relatif à « la citoyenneté et la démocratie » dans les écoles anglaises.

Le virage en faveur de l'intégration citoyenne est particulièrement visible en Grande-Bretagne et aux Pays-Bas, deux sociétés qui avaient fait jusqu'à récemment le choix du multiculturalisme officiel. Mais, c'est un phénomène que l'on constate à l'échelle européenne. Partout, on assiste à la même tendance à considérer le « multiculturalisme » comme la description d'une société diversifiée et non comme une prescription destinée à orienter la politique de l'État. Cette dernière prend maintenant des directions plus centristes, plus « citoyennes ». On notera avec intérêt, dans chacun des pays concernés, une volonté proclamée d'inciter les nouveaux venus à nouer des liens étroits avec une société bien particulière, celle qui les accueille, en les familiarisant avec les valeurs et les usages « britanniques » ou « néerlandais », alors que ces valeurs et usages renvoient simplement, sous des noms différents, au credo universel de liberté et d'égalité que partagent toutes les sociétés libérales. À vrai dire, les principes que les immigrants doivent s'engager à respecter et qui constituent la base de leur intégration n'ont rien de particulièrement « britanniques » ou « néerlandais ». Contraint d'énoncer clairement les principes fondamentaux de la citoyenneté britannique, le livre blanc s'est exprimé en ces termes : « nous respectons les droits de l'homme et les libertés, défendons les valeurs démocratiques, obéissons aux lois et remplissons nos devoirs et obligations ». Dans les « éléments communs d'appartenance à la nation » évoqués par le Rapport Cantle, rien ne paraissait non plus spécifiquement britannique : « un soutien plus visible aux mesures de lutte contre la discrimination, la défense des droits des femmes, l'acceptation universelle de la langue anglaise [...] et le respect des différences religieuses comme des opinions laïques[73] ».

72. Ibid., *p. 29.*
73. *Cantle Report,* op. cit., *p. 19.*

Loin d'être britanniques, ces principes constituent la base universelle, dénuée de coloration nationale, de l'État libéral. En Allemagne, le parti d'opposition conservateur, la CDU, a fait la même expérience en lançant son appel malheureux à une *Leitkultur* (culture dominante) allemande, qui devait être respectée par les nouveaux venus. Alors que ce concept était rigoureusement parallèle à ceux que proposaient les campagnes d'intégration citoyenne en Grande-Bretagne et aux Pays-Bas, ceux qui le défendaient durent y renoncer, parce qu'en Allemagne, toute référence à des symboles ou à une phraséologie « nationale » est encore inévitablement marquée de connotations qui n'ont rien de libéral. Mais lorsqu'on leur demandait d'expliquer en quoi consistait cette *Leitkultur*, ses partisans n'énuméraient que des éléments qui auraient pu figurer tout aussi bien dans une *Leitkultur* britannique ou néerlandaise : les normes constitutionnelles, l'« idée européenne », l'égalité des femmes et la langue allemande[74]. Dans tout cela, le seul particularisme national est la langue, qui constitue également une exigence fonctionnelle de tout État en tant qu'État.

Ces exemples montrent à quel point est étroite la marge d'affirmation des particularismes nationaux dans le virage récent vers l'intégration citoyenne. De manière plus générale, les États-nations libéraux sont marqués par une dé-ethnicisation radicale, les différentes étiquettes nationales représentant simplement des noms différents attribués à la même chose : le credo libéral de la liberté et de l'égalité. Les causes de cette dé-ethnicisation dépassent le cadre de ce chapitre. On en mentionnera simplement un exemple remarquable, la libéralisation des règles qui régissent la nationalité[75]. Mais elle a pour conséquence la disparition des arguments en faveur des programmes de « reconnaissance » multiculturelle : rien n'est imposé au-delà du minimum libéral demandant un acte de réparation de la part de l'État qui accueille des immigrants. À l'exception de la langue, ne sont imposées aux nouveaux venus que des obligations libérales. Les affirmations nouvelles relatives à la « culture propre » sont des versions locales d'une évolution de l'État libéral, qui devient plus sérieux que dans le passé « multiculturel » dans son appréciation du minimum libéral.

74. Christian Joppke, « Multicultural Citizenship : A Critique », Archives européennes de sociologie, *42 (2), 2001, p. 445.*

75. Christian Joppke et Ewa Morawska. « Integrating Immigrants in Liberal Nation-States : Policies and Practices », dans C. Joppke et E. Morawska (dir.), Toward Assimilation and Citizenship : Immigrants in Liberal Nation-States, *Londres, Palgrave, 2002, p. 15-20.*

Collection **Nouveaux Débats**

La nouvelle collection Poche des Presses de Sciences Po

Dernières parutions

1. *Un nouveau contrat mondial*
Pour une gouvernance social-démocrate
David Held
2005 / ISBN 2-7246-0956-5

2. *La Constitution européenne*
Que faut-il savoir ?
Florence Deloche-Gaudez
2005 / ISBN 2-7246-0950-6

3. *La norme sans la force*
L'énigme de la puissance européenne
Zaki Laïdi
2005 / ISBN 2-7246-0982-4

4. *Droits d'ingérence*
Dans un monde post-2001
Philippe Moreau Defarges
ISBN 2-7246-0980-8 (déc. 2005)

5. *Français comme les autres ?*
Enquête sur les Français issus de l'immigration maghrebine, africaine et turque
Sylvain Brouard et Vincent Tiberj
ISBN 2-7246-0984-0 (déc. 2005)

Domaine **Mondes**

Dirigé par Alain Dieckhoff et Karoline Postel-Vinay

Comment s'organise la scène mondiale ? Quels sont les acteurs, les logiques, les dynamiques qui l'animent ? Ce domaine recouvre l'ensemble des questions liées à la compréhension des faits internationaux et de l'espace mondial dans ses multiples dimensions : articulation du local et du global, évolution propre aux différentes aires culturelles, transformation des notions fondamentales de puissance, de sécurité, de coopération ou de développement.

Dernières parutions

Monarchies et sociétés d'Arabie
Le temps des confrontations
Fatiha Dazi-Héni
Collection Académique
ISBN 2-7246-0902-6 (janv. 2006)

Les codes de la différence
Race - Origine - Religion,
France - Allemagne - États-Unis
Riva Kastoryano (dir.)
Collection Académique
2005 / ISBN 2-7246-0961-1

Justifier la guerre ?
De l'humanitaire au contre-terrorisme
Gilles Andréani et Pierre Hassner (dir.)
Collection Académique
2005 / ISBN 2-7246-0967-0

La Chine en quête de ses frontières
La confrontation Chine/Taiwan
Jean-Pierre Cabestan et Benoît Vermander
Collection Académique
2005 / ISBN 2-7246-0977-8

Les Réseaux marocains du développement
Géographie du transnational et politiques du territorial
Thomas Lacroix
Collection Académique
2005 / ISBN 2-7246-0955-7

Quelle identité pour l'Europe ?
Le multiculturalisme à l'épreuve
Riva Kastoryano (dir.)
Collection Références
2005 / ISBN 2-7246-0962-X

Ils nous avaient promis la paix.
Opérations de l'ONU et populations locales
Béatrice Pouligny
Collection Académique
2004 / ISBN 2-7246-0947-6

Domaine Économie

Dirigé par Jean-Paul Fitoussi, Jacques Le Cacheux et Éloi Laurent

En créant ce nouveau champ éditorial, l'ambition est de réunir exigence scientifique et diversité intellectuelle pour actualiser la connaissance et la compréhension de la science économique et pour éclairer ses débats et ses enjeux réels aux yeux du public français et européen.

Dernières parutions

Rapport sur l'état de l'Union européenne 2005
Constitution, élargissement, Turquie
Jean-Paul Fitoussi et Jacques Le Cacheux (dir.)
Collection Annuaires
2005 / Coédition Fayard

Domaine Fait politique

Dirigé par Pascal Perrineau et Janine Mossuz-Lavau

Comprendre ce qui fonde le lien politique, réfléchir à l'évolution des institutions et des organisations, mettre au jour les logiques des comportements et des attitudes, analyser les grands enjeux qui structurent le débat politique.

Dernières parutions

Comprendre le monde pour le changer
Épistémologie du politique
Pierre Favre
Collection Références
2005 / ISBN 2-7246-0970-0

Le Vote européen 2004-2005
De l'élargissement au référendum français
Pascal Perrineau (dir.)
Collection Chroniques électorales
2005 / ISBN 2-7246-965-4

Tocqueville et l'esprit de la démocratie
The Tocqueville Review / La Revue Tocqueville
Laurence Guellec (textes réunis par)
Collection Références
2005 / ISBN 2-7246-0963-8

Votez tous pour moi !
Les campagnes électorales de Jacques Blanc en Languedoc-
Roussillon (1986-2004)
Yves Pourcher
Collection Académique
2004 / ISBN 2-7246-0952-2

Domaine **Gouvernances**

Dirigé par Patrick Le Galès, Denis Segrestin et Michael Storper

Qui pilote les sociétés contemporaines ? Comment et pour quels résultats ? Que devient l'État ? Comment se recomposent les institutions ? Comment fonctionnent différents marchés ? Comment peut-on définir l'intérêt général ? Comment penser les organisations publiques, les marchés, les acteurs collectifs, les entreprises, les mouvements sociaux impliqués dans les politiques publiques et l'enchevêtrement des régulations sociales, politiques et économiques ?

Dernières parutions

L'Europe du médicament
Expertise - intérêts privés - politique
Boris Hauray
Collection Académique
ISBN 2-7246-0977-8 (janv. 2006)

L'Union fait la force
L'Europe dans les négociations commerciales internationales
Sophie Meunier
Collection Académique
2005 / ISBN 2-7246-0974-3

Le Marché des universitaires
France, Allemagne, États-Unis
Christine Musselin
Collection Académique
2005 / ISBN 2-7246-0960-3

Qui gouverne l'entreprise en réseau ?
Fabien Mariotti
Collection Académique
2005 / ISBN 2-7246-0959-X

Gouverner par les instruments
Pierre Lascoumes et Patrick Le Galès (dir.)
Collection Académique
2005 / ISBN 2-7246-0949-2

Dictionnaire des politiques publiques
Laurie Boussaguet, Sophie Jacquot et Pauline Ravinet (dir.)
Collection Références
2004 / ISBN 2-7246-0948-4

L'Intégration européenne
Entre émergence institutionnelle et recomposition de l'État
Christian Lequesne et Yves Surel (dir.)
Collection Académique
2004 / ISBN 2-7246-0934-4

Polices, entre État et marché
Frédéric Ocqueteau
Collection Académique
2004 / ISBN 2-7246-0943-3

Domaine **Histoire**

Dirigé par Claire Andrieu, Serge Berstein et Guillaume Piketty

Ce domaine traite du vingtième siècle et se concentre sur les domaines de recherche qui renouvellent aujourd'hui notre perception du monde contemporain : histoire politique (histoire des partis, des régimes et des idées politiques), histoire culturelle, histoire économique, histoire sociale, histoire des relations internationales et histoire des conflits.

Dernières parutions

Paul Delouvrier, un grand commis de l'État
Sébastien Laurent et Jean-Eudes Roullier (dir.)
Collection Colloque
2005 / ISBN 2-7246-0964-6

Histoire et droit des États
La souveraineté dans le temps et l'espace européens
Jean Picq
Collection Les Manuels de Sciences Po
2005 / ISBN 2-7246-0953-0

Pouvoir civil et commandement militaire
Du roi connétable aux leaders du 20e siècle
Pierre Barral
Collection Académique
2005 / ISBN 2-7246-0946-8

Mussolini
Didier Musiedlak
Collection Facettes
2005 / ISBN 2-7246-0806-2

Domaine **Sociétés** en mouvement

Dirigé par Nonna Mayer et Edmond Preteceille

Quelles sont les transformations sociales et culturelles des sociétés contemporaines. Qu'est-ce qui change dans la famille, à l'école, au travail, dans les relations entre les sexes et entre les générations ? Comment évoluent les inégalités et les classes sociales, le rapport au religieux, les modes de sociabilité, les formes de conflits et d'action collective ?

Dernières parutions

Act Up, les homosexuels et le sida
La mort et l'engagement politique
Christophe Broqua
Collection Académique
ISBN 2-7246-0981-6 (janv. 2006)

La police des foules
Maintien de l'ordre et gestion des conflits collectifs
Donatella Della Porta et Olivier Fillieule (dir.)
Collection Académique
ISBN 2-7246-0969-7 (janv. 2006)

Achevé d'imprimer par Corlet, Imprimeur, S.A. - 14110 Condé-sur-Noireau
N° d'Imprimeur : 88634 - Dépôt légal : novembre 2005 - *Imprimé en France*